U@520071

主　编 / 舒国滢
执行主编 / 卜元石　雷磊

法律科学经典译丛

法律方法的科学

〔法〕弗朗索瓦·惹尼 等 著
雷磊 等 译

商务印书馆
The Commercial Press

法律科学经典译丛

总　序

"科学"的概念古已有之,"法律科学"的提法也至少在中世纪之时就已经存在了。但是,科学的基本范式,尤其是它与哲学的关系,却在近代发生了根本性的转变。在古希腊,科学被视为哲学的下位概念,也即一种自然哲学。直到18世纪末,"科学"一词才开始具有近代意义上"客观的"内涵。在客观化的过程中,科学的两类要素要区分开来:一类是外部要素,即教学(学说和学科)与体系的观念;另一类是内部要素,即绝对的真理或取向于真理的知识。由此,科学就成为一个"整体",也即知识、真理或命题的体系。科学不再被视为哲学的下位概念,反而哲学被视为自主形成的近代科学的一个具有历史局限性的初始阶段。

近代意义上的科学具有两个特征。一是基于经验基础上的一般性。科学知识应当是一般的,而非个别的命题,但它的基础却来自具体的经验。科学不再是从一般性概念出发进行逻辑演绎的活动,而是从根据经验获得的一般性假说来说明特殊事物的活动。这导致了科学内部基于研究兴趣之多样性的自我分化：不仅法律科学与其他科学被区分开来，而且法律科学内部也因研究主题的不同被区分开来。由于科学的问题取向于可验证的经验证明，故而其核心就在于通过分析和描述来获得的一般化命题。二是作为知识整体的体系性。体系思维越来越成为科学的核心标准，体系被认为是命题（真理）的整体。在17和18世纪，起源于数学的两种思维方式对于普遍的体系构造具有支配性意义：一种是被称为分析法（"解析-合成法"）的自然科学方法，另一种是欧几里得几何学的"公理演绎"法（明证方法）。在康德那里，科学明确被理解为客观知识的体系，而体系指的是知识的内在结构，也即"各种知识在某种理念之下的统一体"。

与近代科学观念兴盛相应的是传统法哲学开始式微。根据直至18世纪为止依然居于支配地位的亚里士多德的科学概念，法律科学的真正对象只可能是从"正当理性"中流出的、永恒有效的法律原则。它们属于自然法或理性法的范畴，相应的研究也被称为理性法学说或法哲学。虽然当时的法学家以数学和自然科学方法为基础，发展出了一种几何学风格的法以及与新的科学理解相吻合的法律科学，但它并非关于实在法的学说，而是一种形而上学的法学说。但到了18世纪末，"法律科学"一词已被用来指称与实在法打交道的学科。实在法学不再仅是一种实践能力，而成为"法律知识的体系"。体系学最终成为法律科学的重要标准：法拥有自身的"内在统一性"，法学的科学性依赖于对这种统一性的说明。与此同时，从自然或理性中推导出得到科学确保之规范性知识的可能性越来越遭到怀疑。因为基于经验基础上的新科学观要求去形而上学和去实质价值化，这就导致了对理性法（传统法哲学）信念的动摇，进而也就不可能再将实在法建立在超实证的、先验的原则的基础上。法学面临着一个新的难题，那就是，如何去阐明指向实在法之理论的科学性。这就导致了法哲学的一个新的研究方向，也即法理论（Rechtstheorie）的诞生。如果说传统法哲学是想从先验的伦理准则中汲取科学性，因而更多呈现为一种实质（价值）法哲学或法伦理学的话，那么法理论则更多是要从认识论中获得科学性，属于形式法哲学或法认识论。

远离先验原则而返归实在法的努力最明显体现在法教义学（Rechtsdogmatik）之中。法教义学正式诞生于19世纪的历史法学时期。正是从这一时期起，"法学"的称呼正式由 jurisprudentia［法的实践智慧］转变为 Rechtswissenschaft［法律科学］，开始走向理论化和科学化。从那时起，法教义学也一直被称为"狭义上的法律科学"。但是，尽管法教义学是一种不断趋向理性化的事业，但仅凭借自身却无法彻底完成科学化的使命。因为作为一种对现行实在法进行解释、建构与体系化的作业方式，法教义学牢牢受制于特定领域的实在法，它至多只能提炼并阐释某个部门法的基本概念，并建构出该部门法内的体系关系。但这样构造出的概念只具有有限的一般性，这样形成的体系也只是"部分体系"。要满足科学之彻底的一般性和体系性的要求，就要超越特定的部门法知识，建构出适用于整个法律体系的基本概念，更要进一步建构出超越特定（一国）法律体系的基本概念。这样一种关于实在法但又超越实在法的任务，恰恰就是由法理论来承担的。此外，法理论不仅要为基于特定实在法的法教义学提供"总论"，而且要为其提供科学的方法论,借此对法教义学这门学科的基本属性进行自我反思,以使其真正成长为符合近代意义上科学要求的法律科学。

法理论更古老的称呼是"一般法学说"(Allgemeine Rechtslehre)。通说认为,一般法学说作为法学研究的独立分支诞生于19世纪中后叶的德国,以阿道夫·默克尔为其创立者。从19世纪70年代至20世纪20年代,涌现出了托恩的《法律规范与权利:一般法学说研究》(1878)、科尔库诺夫的《法的一般理论讲义》(1886/1887,该书后以《法的一般理论》为名于1904年在美国出版)、贝格鲍姆的《法学与法哲学》(1892)、肖姆洛的《法律基础学说》(1917)、比尔林的《法学基本概念批判》(1877/1883)和《法律原则学说》(1894—1917)等一大批经典著作。及至20世纪30年代,法理论在凯尔森的"纯粹法学说"中到达巅峰,其后又有纳维亚斯基的《一般法学说》(1948)等作品赓续其志向。"二战"之后,除了因自然法的短暂复兴而导致实质法哲学研究一度重新占据主流之外,从60年代开始,法理论迎来了全面的复兴。及至今日,它已形成了分析法理论与社会法理论两大脉络,亦包括政治法理论和唯物主义法理论等诸多分支,远远超出了当初一般法学说的范围。作为法律科学理论的表征,今日广义上的法理论不仅聚焦于法的结构和形式要素,因而包括法律逻辑和法律信息学、法律语言理论和规范理论,它同时也囊括了法教义学之科学方法论的全部范围。

遗憾的是,一直以来,对于上述近代法律科学理论在欧陆发展之"原貌"和"全貌",吾人知之不详。尽管从渊源看,曾一度在中华人民共和国法学教育史上占主导地位的"国家与法的(一般理论)"始自20世纪50年代对苏联的继受,而苏联的法的一般理论又肇始于对19世纪欧陆一般法学说的改造。职是之故,"法律科学经典译丛"意在从19世纪末至今为止的法理论(一般法学说)作品和法教义学基本原理/法律科学理论作品中,萃取经典名著移译为中文出版,以期接续文脉、贯通学统。如赖同道共济、众力咸推,或能集腋成裘、渐成气象也未可知。

编者谨识

2022年1月31日

目 录

法律方法的跨洋之旅(译序) ………………………………… 1
编者前言 ………〔美〕约翰·威格莫尔 〔美〕阿尔伯特·考库雷克 9
序一 ………………………………〔美〕亨利·N.谢尔顿 52
序二 ……………………………〔新西兰〕约翰·W.萨尔蒙德 57
缩略语列表 ……………………………………………… 67

第一部分 法官的问题

自由法律发现:必要性与方法 ………〔法〕弗朗索瓦·惹尼 71
自由法律发现:原则与对象 …………〔奥〕欧根·埃利希 108
辩证主义和技术性:社会学方法之必要
　　…………………〔德〕约翰·格奥尔格·格梅林 144
衡平与法律:自由法律发现 …………〔匈牙利〕格扎·基斯 198
情感主义的危险:感性司法及其与自由法律发现之间的联系
　　………………………〔德〕弗里茨·伯罗茨海默 217
制定法的司法解释 ……………………〔德〕约瑟夫·科勒 235
法院和立法 …………………………〔美〕罗斯科·庞德 248

英国法中司法功能的运行 ………〔德〕海因里希·B.格兰 272
法典法与判例法及其在形塑司法政策方面的作用
………………………………〔法〕爱德华·朗贝尔 292
法律思维的方法 ………〔奥〕卡尔·格奥尔格·乌尔策尔 324

第二部分 立法者的问题

法典编纂的科学方法 ………〔智利〕亚历山大·阿尔瓦雷斯 449
现代民法典的立法技术 ………〔法〕弗朗索瓦·惹尼 508
立法起草中的科学方法 ………〔美〕恩斯特·弗罗因德 556

术语对照表 ……………………………………… 581
人名对照表 ……………………………………… 585

法律方法的跨洋之旅
（译序）

一

德国与美国作为两大法系的代表，在过去的一百多年里总体上保持了相对密切的互动。根据德国当代公法学者莱普休斯（Lepsius）的研究，可以将德国与美国法学的交往分为三个主要阶段。第一阶段为1870年到1918年，这一时期为美国法律形式主义的形成与兴盛时期，以美国向德国学习为主。第二阶段为20世纪30年代到70年代，这一时期美国法学转向法律现实主义，从此走上了与德国法学截然不同的道路，当时美国与德国法学界的联系主要通过流亡到美国的德国犹太学者进行。第三阶段为20世纪80年代到目前，此阶段德国法开始更多受到美国法的影响，德国法科学生、学者到美国学习研究越来越频繁。可以说，美国法在其成长过程中曾以德国法为师，但随着美国世界霸权的形成，"二战"以后德国与美国法学的角色发生了掉转。[①] 但无论如

---

① 参见卜元石：《德国法学与美国法学：一个半世纪以来的互动与争锋》，载氏著：《德国法学与当代中国》，北京大学出版社2021年版，第297—298页。

何,从 19 世纪晚期到 20 世纪初的第一阶段是美国法学成长的"经典时期",当时法学家们将法学的科学化作为学科的任务,具体而言就是寻找对普通法内容进行重新梳理的方法。② 而德国法学的科学化诉求与体系化倾向恰恰为这种努力提供了一个范本。因此,在这一时期德国法的知识通过德文文献的翻译被大量传播到美国。

诚如利益法学的代表吕梅林(Rümelin)所言,在所有的变化中,只有方法的变化才是最大的进步。因而法律学科化的诉求离不开法律方法的演进。而在 19、20 世纪之交的德国本土,恰恰掀起了一场法律方法革新的风暴。③ 如果用一句话来概括这种方法转向的特点,那就是,"从概念法学和制定法实证主义到自由法运动"! 这一运动受到耶林晚期的目的思想的激发,以康特洛维茨(Kantorowicz)于 1906 年匿名发表的《为法律科学而斗争》为纲领,福克斯(Fuchs)、伯罗茨海默(Berolzheimer)、比洛(Bülow)、伊塞(Isay)、鲁普夫(Rumpf)、施坦普(Stampe)、齐特尔曼(Zitelmann)、容(Jung)等人都是这一运动的参与者,当然还有奥地利的埃利希(Ehrlich)、法国的惹尼(Gény)、匈牙利的基斯(Kiss)等。这一运动的核心观点是,制定法的漏洞无处不在,因而制定法无法为所有现实中的案件都提供答案。此时法官要运用自由法律发现,去寻找存在于现实生活关系中的"活法"或"自由法",来得

---

② Cf. Mathias Reimann, *Historische Schule und Common Law: Die deutsche Rechtswissenschaft des 19. Jahrhunderts im amerikanischen Rechtsdenken*, Berlin, 1993, S. 38f.

③ 具体参见莱纳·施罗德:《世纪之交的德国方法大讨论——科学理论式的精确化努力抑或对法与司法功能变迁的回应?》,雷磊译,载舒国滢主编:《法学方法论论丛》(第一卷),中国法制出版社 2012 年版,第 43—99 页。

出符合事物正义的判决结论。制定法并不是法的全部,它只是法通过国家制定的形式表现出来的一部分。因此,自由法运动主张,将法学的关注点从书本迁回到生活本身;将对现实因素的发现视为法律最重要的组成部分;在解释与适用制定法时不拘泥于它所使用语词的字面含义,而要在制定法的范围内公开来讨论和权衡案件事实,以得出一项正义的、现实的、与事物本质相符的判决;并用此精神来改革未来的法律人教育。④

世纪之交的这场法律方法革新的风暴也刮到了大洋彼岸的美国,并对尚处于"学习阶段"的美国法学产生了影响。通常认为,20世纪30年代遍地开花的法律现实主义是美国法学走向成熟和独立的标志,一直影响至今。但不可否认的是,尽管存在着具体观点上的差异甚至对立,⑤法律现实主义依然内在地受到自由法运动的诸多启发,甚至可以说以后者为精神之父。当然,受到耶林的目的法学与欧陆自由法运动影响的不只有法律现实主义,还有法社会学——既包括了欧陆的法社会学,也包括了美国的法社会学(甚至有人认为,美国的法社会学研究可以追溯到耶林)。前者的代表如本身就是自由法运动旗手的埃利希,后者最著名的代表当然是庞德(Pound)。在当时的美国学者中,庞德和格雷(Gray)都能阅读德文原著,他们在自己的作品中大量引用德语文献。卢埃林(Llewellyn)更是深受德国法学影响,在其学术生涯中一直与德语区学者保持联系。我们知道,后两者都是美国法

---

④ Cf. Albert S. Foulkes, "On the German Free Law School (Freirechtsschule)", *ARSP* 55(1969), S. 382–383.

⑤ 参见康特洛维茨:《对美国法律现实主义的理性主义批判》,载霍姆斯:《法学论文集》,姚远译,商务印书馆2020年版,第395—415页。

律现实主义最杰出的代表。所以，在某种意义上可以说，欧陆的概念法学/制定法实证主义与自由法运动之间的对立，和美国的法律形式主义（兰代尔[Langdell]）与法律现实主义之间的对立，存在着一定对应关系。

二

《法律方法的科学》一书可以说就是这种影响的集中体现。本书出版于1917年，正是德国与美国法学交往的第一阶段的末期，或者说是美国法学从经典继受阶段开始转向以法律现实主义为标志的成熟阶段的萌芽期。这一时期最明显的标志，就是以反（伪）逻辑技术、反唯理论、反体系封闭性为特点的自由法运动观点在美国广泛传播，并引起了强烈共鸣。

本书是美国法学院协会编辑委员会编辑出版的"现代法律哲学"丛书中的一部。它选编和翻译了当时欧陆（主要是德国）自由法运动部分代表（惹尼、埃利希、格梅林[Gmelin]、基斯、伯罗茨海默、科勒[Kohler]、格兰[Gerland]、朗贝尔[Lambert]、乌尔策尔[Wurzel]）的作品（节录），同时也收录了个别南美学者（智利的阿尔瓦雷茨[Alvarez]）和美国本土学者（庞德和弗罗因德[Freund]）的作品。这或许也反映了编辑者的一个基本态度：自由法运动不仅是欧陆的，也同样与美国和其他地区的同时代的思想有着暗合之处，因而它们可以被熔为一炉。从结构看，《法律方法的科学》共包括13章，分为两个部分：第一部分是"法官的问题"（编者前言中称之为"司法的功能"），共10章，主要涉及司法裁判中的法律方法(自由的法律发现)和法律思维;第二部分是"立法者的问题"(编者前言中称之为"立法的功能"),共3章,主要处理科学立法问题,尤其是法典化的方法与技术。由此可见,本书所谓的"法律方法"是广义上的,既包括司法方法,也包括立法方法。这一点与欧陆(德国)学界的理解有所不同,因为后者通常将法律方法限于司法裁判的语境。这也体现在,第二部分的主要是由美国学者和南美学者撰写的,而欧陆学者的作品集中在第一部分。

本书所在丛书的编辑团队的组成也可以反映出,自由法运动所主张的法律科学思潮在当时美国的传播绝非个别现象,而是得到了美国主流学界的认可。美国法学院协会编辑委员会的成员包括约瑟夫·德拉克(Joseph Drake,密歇根大学法学教授)、阿尔伯特·考库雷克(Albert Kocourek,西北大学法学教授)、厄尔内斯特·洛伦岑(Ernest Lorenzen,明尼苏达大学法学教授)、弗洛伊德·米切姆(Floyd Mechem,芝加哥大学法学教授)、罗斯科·庞德(哈佛大学法学教授)、阿图尔·斯潘塞(Arthur Spencer,马萨诸塞州布鲁克林)和约翰·威格莫尔(John Wigmore,西北大学教授、编委会主席)。其中不乏各个领域的学界名流和领袖。其中西北大学的两位教授,威格莫尔是比较法和证据法权威,考库雷克是当时美国分析法学的代表。本文的编者前言正是由这二位合作完成。此外,本书另有两篇序言,分别为马萨诸塞州最高法院前大法官亨利·谢尔顿(Henry Sheldon)和时任新西兰副总检察长约翰·萨尔蒙德(John Salmond,亦是英美分析法学的代表)所撰。这也说明,实务界同样认可和接受自由法运动的基本观点。当然,美国学者有自己的关切点和继受重心,这从编者前言和两篇序言的论述思路,以及从本书所选的作者和择取篇目都可窥一斑。可以想见,如果让一位德国学者来编辑自由法运动的读本,并作导读或序言,视角上一定会有所不同。

但无论如何,这场法律方法的跨洋之旅意义匪浅。它代表了一种新的法律科学观在世界范围内的扩散,即从一种以概念-逻辑为核心的科学观向因果-实证式的社会科学观的转变。也正是在这后一种法律科学观的主导下,才有了美国法学的兴起及其后来在全球范围内的扩张。乃至到了今天,又有不少学者回过头来反思自由法运动及其后裔是否走得过远,将孩子连同洗澡水一起泼掉了。

三

将本书译为中文出版,是出于两个目的。直接的目的自然是将19、20世纪之交影响甚巨的自由法运动的代表性作品集中呈现于中文读者的面前。尽管在今天,学派意义上的自由法运动已不复存在,但不得不说,后来的法律方法研究(法律发现理论、漏洞填补理论、事物本质理论等)和法社会学研究都在某种程度上直接或间接受惠于这一运动。欧洲法律史权威弗朗茨·维亚克尔(Franz Wieacker)就曾指出,"无论认同与否,其(指自由法运动)思想持续影响公共意识"[⑥]。既然已有前辈学人对此运动的

---

⑥ 弗朗茨·维亚克尔:《近代私法史》(下),陈爱娥、黄建辉译,上海三联书店2006年版,第553页。

代表性作品作了集中选编,那么直接将其译为中文出版不失为高效之举。另一个是相对间接的目的,也即看看美国学者眼中自由法运动或法律科学的经典作品有哪些,他们又如何看待和解读这些作品。尤其是美国法学后来在借鉴吸纳德国法学养料的基础上走出了独立发展的路子,甚至后来反哺德国法学。除了政治和经济霸权等现实因素外,恐怕法学学术自身的成长和影响力亦为重要的方面。这对于与当时的美国同样处于法学继受国地位的中国而言或许能提供某些启发。

中译本得以完成,端赖法思读书小组各位成员的齐心合力。除了"编者前言"和两篇序言由我译出外,他们承担了翻译的主体工作。他们是:德国弗莱堡大学法学院博士研究生陈皓翔、德国埃尔朗根-纽伦堡大学法学院博士研究生徐辉,中国政法大学法学理论专业博士研究生曾立城、连城、吕思远,法学理论专业硕士研究生杨蕙铭、卢岳、路程、罗可心、徐子煜、黄顺利。本书翻译的基本过程为,首先由各位译者分别译出所负责的章节,然后利用一个学期的时间大家一起逐章逐句进行校读,统一相关译法,解决存在的问题,之后成员间进行两两互校,最后由曾立城协助我统稿。翻译的过程也是学习的过程,对于这样一本一百多年前出版(书中各章完成的时间更早)的著作而言,在不完全了解当时的社会背景和学术传统的情况下,要准确理解并用中文表达出一些用词和术语实属不易。在翻译的过程中,诸位译者也时常遭遇困顿,更发生过分歧和争论。幸而各位同求学问道之心不息,锲而不舍精神不止,经常能从图书馆和网络上找到拉丁文和德文的各类佐证材料,为相对准确的译法提供了重要参考。所谓学脉相继、弦歌不绝,不外如是!当然,由于学力和视野有限,译本讹误之处恐依然难以避免。如有文责,首责在我。恳请方家不吝指正。

雷 磊
2022年3月13日于京郊寓所

编者前言

〔美〕约翰·威格莫尔　〔美〕阿尔伯特·考库雷克[*]
（雷　磊译）

无论是在欧洲还是在美国,今日存在专业争论的最重要的法律理论问题是:司法和立法功能之固有本质为何？它们之间差异的固有本质为何？法官和立法者在宣告和表述法律时,他们各自所扮演的角色是什么？他们运用于这一法律宣告程序的材料或资料是什么？简言之,区分这两类官员是否有内在的必要性？如果有的话,他们的推理方法各自有何限制和要求？

看起来很奇特的是,这样一种根本性的争论在今天这个时代之前都没有在专业思维中成熟。这种缓慢成熟的现象能否得到解释？能通过政治史来解释它吗？

我们必须记起这一事实:即便迟至法兰克国家崛起之时,欧陆经济生活之发展和私法之实施与演进的影响优势,靠的也是马尔克集会和其他地方司法组织。在这些简单的社会群体条件下,不可能有什么方法问题——无论是关于法律的方法,还是内在于

---

[*] 本"编者前言"的主体由两部分,即"I. 司法功能"与"II. 立法功能"组成。其中第 I 部分由美国西北大学法学教授约翰·威格莫尔(John Wigmore)撰写,第 II 部分由西北大学法学教授阿尔伯特·考库雷克(Albert Kocourek)撰写。——中译者

法律的方法。

我们也必须记得,在法国大革命之前欧洲的任何法律体系下,法官都是由国王任命的,从他们至关重要的人事方面来说,确定立法权分配的斗争必然是议会或大众与王室之间的人事斗争。我们可以得出这样的结论,即司法对法律宣告功能的潜在分享从来就不是什么问题;因为司法机关臣属于国王;而法国议会这个显著例外只是"证明了规则",因为这里所发生的国王与议会之间的斗争围绕立法权展开,而议会的司法权只是附带之事,不会导致对立和冲突。

但当孟德斯鸠提出的著名的三权分立——立法权、司法权和行政权——在实践中被接受时,为什么司法和立法功能的这种分立没有导致什么问题,以及对这一分立的必要性的一般性探究呢?因为(我们必须如此推断)法国大革命的精神是如此断然地对立法权进行了定位,以至于议会作为法律宣告者的排他性支配地位无可置疑,甚至对于司法机关也是如此——很长一段时间以来必然一直是如此。而美国宪法将这种支配地位奉上了神坛。

但当这一时代——人事方面的阶级斗争已然停止,甚至不被记得——来临时,当司法人员的任命已在实践中变得民主、通过民众的司法选举或其他方式来进行时,理论问题就发酵成熟了。当今日之任何国家都可以去看看其司法机关和立法机关,并发现有大量法官来自职业法律人阶层,也有大量立法者来自同一个职业法律人阶层,两者在实质方面(如出身、教育、阶级利益或传统)并无差异,并且在他们的专业工作中运用或多或少相同的思维材料时,当所谓的立法机关的司法委员会在对司法判决行为进行仔细审查,而所谓的法官在阐释公共政策考量时,这一问题在任何共同体中都迟早会显现出来:为什么这些人占据着不同的职位?为什么是这些不同职位?为什么立法者立法,而法官判决?他们在功能上的内在差别是什么?

无疑这里存在区别。但这种区别究竟是什么?这一区别与法律的性质有何关系?它施加于每类官员身上的各自的思维过程和质料是什么?因为,除非我们对这些要点感到满意,否则我们无法期待能在实践上睿智地挽救这两者的任何被观察到的运作瑕疵。

当然,在此我们触及了最根本的东西——法律、正义、裁判、立法的性质和过程。这就是今日之问题与法哲学之间出现的关联。

在大约近20年来,法律方法的问题已在很大程度上成为法理学的一个特殊问题。在逻辑上属于这一领域的某些特殊的探究(例如涉及法典化的探究)非常古老。有趣的是要注意到,主要是1896年德国私法的法典化,将法律科学所有部门的学者都吸引到法律方法的问题上来。相关文献已经汗牛充栋。精神力量的储备——它们(可以假定)通常存在于任何特定国家或恒定数量(如果数量不可计的话)的国家,它们被表述于文献和科学作品之中——已经(在这一时期)从相对古老的惯常论题,即阐明关于"自然法"(Naturrecht)、"法学百科全书"(Juristische Encyklopädie)和"一般法学说"(Allgemeine Rechtslehre)的智识,转移到法律方法的问题上。无论如何,似乎尤其可以说在最近50年,前一类型的著作数量断崖式下跌,而后一类型的著作数量则急剧增长。

1804年的《法国民法典》并没有激发出一场相似的智识运动；1811年的《奥地利民法典》也没有造成那一结果。然而这里的原因十分简单。当时的经济环境很大程度上是非工业化的，社会内部要更加稳定，虽然相同的问题当时在形式上也存在，但至少它们还没有因为内容的差异而达到引起法学关注的程度。此外，经济再调整的压力无需费很大力气就被法律机制所吸收，尤其是涉及法国最高法院的那部分。

我们提示过，问题本身在形式上并不是新的。的确如此。我们只需回头看一下拉贝奥和卡皮托*的时代，就可以大体上发现现代法律方法的问题。然而，当下法律科学的这一新部门的众多著述的直接源头，可以追溯到冯·耶林的《法学中的诙谐与严肃》（1885年），其后不久还有科勒，再之后是惹尼和埃利希（1899、1903年）——这场运动在他们那里获得了明确的形式。而眼前这本论文集试图以一种适合引出不同讨论阶段的顺序，来呈现各位杰出的法学家们就这一问题之主要方面的最有益和最新近的论述。

我们将这一一般性的主题划分在两个标题——"司法的功能"和"立法的功能"——之下。然而，前一个标题下的章节必然不可避免地在许多方面涉及司法裁判与立法的关系。后一个标题下的章节——假定这两个方面的理论基础都已得到澄清——只来处理立法功能所独有的问题。

第一部分，即司法功能的各章节，从现在已众所周知的惹尼

---

* 马库斯·安提斯提乌斯·拉贝奥（Marcus Antistius Labeo）和盖尤斯·阿泰乌斯·卡皮托（Gaius Ateius Capito）都是公元1世纪的古罗马法学家，前者属于普罗库勒学派，后者属于萨宾学派。——中译者

和埃利希关于"自由法律发现"(freedom of judicial decision)的论述开始,这两位的阐述唤起了整个欧洲大陆去关注这一主题的深刻可能性。在紧接着这些论述的章节里,格梅林、基斯、伯罗茨海默、科勒、庞德、格兰和朗贝尔提出了这一争议的各个主要方面,著名的有英国法官与欧陆法官的对比、法官对于立法产生之法的服从、支持司法考量之材料的范围、"解释"这一司法权的大小、"法律漏洞"学说,以及支配司法裁判的内在逻辑。这些问题集中于乌尔策尔关于《法律思维的方法》的那章。他(作为这一章节的掌控者)犹如重生般地进入了一个清晰思考和不断觉醒的王国中。

第二部分的各章节以广泛但简明的方式将我们导向立法的基本问题。然而,在这一领域进行彻底批判的文献尚不多见。未来必然会看到更多这类文献,而美国——不像欧陆那样满是法典,而是充斥着大量混乱和不融贯的立法——自然也必然是它的发展之地。

在本前言中,我们并不试图(即便只是)提供关于这些章节之许多不同方面的概览,而只是提醒读者注意每个部分中使我们感兴趣的一些主要特征。

I. 司法的功能

人们还认为,理解什么是公正、什么是不公正不需要专门的智慧,因为与法律相关的事务并不难了解。但是法律所列举的行为仅仅是它宣布为合于公正的行为。要理解一个行为怎样去做才是一个公正的行为,一个分配怎样去分才是一个公正的分配,远比理解医疗困难得多。在医疗中,了解蜜、酒、莨菪、薰灸、开刀的作用容易,但是要理解这些东西和技术如何以及什么时候用到一个什么样的人身上才会使他恢复健康,就同要当个医师一样困难。

—— 亚里士多德:《尼各马可伦理学》,v,9,1137a*

一种有趣的情形——它部分说明了这一问题之实践面向的困难——是历史上的人事因素与理论上的法学因素之间的对比。这一问题的理论纯粹性受到——一直以来也总是受到——政治派系现状(status quo)的干扰。当我们发现罗马裁判官就裁判特殊事项也发布一般告示时,我们意识到,罗马的政治进程——执政官、护民官、民众大会和元老院围绕权力的斗争——在当时已导致一种实用主义的调整,它同时将一部分立法与司法功能交于裁判官之手。同样,在法国,路易十四统治下王权在所有领域取得至高地位的道路都十分曲折,这留给了各省高等法院这两种功能的有限的一部分;这两种功能混合的原因与裁判官的情形大相径庭。同样,在我们自身的历史中,即使在孟德斯鸠的三权分立学说已在理论上成为风行时尚之后,殖民地立法机关的传统和地方政治联盟也发现,早期的州立法机关不愿遵守这一区分;例如在罗得岛州,"一开始州议会似乎认为自己同时是法院和立法机

---

* 译文采自亚里士多德:《尼各马可伦理学》,廖申白译注,商务印书馆2003年版,第158—159页。——中译者

关"①,而这一态度一直到1856年的泰勒诉普雷斯案(Taylor v. Place)判决②后才被放弃。因为在这一共同体中,现实的立法机关成员(受地方党派斗争的决定)显然乐意践行司法功能。而更著名的是,马歇尔(Marshall)成功授予了联邦司法机关基于宪法审查成文法的权力,故而为司法机关保留了对立法的否决权,这是两个政党(它们在更广泛的一般政治领域持有对立的信念)之间深层斗争的表现。③

因而我们发现,立法功能与司法功能具体份额的现实分配在既定的时间和地点不断变化,这要根据当时的政治利益的均衡状态而定;它又包括了人事、传统和其他独立的考量。简言之,对这一问题的实际解决办法受到且一直以来也总是受到历史和人事问题的影响而被复杂化。在纯粹的理论中,这从来都不会得到呈现。

然而,将它作为一个理论问题,并探究其在任何时间和地方都相同的一般要素,既是可能的,也是必要的。

这里似乎至少包含着四个不同的大问题。

1. 法官应当从属于成文法,这是内在必然的吗?让我们简要地称之为司法从属(Judiciary Subordination)问题。

2. 假如是的话,成文法的支配止步于哪里,从而于此之外任他自由?让我们称之为司法解释(Judiciary Interpretation)问题。

---

① 首席大法官德菲(Durfee)引自斯蒂尼斯(Stiness)法官关于塞缪尔·埃姆斯(Samuel Ames)的论文(Lewis' "Great American Lawyers". v. 301)。
② 4 R.I. 324.
③ 马歇尔"到目前为止是弗吉尼亚,或许是全美国最受欢迎的联邦主义者"(W. D. Lewis' "Great American Lawyers", ii, 337)。

3. 当他是自由的时候,他在多大程度上受到其自身先前之声明的支配?让我们称之为司法固化(Judiciary Stratification)问题。

4. 进而,当他没有受此支配时,是什么向他提供了任何其他指引或支配,后者优于他自身刹那间未及言表的正义感?对此我们可以称为司法矫正(Judiciary Rectification)问题。

让我们先来看第一个问题:

1. 法官应当从属于成文法,这是内在必然的吗?——司法从属问题

为了获得恰当的看法,我们必须在此就术语的使用,也即就"司法的"和"立法的"所蕴含的理念区分作些假定。这当然是两个不同的过程。

一个过程(1)通过或多或少具有一般性的条款来形构规则,(2)因为特定政策审思地被认为具有支配性;也即(1)形构(2)以使被认定之目的发生。这就是我们假定为我们通常所称的"立法"的本质。

另一个过程是,国家权力的代理人通过理性的(而不仅仅是个人的)考量,声称依据正义和法律(即共同体的普遍秩序感)对存在于两个私人之间(或国家与私人之间)的争议进行裁判的过程。

现在可以想象,这两个过程由同一个人或群体,通过(这两种权力的)各种分享或分配方式来实施,一直以来也经常被如此实施。由此导致的第一个问题是,它们是否应当如此,无论在何种程度上。但出于理论的目的,现在我们可以假定这个问题已被解

决了;它一直以来是根据历史和政治理由被解决的,它(暂时和主要)将一个过程全部分配给一个或一群官员,并将另一个过程全部分配给另一个或一群官员。目前我们可以忽略第二个标题下提及的逻辑困难(源于立法的内在抽象性)。如此一来我们就会面对这个问题:这是可行的吗?

这意味着:如果立法过程在体制上被如此组织,以至于它运行完美,那么就不会有机会去追问,司法机关能否从对它的从属中解放出来。如果立法主体稳定在位,思虑周全,正确和连贯地形构(规则),那么司法过程就可以只通过简单的从属来运行,仅仅将规则适用于具体案件即可。因为无论当何时需要出现例外或值得进行改变时,总是可以求助于立法主体,而它的全知全能将提供所需的规则和被恰当构造的例外。

但立法过程从来就没有完美运行过。立法官员是有任期的,他们思考问题可能比较仓促和不明智,他们可能会形构不连贯(的规则)。此外,在传统的英美国家(以及在历史上的许多其他国家),他们并不就一切主题,而只是就某些主题进行立法。那么在此环境下,立法形构应当被给予至高的支配地位吗?如果这一过程(即便只是声称)运行完美,那么给予这种至高性就是可想象的。但当这一过程被如此不完美地组织时,给予它至高性看起来就是荒谬的——这是历史曾允许发生的最荒谬的事情之一。赋予一个在组织上如此不规则和磕磕绊绊的体系以绝对如钢铁般的严苛性,就像将一艘只组装了一半机械装置的蒸汽船送进大海这一观念那么奇特。

因此,从这一观点出发,提出下面这一问题是完全合适的:被授权实施司法过程的官员是否不必内在地被给予相对于立法宣告,也即成文法的某种独立性。英美的历史一次次阐明了司法机关事实上是如何独立于成文法来进行法律宣告,也即从事真正的立法的。在今天看来,他们这么做是立法过程掌握在不同机关之手这种不完美体制的一个不可避免的后果。

当然,这里有一个特殊问题,那就是,至少在那部分法律领域——它们已被立法宣告明确地涵盖——之中,司法机关是否也不应当纯粹地从属于立法宣告。但即便在这里,从不完美的立法机制的视角来看,这个问题恰恰问的是,立法批准的智识分量是否应获得这种严格的至高性。这里(就像在其他地方一样),给予立法批准这种至高性的,在历史上是其政治(而非智识的)分量;也即,当主流公众的要求已通过立法机关得到表达时,所有官员都必须服从于它——不是因为它有什么内在值得称赞的优点,而是因为它代表着实际权力的要求。

但这种实际上的主流情感的明确要求并不常见。当代的大量立法只代表立法机关的司法委员会的那30或40位成员的意见,公众情感对它们各方面的细节是完全不知晓的。这类立法宣告是否应对司法机关具有神圣不可侵犯的支配权?

有时(在这一点上以及在后文中)会浮现下面的问题:我们能否信任拥有如此自由的司法机关?难道我们不需要用成文法来拘束它们吗?鉴于我们这个时代和地方的司法人员构成,我们以其他方式(来拘束法官)是否更加安全?无疑,对这个问题的回答可能在不同时代和不同国家是不同的。例如相比于我们当代的法官,罗马裁判官显然更加受信任。但在这里,在这一点上——

这里只涉及司法机关与立法机关之间的问题,坚持下面的主张就足矣:对我们来说,这个问题不仅仅是,我们是否可以信任法官,而是我们是否更相信法官,而非立法者。如果这仅仅是关于法律的这一或那一规则的主流宣告如何以最安全的方式被形构的问题,那么立法机关的常设司法委员会将比最高裁判者的常设席位更有把握得到信任吗?如果我们要将一种神圣不可侵犯的支配地位赋予关于法律的某种官方宣告,那么我们就必须坦率地面对当下实践的事实,而不是根据某些想象中和理论上的事实状态来行事。在今日之法律的实际制定过程中,有什么能保证立法机关司法委员会的日常运作会提供最高智慧呢?

这些就是我们的第一个一般性问题,即司法从属问题背后的某些考量。

2. 即便法官从属于成文法,成文法的支配止步于哪里,从而于此之外任他自由?——司法解释问题

这一问题拥有如此多的处理角度,以至于人们必然只愿意来关注它们中的一些。

(1) 首先,成文法应当(ought)止步于哪里?它应当下降到细节上(去考察),还是仍停留于尽可能抽象的层面?应当满足于宣称"你不当盗窃!",还是应当试图去描述和禁止各种各样的盗窃行为?

当然,这个问题并非为目前的问题所严格包含,而毋宁涉及立法的功能(见后文,第30页)。这里,悲叹一下就够了,因为我们的立法传统从未演化出一种诸如法国人曾演化出的方法来对(用他们的话说)"原则上"(en principe)的宏大问题进行争论。我们自己的更为务实的传统,也即只有当呈现为文本细节问题时

才去争议根本原则,已通过驱散晦涩的观点和迫使聚焦于实践问题提供了一种很好的服务。但过度强调这一点已丧失了智慧立法这个有价值的特征。例如国会在1910年关于《工人补偿法》的争论中,通过构造诸如此类的问题——"对于雇员来说,这部法应当是任意性的还是强制性的?"——在时间和清晰性上积累了很多(有价值的观点)。通过这一方式,文本细节从不必要的争吵中被移除掉,直至主要问题得到解决为止。

(2)其次,成文法的支配实际上(does)止步于哪里?立法意图是唯一的标准吗?

这是向着大量不同的观点开放的领域。在文献中可以找到数以百计的观点。④ 在此让我们仅仅关注一些可商榷的惯常假定。

最有趣的一个惯常假定是,从根本上存在一种实际的立法意志(legislative will)。假如如此,那么它就必然存在于某些地方,存在于某些人那里。现在,它并不存在于一般投票者那里,因为他们之中只有极少一部分事先就熟悉法案的条款。他们不可能想要他们并不知道的东西。作为大众,他们最可能想得到的是一般原则,如降低,而非提高税率;或者废除因欠债而遭受的监禁,而不是保留它。这种意志也不可能在作为整体的立法者那里被找到,因为在十分之九的情形中,他们都不知道或不关心他们所投票支持的法案条款。因此,最终唯一现实的立法意志是一些属于起草委员会的个人的意志。

---

④ See an interesting article by Professor M. R. Cohen, "The Process of Judicial Legislation", in *American Law Review* (1914), xlviii, 161.

直率和明智地承认这一事实当然会影响司法机关应确定和尊重"立法意志"的程度。

另一个惯常假定是,这种"立法意志"是一件简单无差别之事。事实上,至少可以区分出三种建议性要素——意志或意图(intent)、意义(meaning)和动机(motive)。存在一种使用特定的语词的意志或意图。也存在一种附着于这些语词之上的意义或含义。还存在一种有待这些语词来确定的动机或被欲求的对象。在解释私法文件时,这是一个很常见,也很重要的区分。

第一个要素——使用特定语词的意志或意图——在处理通过立法制定法律的问题时很少留给个人机会去质疑。

第二个要素——语词的(具体的或作为整体的)意义或含义——开始打开一个广阔的审思空间。通过私法解释的一般原则,现在客观标准成为主流;也就是说,不是个人的语词用法,而是共同体的语词用法,具有了支配性。在此,司法机关的功能获得巨大的空间。

第三个要素——立法者的动机或所欲求的对象——打开了一个更广阔的空间。这里,立法者或投票者的个人动机可能不再具有任何支配性价值,不仅因为它通常难以确定,而且因为它是如此多样化。一个很好玩的例证是投票选举总统。各种日报的记录说明,在任何100名投票者——他们中有50位支持威尔逊先生,50位支持休斯先生——中,各自的50位都表达出了极尽多样和相冲突的投票动机。只有他们的投票是一致的;他们的动机或许没有任何共同之处。如果在两组得票记录中,投票要根据被分派之动机或对象来进行,而不是简单地在这两个人之间加以选择，那么在这两次投票表决的每一次中，这一百名选民的立场都会有所不同。这说明了什么？通过假定的立法者动机或对象来控制司法机关，就是规定了一种不可能具有实践性的标准，除非碰到的是一种偶然很清晰和无争议的情形。

这就将我们带到了另一个探究阶段，导向了这一问题：既然立法者的动机或政策这一主观标准是一种不具有实践性的标准，那么下面这种客观标准是否会以恰当的方式变得可行，也即，要么是被公众意见大体上感知到和想得到的（特别指涉相关立法的）一般政策，要么是可由司法机关自己确定之共同体需求的一般政策。

无需说的是，具备这两种意义之一的公共政策，现在、一直以来、将来也总会被司法机关或多或少地考虑。对于法学家来说，问题在于：在司法解释的序位图式中，这一标准定位在哪里？对这种添加物的正当的和可知晓的限制是什么？

这里只要提出这一点就足矣：不首先去检验上文提及的某些惯常假定的效力，就无法回答这一问题。

（3）再次，立法语言在多大程度上不具有内在地支配司法机关的能力？

这包含着法律思维的逻辑性质。语词只是符号。它们将复杂的思维过程压缩进一个简单的符号之中，而压缩意味着排除。因而拥有适用成文法语词之义务的人，在适用它时必须再次扩张这一思想。因而司法机关就有了无限的机会和必要性，通过其自身的经验标准（这可能，也必然有别于立法者的经验标准）来重构这一思想。如果我们想起个人与共同体的差别，并将由时间流逝和环境变迁所造成的差别添加到这些差别之上,我们就应意识到,语词远非固定之物;它们是最具有流动性和不确定性的事物。

在马萨诸塞州的剑桥小镇上,在哈佛学院的对面,过去曾有一块古旧的里程碑。在那块不朽的花岗岩上,以刚硬粗犷的字体镌刻着:"1734年,波士顿,7英里"。现在对于那个学院的学生来说,一直以来令他们惊讶的是,里程碑的建造者怎么能犯下如此大错——波士顿离此地七英里。因为一眼看过去,跨过查尔斯河,直接徒步过桥只需3英里就可以(到波士顿了)。但古文物工作者可能已经告诉过他们,在1734年,波士顿曾离剑桥有7英里路程。因为在1734年还没有那座桥,而旅行者必须沿着河岸往上绕上很长一段路,才能通过一个渡口,这使得他的旅程实际上有7英里,就像里程碑的建造者所忠实地记录的那样。时间已使得他的语词丧失了真意。

当然,这种将思想通过语词固定下来的逻辑不可能性,可以在那些由时间带来的变化中以引人瞩目的方式被发现。这些问题包括:根据60年前的法律(它们要求城镇为"载具"[vehicle]维修好道路),汽车(automobile)是不是"载具";根据在留声机被发明出来前被制定的一部法律,留声机唱片是不是有资格得到保护的音乐"拷贝";诸如此类等。但它也内在于不受时间变迁或地点影响的法律制定行为之中。《联邦司法法》之下公司的公民身份;《工人补偿法》(被界定为只适用于在工作场地"之内或附近"受到的伤害)的适用范围;对一个遗嘱见证人(根据该遗嘱,他是"受益人")进行遗赠的无效性;这些以及数以千计的其他例子说明了这一真理。

但这只是从通过成文法语词来控制司法机关之内在逻辑的不可能性中产生的最简单的困难。至于它更加精微的方面,及其更加深刻的起源,读者可以去参考本论文集所收录的乌尔策尔博士的大师级论文——《法律思维的方法》。

3. 进一步的追问是,法官在多大程度上受到其自身先前之声明的支配?——司法固化问题

在此,人们从一开始追问,为什么法官被期待去遵从他自己先前的声明?当然,直接的回答是,因为法律相较于非法律的内在本质在于其统一性(uniformity);而我们体系的基本预设是,要通过法律来寻求正义(当他人提出争议时,确定个体对生命中任何事物的份额)。

当我们保留追问作为法律之要素的统一性(抽象事物)是否必然包含着作为正义之要素的统一性(具体事物)的权利,我们可以继续去追问,可归属于统一性的优点是什么?在此,被普遍认可的答案看起来是,由此确保了三种被欲求的优点,即平等(Equality)、稳定性(Stability)和安定性(Certainty)。故而我们的问题就变成了:遵循先例(stare decisis)在多大程度上可以确保平等、稳定性和安定性?

(1)平等并非必须要靠遵循先例来实现。平等是现在身居法律之下的人所欲求的东西;它并不要求对当代的人和过去的人或未来那代人予以相同对待。冈珀斯(Gompers)不需要受到与汉普登(Hampden)平等的法的调整,或与乌托邦的公民平等的法的调整,只要他受到与哈里曼(Harriman)平等的法的调整就可以了。因此,平等并不要求更长期间的遵循先例,而只须在当下前

后的短时间内有意保证我们自己这代人之间的平等即可。

(2)稳定性确实是遵循先例的产物;但相反的主张,即遵循先例对于稳定性而言总是必要的,却是不对的,然而这个相反的主张却是隐含于日常生活之中的主张。一旦涉及对契约的信赖以及对财产的保障,就必须坚守先前的法律声明,只要这类信赖和这类保障依赖于它们,但也只是在此范围内。规则在一个新的具体案件中发生的改变必然会影响先前的契约和财产吗?如果今日某最高法院认为,将承诺投放于邮箱之中时合同成立——它改变了将承诺达到视为合同成立的规则,难道它不会让所有在这一判决宣告前成立的关系继续有效吗?换言之,稳定性是为个人的具体关系,而非为抽象化所需的;而在例外情形中,前者可以在不保持后者的前提下得以保持。立法机关毫不迟疑地遵从了这一区分;议会立法的每卷文档都包含着以这一条款为结尾的成文法:"这一法案应从1月1日开始生效,且不应适用于这一日期之前的任何已成立的合同或已发生之诉讼案件。"为什么在运用遵循先例这一司法原理时不能受到相同限制呢?这将是个有趣的试验。

(3)安定性是遵循先例的第三种被假定的美德。安定性的理论价值为何,确保它的最适宜的方法是什么,都是有趣的问题。但不强调实用性的要素,就难以去反思这部分问题。对于新闻调查而言,事实上我们的实践又在多大程度上确保了安定性呢?不那么频繁地去乞求遵循先例是否会在司法中给予共同体更少的安定性呢?当下安定性的明显缺失是要归咎于其他原因,还是归咎于遵循先例对于这一目的内在的无能为力?在像法国这样的国家(它从一个世纪之前就开始否定[遵循先例]这一原则,但却逐渐在某种程度上认可它)中,是否一直就有充分的安定性?

并且,如果我们将目光从一般意义上的共同体移开,去关注法律实践者的职业群体,我们能在多大程度上假定,对安定性的赞颂要部分归因于这一职业群体的纯粹的思想便利? 我们不会经常听到像埃伦伯勒勋爵(Lord Ellenborough)的那种天真的坦承,但它极具重要性:"如果这一规则要被改变的话,那么头脑里储藏着这些规则的法律人就不再会比任何其他没有储藏这些规则的人做得更好。"

对于这一主题的讨论可以多得多。但同样地,这里必须对惯常假定提出挑战。而本论文集中的论文提供了那种挑战。

4. 剩下的另一个问题是,是什么向他提供了任何其他指引或支配,后者优于他自身刹那间未及言表的正义感? ——司法矫正问题

就像我们所有人都假定的那样,法官必须"被矫正"。也即,要通过适用抽象的法律来实施具体的正义,就必须有一些标准来指引他。我们不想要传统阿拉伯酋长的那种毫无意义的正义——个人一时兴起和刹那间观念的正义。那么,如果他并非机械地受到成文法和先例的支配,替代物又是什么呢?

放松一下自己,这不必然会像看起来那般成为洪水猛兽。无论何时,当某个职业阶层坐在法官席上时,抽象的法律就总是会发挥支配性的影响。从初民时期的巫师法官时代直至当代,就一直是如此。此外,常识(也即普通的和无争议的感识)和共同政策也提供了大量的材料。在这一界限之外存在着可质疑的

领域。毫无疑问,就法官对这一领域的使用而言,存在着审思的空间。他们能否安全地放纵自己滑入这一领域?这是"自由法律发现"和"自由探究"(libre recherche)的问题,它的需求与危险将在本论文集中借由惹尼、埃利希和其他法学家的锋利笔端来讨论。

让我们不要极度轻视这些危险;让我们只是不要去夸大它们。并且,为了能从它们的前景中获得慰藉,让我们记起至少两个相关的情境:

首先,我们自己的最高法院长久以来充分和有意识地从这一无边际的公共政策领域出发进行推理。这些意见充斥着这类讨论,而今日的某些最重大的问题并不是通过更加确定的指引和支配来解决的。随机选取的例子有:解决了关于无外力冲击所引起的疾病(神经休克、"铁路事故症候群"[railway spine]*等)的法律的判决,在此,现代个人伤害之诉的已知条件已提供了裁判的主要依据;关于病人在医院里签署的出院单的法律,在此,显然确定的文书执行原则(principles of documentary execution)已服从于可适用于这一情形的政策;关于一般意义上的侵权豁免的法律,在此,现代条件在许多方面都要求既不单独依靠先例,又不单独

---

* "铁路事故症候群"是19世纪对铁路事故中乘客的创伤后症状的诊断。在19世纪初期,火车碰撞是经常发生的事情,而当时的木质结构火车对乘客没有任何的保护。有人声称他们在火车碰撞中受了伤,但是无法提供明显的证据。19世纪末,人们对"铁路事故症候群"的本质展开了激烈争论。德国神经学家赫尔曼·奥本海姆(Hermann Oppenheim)主张,所有铁路事故症候群的症状都是由脊柱或大脑的物理损伤造成的,法国和英国学者(尤其是让-马丁·沙尔科[Jean-Martin Charcot]和赫伯特·佩吉[Herbert Page])则坚持一些症状可能是由癔症引起的。约翰·埃里克森(John Erichsen)观察到,在铁路事故中最可能受伤的是那些背对加速方向的人,这类似于鞭打的伤害机制,并且铁路事故除了造成身体创伤,还会引起创伤后应激障碍和其他身心症状。——中译者

依靠成文法。这个清单可以无限扩大。将这一"自由探究"的领域进行扩张在方法上没有什么新意。

其次,法官的自由在任何情形中都不得超过立法者的自由,长久以来我们都平和地看待(和忍受)后者在推理时的自由(和特许)。在对发生于立法机关的司法委员会中的争议进行反思时,当呈递的是某种日常的私法措施时,推理的范围有多大?那么特殊的个性、令人恼怒的不相关性、被忽略的假定、狭隘的视野、固执的偏见、对事实和需求的漠不关心呢?这些立法者在他们支持法律宣告的动机和推理之中,确实在进行"自由探究"。但我们已经认为这是理所当然的了。我们为什么不接受法官也有这种自由呢?

毕竟,这部分问题或许不像另一部分问题,也即划定界线的必要性那么麻烦。在司法运作和立法运作之间的某处,(通过假设)必须要划定一条界线——只要至少这两类官员各自都被维系去实现两种一般目的。现在,当一个具体的案件被呈交给法官时,假如没有可适用的成文法的话,在哪些案件类型中他应当克制不去进行"自由探究"?这些案件类型如何来界定?

例如,如果一个针对某位烈性酒销售者的妨碍之诉被提起,而没有任何被制定的成文法宣称销售烈性酒是违法的,法院——如果它拥有这一确信,即销售烈性酒对于地方福祉是有害的,而这位烈性酒销售者的商业行为尤其如此——可以宣告这个法律,并限制他进一步的商业行为吗?这个特殊的论题迄今为止都被视作只受制于通过立法的法律宣告;而衡量正反两面的政策构成了立法机关已设定过的议题。我们可以假定,对司法功能与立法功能之间界线的任何界定都意欲将这一论题分配给后者。但何种界定将有效解决这一论题以及类似的论题呢?

在此,我们瞥见了一个反对扩张司法机关之"自由探究"——自由裁判的幅度——的重要论据。这一主体施行正义的功能能够通过保持独立,即远离公众喧哗的压力来实现。这样一来,如果我们允许他们(相比于现在更加自由地)进入公共政策领域,我们就恰恰会使他们遭受那种独立性的损失(我们试图基于其他理由来为他们确保这种独立性)。立法机关是对暂时的公众意见作出回应以及显示多数人意志的主体。我们是否希望另一个主体*也重复这种功能呢?难道我们不需要这样一个作为正义分配器的主体吗?它应当主要关心法律的专业材料,并独立地参与后者的发展。司法机关与立法机关的关键差别难道不在于,一者应该回应大众意见,而另一者应对它保持独立吗?假如如此,我们能通过我们传统体制之外的其他方式来确保这一点吗?

在此,在这些问题上,的确可能存在谬误。因为,作此假定——即便是立法者也应当对流行的公众意见作出回应——是正确的吗?这一假定与代议制政府相符吗?民众应直接在立法机关的座位上发声?或者,难道我们祖先的最佳传统实际要求的不是立法者应当是独立的思考者、立法主题方面的专家,以及拥有投票权的大众的导师,而不仅仅是其信使?

无论如何,这些问题揭露出问题的复杂性,也靠近了我们的下一个主题——立法的功能。

---

* 指司法机关。——中译者

II. 立法的功能

> 作为理想,固然人人可以各抒己见;但完全不可能实现的理想,这就近乎妄诞了。
>
> ——亚里士多德:《政治学》,bk. ii, ch. vi, 1265a. *

立法问题通过两种方式触及了科学领域:形式问题和内容问题;或者用现在已开始获得认可和明确含义的术语来说,这些问题是立法技术问题和立法政策问题。

在这本论文集中,一些章节处理了立法技术的难题,或它们中的一些;但就立法政策——国家应当尝试的立法类型,或在提出立法观念时应遵循的方法——而言则言之甚少(除了一些建议之外)。在本论文集中,对立法政策问题的这种特别的匮乏绝非偶然,而看起来主要应归咎于文献(对这一问题)的缺失⑤——在汗牛充

---

* 译文采自亚里士多德:《政治学》,吴寿鹏译,商务印书馆1965年版,第63页。

⑤ 事实上,可以发现有一些著述拥有如"立法的原则"这类很有希望的标题,或类似重要的名字;但不幸的是,这些著作中没有一本以逻辑上广泛的方式来处理过立法政策,甚或指出立法应当或可以达成的方法论标准。See Mably, *De la législation ou principes des loix*, Amsterdam, 1777; also in his *Œuvres*, 15 vols., Paris, 1794—5. Iusti, *Grundsätze der Policeywissenschaft*, 3d ed., Göttingen, 1782; Filangieri, *Scienza della legislazione*, Napoli, 1783; also in his *Œuvres*, 5 vols., and commentary by Constant, Paris, 1832. Bentham, *Principles of Morals and Legislation*. Comte (Charles), *Traité de la législation*, 4 vols., Paris, 1835; W. Jethro Brown, *The Underlying Principles of Modern Legislation*, London, 1912.

然而,十分正确的是,从处理关于法律、社会和国家的解释观、哲学观和历史观的大量文献中,大量观念被汇集起来。它们是以下这些人提出来的:柏拉图、亚里士多德、维科(Vico)、阿奎那、孟德斯鸠、萨维尼、赫尔德(Herder)、巴克尔(Buckle)、边沁和塔尔德(Tarde),或去本系列的各卷著作中寻找灵感的话,还有埃利希、惹尼、耶林和科勒。但要一开始就从如此分散的来源中对融贯的观念作出选择或概览,本身就包含着一种创造性的努力,堪比对本质问题的原创性论述和加工。

栋的论著和论文以及各种类型之观念的扩散中,这种缺失看起来是一种奇怪的情形(假如不是难以置信的情形的话)。⑥

1. 数个世纪以来贡献给法律制度之理论面向的智识努力以下面这些问题为中心展开:正义的概念、法律的本质与渊源、政府的起源、最佳的政体、主权的观念。

自然法观念一直以来,也继续在这些研究中居于支配地位,也不幸地将注意力从"是什么"转移到在(假定的)自然秩序或理性秩序中"应当是什么"。这种态度曾认为生活的诸种事实是不言而喻的。自始至终,人们不仅假定,社会现象可被充分理解且处于这种思维能力——它曾不止一次声称一切哲学都是其领域(常识)——的掌控之中,而且假定,这些现象在各方面都处于立法的潜在控制之下。没什么比下面这种幼稚的想法更令人熟悉了:一旦发现了某种社会的(现实的或表面上的)恶,那么剩下的就只不过是制定某种类型的法律而已,于是对准的那种不完美就可以自动消失。

在一种与这些错误观念密切相关之程序的基础上,法律科学的任务被认为在于,根据自然或理性来说明或批评法律制度。

在尝试来处理立法政策的问题和方法之前,讨论上述这个命题是可行的。

(1)首先,法律现象被认为是可以被说明为纯粹的自然现象,认为法律类似于,甚至等同于物理科学的法则。⑦ 在纯机械的

---

⑥ 必须注意到一个例外,也即科勒的《法哲学教科书》。它似乎是立法政策领域的最深刻和体系化的著作。这本书的价值需要被更好地认识。

⑦ 参考物理基础来获得语言是对这种观念的有趣的例证。取一个法律术语的例子:Ius[法]被认为可溯源到雅利安语词根"Yu",意思是拘束或合在一起。See Jhering, *Geist d. röm. Rechts.*, i, 218 (6th ed. 1907); and contra Bréal in *Nouv. Rev. Hist.* vol. vii (1883), 625.

意义上,在法律现象的演进中有"进展"(corsi)⑧、"循环"(recorsi),甚至"螺旋式上升"(spirals)⑨;在生物学的意义上,⑩有遗传、选择、分化和存活。⑪ 我们既不质疑,这类说明在其更大意义上是有趣和重要的,也不质疑,在同样被放大的意义上,这些观察建立在这样一个真理要素的基础上——它暗示了一种内在的相互性以及一切生活事实与自然之间的关系。这一主题已被如此经常和全面地考虑过,以至于这里只要这么做就足矣,即提供那些具有足够科学价值的理论,并指出(这对于我们现在的目的而言是重要的),社会现象的这种墨守成规——就这类现象受制于僵化的理解而言——也牵制着立法者,使其意志屈从于盛行的生活反冲力,或当这种反冲力与更高的力量相对立时打破这种反冲力。⑫

(2)同样,人们曾做过这种努力:不是简单地根据无意识的自然去说明法律现象,而是用自然来评价它们,即当法律条例和法律制度符合或不符合事物之自然秩序时,断言它们的好坏。⑬

很清楚的是,法律要能有效运作,就必须承认存在限定权利

---

⑧ Cf. Vico, *Scienza nuova*, cf. del Vecchio, *Formal Bases of Law*, pp. 27 seq.

⑨ Grasserie, *Principes sociologiques du droit civil*, Paris, 1906; *Principes sociologiques du droit public*, Paris, 1911, p. 13.

⑩ Cf. Kuhlenbeck, *Natürliche Grundlagen des Rechts und der Politik*.

⑪ 在此语境中,存在将有机生命的观念运用于社会构成物的做法。See Schäffe, *Bau und Leben des sozialen Körpers*; Spencer, *Principles of Sociology*; Espinas, *Les Sociétés animales*, p. 128; Demoor, Massart, and Vandervelde, *Evolution by Atrophy*, Mrs. Mitchell's tr., N. Y. 1899, pp. 7 seq.

⑫ 顺便一说,这种观点的法学任务在于废除法律命令论的适用,即便是在文明社会。Cf. Maine, *Early History of Institutions*, Lects. 12, 13; Bryce, *Studies in History and Jurisprudence*, ii, 44; Salmond, *Jurisprudence*, 3d ed., pp. 48 seq.

⑬ 因而从这一立场出发,亚里士多德承认奴隶阶级的存在是合乎自然的。"在本质(或自然)上不是他自身之物,而完全是他人之物的,在本质上就是一个奴隶;是他人之财产的人仅仅是前者的动产,虽然他依然是人。"*Politics*, cap. iv. 1254a seq.

和义务、自由和权力,以及能力与无能力的自然秩序。为了赋予一个婴儿以王权,一个重要的仪式对于世袭制的继承而言仅仅在那个时刻是重要的。法律关系在很大程度上受到被成功主张的自然需求、能力和生活条件的型式的塑造。这看起来在一切法律制度中都很平常,尤其在身份法领域中体现得很直接。⑭ 各种形式的亲属关系、婚姻的束缚、家庭、宗族和部族义务——母系氏族制、父权制、异族通婚、内婚制、寡妇与亡夫之兄弟结婚的制度、家父权、男系亲属、永久监护、宗族情谊,以及它们的现代发展无疑已在一种可以或被认为可以在外部自然中发现的习俗(rita)中找到了其暗示。

时光之流已从实质上改变了对自然的解释,而在个别问题上,诸如人类奴役的问题,关于自然理性的相冲突的诸观念已经生发。但古代人的基本想法(除宗教要求和经济考量外,它们必然拥有自己的说明),即对个人关系领域中之自由的限制具有一种客观的自然基础,直至今天依然有效。⑮ 各种各样的婚姻制度、未成年人和已婚妇女的无能力、监护关系、抚养法等,显然基于自然缺陷、自然义务或权力之上。

然而,在这一方向上出现了某些稀奇的说明,它们试图通过与外部世界现象的类比或对它的描述来说明或批评实在法的规

---

⑭ Cf. Dig. 1, 1; 1, 5, 14; 1, 5, 24; 1, 7, 1; 1, 8, 2; et passim. 因此,它提出(Dig. 1, 7, 15, 3):"此外,一个人不应当霸占他人的自由民,也不应当霸占年长于自己的人;因为(16. h. t.)收养关系只允许在彼此之间可能存在自然关系的那些人之间存在。"因此,西塞罗说,收养一个年长的人不仅"违背了神法"(contra fas),而且"违背了自然"(contra naturam)。

⑮ 这种人类关系的客观基础代表着古典自然法的观念。See Gény, *Science et technique en droit ptivé positif*, ii, 274.

则与制度。⑯ 自然的事实不可忽略,但它总是一种不成熟之法律发展的象征,如果法律领域被其他领域的思维统治或与之相混淆的话。⑰ 法律是自治的,作为一种被设计用来调整人类关系的人类制度,它不能被自然或外部事实统治,除非这些事实本身显现在法律关系之中。

外部思维领域影响法律规则之制定和适用的最后据点,是古

---

⑯ 毕达哥拉斯提供了最早的例子之一。在他看来,正义就是平等的相同的数字(*equally equal* number)。人们对于这一公式曾给出各种解释,也作了大量的努力来选择有意向的特殊数字。顺带可以在此再记录一种解决办法。表征正义的魔力数字很可能是数字9,这里会发现,它所参与的各种公式推导总是会得出它自身。因而1+2+3+4+5+6+7+8+9=4(+)5=9。同样,9+9=1(+)8=9。以及 9×9=8(+)1=9。最后,将数字前后相乘(1×2×3等),而最终结果的相乘或相加,也得出了同样的答案。Cf. Berolzheimer, *The World's Legal Philosophies*, Mrs. Jastrow's tr., pp. 52 seq.

对正被考虑的这一命题的一个例证,是科姆斯托克(J. Comstock)所说的:"没有人能够被说成拥有一匹马或一幅画,除非他能辨别这一动产,或者能指出哪匹马或哪幅画属于他。除非它们被确定并区分于其他事物,否则在法律上和逻辑上都不可能对这些事物拥有产权。"(Kimberley et al v. Patchin, 19 N. Y. 330.)法庭认为,这一规则可以"被恰当地称为理性和逻辑规则"。

在建构法律规则时,取自自然的均衡观念一直都是一个非常重要的因素。对这一理念的完整探究既有趣,也有价值。可以提出一个例子:在古老的普通法中,一份盖印文件只能通过一份类似的文件才能被撤销。履行是不够的(Leake, Dig. Con. 877)。

近来有位作者得出了某些基于自然法的重要结论,例如,胎儿由其母亲所有,法律对此无法控制,直至它成为法律主体。Poche, *Die Stellung des Kindes gegenüber den Eltern vom Standpunkte des Naturrechts*, Berlin, 1907.

对上述观点的进一步例证是血统继承制。参见科勒对"家族分享"(Stammteilung)的描述。Kohler, Lehrbuch der Rechtsphilosophie, 135. 说明罗马法学家认为自然法属于实在法的一部分,还有大量其他例子。See Korkunov, *General Theory of Law*, 123 seq.

⑰ 经常有人指出,早期法典中对晚期被称作自由之物的调整会与义务相混淆。See particularly, the Pentateuch, Code of Manu, and the Koran. Cf. Dig. 1, 2, 8, et seq. 今日之趋势看起来是重新趋向于窄化自由的领域。这一趋势可能被期待一直增长,直到现代社会向着初民阶段的僵化性衰落为止。当然,这一运动的心理学基础完全不同于驱动初民的(心理学基础)。初民的"参与法"(它具有神秘的性质,忽略了矛盾律这一逻辑规则)将被基于经济学概念的关于参与的实体法所取代。Cf. Lévy-Bruhl, *Les fonctions mentales dans les sociétés inférieures*, Paris 1910, pp. 68 seq., 425.

代形式逻辑,即逻辑⑱、数学和力学的领域。每个起点或改变都有其原因,这一准则堪比"无过错,无责任"这一规则。没有事物能无中生有,这一规则对应于下面这一学说:某人不能转让不属于自己的东西(多于自己所拥有的东西)。排中律(任何事物,要么必然是,要么必然不是)——就像每个大学生都知道的,它即便在误用的逻辑领域中也呈现出充分的机会——已被运用于许多法律规则。事实上,普通法的全部领域都是排中律的其中一个领域。

欧几里得几何学和亚里士多德逻辑学现在看起来变得不可信了,但在先前的那代人中,它们无疑以上文所提示的方式,在通过类比和描述来建构法律规则的过程中扮演着重要角色。将它们运用于法律之中的困难,首先在于它们操作领域的狭小,其次在于这些形式科学所获得之客体与法律所获得之客体的差异。这一事实可以阐明:在逻辑上存在两种可能的备选方案之处,在数学中将发现三种,而在法律关系中将发现无数种。⑲

(3)通过理性来说明法律制度的努力,采取了一种纯演绎的立场。正如德尔·维奇奥所言,"正式的法概念隐含在关于法律事实的知识(无论是什么)之中",它"并非由它获得具体存在这

---

⑱ 有另一种对逻辑的误用,它就像上文所指明的那种一样可受到反对。它体现为在某些地方——在此,法律体系即便对于有学识者来说也过于深奥——上对区分的过度精致化。判例法体系尤其具有这种倾向,在此,律师所作的必要区分在某些领域中达致了一个逻辑一般化不可能的点,而在那一领域中每个案件事实上都是一般性的法律规则。See for an example of this, *Calumet and Chicago Canal and Dock Company v. Conkling*, 273 Ill. 318.

⑲ 演绎方法使得法律科学的资料变得可践行和可理解,这一必要性当然要被承认。现在讨论的要点不能与这一问题相混淆。Cf. Cohen, "The Place of Logic in the Law", 19 *Harvard Law Review*, 622 seq.

一事实来创造"[20]。这里所代表的态度完全是非历史的,对于立法的客体来说也无甚用处。很可能数学的或逻辑的形式构成第一位的形式(prius),但绝不能得出这样的结论:这些形式的内容由形式的预先存在决定。可想象的是,有机体的生活可以在脱离法律这一社会现象的前提下存在,而为了在这类条件下去主张法律的逻辑优先性,(为了连贯性的目的)就要求,这一主张同样适用于一切其他可能的关系与条件。[21]

法律并非超自然的产品或纯粹理性的议题;它甚至不是主权者的命令或人民的意志。我们不当在此在数以百计的尝试之外,添加上另一种关于法律的定义[22];但我们可以带着极大的自信敦促说,不受经验支持的或通过直觉洞见来强化的(极少有可能如此)智识主义标准从来就不可能成为立法者行动的有益基础;这类程序除了基于被掩盖的动机之上,不可能有有益的实践问题。[23]

---

[20] Del Vecchio, *Formal Bases of Law*, cap. x. f.

[21] 德·迈斯特(de Maistre)的反对意见——德尔·维奇奥引用了它(op. cit. p. 117),而他(德尔·维奇奥)说它是为了触及一个古老的诡辩——看起来对试图使得法概念普遍化的做法提供了一个完整的回答(尽管是笨拙的方式)。德·迈斯特说:"我在一生中看到过西班牙人、意大利人和俄罗斯人,多亏孟德斯鸠,我甚至知道还有波斯人,但我宣称终我一生我从未遇到过一个波斯人。即便他存在,我就是不知道这一点。"

[22] For collections of definitions, see Rümelin, *Eine Definition des Rechts*; Baumstarck, *Was ist das Recht?*; Holland, *Jurisprudence*, 11th ed., pp. 20, 43; Korkunow, *General Theory of Law*, Hastings' tr., pp. 79 seq.; Trendelenburg, *Die Definition des Rechts*; Pound, "Theories of Law", *Yale Law Journal* (Dec. 1912).

[23] 伯罗茨海默曾指出这一原则具有重要的社会和政治意义,并认可格奥尔格·阿德勒(Georg Adler)的陈述。Berolzheimer, *The World's Legal Philosophies*, Mrs. Jastrow's tr., p. xiv. Georg Adler, *Die Bedeutung der Illusionen für Politik und soziales Leben*, Jena, 1904. 可能有人会认为,同一种观念在性质上是普遍的,就像例如可以在下面这些现象中被发现的那样:图像在视网膜上的倒置、表面看来太阳围绕着地球运转、光的折射、植物和动物的保护色等等。风度、道德和时尚是如此彻底地充盈着这一原则,以至于可以说,它们没有其他根基。Cf. also, Dernburg, *Die Phantasie im Rechte*, 2nd ed., Berlin 1894.

经常会显现出的现象是：虚幻的观念和科学上不切实际的计划经常能够在世界中产生这样的结论，即从有限的智慧的角度看，它们是，或至少看起来是有价值的。演绎方法及其特征理论从纯粹理性——它曾服务于将国家从教会中解放出来，建立了国家之间在理论上的平等性，并赋予了18世纪的"人权"宣言（它保存在那个年代的政治文献之中）以哲学基调——的纯洁喷泉中涌出。现在，它的后效清晰可见。这些观念并没有在德国各邦的政治和经济生活中产生并保持影响，就像在拉丁国家和英美国家那样，而这一结果已转变为看起来对商业霸权的竞争，这种竞争现在存在于最古老的法庭——最高战争法庭的裁断程序之中。[24] 这些概念在普通法国家的私法中所扮演的角色，以及在法律制度从个人主义转变为社会主义时面对的概念变迁（这一运动尚处于起始阶段）所遭遇的难题，是近年来已为人们所十分熟悉的叙事内容。[25]

故而几乎无需提醒的是，通过理性来说明法律的知识结构的尝试属于自然法的大量变体之一。[26]

---

[24] "在人类事务中，观念相比于事件（无论如何重大）是更有效和重要的行动者——柏拉图的正义观、斯多葛的自然法和理性法将继续影响人们的思考和行动，即便在一切国事诏书（Pragmatic Sanctions）和金牛（Golden Bulls）蒙尘和被遗忘很久以后——这是大多数哲学家以及一些历史学家愿意得出的结论。"Holland, "Nature, Reason, and the Limits of State Activity", 25 *Phil. Rev.*, 645.

[25] 在美国，尤其为庞德所叙述。See Pound, "The Scope and Purpose of Sociological Jurisprudence", *Harvard Law Review*, 1911-12, 以及该作者的大量其他文献。

[26] 基于"常识"将自然法运用于对既有权利、契约自由等的超宪法限制和保护的创造过程的做法, See Haines, "The Law of Nature in State and Federal Judicial Decisions", 25 *Yale Law Jour.* 617-657。

此外,待检验的观点假定,历史或多或少是形而上学目的、观念、㉗人类天性中固有的理性品性,或对社会逻辑之机械表述㉘的完美发展。据称,历史调查的主要功能在于证明和充实演绎或理想的过程。

(4)还要谈谈通过理性来评价法律制度的做法。批评和说明的过程十分相似。由于不同的、通常相互冲突的哲学信念(它们已成长为社会问题)被从这个或那个角度来考虑,且因为那种说明的方法(就像我们曾发现它便于进行这一讨论那样)将具体现实关联于生活的宏观外廓——关联于从外部自然视角来看的世纪性波动,或关联于理性领域的统治性原则,根据理性进行批评的方法就被给予一个独立的位置。

这一方法与理性主义的说明方法的主要区别在于,它下沉到了细节之中。它从观念和抽象化的领域过渡到了具体事物的世界。为了这一目的,法律现象被一个苍白的概念所涵盖是不够的,它们必须依据它们的价值从实践上被权衡、度量和评价。但这种转换的过程充满了疼痛和冒险。在从观念领域过渡到现实事物之世界的过程中,必须进入一个距离较短而又高深莫测的海湾。这一旅程或许会被遗忘,并带来新生。因此,单独凭借理性来对法律观念和实践进行评价的尝试很可能成为这样一种主观

㉗ Hegel, *Grundlienien der Philosophie des Rechts*, pp. 18 seq. ; *Phänomenologie des Geistes*. 参见来自法哲学的另一个阵营的观点:"我们应当将历史及其有机性看作是一种隐含的目的的展开。在此意义上,一系列的特殊实在法在我们看来都由向着自然法发展的趋势统一起来。这一由先验思维理解为绝对和普遍必要的、优于和先于任何经验中之适用的趋势,通过长期和辛勤的历史酝酿才会发展成这般。" Del Vecchio, *Formal Bases of Law*, p. 326.

㉘ Tarde, *Les Transformations du droit*, cap. Vii, 7th ed. , Paris, 1912.

方法,它会主张一种远古的哲学血统,但却已丧失其形而上学的权利证明。㉙

在当代理性主义方法中,有两种主要的逻辑变种,它们又可被还原为许多亚分类。第一个变种是18世纪自然法,它区别于其他类型自然法之处在于努力去发现优于实在法的具体而固定的法律规则。㉚ 第二个变种具有一种重要但可争议的哲学根基,它通过短语"内容可变的自然法"而为人熟知。㉛ 然而,自然法的论题是如此宽泛,在一切文献中也都如此熟悉,㉜以至于以恰当的讨论顺序记录下这种智力现象,而无需作出进一步的努力来指出其影响力,我们现下的目的就得到了满足。

总结来说,历史研究兴起之前,整个时期的态度总体而言是,将一切社会生活现象都视为其存在或其价值都受可在外部自然的怀抱中或在人类心灵深处逐步发现之法则的统治。完全缺乏触及法律现象之社会生活的原因或结果的精确信息。事实被归

㉙ 例如,博伊斯特尔就如此认为,他将自己联系于罗斯米尼(Rosmini)以及可以追溯到柏拉图的一般观念。Boistel, *Cours de droit naturel*, Paris, 1870, pp. 28 seq. Cf. Gény, Science et technique en droit privé positif, seconde partie, Paris, 1915, pp. 280 seq. See also, Bergbohm, Jurisprudenz und Rechtsphilosophie, i, p. 35.

㉚ 它们通常基于一种平白地或想象地获得的演绎原则之上,甚至就像博伊斯特尔所做的那般,他的起点在于"人性的不可违背性"。在此我们必须要记录下,我们未能理解,为什么即使延伸至水晶的生命原则也一直未能得到认可,而只是划出关于人类的限制,他们中的很多人——至少在最低的发展阶段——几乎没有优于类人猿这种社会类型。

㉛ M. R. Cohen, "Ius Naturale Redivivum", 25 *Philosophical Review*, 761; Stammler, *Die Lehre von dem Richtigen Rechte*, Berlin, 1902, pp. 137 seq.

根据德尔·维奇奥的观点,法概念并不包含一种实质内容,因为这会摧毁法律原则——它们只包含"法理念的形式,或者必然出现于每种法律现象之中的东西"——的决然效力。因此,法律被定义为"根据伦理原则对人们之间可能行为的客观协调……" Del Vecchio, Formal Bases of Law, pp. 217 seq.

㉜ See especially, Bergbohm, *Jurisprudenz und Rechtsphilosophie*, i. Leipzig, 1902, pp. 12 seq. 331 seq. (for England and America); Ritchie, *Natural Rights*, 2nd ed., London, 1903; Pulszky, *Theory of Law and Civil Society*, London, 1888.

纳起来,概括(一般化)在这种不牢靠的基础上被自由地建立起来。[33] 关于法律、主权和社会的理论与相对立的理论相竞争。国家被推翻了,宪法诞生了,而经济的、法律的和政治的纲领开出花朵,并在这一海绵状的土壤中结出了果实。

然而,只要这些陈述中隐含着一种误导人的或具有迷惑性的动机,在这种社会剧变的过程中就没有什么不真实的东西。军事冲突、寡头执政集团和专制统治者的兴衰、商业活动的波动和回潮,以及不断变迁的经济支配和依赖的时期,都是非常真实的事实。如果更大的世界政治和经济运动总是被要求,并得到有计划的支持(在其中,发生的事件总是揭露出,得到的结果曾被错误估计了[34]),那么目的假象[35]在被转换为事实时就会变得既会触及经验材料,又会得到颠扑不灭的形而上学的强化。

历史研究的兴起激发了一种新的思维方法。纯粹演绎过程被认为能在脱离经验的前提下足以说明社会生活事实,类似地,也被假定能在不对这些事实进行调查的前提下建立价值标准。这一过程为对历史的归纳程序所取代。这一运动在范围上无所不包;它不只是影响了社会科学,而且遍及整个知识领域。在历史学派内部,形而上学的因素不可避免极大比例地进入每场运动

---

[33] Cf. Comte (Charles), *Traité de la législation*, vol. i. p. 330. 巴克尔在细节上阐明了这一点。Buckle, *History of Civilization in England*, vol. i. pt. Ii, cap. xiii.

[34] 科勒的一句话切中肯綮:"处于半野蛮状态的马其顿人的野心摧毁了波斯帝国,而东方文化的血液倾泻在了西方国家之上。" Kohler, *Die Entwicklung im Recht*, xiv Grünhuts Z. 410 seq.

[35] 如果不作任何努力来运用各种可变的知识来源(它们处理社会事实),那么预测,甚至说明社会关系的固有困难,有意改变人类行为过程之尝试的效果就会被强化;而"无论我们能发现何种社会法则,它们总是要比在其他科学法则的情形中的偶然性大得多"。Tanon, *L'Évolution du droit*, p. 65.

之中,给予它那种看起来为人类心灵所要求的理性主义基础。这些因素很快就尝试以这种方式从罗马法材料上升为一种法律制度的世界观:正如被经常指出的那样,㊱它类似于自然法的演绎方法。

这场历史运动很快就一方面被实证主义,另一方面被进化主义泛神论(evolutionary pantheism)接替。伴随着康德主义的一种历史革新形式的复兴,达到了这样一个阶段,它在此刻由法哲学领域的两种形式的现实主义理念论(realistic idealism)——新黑格尔主义和新康德主义——以及各种其他类型的理念论和唯实论(现实主义)来代表。

就涉及立法方法而言,所有法哲学家看起来都完全一致地接受经验。只有在关于程序的细节问题上和在经验结果的解释上才存在差异。这一事实对于社会制度的未来而言极端重要,而当法律职业成长为一种"世界观"(Weltanschauung)时,可以期待法律本身(得到新社会观念之建议的辅助)将呈现出一种堪比在自然科学领域各个方面都可见之进步的发展。

人类努力的可能性(如果不是无边界的话)尚未被限定。未来不仅有希望,而且也可见证对人类物质文化的极大膨胀作出合理承诺,人类对自然力量的控制力的发展,新的需求和活动的展开,对思想和行动自由的一切形而上学约束的废除,贫困和疾病的不断减少,最后还会达到这样一个阶段——物质需求被有效地满足,自由以其最高形式被实现。

在不扩展知识要素之视野的前提下,至少上述情形是可想象

㊱ Cf. Bergbohm, *Jurisprudenz und Rechtsphilosophie*, i, pp. 480 seq.

的。从我们目前已知之社会的立场来看,必须承认这一计划具有乌托邦的性质;但无法否认的是,我们已经迈出了最开始的几步,某些被指明的这类情形是一般的社会哲学家的希望和期待。所以必须承认,实现(它)的过程要花费一个或数个世纪,如果它没有被社会或自然灾难阻碍的话。我们对于生活的解释会有所不同,就什么是可欲的、什么是可行的仍然会存在无法被裁断的(观点)竞争;但仍可以在广大的问题领域中获得实质性一致的观点。

在获得可以被认为是社会之理想形式(无论是什么)的过程中,无论如何强调这一点都不为过:社会之性质本身就存在对法律实效的某些严格限制。法律是僵死的字母,除非"它起作用";而除非直到它适应它所运行于其中的社会的物质和精神条件,它才会起作用。[37] 这真的是个引人注目的情形:伴随着法律研究的极大发展的,是对法律规则之现实运作知识的极度匮乏。律师、立法者、法学教师孜孜不倦地去研究法律规则创制过程中产生的大量概念问题,但十分奇怪的是,他们根本就不知道这些规则在现实生活中正如何被实现。[38]

2. 扼要地指出某些对于立法者采取确定立场而言必要的立法问题,或许是有帮助的。

首先,利益如何平衡? 对此我们在本书的第一部分已经说过很多。为什么利益需要被平衡? 为什么立法者(或创制新法

---

[37] 庞德提出了一个最重要的建设性建议,即要调查"使得法律规则有效的手段"。Pound, "Scope and Purpose of Sociological Jurisprudence", 25 *Harvard L. Rev.*, 514.

[38] 埃利希是坚持关于法律之现实社会运作这种知识的重要性的主要大陆学者之一。See Ehrlich, *Grundlegung der Soziologie des Rechts*, Leipzig, 1913; Manigk, *Erforschung des lebenden Rechts*, xxx Oest. Zentralblatt 709. A valualbe reference list is entered in Cosentini, *La riforma della legislazione civile*, 1911, p. 285.

律规则的法官)应在相冲突的利益中独断式地选择较好的或最佳的利益?这里遇到的问题又是,什么是较好的或最佳的,以及标准是什么?

关于第一个问题,伯罗茨海默——代表他自己,如果不是代表他的学派的话——认为当可能作出选择时就要作出有意识的选择,并指出,法律演进的过程尚未成为走钢丝的过程,相冲突的利益无法被平衡,而只能是一个毁灭掉另一个。这一观点再次让人回想起,在这一混乱(它发生在地球几乎每个角落)时期里什么是主流想法。斗争、暴力、征服以及它们所蕴含的一切残忍和杀戮,是人类进步的必要基础和生活的法则吗?立法者应当对这些问题(它们以各种方式触及了法律制度)持何种态度?[39]

就中介性目的和最终目的而言,应采取何种立场?这一问题通常在立法技术中也非常重要,在那里,普遍实践受制于非常有限的目的。毫无疑问,这就是尽可能地行权宜之事,但承认这一点就提出了另一个具有重要意义的事实——所寻找的有限目标经常要么在异质的目的中迷失,要么在其中被超越。继而就产生了这一问题,即立法者在制定计划时是否应当更远地涉入实践。然而,这种解决办法又包含着其他重要的结果。自由裁量的路径自动变宽了。这一结果符合"自由法律发现"的倾向,但对于迷恋具体法律规则的态度(在现代法中,这被广泛认为是可欲的)来说却具有毁灭性。

---

[39] Cf. Jhering, *The Struggle for Law*, Lalor's tr., 2nd ed., Chicago, 1915; but see, Nasmyth, *Social Progress and Darwinian Theory*, N. Y. 1916.

一个相关的问题是,法律与社会演进应当具有的质的和量的方面的关系。历史已提供其自身的解决办法。法律落后于习惯。社会学派思想的一个主要目的寄托于这一事实之上;正如我们对其建议的理解,它主张法律应当与社会进程携手前行。[40] 很显然,法律规则之灵活性的品质(它将允许它们调整以适应不断变迁的条件)会引发困难,尤其是对于被认为在法律标准中可欲的安定性;同样,在有的法律领域中,不安定性会毁灭任何规则的主要目的。这在商法领域体现得最为清晰,在这里,规则的安定性在许多方面都比其背后的冲力更加重要。如果法律要能被调整来适应社会和经济演进的事实,那么安定性原则就必须仍留存在那些部门之中,在其中,它对于更大的法律目的而言要比个案正义更为根本。无论如何,立法者必须至少在心中要有这一区分,无论它会被如何来处理。

对于个人、阶级、社会和国家利益之间的相互竞争的主张,应尝试何种解决办法?当与社会利益发生冲突时,私人利益是否总是要让步?假如如此,那为什么?尤其是,社会学派的思想家的确对此给出了教条性的肯定回答,但需要有某些教条式的答案之外的东西来解决这一问题。对于国家利益的支配地位应作出何种限制,为什么?

在现代社会中,法律的恰当范围是什么?变迁的经济条件对于思考这一问题的影响(假如有的话)何在?近年来工业主义的集权化和膨胀已给法律领域带来深刻变化。现在,责任延展到了

---

[40] 新黑格尔学派的一位领袖思想家甚至曾声称,法律的更高任务在于引领道路。Kohler, *Philosophy of Law*, Albrecht's tr., pp. 58 seq.

过错的概念之外,如今被客观化和去人格化为日常商业风险的一种。国家不再允许雇主承担一切过失风险,但要求采取积极措施来降低发生伤害之风险的可能性。形式自由的领域已通过各种指令被压缩至一种地位。㊶ 针对建筑、卫生设备以及(公务员的)行为举止、个人对麻醉剂的使用、工作时间、竞争方式以及自由范围内自由放任体制(laissez faire régime)下的其他事项的法规,都已经根据最古老的法典的模式进行了重塑。价格和交易法规已返归到中世纪的模式上去。不仅形式自由——用不那么严谨的语言来说,某人拥有一种做某事的"权利"——的范围被压缩了,而且一个全新的概念"工作权"(一项个人针对国家自身的主张)已被现代立法引入。以上所说足以说明,法律的范围并不比法律的规则更加静止。

是否应将立法交付于专家之手,如同有学识的法官那般? 换言之,立法的过程是否应由少数人来掌控,就像英美判例法的情形那样,或者它是否应继续是民主式的,以及在科学的意义上是无效率的? 在此,解决办法仍非如此明显,实操之人都能理解了。

这些都是立法政策的更大问题中的一些;仅仅是陈述出它们而不作任何尝试来加以解决,就足以表明社会学、历史学和哲学上的重要试探(在冒险做出令人满意的回答之前,必须进行这些试探)了。

3. 这导向了一种非常概括性的陈述,也导向了一种关于目前

㊶ Cf. Sir Frederick Pollock's note (L) to Maine's *Ancient Law*; Dicey, *Law and Public Opinion*, p. 283; Pound, "A Feudal Principle in Modern Law", 25 *Int. J. Eth.*, 22.

立法方法的某些瑕疵的陈述。

首先,我们假定任何正常的成年人都有能力立法。我们国家立法机构组成人员的平均智识就是对这种天真信念的喧嚣见证;但只要我们可以将我们的观点挤进一场并不意图从有争议的立场出发的讨论,我们就会认为这种观点是错的:一个由学者组成的立法机构,其工作会在目前的立法科学状态中获得更好的实践结果。但仍存在中庸之道。

另一个主要瑕疵在于(立法存在)浓厚的主观主义(色彩)。为了制定人们行为的标准,立法者从其关于世界之本质的有限印象出发,并试图将其自身的主观观点强加于不可阻挡的社会演进潮流之上,而不是将世界本身作为标准。这种错误部分地被议会的惰性中和;而进一步的修正最终体现在法律现象的现实作用之中。如此,也唯有如此,才能实现客观标准。

接下去一个瑕疵是(过于)理想化。这已经总是成为立法政策最明显的短板之一。通常有可能忽略可欲之事,[42]或更准确地说,忽略主观上被认为可欲之事。一种对立法实效的夸大的信念假定,被统治者对每一种类的立法命令都拥有完美的接受能力。要用来对抗这种错误的乐观主义的是这一认识:要如其所是地认识人类本质,要认清它的残酷、任性、自私和非理性——简而言之,要认清它的一切生理学上和心理学上的欲望和倾向。立法的实效与人类的欲望之间存在关系。没有融入人们生活之中的事

---

[42] "改革想要成功,光得人心还不够,它还必须切实可行,而且有人采取必要的手段将其落实。"Tanon, *L'Évolution du droit*, Paris, 1911, p. 199; See, also, Vaccaro, *Les Bases sociologiques du droit et de l'État*, Paris, 1898, p. 456.

物,无法具有法律的力量。因此,法律是一种有机成长起来的事物,㊸它会受到和谐的和不和谐的要素的影响。和谐的要素会很容易融入其中,并与有机体的本质相符;不和谐的要素要么被抛除,被投闲置散,要么会暂时地在某些情形中永久地产生一种病态的条件,阻碍社会成长的正常发展。㊹

立法方法的最后一个瑕疵(它部分地是其他瑕疵的产物)是浅薄性。任何试图发现和分析某个(或大或小的)群体之揭露了的或未揭露的推理计划(试图处理规范性问题)的人,都不可能不遭受通常支配着论证的模糊性、肤浅性和不协调性的打击。被强烈要求之观点(它们每个自身都高度复杂)的多样性以及情感偏见潜入其中的程度,都通常使我们难以将许多心灵的决心(它们以相同的辩证法来运作)视为任何合适意义上之理性的产物,而毋宁将它们视为是直觉性的,也或许是无意的现象(它被置于有意识地选择之心灵议题的幻象之下)。

4. 前述讨论使我们考虑可为立法者所用的,并必然被用来避免上文所提出之批评的方法和材料。

它们如下:

㊸ 看起来历史学派之学说的现实力量正在于此——这又是从克劳斯学派的另一种视角出来看的。Krause, *System der Rechtsphilosophie*, Leipzig, 1874, pp. 431 seq. 参见已出版的伊莱休·鲁特(Elihu Root)在美国律师协会的主席报告(Aug. 30, 1916): "没有任何成文法能够长久地将一部法律强加于它们未能同化(的人)。" 2 *Am. Bar Assn. Journal*, 751.

伊莱休·鲁特(1845—1937),美国著名的律师和杰出的政治家,曾先后担任地方检察官、陆军部长、国务卿、纽约州参议员、制宪会议主席等重要职务,是1912年诺贝尔和平奖获得者。——中译者

㊹ 或许作者在此应再次主张,运用借自心理学或生物学的语言不外乎具有一种隐喻的意义。社会现象是独特的(sui generis),但缺乏理解良好的科学术语就招致在其他领域中运用类比了。

（1）系统的或说明的方法必须被执行,直至实践上完成的那个时刻。这说的是,必须搜集涉及这些方面的精确数据:涉及立法之运作所仰赖的情境;涉及被运用之最有效的措施;特殊情境中的效果[45]以及在实施被选择之措施时对其他社会习惯的反应。[46]

就此而言,立法者可以在成功的公司的董事会的方法中发现一种有效的模式。在一些州中,立法审计局(legislative reference bureaus)的存在就是这一思想的回应,它正逐步意识到,明智的行为与判断(甚至在立法事务中也)要求一种令人满意的统计学信息的基础。系统方法可能具有极端重要性,当它得到充分发展并成为立法行为的常规性工具时,并非不可能的是,立法将不再是劣等的法律产品,而将与司法先例比肩而立(如果不是优于后者的话)。难以否认的是,目前的方法是无效率的和不科学的,而很明显的是,立法功能必须被提升至一种具有更高的、堪比法庭的尊严的水准,以便其可以满足其理论目标。然而,假定立法所依赖的人的因素的改进本身就足矣,这是一个错误。如果方法本身没有被改进,立法者的良善品质就无法成功地提升现下不科学的立法水平。[47]

然而,狭义上,在"统计学"这一术语在此被使用的意义上,统

---

[45] 爱德华·A. 罗斯教授曾指出,立法活动一直以来在近距离结果与远距离结果之间作区分,这其实是借自心理学的类比。他主张,任何以受人欢迎的或不受人欢迎的方式影响个人的既定政策都会被预期,会修正行为;社会科学家和立法者必须形成对预期的预期。Edward A. Ross, "The Principle of Anticipation", xxi *Am. J. Soc.*, 577.

[46] 伊利诺伊州的逃婚行为为这一现实的社会现象就体现出未能考虑这种反应。See "Bulletion of Chicago Legal Society", 1916, no. 2, in xi *Illinois Law Review* (October, 1916).

[47] Cf. J. H. McFarland, "Why Congress is Slow", in *Outlook*, vol. 113, n. 9, p. 456.

计学方法虽然必不可少,但却非能自足为立法提供一种科学基础。

(2) 历史的和比较的方法会使得统计学调查的结果丰满起来,并赋予其人性。这意味着更宽泛的一种基于法律史、比较法和法律民族学的统计学。这一计划的严格性或其范围并不会以任何方式减损其科学上的必要性;这一要求所包含的任务也不会如此严苛,以至于不切实际。

人类生活的事实并非空间中可拆分的点,而是对下述统一过程的表述:它的精神渗透在历史的王国之中,给予它只有在很长一段时间之后才能被频繁识别出的理性,并给予它使之可被理解为实质和连续之物的构造。[48] 仅仅对可拆分之特殊性的累积并不构成历史。

比较法的特殊价值在于其建议权,以及其提供间接经验的能力。

法律民族学的功能是,使得有可能来复原遗失的历史——尤其是早期历史的篇章;对于理解民族灵魂以及在更简单的生活条件下为恰恰在这些领域——其中不存在可用的被要求的统计学信息——之立法的实效提供可信的标准来说,它是一种有力的辅助。

这里要承认的是,在科学观察之中,实验是一种要比任何上述讨论过的方法更好的方法。这一直是英美偏爱的方法;但据信实验尚未被接纳为科学观察条件下的一种方法,而立法努力的结

---

[48] Cf. Spencer, "The Sins of Legislators", in *Contemporary Review* (May, 1884); reprint in *Man versus the State*, Williams and Norgate, London 1907; Am. ed. (Truxtun Beale, editor), N.Y., 1916, Comment by Prof. Harlan F. Stone, p. 237.

果已被允许落入历史。我们已进行实验；但我们并未从中获益。我们没有手段来知晓我们体验为一种社会事实的是什么。这种类型的实验在立法领域就如同在化学或物理学领域中那般没有价值。这再次说明，人类并不拥有这种精神力量的储备，以至于能挥霍精力，以丧失可获得之物为代价来获益。

（3）最后一种为科学立法所必需的方法是哲学的方法。[49] 将这一主张证明为功利主义有些困难。这一问题在契诃夫笔下一个人物的话中被直接提出："这与什么样的哲学有关？"可以立刻回答这个问题：法哲学对于任何经验数据的评价而言都是必要的。我们或许已十分勤奋地搜集了大量丰富的事实，但直到这些事实从根本上被评价，它们才是具有体积的但缺乏内聚力的沙粒。

这一点可以得到证明。

有人提出了关于立法的一个建议，即让我们提出这一问题："你希望通过它来达成什么？"假设有人给出了一个回答。现在，让我们去问"为什么"，并一直重复这一疑问句，直至这一话题被耗尽。我们将发现的是，这一建议建立在某种类型之哲学的基础上——它或许非常肤浅，在精确意义上几乎不值得通过这一术语来增色，但它依然是一种哲学，或至少是一种哲学的尝试。它将是用这样的术语来表达的最终的理由或说明，这些术语必然包含的不是单独存在的一个或诸多个体、群体、阶级或国家，而是整个

---

[49] 像阿尔瓦雷茨（Alvarez, p. 461 infra）的观点——"法哲学已成为不可能和荒谬之事的同义词"——那样极端的陈述大大地言过其实了，无法服务于标识出要警惕的界限和范围（这应当伴随着形而上学观念的使用）。人们甚至怀疑，这位学富五车的学者（阿尔瓦雷茨）是不是将一切法哲学都等同于一种自然法了。

现实。

或许有人会提出反对意见，认为这种解释是错的。我们承认这种可能性，不但如此，甚至承认这种概率。或许有人会进一步反对认为，在同一刻会有大量相冲突的解释。我们也承认这一点。但毕竟存在一种正确的解释，即便人类的心灵并没有发现它，即便我们在努力的过程中发生了分歧。同时，虽然人们怀疑和犹豫，并顽固地坚持关于其主要欲求、思考和像他的家族所思考和行动的那般来行动的主张，但是世界正提供一种关于自身的解释，它之所以会被忽略，是因为我们是它的一部分。

序 一

〔美〕亨利·N.谢尔顿①
(雷 磊译)

这一由法理学和法哲学方面的名著组成的丛书的一个基本要素,是这样一些考量:法律方法、实践中出现之具体法律问题的处理模式、作为一切法理学之基础的抽象法律原则被用于获得公正和合理的(对于裁判一切争议事项来说充分的)结论这一任务的方式。眼前这本书处理的就是法律方法的问题,它主要是从欧陆法学家——如来自欧洲不同大学的弗朗索瓦·惹尼、欧根·埃利希、格扎·基斯(Géza Kiss)、约瑟夫·科勒(Josef Kohler)、海因里希·格兰(Heinrich Gerland)、斯图加特上诉法院的格梅林法官以及柏林的国际法哲学与经济哲学协会*主席弗里茨·伯罗茨海默——的视角出发来处理这一问题的。另一个值得一提的关于法院和立法的一章,由哈佛大学法学院院长庞德教授所著,将吸引一般读者的特殊关注,而这种关注将十分值得。它是关于法律

---

① 亨利·N.谢尔顿(Henry N. Sheldon),马萨诸塞州最高法院前大法官。
* 这一协会于1909年成立于德国,简称"IVR".首届IVR协会任命约瑟夫·科勒为荣誉主席,弗里茨·伯罗茨海默为执行主席,卡尔·福斯腾贝格为财务总监。从20世纪30年代开始,协会更名为"国际法哲学与社会哲学协会"。迄今为止,IVR是世界范围内影响力最大的法哲学学术组织。——中译者

的本质及其通过司法裁判和立法的创造和发展的研究,它同时以过去和它适用于未来之需求的视角来处理这一问题。正如庞德教授所总结认为的,我们英美法的经验方法(得到恰当立法的襄助)有益于这种发展与适用。

坎贝尔(Campbell)爵士在其《大法官的一生》中曾说:"英国律师虽然是非常敏锐的实践者,但一直以来缺乏广阔的法理学知识;对于美国律师协会的成员来说也是如此。"毫无疑问,这在很大程度上要归咎于流行于两国的有些随意的法律教学方法,它几乎完全忽略了法律中的科学要素。正如维也纳大学雷德利希(Redlich)教授在其近来向卡内基基金会提交的报告中所指出的,现在在我们大多数法律院校中进行的体系化教学的一个结果是人们开始对法律进行科学的处理。这被期待可以(无论如何在学者之中)让人们越来越重视法律中的科学要素,以及真正去研究比较法学。可以期待,如果在被称为案例教学体系的东西之外加上对学生的一种关于整体法律观(尽管这一整体由数个部门组成,但其自身依然是一个有机统一体)的一般性教导,那么这一趋势就会不断增强。这种精神在学生中难以得到满足,除非它对欧洲学者在法律(它同时被认为是一种艺术和一门科学)领域中的研究有益。眼前这一系列的一个目标在于对达成这一目的作出贡献;而本书(它必然有些分散,因为它是由不同学者的著述组成)在这一系列中具有重要地位。

只研究普通法的人习惯于将司法裁判(得到成文法的补充和改变后)的累积效应视为司法实践应遵循的最大指引,视为为在双方当事人之间裁判具体案件提供最佳的获得恰当结论的手段。

在已被裁判之事上遵循先例、从这些裁判中正确演绎出作为其基础的潜在原则、将这些原则适用于新问题(以便新老裁判可以通过自然发展的过程成长为一个持续扩张的法律整体,足以来指导共同体的所有成员),这些已被视为司法裁判的安全方法。据信,没有任何案件是孤立存在的;没有任何案件是仅仅通过决定在特殊环境中呈现之事为抽象正义所要求的是什么来裁判的,就好像抽象正义的观念自我呈现在法院的无节制的裁量权之中那般。相反,每个新问题都要依据被制定的规则来检验,而它反过来也要同时为将旧规则适用于对新问题的解决提供新规则和新模式;英美法律人已惯于相信先例,相对地,欧陆法律人(只要他们没有得到法典或其他成文法的实在条款的协助和支配)被教导去忽略先例,不承认先前裁判的任何拘束力,并尽力在每个案件中都通过(恰当地借助于惹尼教授所称的法官的"个人灵感")决定法官可能面对的一切争议问题来实现诉讼当事人之间的正义。

在普通法中,不仅成文法在改变或废止由裁判确立之规则和学说方面扮演着重要角色,而且人民的发展和不断增长的智识、他们关于政治科学或者关于公德或私德之观念的变迁,甚至包括权宜性的考量都会强烈地(虽然是缓慢地)影响法官的观点,并会从实质上改变有时甚至推翻先前裁判所确认的规则和学说。而在欧洲大陆,正如格梅林法官和眼下这本书中的其他学者所指出的,法官的功能同样在于,在受到成文法和习惯限制的前提下,(正如惹尼教授所说的)"对创制法律以及进一步发展如同已被表述这般的法律做出贡献"。如果这一看法站得住脚,那么它就会导致,看起来在我们自己的法院与欧陆的法院之间,无论是所追求的目标还是被采纳来达成这一目标的(除了某些证据或程序规则本身并非十分重要的)方法,都不存在太大的差别。相应地,我们应会在这些篇章中发现许多对我们自己和我们的法院具有实践价值的论点,以及很多主要涉及法理学和法哲学学科的观点。

我们的诸位作者——认识到在留给法官处于成文法或习惯之约束之外的领地中,他必须践行其个人活动以实施已被陈述过的那种功能——关于这一点要说的有很多,即"就它所涵盖的主题、它所起作用的精确方式以及它所立足的基础而言,这种活动的性质是什么"。两大法律体系的区别产生自这些要点中的第一个。根据惹尼教授以及赞成其意见的观点,当形式渊源不足以规定其裁判时,法官应当依照真正正义的命令来行事,根据立法者应恰好针对那一特殊案件情形所规定的规则来行事,小心地避免制定任何抽象规则,而只是根据所呈现的具体问题来提供办法。另一方面,普通法法系的法官(一些欧陆法学家也赞成这一点)虽然也同样小心翼翼地考量所涉及的所有特殊情形,但却试图参照别的案件所确定的原则来决定那些应当支配他所面对之案件的原则。正因为如此,在后一种体系中,裁判拥有先例的力量,而在前一种体系中却没有,尽管就这一主题,埃利希教授在第二章关于"法律人法"和"法是什么"(ius quod est)的讨论不应被忽视。追寻这本书的很多章节中关于这一问题的敏锐的和合乎逻辑的讨论,既很有趣,也很有启发性。

两大体系所追求的目标都在于使法律规则适应社会生活的需求。正如被期待的那样,在此呈现其思想的作者们就这一点应如何达成的意见并不完全一致。但他们的讨论要比我们很多人所惯于看到的更深入。他们并不满足于指出,司法裁判应当取决于将正确的法律原则适用于被确定的事实;他们的努力在于说明,在不受已被确立之规则支配的案件中,如何来确定正确的法律原则,并在如此适用它们后产生公正的结果。我们(作为遵从和实施普通法之人)在这类案件中诉诸从已在先前裁判中被确立之原则出发进行推理,这一事实不应使得我们对本书的一些部分所辩护的不同方法(其目标直接指向正义和普遍功利的理念)怀有偏见。遗憾的是,某些讨论必然具有的省略使我们不了解部分讨论的语境。然而,所呈现出的讨论足以激发(读者的阅读)兴趣,而且我们可以合理地期待,许多读者会被引导去对这一主题作进一步的检验。

我们无需在此考虑,通过这些方法——它们确定法律原则,并将之适用于并非绝对受这些原则支配的新案件——所获得的现实结果,最终在多大程度上将有别于彼此。一切法律的目标,都必然不仅在于确保共同体实现真正的正义,而且也同样在于确保,每个个体应能够在事先就知晓,司法裁判所规定的他的权利和义务是什么,以便他可以恰当地调整他的行为。从长远来看,能最好地获得这些结果的体系或体系联合将被采纳。同时,我们无论如何也不会高估对每个自称卓越之体系进行细致研究的重要性。据信,本书对于这类研究具有实质帮助,而这类研究从不同作者(他们的著述)所提出的诸多观点中所获得的帮助就更是如此了。

序 二

〔新西兰〕约翰·W.萨尔蒙德[①]
（雷 磊 译）

本书的很大部分篇幅，是若干作者关于被称为"自由司法裁判"或"自由法律发现"——将司法从对详细和严苛之法律规则的不当顺从中解脱出来，并相应扩展不受限制之司法裁量的领域——这一问题的讨论。这一问题在英美法律文献中获得的关注严重不足，但从本书的目录中清晰可知，它一直是许多欧陆法学家的考量对象，并且就一切法律改革或司法改革的主题而言，它是最具有实践重要性的议题之一。

法律曾被许多人以许多不同方式来定义，而（定义的）多样性很大程度上要归于这一事实：法律体系是一种从不同视角来看拥有不同面向的复杂现象。然而，从法律人的视角来看，无论他关注的是实践还是理论，法律自身主要，也必然呈现为一个严格规则的体系，国家法庭上司法要依照这一体系来进行，以便排除法官和治安官（这一功能被委任给他们）的不受约束的司法裁量权。

在理论上，司法根本不可能脱离法律体系的存在来进行。法

[①] 约翰·W.萨尔蒙德（John W. Salmond），新西兰副总检察长。

院(courts of iustice)或许在理论上被留有权力来随其所愿地施行正义,依据每个个案的事实以及自由自在的自然衡平感来确定那个案件中的权利。某些低级法院确实在成文法上拥有这种依照衡平和良知来裁判的权力,而无需援引严格的法律规则。在早些时候,衡平法院也行使着类似的司法权。然而,对这种法院——它们并非也是普通法法院(courts of law)——体系的普遍采纳遭到了如此激烈的反对,以至于在所有时代、一切地方,人们都发现有必要通过拥有固定法律原则(法院在践行其司法功能时必须要遵从它们)的精致体系来限制或排除司法裁量权。这些规则要么由国家以成文法的形式"外来地"(ab extra)施加于法院之上,要么由法院自身以司法先例的形式(它针对未来排除了它们曾拥有的那种司法裁判自由)提出。这种依照法律来司法——施行法律正义而非自然正义——的体系的确曾带来严重不公。它是技术性和形式性、复杂性和深奥神秘感(它们在一切时候都被当作对司法进行谴责的根据)的来源。然而,一切有良好的判断力的共同体从来都会承认,尽管(可能带来)严重不公,优势的天平无疑位于依照严格和精致之有拘束力的法律规则体系来进行的司法这一侧。

然而,虽然在一切文明和先进的共同体中,依照法律而非依照其司法官员的衡平感和良知来司法有其实践必要性,仍遗留下了需要多少法这个非常重要的实践问题,也就是说,通过预先决定的法律原则来排除自由的司法裁量权在多大程度上是必要的和正当的。一方面,一个法律体系在多大程度上应由相对数量较少的一般性原则——由于其一般性,它们必然是灵活的,并在施

序 二

行时留有大量的运用司法自由措施的余地——组成;另一方面,一个法律体系又应当在多大程度上通过大量的作为其组成成分的细致和固定的规则来尽可能地排除法官和治安官去行他们在个案中认为公正之事的自由?

几乎没有疑问的是,英国法及从中得出的体系极端遵循后一条路线。这些体系以其复杂、细密和严苛在很多法律部门中都已逾越了理想的界限。法律的这种过度增长在任何这类体系——它通过隐藏在内部的判例法而非通过从外部施加的成文法获得发展——中也确实难以避免。相比于零碎地从通过指涉个例来确立之先例中发展起来的法律,成文法几乎必然更具一般性,更加脱离细微甚至非理性的区分、限定和例外。如果英国法曾被法典化,那么它的新成文法形式与今日之不成文法之间最显著的区别,将在于大大减少它的数量和复杂性,以及完全消除细致的区分和例外(它已被这些区分和例外所损毁)。

相比于程序,实体法对精致和严格之法律体系的偏好要强烈得多。在当代,我们已开始承认,在一切涉及程序的事务中,司法裁量权在某种程度上应被明智地予以保留而免于法律的束缚。但在一个理想的体系出现在我们的视野中之前,沿着这条路还有很长一段要走。在早些时候,程序法的畸形增长是对英国体系的主要谴责。关于诉讼实践之古老法律的技术性和形式主义确实在很大程度上不再扭曲和败坏司法的名誉,也会被未来的法律史学者正确地视作法律发展之黑暗时代的最显著的特征之一。消除法律上必要但时间上不重要的形式,用仅仅是指导性的规则来取代命令性的规则,确立广泛的修正(法律)以及其他改革(法律)的权力,这些都在很大程度上将在纯程序事务上如法院所愿地去施行正义的权力归还给了法院。但我们仍远远不能避免在这一事务上的谴责。例如,很难将现代证据法的复杂性和技术性看作拥有任何理性的正当化基础,或在一种有理据的司法体系中拥有任何位置。当然,如果法院适合被托付确定事实问题的功能,那么它就也适合被托付来听取和考量那类当它运用不受限制的裁量权时认为与这些问题相关的证据。承认或排除证据的法律规则体系在理性的司法体系中当然会遭遇那种与诉讼法律的技术性已遭受的相同的界限。没有其他任何人类调查的形式,在其中调查者不是自由地从任何在他看来好的和充分的来源出发去寻找指导的。

那么,为何应当以不同原则(无论有何不同)来指引法院的调查行为?许多创造新司法管辖权的成文法都明确规定证据可以获得承认,而无论它在其他诉讼过程中依据证据法是否能得到承认。

看起来没有理由相信,这种因偏好自由司法裁判而对证据法的消除带来了任何恶果,或许有人希望,法律改革的进程最终将使得这种消除成为普遍性的做法。针对不相干和冗长之审判的合理预防是,法院有司法裁量权来排除特殊案件中(在法院看来)不必要的或与争点无关的证据,而非对预先确定之关于允许或排除的固定规则的适用。传闻并非证据,也即没有任何证据价值,这作为事实命题显然是非真的(尽管对它可以施加任何法律限制)。那么,为什么它应当获得法律规则的权威?让法院通过其裁量权排除传闻,如果它事实上缺乏证据价值或没有任何充足的理由来支持为何不应产生主要证据,或者,如果对它的允许以其他方式无法被证立或是不明智的;但在不计其数的案件(在其中这类证据事实上和在正义中是无懈可击的)中,为什么它应被法律规则所排除?

在实体法——这种法律决定权利和责任本身,而不仅是它们的司法确认和实施的机制——的情形中,适用的是大相径庭的考量。在此,偏好于遵从严格法律规则之复杂体系倾向得以牢固确立。在此,如果我们足够聪明,应当尽可能少地进行"自由法律发现"。确实,即便在这一领域,与一种精致的和专业的法律体系相伴的恶果也很多、很严重,但它们是共同体为从更大的恶果中解脱出来所付出的必要代价。依法司法确实是高度不确定的。然而,用不受限制的司法裁量权来广泛替代预先确立的法律规则,相比于减少它将增加这种不确定性。法律的确并非总是明智的或公正的;但从长远来看,作为对共同体之被表述出的智慧和正义的呈现,它会被认为比实施它的个人更加明智和公正。"不允许比法律更明智"这一古老的准则不仅适用于那些其职责在于服从它们的人,而且也适用于那些被委任来实施它的人。法律的确必然会制定一般性规则(它们无法恰当考虑个案的特殊情形),而被允许尽可能随其所愿地追逐正义的法院可以考虑所有这些情形,并采取相应的行动,遵从那种(根据古老的定义)能缓和法律之严苛性的衡平。然而,确凿无疑的是,为获得这种优点将付出太大的代价。相同的原则——它允许法官考虑特殊案件的个别价值——同时使得他身处滥用其情绪性天性的冲动之中,身处他一切的成见以及其精神构造的无意识偏见之中。为了这样一个案件——在其中,在任何合理的法律体系下,法院因为必须遵守预先确立的规则而被限于去施行不正义,可能会有许多案件——在其中如果不受这类规则的指引,他*会因为困扰"司法裁量"(arbitrium judicis)的情绪而被导向堕落。

现代刑法的一个典型特征在于,用关于惩罚措施的司法裁量(只受固定的法律上限的限制)取代了早期的固定刑。我远不能确定,这一变化是否是件好事。为了使得法院免受感情用事的人道主义(它在对个人之仁慈的伪装之下,太过经常地严重危害到共同体整体)的影响,不仅要确立刑罚的上限,也要确立其下限。

维系固定法律规则(它们并不受制于其被施行时之"裁量")之体系的一个最主要的好处在于,司法的威望和权力以此为基础。法律是无偏私的。它并不尊重身份。无论是公正还是不公正,是明智还是愚蠢,它对于所有人来说都一样,出于这一原因,人们逐渐顺从于它的公断。人们将自愿地默许,在适用和施行一个预先确定的固定规则时,它适用于所有人,而非只适用于或只考虑其自身的情形本身。但对于法院的"亲口陈述"(ipse dixit),无论它多么公正和无偏私,人们都不会像乐意服从和尊重(法律)那般甘心(去服从它)。"司法裁量"的威望依赖于法院自身的声誉和个性。法律规则(无论它是多么不完美)的背后隐藏着有组织之联合体的制裁。虽然法律规则会在个案中产生不正义,然而被广泛认可的是,它不是为个别情形而制定的,它对于一切人都是一样的。"它很严苛,但却是成文的"(Durum sed ita sciptum est)被容许作为支持其在个别情形中之不完美运行的充分证立。

---

* 此处的"他"指的当是法官。——中译者

如此被创造的在共同体中遵守法律的精神是一样公益,它远比因在特殊情形中允许法院有机会用它们自认为的自然正义来替代法律上的正义而可能增加的好处重要得多。一种精致的和专业的法律体系无疑在许多方面都是一种恶,但它是通往免于更大的恶的自由的唯一道路。西塞罗曾说:"我们受法律的奴役,是为了我们的自由。"(Legibus servimus ut liberi esse possimus.)

以上考虑是对这样一个法律体系(它是司法先例之有拘束力的运作的必然结果)之进步发展和详细阐述的证立。英国法和每个在历史上起源于英国法的其他体系,都不仅从外部通过立法的强加来成长,而且也从内部通过新规则(它们是对法律之司法解释的产物)的生成来成长。无论制定技术如何高超,当成文法被初次制定时总是一件不完美的作品。它包含着模糊、遗漏或是真实的或是表面上的不连贯之处。但随着时光的流逝,它得到了一系列(通常是规模巨大的)权威性判例法规则的补充,这些缺陷就得到了弥补。一开始,成文法的意思就是法源在践行其不受约束之司法权力时所决定的那种意思。一开始,成文法的含义是个事实问题,就像任何其他成文文件的含义那样。但随着时光的流逝,它的含义开始变得越来越超脱出事实领域,变得越来越受(在施行它的过程中出现的)司法先例所创设的权威性解释规则的支配。

判例法的这一发展过程确实有其坏的一面。它成长过程中的负担确实使得这一建议看起来具有分量:法律应当仅通过立法机关来确立,在法律施行和解释的过程中,法院应当拥有自由,如其所认为合适的那般来行为,而无需屈从于先前法院之裁判所创设的大量辅助性法律。然而,权威司法先例的体系建立在很好的公共政策考量的基础之上。

首先,它通过对法院施加这种限制——源于这种认识,它们在决定个案的决定同时也在确立针对所有其他同类案件的固定规则——来确保恰当的司法行为。通过认识到司法机关同时在为未来造法且在裁判个案,给予司法机关额外的责任意义,具有与预先确立之法律体系所践行的相同的效应,即消除可适用于个别情形的不正当考量的影响。

其次,先例体系防止同一个问题仍然留有高度的开放性,就像作为反复发生的诉讼和司法决定之主题那般。它尽早地将每个未解决的问题带入了某个固定的法律原则的范围,并将它从自由司法决定的范围中摘取出来。一个法官受到其前辈之裁判的约束,并不是因为他们必然甚或被推定要比他更加聪明——不是因为他们的裁判必然或被推定要比他自己可以获得的裁判更正确——而是因为,问题一旦被决定,就应当一直如此被决定,这符合公共利益。因此,正因为法律稳步成长为丛林,并通过内部生成(规则)的过程得到详细阐释,所以"司法裁量"的范围变得越来越小,而权威性法律原则的范围则越来越大。

这种法律发展体系的坏处无疑很大,但它们能够在很大程度上通过承认两个实践原则而得以避免。第一个原则是,没有任何裁判值得被承认为先例,除非它自身包含着某个一般性法律原则,而不仅仅是对个别情形的决定。第二个原则是,为了使得判例法体系可被忍受,如此发展起来的法律应当时不时被表述为成文法,以便它的原则可以获得"抽象的"权威性表达,从而摆脱它们所产生之个别决定的复杂性。能够被设想出的最好的法律体系无外乎是一个不断得到判例法(它来自对成文法的解释)补充的成文法体系,它时不时被新的成文法(它将到那时为止发展起来的判例法吸纳进自身之中)表述所取代。

与前述自由司法裁判问题紧密关联的是对成文法的合理司法解释问题。本书有很大一部分花费在这个问题之上,基于实践重要性及其科学兴趣,它相比于在英语法律文献中已获得的关注值得更多考量。

真正的司法解释学说是在两个不合理的极端之间的一种合理妥协,这两个极端中的每一个都有可能因为人类言语的固有的不完美以及立法建构和表述的散漫而出现。一个极端是最严格的字面解释——对这一准则不恰当和严格的接受:"写的是什么就是什么。"(Ita scriptum est.)没有任何语言是完美的,没有任何立法是如此精良,以至于这种解释模式永远不会导向荒谬并击溃立法机关的真正目的。相反的极端是允许完全不顾法律的用语,为的是在别处寻找被认为与正义或立法者的意图更一致的规则。歧义和语言的其他缺陷(即便是被成文法谨慎精确地来运用)在于,没有任何立法能拘束通过解释方法来主张并践行这种允许的法院。如果法律的语词可以被给予一种非自然的含义,如果语词可以被解读进一部并没有表达出它们的成文法,或尽管它们出现在成文法之中却被视为无效而被抛弃,如果法院有自由将假定立法机关所意指的而非它实际上所说的内容认定为法律,就几乎没有成文法能够成为反对这种形式之解释的毁灭性影响的证据了;法院不会受到为它们所制定之固定法律规则的约束,而事实上有自由来为自己立法,并在解释的伪装下用"司法裁量"来代替"成文法"(lex scipta)。在这一体系中,司法和法庭活动中的机敏将解脱立法机关所施加的一切法律约束,用依照法院之所欲施行法律的做法,来代替依照法律来施行正义。

正确的和真正的解释体系是在这两种极端之间的妥协。合理解释的根本准则是"写的是什么就是什么",法院的职责不在于变得比法律更聪明,并根据关于什么是公正或不公正的司法观念来塑造它们。法律的用语就是法律自身。然而,在一些案件中,"法律字义"在逻辑上有缺陷,且无法被接受为对立法机关之意志的权威性和终局性的表述。它可能是有歧义的,表达出了一种以上可选择的含义。它可能是不连贯的,表达出了两种同时存在和相冲突的含义。它可能是不完整的,只规定了一个复杂主题的一部分,没有规定剩余的部分。在这些情形中,也只在这些情形中,存在着偏离法律用语之司法解释的合法空间。在这些情形中,当法律的权威表述未能表达出一种单一的和谐和完整的观念时,它可以合法地得到来自立法机关之真实的或被推定之目的和来自自然正义要求之考量的补充。在所有其他情形中,从长远看,公共利益的最佳实现方式在于,法院忠实地承认这一事实:它们的职责并不在于创造法律或革新法律,而在于如其所是地遵守和施行它,并留待立法机关来为其不完美承担责任。

缩略语列表

ABR，Archiv für Bürgerliches Recht(《民法论丛》)

ARWP，Archiv für Rechts- und Wirtschaftsphilosophie(《法哲学与经济哲学论丛》)*

AZP，Archiv für Zivilistische Praxis(《民事实务论丛》)

BGB，Bürgerliches Gesetzbuch (《德国民法典》)

DJZ，Deutsche Juristenzeitung(《德国法律人报》)

DRZ，Deutsche Richterzeitung(《德国法官报》)

GU，Gerichtsurteil(《奥地利司法判决》)

HGB，Handelsgesetzbuch(《德国商法典》)

JW，Juristisches Wochenblatt(《法学周报》)

OBGB，Österreichisches Allgemeines Bürgerliches Gesetzbuch (《奥地利普通民法典》)

OSG，Österreichisches Strafgesetzbuch(《奥地利刑法典》)

RG，Reichsgericht(德国帝国最高法院)

RGStr.，Entscheidungen des Reichesgerichts in Strafsachen(《帝国最高法院刑事判例集》)

---

* 现已改名为《法哲学与社会哲学论丛》。——中译者

RGZ, Entscheidungen des Reichesgerichts in Zivilsachen(《帝国最高法院民事判例集》)

VGH, Verwaltungs-Gerichtshof(德国最高行政法院)

ZSRG, Zeitschrift der Savignysschrift für Rechtsgeschichte(《萨维尼法律史杂志》)

ZRW, Zentralblatt für Rechtswissenschaft(《法学中央报》)

ZVR, Zeitschrift für Vergleichende Rechtswissenschaft(《比较法学杂志》)

第一部分
法官的问题

自由法律发现:必要性与方法

[法]弗朗索瓦·惹尼[①]

(陈皓翔译 连 城校)

I. 基础

   §1. 自由法律发现的必要和性质

   §2. 自由发现的一般范围

   §3. 科学考察中的客观因素;公共意见

   §4. 体系化逻辑与科学的技术性面向;概念与抽象观念

   §5. "事物本质";作为实现目的之手段的法理念

II. 自由法律发现原则的实践应用

   §6. 自由发现的方法

   §7. 方法的自由运用

[①] 弗朗索瓦·惹尼(François Gény),南锡大学民法教授。选译部分来自其以下著述的第155至第159节,第169至176节:"Méthode d'interprétation et sources en droit privé positif", Paris, 1899。他也是"Science et technique en droit privé positif: nouvelle contribution à la critique de la méthode juridique", vol. i, Paris 1914; vol. ii, Paris 1915 的作者。英译者是来自华盛顿的埃内斯特·布伦肯(Ernest Bruncken)。——原书编者注

  弗朗索瓦·惹尼,法国法学家,将"自由法律发现"作为一种对实在法的解释方法引入了法国民法学,影响深远。其主要著作有《关于新导向私法研究的法律解释方法的批判性论文》《实在私法的解释方法和渊源》以及《实在私法的科学与技术:对法律方法批判的新贡献》等。——中译者

§8. 个人意思自治的阐释

§9. 意思自治原则的范围

§10. 同一主题的延伸

§11. 利益平衡原则

§12. 同一主题的延伸

§13. 共同体利益优先原则

§14. 自由发现方法的其他应用

I. 基础

§1. 自由法律发现的必要和性质

实在私法的正式渊源(我已在[前述章节]②就其恰当的范围和正当的运用予以阐述),在其特有领域当然为法律实施提供了最好的指引。然而我们不得不承认的是,即使是对实在法最精巧敏锐的解释也无法满足法律生活的全部需要。尤其是——现在只提及所有法的渊源中最完美和最丰富的渊源:成文法——可想而知,如果我们将其视为人类智识和意志的行为,并因此限制于其前景,甚至更限制于其实际效果,那么无论我们如何深刻地挖掘制定法的含义,如何巧妙地理解它们,都无法从中推断出无尽的问题的所有解答,这些问题要求去寻求复杂的社会生活中的答案。

综上所述,法官不能再安心地依靠形式规则,而必须在不允

---

② 未译出。——原书编者注

许拒绝裁判的前提下相信自己有能力来找到恰当的判决。③此外,只要法律人仅仅寻找制定法中不取决于他自身判断的规则,他所扮演的就不过是接受性或机械性的角色。当面临发现和运用制定法中潜在的原则的问题时,他自身的能力才会出场,这些问题使得规则变得有价值且意味深长。由上可知,如果我们将有组织的实在法视为一个整体,那么法官的核心和常规作用就在于其个人的精神活动。重要的是要理解这一活动以何种方式运作。

在过去,当制定法,尤其是涉及私法的制定法还很少、零散且非常不完整的时候,当习惯法还在变迁,并且松散而不确定的时候,法官判决的领域广泛,几乎有完全的自决自由。判决是否被视为某种上帝的启示,或基于一个不那么陈旧的观念,因而成为得到授权的公共良知的表述,则无关紧要。

随着习惯更稳固地建立,尤其是制定法成倍地增长并将其应用扩展至私法持续增加的部分,法官个人精神所起到的作用正在缩小并同时得到了更确切的限定。但由于正式渊源自身从未能完全覆盖整个法律领域,个人精神也就没完全消失。只要规则是由某些权威而不是法官所制定,后者的裁量功能就将始终被强调在一个更为限定的范围内。但与此同时,裁量的任意性和主观性都在降低。裁量一直存在是因为它内在于司法功能的性质之中;它在正式法的渊源之外有着更广阔的适用范围,仅仅适用这种法的渊源,裁量将是不完整的。

---

③ 参见《法国民法典》第4条。
中译本参见《拿破仑法典》(法国民法典),李浩培、吴传颐、孙鸣岗译,商务印书馆1979年版。——中译者

§2. 自由发现的一般范围

即使在今天,法官也毫无疑问有如下双重功能:他致力于创造法律,并发展已经制定的法律。立法者自身甚至无法任意地抑制法官的裁量。限制是可以的,但只能通过成文法中直接和命令性的条款,或通过习惯。法官必须在实在规则的约束下进行个人活动。在此,这一活动的性质及其涉及的主题,是它具体进行的方式及其立足的基础。

若法官要去发现尚未制定的法律,他的功能就好比是立法者自己。暂不考虑法官仅在必须适用法律以处理事端时才予以干预的事实——这绝不是一个无足轻重的区别,只是目前对我们来说具有次要性——指引法官达成目的时的考量,正如对立法者的影响一样。二者都旨在通过恰当的规则促进正义和社会功利(social utility)。当正式渊源沉默或不充分时,我应毫不犹豫地像法官的一般向导一样给予以下提示:若他要为待决案件中的问题规定规则,那么他应像立法者一样考虑他的判决。然而法官和立法者的功能存在一个重要的区别。后者没有被障碍包围以防止他考虑问题的方方面面,因为他要确立的是一个完全抽象的规则。而法官的判决则建立在特定的实际事实上,他的问题十分具体。根据司法体系的精神,为了防止变得任意,他必须尽可能地去除所有个人影响,也包括摆在面前的案件带来的影响,从而让他的判决仅仅建立在构成该案的客观要素的基础上。这就是为什么我将法官的工作称为以科学考察为基础的自由发现。它是自由的,因为没有外在的实在权威强迫他像该权威一样决定;它是科学的,因为唯有法律科学揭示的客观因素才能作为它坚实的基础。

我关于法官的论述,即法官作为实在法的官方的、权威的实施者,当然不仅适用于(实践中的)律师,也适用于解释法律的(理论或批判性)学者。后者的角色在于做预备性工作以服务司法人员的实践。法官的工作决定了理论学者的工作。后者回避了由棘手或可疑的具体案件所引发的困难,但其所有努力的客观性,本质上就在于使潜在的法律规则适应于社会生活的所有事实。

因此,我们现在所讨论的自由研究领域的法律科学方法,必须以(在正式渊源不起作用时)发现客观因素为目标,这也是解答所有实在法的问题的题中之义。

§3. 科学考察中的客观因素;公共意见

从我们已经得出的结论出发,摆在我们眼前的是如此广阔的领域,如同遥不可及的天际,以至于我们不可能浮光掠影地处理所有细节。所以我将仅勾勒这一主题的部分特征。要以令人满意的方式研究其客观现实,就应当深入到人类构造的根本并发现其存在目的的终极奠基。然后再返回到形成了这一本质结构并滋养了当下社会持续生活的现象。

无疑,我们不应对这一事实视而不见,即对所有上述构成宏大法哲学天然论域的大问题的检验对于实在法的科学也极具重要性;我打算努力为自己所遭受的任何自然主义或不可知论倾向的指责辩护,据我所知,目前这些指责非常流行。我个人认为上述指责所述倾向与真正的科学精神是不可调和的,而且对其有效的实践应用是致命的。

但就我们当前的目的而言,至少暂时(我将以更大的篇幅并在另一个研究中回到主题的这一层面上来)可以接受关于社会组织性质的常识和普遍认识,以及对人类生活境况的仔细考察,并看看我们从对人类生活条件的细致调查和对自身人性的司法运用中会为私法发展获得什么样的帮助。

因此,问题是:实在法的实施,在法官得不到制定法或习惯的帮助而唯有依靠自己时,如何处理客观事实以满足生活的需要,且不遭受任意的批评?

在开始前,我想消除这一在我们时代的社会和经济条件下造成了太多诱惑的观念。它潜藏在历史学派理论各种确定性不一的形式中,为许多杰出的思想家所持有。要完全摆脱其影响十分困难,但在我看来,它并不属于一种好的法律方法。这一观念即是公共意见,它在某种意义上代表了相关利益人的普遍感受,可合法地向法官提出要寻找的法律问题的解答。且不论要以令人信服的方式确定"公共意见对既有法律问题的态度"是多么困难,我相信只要普遍认识还没有转化为实际习惯,就不应对法官解决法律问题具备权威。甚至在立法领域负有确立一般法律规则义务的立法者是否应当被公共意见所引导,在我看来也十分可疑,因为它总是不稳定和不确定的。无论如何,我们所处理的法律的施行问题都被视为既存事实,就该问题我看不到有任何严肃的理由可以将判决建立在普遍感受的公认影响之上。我不是说法官在任何情况下都应绝对地拒绝考虑公共意见。只要它本身是一个必须被考虑的社会事实(social fact),就不可能不引起注意。我想要强调的是,无论公共意见看起来多么确定,也不应被允许决定法官的判决,或作为一个揭示法律意涵的测验。理由很简单,考虑到现有条件,公共意见不能自诩为真理的证明,而且唯一要被发现并被实际应用的就是那个真理。

因此法官只能依靠自己并且仅以事物的本质为指引。由体系化逻辑孕育并发展成熟的事物的本质将成为其考察的主要问题。

§4. 体系化逻辑与科学的技术性面向;概念与抽象观念

现在让我们首先考察方法中上述已提及的因素。

要恰当理解这一主题,重要的是区分严格意义上的逻辑和法律技术意义上的逻辑。只要问题是发现意志表达的真正内容、发布法律命令者的意图或者实在法想要调整的个人的意图,严格意义上的逻辑就在法律施行中扮演着正当且必要的角色。在有必要推断出来源于事物本质和客观现实的法律原则的实践后果和范围时,也是同理。

法律技术的功能则完全不同。法律人观察复杂且变化的社会生活现实,其义务在于将它们还原为秩序,超越其中不同的利益,从十分特殊的角度将这些现实提交给人为程序,从而转换,有时也毁损它们事实上的性质。所以特定经济活动,就其本质而言是天然变化且不确定的,被法律铸成一个稳固不变的模型,或者说在法律的熔炉中改变了外形。例如,交易这一金融活动,某种程度上产生于利益相关方的行为,以交易法案的形式被赋予了确定且几乎是僵硬的法律特质,受制于实在法所施加的条件和后果。更一般来说,法律技术通过定义法律后果,确定了可能产生这些法律后果的那些事实的构成特征。因此,虽然不能说它确立了某种等级制,但至少是一种一般图式,在这种一般图式中社会生活事实必须找到某个位置并在一定程度上使自己适应这一位置。法律技术通过这些程序助力发展并简化人类生活关系,或者用耶林*的话来说,促成使法律有实效的形式条件,在这个意义上是完全合理的。在既有社会条件下,要创造这一技术运作的手段乃是立法者(否则便是习惯)责无旁贷的事务;但法官的义务是通过独创性地将法律技术体系的不同部分加以协调来加强其功能,并且通过持续地调整手段适应目的,使其运作更为顺畅。

法律技术的功能虽然不受限,但要保证通过综合和简化的过程能达成所有法律的终极目的。之所以如此,是因为法律技术的性质,是其内在人造性的影响,是观察所得事实的一般化与想象的抽象之间小到几乎可以忽略不计的界限的影响。考虑到法律施行的部分大大超出了立法的部分,另一个任务逐渐浮现。借助法律技术,我们可以将理念从现实中分离出来,试着得出法律构成要素的抽象的一般观念,并将它们铸造为抽象概念。我们从中可以再次推断出事实所要适用的抽象"建构",有时是完全强行适用。我在另一处也提及了这些技术操作的危险;但我并不认为应当完全排除法律概念以及从中推断出的"建构"。我可以毫不犹豫地说,法官不仅有义务接受这些已被实实在在地包含在制定法中的抽象概念,而且要从中作出推论,就像基于法律意图的其他表达作出的推论一样。我还想更进一步地将自主创造类似概念

---

* 鲁道夫·冯·耶林(Rudolf von Jhering, 1818—1892),德国法学家,对德国私法影响深远,其代表作的中译本有《为权利而斗争》《法学的概念天国》《罗马私法中的过错要素》《法学是一门科学吗?》《法权感的产生》,以及《论缔约过失》。——中译者

的整个权力归为施行法律这一功能。在我看来,抽象概念的最大用处不在于有助于建立一种法律的体系化理论,而是在于,它们可以成为法官将法律应用于事实的确定向导,同时它们还握有权力,如果运用得当,可扩大法律原则的范围和增进其丰富性。然而,虽然我一方面坚持这些技术性操作具有合法性,但另一方面我也肯定法官在运用它们时总应当得到以下两项考虑的指引。一方面,相信每一法律规则都必须以某些理想概念为中心,相信后者给予其生命并决定其范围,这绝对是错误的。恰恰相反,我坚持认为法律中最强有力而确定且无可置疑的先天(a priori)准则直接来源于不受抽象概念干扰的事物的本质,抽象概念在所有案件中都必然在某些方面偏离现实。另一方面,虽然有时通过这些技术操作求助于概念和抽象的"建构"看上去是有益的,但法官不应忘记,这样会将他带离客观现实领域,而只有后者才应当指导他的判决。他不应相信自己被这些概念束缚(制定法本身采纳的除外),而是仅仅视之为科学假设,虽然这无疑能帮助他展开考察,但这从不应被视为既定的现实。因此,实际生活需要绝不能为了概念而被牺牲。

上述观察似乎很好地为逻辑体系化划出了界限。我们似乎可以得出,如果要使法律的恰当运行得到保障,法律施行的主要支持就应当从别处寻找。法官不应再依赖脑海中易变且不确定的抽象概念,而应利用考察事物本质所得出的坚实原则。

§5. "事物本质":作为实现目的之手段的法理念

我们最终要探明的、以科学研究为基础的自由发现的主要任务即对事物本质的考察。这一理念可能缺乏精确性但却十分意味深长。它首先由德国人伦德*于1791年引入法律人的考察,并且自那时起便被德国法学用作实在法正式渊源的替代品。相对地,它的内在价值也不止一次被争论,温德沙伊德**常常将其蔑称为"声名狼藉的表述"。

如果我们对这一观念本质进行与之前相比更进一步的定义,并表明其所能产生的好的结果,那么也许威胁到它的败誉——在我看来在任何实在法体系中都是不可避免的——就可以得到规避。

伦德赋予这一表达的含义被普遍接受,即事物本质可以被视为实在法的渊源("广义上的")之一。这一含义建立在下述看法的基础上:社会生活关系,或者更一般地说,潜藏在每个法律组织之下的事实,自身就携带着法律组织得以处于平衡并表明自身的条件,或者说,应当被规制的规则。如果是这样,那么最简单的方法就是详细考察所有人类关系,以便区分出其中需要法律认知者,找出在没有正式渊源的案件中应当规制它们的法律。这一命题的唯一困难在于,当我们试着应用这一方法,就会发现上述看法被过于草率地接受了。它至少在下述层面上失败了,即虽然牵涉利益的权衡可能因此得到促进,但即使是对生活关系最细致入微的研究也没能清晰而准确地表明其法律规则。要让这一方法

---

*　尤斯图斯·弗里德里希·伦德(Iustus Friedrich Runde, 1741—1801),德国法学家、法律史学家,哥廷根大学教授,代表作有《布伦瑞克、吕讷堡私法概要》《德国私法的一般原则》。——中译者

**　伯恩哈德·温德沙伊德(Bernhard Windscheid, 1817—1892),德国民法学家,主要著作有三卷本的《潘德克顿教科书》。——中译者

在实践上更可行就需要更确定的标准。

现在让我们回到讨论的要点。问题是,我们如何通过科学努力创造某种共同法(common law),它本质上有普遍性,而功能上具有次要性,即作为对正式渊源不足之处的补充,并且对当前整个法律生活给予一般指导?如此发现的法律会是永恒不变的,还是至少它的某些部分会根据不同时间的情势而变化?它会是普遍适用的法律,还是表现出特定民族差异?然而总的来说这些都是次要的问题,并且它们不能被先验地解决,因为答案取决于构成这一共同法律的必要要素的性质。最要紧的是要知道,这一实在共同法如何被建构。

为了解决这一问题,一个有吸引力的想法是范围和目的,或者将法律视为达成目的之手段。④ 由日常推理和经验可知,每个行为都取决于其要实现的目的,更进一步观察还可以发现,每个法律体系的争议事项都有人类意志行为,很容易得出的结论是,法律体系应当完全被实践目的所主宰。因此就有了耶林的格言:要寻找的目的创造了法律整体。由此可知,有必要寻找的调整任何社会关系的规则,就是找要实现的目的。然而,不难发现这一观念预设了,实践中每个法律规则要实现的目的已经被知晓了。在没有对人类生活趋向的终极目的的清晰且确定的意识的情况下,这一命题是不可能付诸实践的。因此,这一格言可能是很有价值的考察工具,但只是搁置了对问题的最终解决。

那么我们该如何发现衡量社会事实的法律价值的终极标准呢?不踏进我们道德本质的先验领域,我相信我们可以轻松地就

---

④ Jhering, *Der Zweck im Recht*.

下述命题达成共识,即一切法律体系应致力于在人类生活中,一方面实现正义理想,另一方面实现功利理想,后一表述采通说的含义,即促进大多数人的福利。因此,指引我们考察的两大路标即正义和普遍功利。可以肯定的是,这离我们完全探明这一论题还有很长的路要走,因为这两个理念无所表达,徒有空洞的形式,在我们基于当前的目的从中作出推断之前,需要赋予其内涵。

在我看来,正是在这一点上,诸如"事物本质"之类的理念需要被理解。仅仅考虑并分析社会生活的所有详尽事实,观察它们的相互关系,察觉它们彼此对对方的反应,是不够的。我们必须大胆地依靠道德意识和推理能力,通过运用它们来追踪规制现象的法律。所以我们应当动用所有资源来建构一个真正的共同法的科学体系。

从这一视角来看,我们考察的领域就会变得确定而完整。一方面,我们以理由和良知来发现我们心中正义的基础;另一方面,我们必须研究社会现象以理解协调社会现象的法律,以及使它们有序的原则。我们所要完成的这两项任务中,后者在所谓实在物的本质中找到了坚实的基础,就其整体而言也可以叫作社会生活的氛围。另一个则立足于更为深奥的基础,它不能被观察和感官经验所反驳,然而构成了法律的实践运作的必要条件之一。将上述因素之一还原为另一个的尝试都以失败告终。虽然多种偏见依然存在并对法律生活持续发挥着影响,但我坚信它们具有必要性,所以会毫不犹豫地予以它们恰当的位置和功能。

II. 自由法律发现原则的实践应用

§6. 自由发现的方法

读者也许希望被更直接地告知自由法律发现的方法,但之所以如此呈现出来,是为了保留其自身的特性,且保证必要的确定性,因为它建立在非常多样的科学基础上。读者可能还想看到从实际经验中学到的事实能得出怎样的结论。

考虑到第一点,不得不说,最重要的是每个法律人应尽可能清晰地意识到下述问题,即什么构成了他在社会生活中的独特功能。当他完全意识到自己任务的性质,这一意识就会成为将他引向清晰构想的目标的最好向导。无论如何强调都不为过的是,法律科学在本质上是行动的科学,除了发现用以规制特定人类关系的外部社会制裁的必要规则,别无其他目的。之所以以社会生活事实为基础,是旨在以这样的方式产生社会可欲的结果。

所以,法律科学必须首先分析人类事实直至其最根本的要素。由于不将其放置于一般的序列中并还原为特定类型就无法掌握这些要素,因而分析必然辅之以或多或少已经包含确定目标的分类,而这已经或多或少表明了确定的目标。若规制这些关系的规则已得到确立并被分析和分类,那么这一目标的观念就会变得更加清晰并离最终结果更近一步。找到调整事实的规则是法律科学的独特工作。尽管事实本身部分表明了规则,但其真正根源必须在一个只能由推理发现的更高的理念秩序中寻找。

我当然不会轻视对社会事实的简单观察的重要性;甚至要将

其毫不犹豫地摆在法律方法不可或缺的要素中的第一位,没有它,都不可能正确地表明问题。但正如有些人主张的那样,仅靠它也无法实现我们想要的科学目标,即使将其与理性分类结合起来也不行。我们还需要一个推理的过程,从兼具正义感的直觉出发,在实践常识的持续指引和掌控下,通过一系列演绎得出严密的结论。

施行法律者首先有义务发现一些抽象的一般规则,从而应用于实际生活所产生的具体事实组合。因此法官在任何情况下都应当从常规的规则开始。这意味着他应先求诸可适用于当前事实的作为类型的最一般规则;他既应考虑产生该规则的条件及其带来的后果,同时不考虑可能的后果之外的一切异常特征或期望,除非这些异常的特征或后果产生于事实本身的特殊性质。选择规则时即应进行上述考量。

此外,我们不能忘记的是,法官的自由发现只适用于作为正式渊源的制定法或习惯失灵的案件。自由的运用范围是宽是窄,推理结果的确定性程度是高是低,取决于他将其建立在类推之上,还是建立在表明社会之牢固观点的事实要素上,抑或在缺乏任何正面支持的情况下,他是否完全能由自己作出判断。

即使在如此限定的范围内描述,我也不认为自由的科学法律发现享有与制定法或习惯一样的创造法律规则的自由。无需表明围绕其创造能力的所有限制,指出其中两条思路就足以证明我的主张。一方面,调整部分关系的一般原则(有时只是潜在地)是如此完全且排他性地取决于我们的正式法律安排,以致开放的自由法律发现将超出其适当功能以及实际存在的社会生活一般条件的范围。因此,在我看来,法官不能以这样的方式来宣布无权利能力(超出对已经存在之自然能力的认识)或是对契约自由进行人为限制;也不能因此创造违反法律面前人人平等原则的特权。另一方面,根据法律科学的方法,也不可能通过自由法律发现来创造诸如行使特定权利所需要的详细规则,例如调整特定事实证明方式的规定,或者什么被认为是法律宣告还是通知,私法行为的形式、规定、限制、没收等类似的事情。宽泛地说,构成外在世界的一切,都可以说是法律可形塑的外壳,是在自由发现领域之外的,并且只能排他性地由制定法或习惯来调整。

§7. 方法的自由运用

为了阐明这一方法的实践运作及其结果,需要从被挑选出的大量具体案件中学习它的实际应用。然而我不可能在一个主题如此庞大的一般性研究中对上述论证予以阐释。因为这样的阐释不足以证明我们命题的正确性,除非事实被分析得细致入微。因此,我应将自己限定于当下,借助于他人已有的研究并为已经得到承认的一部分法律科学补充一些个人观察,使人们注意到一些重要的理论。如我所概述的那样,以法律科学为基础的自由发现的方法可以被认为是能够先天地为成文法因自身不能满足日常生活需求而无法解决的问题提供恰当解答。此外,我并不是要以一篇体系性的论文来解决整个问题。我只是希望,如果可能的话,在不对问题的终极解答表明立场的情况下,做出一点推进,因为对终极解答的考察是我无法进行的。

为了限定并明确我的任务,我将对私法最核心和典型的领域(这也意味着必然是不完整和粗略的)——调整自然人行为的规则及其对各种财产带来的影响——进行观察。

这一整个庞大的主题,以及私法中所有其他相关的话题,在我看来可以从下述三个不同的理念秩序(orders of ideas)来考察:

有时对可继承利益的调整来自不能以契约约束自我之人的有意识的自由意志。实在法对此只能将该意志行为的证明视为私法行为的证明。此种情况下我们只能确定当事人通过什么条款以及多大程度上约束了自己;之后我们必须察明标的;我们可能还要通过适用法律推定或解释条款来补充当事人的行为。

有时当事人的意志因为被社会秩序的需要所厌恶而无法产生实效。法律必须在该种情形下介入并对个人意志加以限制,或直接使其落空。一种不可抵抗的统治权禁止并以其权威代替自愿安排。实在法制定规则来对抗个人之间相分歧的意志,从而规制或控制他们。

最后,也存在这样的情形,即不存在或不可能存在任何有意识的意志行为。在某些现实或情势中,无法想象存在人类自由行为的直接影响,或至少并没有施加这种影响。这导致了法律的功能本身在于调整在性质上独立于个人意志的利益。

对应上述三种理念序列的是三种法律规则,它们可以很好地相互区别:第一种仅指导或补充个人意志行为;第二种包含了法律命令或禁令;第三种建构了对外部情形的调整。

既然我们事实上建立了社会组织,那么我们就会发现,三种法律规则中的每一种都被一个一般性的根本原则所规制,并与每一组规则所考虑的目的相和谐。每一组规则其实都是其原则自然发展的结果。我们可以用最常用的术语来简单表述这三个原则：1. 意思自治原则（the principle of autonomous will），2. 公共秩序或更高利益原则，3. 私人利益平衡原则。

可以肯定的是，上述原则在实践中经常相互结合在一起，使得我们整个法律体系生机勃勃，并且只要是包含关于上述领域的形式规则，就可以被认为是从正式渊源中得出的，尤其是法典。然而，正式渊源在这里就像在别处一样不能满足从整体上施行法律的目的。在它们沉默或不完整的地方，自由的科学考察就必须进行补充并根据我所阐述的方法找到规制关系的规则。我认为，经过一番简短的思考，将更容易理解这一方法的运用是如何帮助法律做出真正科学进展的。

§8. 个人意思自治的阐释

在寻找其自身目的的个人活动领域，只要这些活动不与更高的利益相冲突，现代法律为行使其恰当功能，就最好是允许其完全独立。这一个人意思自治（the autonomy of the individual will）原则自古老的社会形式消失时便逐渐悄然发展。至少在我们的国家和民事关系中，从大约13世纪起，该原则就因原始形式主义的衰亡而凸显出来。它毫无阻碍地持续发展，但直到今天才被视为我们整个社会组织之必要条件的表达。也许有人会说，它隐含在成文公法的特定条款中；也许其最广义的形式是1789年《人权宣言》中的第4条："自由是做任何不伤害他人之事的权利。"总而言之，民法典的作者通过将其纳入法律，以最具体的方式将它承认为私人契约的自由,⑤或许还有人会说,他们所建立的私法行为自由甚至更为广义。

上述一切在我们今天看来也许是毫无争议的。然而,若将这一原则完全付诸实施就会有所不同,发展其精髓直至达到日常生活的核心,或者这仅仅是一个以实践事务所要求的确定性来表述该原则的应用问题。我们是否必须在这样的情形中带着对社会和心理要素足够深刻和精微的理解来解释法律,意思自治的公式是否必须以之为基础并从中得出自身的应用?通过对这些要素更不受限的研究,是否可能发现对这一原则崭新且有益的运用?

举一个显著的例子,私法行为被有效实施并且毫无疑问地被法律承认,不妨说是一个契约吧。我们一方面强调建构它的个人意志的力量,另一方面我们不也追本溯源地轻易接受古罗马范畴的结论,并且承认它们直到今天都支配着我们相关的成文法吗?虽然这些范畴可以完全正当地被用来探明当事人的真正意图,但我们不应忘记的是,以这些范畴为基础的制定法条款在今天不过是对当事人实际意图的补充。它们从来就不是强制性的,反而是当实际事实表明应予修正的恰当性时,它们是可以被修正的。只要某个案件中的情势表明(修正)是适当的,我们甚至可以正当地通过与这些制定法矛盾的推定来推翻它们。无论如何,为了能使当事人的意思自治原则完全发挥实效,我们可以,而且也应当创建新的规则,来补充制定法和习惯法所忽略的(内容)。此外,我们必须牢记:传统范畴并没有包含一切;当事人完全有可能就某些"特别"(sui generis)事项达成合意,只要更高的权利,尤其是第

---

⑤ 参见第537条第1款,及其之后的《民法典》第1156条。

三人被授予的权利不会因此被侵犯。

这样一来就存在下述可能性(虽然法典对此不置一词),即现代法国法允许基于双方当事人的同意,赋予替换债务人的契约以效力,也就是说第一债务人可以将债务转移给第二人,而无需债权人事先知情。类似地,教义无疑会支持仅仅基于当事人的意志就可以建立新的"对物"(in rem)权,只要他们不违背社会秩序的基本原则。同理可知,为沿袭自罗马人的财产形式增添新的种类也是可能的,新的形式就单纯以当事人的自由约定为基础,尤其是新型所有权,都是为了适应我们的经济需求,还有记载于信托契据中的新型信托;除了法律明确承认的地役权之外还会有新型地役权,以及建立分割所有权的其他方式,借以扩展财产的效用并使其增值。通过进一步发展自治意志原则,上述一切就是可能的,只要第三方的权利不受影响并且共同体的利益得到保护。我不是没有认识到这些一般保留需要相当的限制,并且有时自由发现的方法在独立于立法的情况下是不足以表述这些限制的。然而这一方法至少能够为实在法其他渊源的干预开辟道路,例如制定法和习惯,能够完善由自由发现方法的运用所描绘出的规则整体(body of rules)轮廓。如果有人在实践疑难面前对运用上述方法犹豫不决,那他至少不会在解释交易过程中签订的合同时,总是将其归为法律承认的某种类型,而是更乐意直接主张与意思自治原则一致。若当事人意志没有典型公式可用,则与道德、心理、经济,总而言之,与要实现目标所处的社会情势一致。任何对当事人意图的疑虑都可以通过基于对这些情势的检验的推定而被消除。如果没有严格法律意义上对当事人意图的推定,那么法官作为公职人员就需将其结论建立在对各方利益通盘考量的基础上。对这些利益的平衡就可能是当事人的真正意图,也有可能取代(不可能有的)关于他们意图的直接证据。不难发现,一个几乎是无限的领域正在为自由发现方法敞开;尤其是如果法官只重视善意学说,该学说构成了现代法律中自治的个人意志行使所必须围绕的支点。

在此,我想将注意力集中到与该一般理论相关联的另一要点上。

§9. 意思自治原则的范围

就私法行为而言,仅仅指出从意思自治原则中所得出的结论是不够的。还有必要在以自由发现原则为基础进行判决的案件中,分析该原则的要素并确定其主要框架,这实际上是法官面临的首要任务。当事人意志在何种情形下可以构成待决案件中的法律?有人错误地以为,要解决这一问题就必须考虑当事人意图并探知该意图的方法。这明明就是丐题,而且也混淆了它们产生的条件和后果。为了确定后者,抛开当事人自己对行为的说辞,我们显然必须考虑其中所涉及的社会和个人利益。这些利益不仅要在没有心理强制的情况下被明确肯定地强调,而且要带有一定程度心理确定性的意识,确保实在法必然会毫不犹豫地承认行为具有义务的(obligatory)*性质。

如果我们仅由这些理念引导,并同时摆脱抽象概念的有害支

---

* 根据语境的一般或特殊性,obligation 可译为义务或债务,相应地,right 可理解为权利或债权。——中译者

配,那么我们就有可能显著地扩展关于合同形成的理论。尤其考虑到制定法完全无法解决的问题,例如不在场当事人之间的合同,⑥我们不是很快就学会额外进行心理学考量——因为它经常构成我们理论的唯一基础——以及其他来自更广阔的现实考量了吗?其他考量能更完美地表明实践生活的需要以及激励它的动机可能是什么,因为它们往往会偏离僵硬的规则并且宜于改变和补充从潜在原则中得出的结论,同时不影响其应有的效力,以便满足所有涉及的利益。我相信,要表明法律的现代发展现在依然朝着这个方向是不难的。如果注意到在最近的理论作品中有明显使用类比推理方法的倾向时,就会对此感到欣喜,并希望这一进展能够更加坚定不移。

类似的是,要考虑完整且完美的合意,这是我们过于僵硬的理论为了合同的可能性所必然会宣称的,法律将有可能变得更不确定。事实上,我们的实践在这方面与理论完全不相一致,甚至是对我们严格的逻辑宣称发出了势不可挡的抗议,虽然我们也可以悄然从这一问题身边溜走。例如,我们的理论主张合同的标的必须被明确表述出来或至少根据合同条款是可确定的。然而,我们不是每天都看到计件工作合同中没有提及对已完成工作的报酬吗?请家具木工或锁匠干活时不也是没有规定薪酬吗?去医生那里看病也无需先就费用达成一致,这样的合同会因此而没有约束力吗?他是否可以因为没有事先确定或者不能基于合同条款确定对价的数额而否认其义务呢?我们都知道,法官在这样的案例中会毫不犹豫地将当事人有缺陷的合同补充完整。我想他

---

⑥ "尽管"(Non obstat),《民法典》第932条第2行。

大概会这样说:这样的结论可以基于下述事实得到解释,即若出于善意,默示的理解(固定用法),就可以成为合同的一部分。这正是我想要强调的,即缔结合同时固有的善意,其影响应当被坦率地承认;我坚信如果这一新的要素被引入只承认逻辑演绎的理论中,那么它将有益地柔化其理论框架并使其结构不再那么狭隘。

此外,我也不怀疑有这一倾向的理念会致使我们承认以下认识:虽然严格根据教义来说,两人对彼此之间行为的核心要点的不完美和不完整的理解是不能建立任何有效的义务的,但在一系列案件中却可以被当作事实合同来对待,完全有可能对它进行法律上的强制执行。这里,一些非常实际的观察再一次为我们科学发展的进步打下基础。现在我们要追问的是合意是否真的有可能是确切的。也许我们考察的结果会是,我们应当就下述真理有更清晰的认识,虽然我们现在不一定对它一无所知,但在接受其整体时可能会有所迟疑。迄今为止的合同理论都是被心理学的合意观所支配,今后应当在社会生活事实的启示下审视这一理念。换句话说,知道当事人的合意在何种条件下具有形而上学的无可置疑性对法律人来说并不是那么重要,法律人要知道他们意志的要求在何种条件下足够接近会被法律支持的程度。明白了这一点以后,这一问题的进一步解决对我来说则只能有赖于对案件具体情形的性质的详细分析;要做到这一点就不能只依靠个人心理学,而是更多地需要社会心理学、伦理和经济的要求,更一般地说,就是借助科学来解释的市民生活可能需要的考量。

§10. 同一主题的延伸

论述至此,我想我们无可避免地会触及一个直到最近才被很好地表述出来的精微问题,应当用不带偏见的方法予以回答,并且我相信也会比之前的方法有更好的成效。正如个人意思自治展现在合同缔结过程中一样,它不也是所谓的实在法的一部分吗?个别意志的问题对人的影响不是更明显地体现在私法行为中吗?或者,用更一般,同时也更清晰的术语来说,不考虑接受的问题,一个表达一方当事人意志的简单承诺难道不可以成为法律义务的基础吗?

如果我们为了解决这一问题而首先求助事实上有效的法律的正式渊源,那么我们就会发现,它们对于问题的解决并无多大助益。

无论是从哪一个一般的视角来看这一问题,我们在今天几乎都无从说起明确确立的习惯法。至于成文法,即使抛开遗嘱处分财产不谈,在其中也很难找到任何对单方意志行为的法律效用的正面否定。我们无需论及产生法律后果的特定表示,例如非婚生子女的准正,接受继承,放弃继承或者夫妻共同财产,或者由新的土地购买人偿还抵押债务——所有上述行为就其本质而言都只有一方当事人。法律还知道另一组具有这一特征的行为,即个人因为他人的独立意志而变得更富有,比如,对多种权利的放弃,像是用益物权、抵押权、不同种类的地役权。在上述情形中,制定法可能轻易使行为效果取决于受益人接受与否。有些人可能会回应说这些都是常规的例外,是立法者所意图的,正如占有及其类似行为;还有人可能会更进一步宣称,基于特定目的的个人行为以及受约束的意图是不可能为他人创造义务的。然而,如果要追问这么主张的理由或要解释这一广为传布的偏见,唯一的可能是,制定法中没有条款明确授权个人可以通过单方行为创造权利,并且这一沉默足以表明禁止。这一隐含的推理也许以下述方式被更确切地表达出来:《民法典》以列举的方式限制了义务产生的渊源。⑦ 列举中没有提到单方意志行为,所以以该行为不能成为义务的渊源。而在我看来,该论证也许看上去无懈可击,但实际上并不能使我信服。我无需讨论以下这一点,即单方承诺或许已经包含在了显然是模糊而一般的第1370条所列举的类别中。首先,我想知道基于何种现代法律基础可以作出如下主张,即制定法列举出所有可能产生义务的渊源并排除掉其他一切。换句话说,既然我同时怀疑该三段论的大小前提,那么我也对其结论深表怀疑。

当然也不可能通过以下说明对上述论证进行辅助或加强,即将合同建立在当事人⑧同意基础上的法典理论必然排除承诺在被接受前就可以约束承诺人这样的想法。要承认的是,通常情形下,立法者在有缔结合同的要约时确实想要得出这一结果;然而这只能说明(如果没有进一步的理由的话),该要约就是没有约束力的。但因此而得出结论说,不受约束性对要约的本质来说是重要的,或者说只要它还只是一个承诺,那么自我约束的意思表示在任何情况下都是无实效且无效的,都是不恰当的。简而言之,严格从法律视角来看,根据合理的解释规则,如果一个人不想超

---

⑦ 《民法典》第3编第3章第1370条。
⑧ 之后的第1108条。

出立法者的想法和意图，他就必然主张后者，从不会想到我们所提出的问题，也不会想要去解决。或者我们甚至可以推定他想到了这一问题，并且消极地、潜意识地在内心深处做出了决定，因为他必然受历史传统的影响。然而，这本身就是模糊的，未表述出来的秘密含义也不能被认为对规则的解释具有任何效力。因此，只要制定法和习惯法对此保持沉默，我们就必须以科学考察为基础，运用自由发现方法来解决难题。

现在，如果我们被许可拥有这一领域，我们是否应当（正如大胆的改革者惯常会做的那样）通过对人类无限的意志自由和自决主权进行反思，毫不迟疑地对该问题做出肯定回答呢？或者坚持新条件下由现代文明所创造的社会需求，即断然要求每个人都应当被允许利用他人通过自由意志进行自我约束的承诺？这在我看来又太过了，而且会使我们的新理念遭受不可挽回的打击。就这一点，我们最多能说：一般而言，在我们的实在法体系中没有什么可以阻止单方承诺生效，并且至少在表面上，该承诺的有效性甚至是作为现代社会条件之产物的意思自治原则很自然的结果。同时，也没有理由表明为什么因此而生的义务都应当得到绝对支持。因此，由于问题在实践中总是在于何种特定的承诺应被支持为有效，所以如果不对每一特定承诺的利与弊进行进一步考察，就不可能找到答案。

现在我们明白了，单方表述的意图除非严肃肯定地想要生效，否则就是不可强制执行的。然而，在大量的例子中，在缺乏以制定法或习惯的形式表述该意图的情况下，将承诺人希望生效的每个承诺都视为足够严肃和肯定是困难的，也不无弊端。因此，对该种表示的特征进行仔细审视,并对它们真正的心理学价值进行评估就会是明智的。类似的是,即使意图肯定无疑,若不首先确定是否存在一项真正的社会利益要求该表示本身有效,即无需等到一方当事人从中受益并同意将其提升为恰当意义上的合同的尊严,就无法知晓其真正的法律分量。这一确定将是对该承诺的道德的、政治的、经济的利益——总而言之——是对所有社会利益进行考察而得出的结果。

从这一视角出发,我们会声称并不是所有单方承诺都有约束力,而是只有那些对实现特定可欲的社会目标是必要的且舍此别无他法的承诺才有约束力——假如它们不会在财产所有权方面造成不确定性,尤其是对信用造成损害的话。下述承诺无疑是有效的表示:承诺支付已履行的服务,认购基于共同利益的劳动支出,考虑到将来的合同而发出的要约(假如它们都是在充分确定的情况下作出的);也许甚至还包括对慈善机构捐助的承诺(假如公法原则被妥当遵守)。

如果我们大胆地承认上述承诺基于自身而有效,那么我们也只不过是奉行并遵从了法律体系中已经被清晰地建立起来的立场。例如,在私法中,单方的赔偿承诺正如拾得遗失财物的情况,除非基于承诺者和拾得者之间默示的合同,否则是不被承认的;但是法律毫不迟疑地承认了在其他关系中从承诺直接得出的权利;无论如何,一方当事人在另一方习惯上可以接受的期间内所发出的缔结合同的要约,其约束性在当下是显然得到承认的。同样,这也适用于商业票据的见票即付,独立于产生债务的合同;或者,抵押优先权作为对不特定受款人可受偿债务的保证得到支持;最后,该原则也可以通过为他人利益所作承诺得到支持的案件被阐明,虽然在该案件中最重要的合同并不实际存在。上述所有例子都清楚地表明了法律试图超越《民法典》的狭隘视野,并且承认在传统类型之侧还存在任何特定合同之外的有效的自愿义务。

行政法领域同样如此。民事合同法的许多要求在此都被忽略,而且出于慈善目的或公益事业的认捐更容易被视为有效;不特定受遗赠人对遗赠物的继受只有在受益人确定的条件下才能得到支持,甚至在相同条件下,单方承诺的实际捐赠也有可能是"生者之间的赠与"。

当我们将试验稍稍扩展并借鉴历史和比较性立法,就会发现对我们的推理和直接观察的明白无误的证实。我们会看到即使是罗马法,虽然原则上断然拒绝单方承诺可以成为有效义务的渊源,但依然会在涉及宗教或公共利益的案件中承认这一类承诺在民法上有效,有时也可能是出于纯粹的私人关切。其他法律体系也提供了适应当时需求和情势的不同例子。最后,最新的,也是被最为彻底地研究过的现代法律体系——1896年《德国民法典》——为我们提供了该种实在法体系的实际典型,完全可以被当作模型。从上述事实中得出的证据难道还不够表明,没有绝对的逻辑原则可以令我们先验地拒绝由单方意志实施所创造的有效权利吗?恰好相反,法律生活的需要要求,不是所有单方承诺都被盲目地、无所区别地被视为有效,而只是在部分被仔细调整、明智地筛选出来的案例中被视为有效。对所有情势的自由考察——尽可能地包括基于统计和获取社会事实的所有其他手段,例如伦理、政治和经济考量在内的科学数据——应当能够决定上述案件以及在何种条件下,在法国实际存在的文明状态下,在私人关系上自主践行意志的权力是可取的,法律的技术性考量应当仅仅被用来更精准地界定上述案例。

§11. 利益平衡原则

最后,在创造个人权利的过程中对意思自治原则应施加何种限制的问题,将在很大程度上依据一般原则来处理,这一一般原则也始终体现在所有这类法律问题中:基于其性质,这些问题不处于私人意志的直接实施范围内,或已经被明确地交给其他形式的法规来处理。该原则牵涉到利益的平衡,它必定是法官的向导,因为它也是立法者的向导和法律习惯的守护者,出现在所有当事人之间不存在充分和有效的合意的案件中,所以就有必要建立行为的权威规则,例如建构实在法指令。该原则的目的在于最大可能地满足不同当事人的愿望,与人类社会目的的实现保持一致。实现这一目的的一般方法是识别出牵涉的所有相互冲突的利益,从而如其所是地估计它们各自的力量,权衡它们,在正义的范围内给予其中经社会标准测试所得最重要者以优先性,并且最终产生被强烈渴求的利益平衡。

如果详细分析利益冲突尤其明显的案件中的特定制定法条款,我们会欣然发现,当立法者颁布条款来补充或调整私人行为时,也是以同样的方式进行的。⑨ 我们无需提及现代制定法以简

---

⑨ 我随机想到的就有《民法典》第549条、第555条、第1116条、第1238条、第1240条、第1299条、第1377条第2行、第1384条、第2037条、第2131条、第2265条、第2279至第2280条,以及《商法典》的第216条,都是有特定证明价值的例子。

略形式所采纳的传统教义,例如保罗之诉理论*,它在必要的条件下根据所涉问题行为的性质予以支持(要知晓它是否是基于对价而做出的),以及根据被告人的善意或恶意。⑩ 然而,除了该原则的特殊运用,我们会很容易发现同一立法者意图是如何重现在更多私法教义中的,甚至在那些经常基于纯粹逻辑基础被解释的教义中。例如通过添附取得所有权⑪的理论、债务相抵⑫理论,逻辑在这里并不介入,除非是次要性的,并且作为所谓公平的技术工具,本身就立基于支配所有上述实质问题的利益平衡原则。

以科学考察为基础的自由法律发现应在其自身领域内起到成文法的作用,即为需要更明确调整的部分法律服务。法官承认的下述教义(至少在部分尤其公平的案子中)在某些学者看来是很大的丑闻:出于第三人的原因,当然继承人对其最终未取得之遗产的影响行为被视为有效;或者当他们建立了一整个推定体系以有助于时效取得,为了使不动产所有权的证明成为可能或变得更为容易。类似地,他们也完全赞同下述古老法谚的效力和活力:"对于起诉来说只是暂时性的事物,对于抗辩来说却是永久性的。"**在部分利益冲突尤其精微的案件中不也一样吗?这些案件在实践中都被十分愉快地解决了,例如通过同时产生的并且基于同一财产的特殊抵押权和一般抵押权的优先顺位。当制定法沉

---

* 来源于罗马法的保罗之诉(actio Pauliana),以公元3世纪古典晚期的罗马法学家尤里乌斯·保罗(Iulius Paulus)之名命名,指对一名或多名债权人构成诈害的私法行为的撤销之诉。——中译者

⑩ 参见《法国民法典》第1167条;《商法典》第446至第447条。

⑪ 《民法典》第551至第577条。

⑫ 《民法典》第1289至第1298条。

** 原文为拉丁文:"Quae temporalia ad agendum perpetua ad excipiendum." 翻译参见陈卫佐:《拉丁语法律用语和法律格言词典》,法律出版社2009年版,第247页。——中译者

默或模糊时，法官要决定，实际占有作为担保物的抵押土地的保证人或第三人是否可以被代位主张抵押权。[13] 同样地，法律准则如何适用于机密信件的秘密、已发送信件的所有权，或者使用姓氏的权利，都可以有很多不同的理解方式。法律准则（legal maxim）除了平衡其中涉及的各方利益之外，还能怎样令人满意而公平地被适用呢？实际上，最近的趋势是越来越少地去限制对该解释方法的接受，即使其结果看上去与部分实在制定法相对立——至少是当制定法条款基于显然的公平而为扩大解释留下空间的时候。有时，法官甚至在自由发现的方向上走得更远，并且忘记了该方法对法律创造所施加的必要限制，尤其是当在部分案件中承认，制定法中完全没有规定的留置权形式时。

然而，这种过度行为在一定条件下是可以被避免的，如果少许危险依然存在，考虑到完全相反的传统倾向，在法律的正式渊源保持沉默的地方，施行法律的科学除了坦率接纳该方法，别无更好的办法：为了寻找所有必然从不同利益的冲突中产生的法律问题的解答，借助对牵涉利益的司法比较，并对它们进行平衡以期与社会利益相符。例如，以这样的方式可以毫无疑问地解决一个最重要的法律问题——它在每场诉讼中总会以这样或那样的形式出现，耶林也已多次强调其重要性，并且考虑到制定法对它几乎保持沉默——哪一方当事人在可能产生的不同法律条件下负有举证责任。

通过这一方法，我们还可以发现定义法庭判决时鲜少涉及的教义手段：是什么构成了权利的滥用，以至于行使它的当事人要对其负责。虽然罗马法上的绝对公式对我们十分重要，但现代法

---

[13] 如《民法典》第1251条第3款。

律意识越来越多地反叛这一理念,即任何权利都可以被无限制地行使。这一倾向体现在今天广受支持的下述教义中:拒绝在明显滥用权利的案件中应用传统准则"行使自身权利的人不得损害任何人"*。考虑到某些来自土地所有权的滥用和法典条款关于毗邻土地所有人权利的一定程度的补充,这一教义长期得到支持,并且在近些日子被援引以反对某种个人自由的显现,私法要求抑制这种显现,因为它侵占了他人的权利。该理论的巨大困难将逐渐显示出来,关于权利滥用构成的清晰定义——超出合法行使的程度,以至于产生法律责任——就其本身而言并不存在很大争议。从道德和心理学视角来看,我们可以将具有伤害他人且同时行使权利的意图视为滥用的独特特征吗?而这无非是回到了被强烈反对过的"仿效"(不正当竞争的某些形式)的学说以及这一难以应用的准则上去,即"恶意是不可容忍的"**。我的个人观点是,对个人权利的真正和公正的限制只能通过对其经济和社会目标的考察来发现,并且要将目标的重要性和与之相对立的利益进行比较。无论如何,这里只需指出,制定法对之完全沉默的权利滥用的重要问题只能通过下述审慎的方式予以解答,即平衡所涉利益冲突的所有伦理、政治、社会和经济考量。

§12. 同一主题的延伸

为了将我对该主题的想法完全表述出来,应当说,我相信通

---

* 原文为拉丁文:Neminem laedit qui suo jure utitur。翻译参见陈卫佐:《拉丁语法律用语和法律格言词典》,法律出版社 2009 年版,第 230 页。——中译者

** 原文为拉丁文:Malitiis non est indulgendum。翻译参见陈卫佐:《拉丁语法律用语和法律格言词典》,法律出版社 2009 年版,第 225 页。——中译者

过坦率的考察方法,公开承认成文法中的漏洞,法律将会出现更大、更为确定的进步。借助这一方法,我们可以试着经由独立的科学过程去填补制定法的缺漏,由此所有周遭情势都会得到检验,并且如果可能的话,所有涉及的利益之间的平衡也得以产生。它将取代被迫采取的文本解释的诡计,后者不仅因为没能理解制定法以及使之付诸实效的恰当规则的真正性质而应受谴责,还因为它必然导致对文本所包含观念的篡改和不令人满意的结论。

为了让这一问题变得更清楚,我想我可以选择民事侵害责任的传统观念的扩展作为阐释。我想到的是客观归责学说,在现代发源于一个值得赞赏的初衷,即为不明原因或者为此无法确认之特定过失行为造成的事故提供公平赔偿。⑭

若斯朗*在他的《论无生命事物的责任》⑮中以十足的把握和敏锐的感触对该主题上先于自己的不同理论进行了评述和分析。他毫不费力地证明,这些理论没能达成想要的结果,尽管它们都粗暴地对待自己赖以为基础的制定法文本;因为它们没有区分(不同的合同责任),是扩大了合同责任(还是来源于过失推定的扩大),并因此将侵权责任的学说推进至极端。

然而,当我们在同一视角下停下来思考以制定法为基础的客观规则的新观念——例如萨莱耶**于1894年所提倡的,并由他和

---

⑭ 众所周知,尽管有1898年4月9日颁布和1899年6月30日颁布的两部法律,不在这两部制定法范围内的侵害依然成问题。

* 路易斯·若斯朗(Louis Josserand, 1868—1941),法国法学家,里昂大学法学院教授,最高法院顾问。——中译者

⑮ Josserand, *De la Responsabilité du fait des choses inanimées*, 1897, pp. 11-52.

** 雷蒙·萨莱耶(Raymond Saleilles, 1855—1912),法国法学家,1885至1895年任第戎大学法学院教授,1895至1908年任巴黎大学法学院教授。——中译者

若斯朗进一步发展的那种观念时,我们不是不可避免地会承认,只要它打算以实在的制定法条款为基础,从而在《民法典》自身中发现雇主风险原则,这一别具匠心的理论不也恰好犯了和先前理论一样的错误吗?无论我们是像若斯朗一样将其完全建立在第1384条第1款的那种空洞而模糊的表述上(一个人要对其自身行为造成的侵害负责),还是像萨莱耶一样激进而大胆地诉诸该章节的第一条款并以简单的因果关系代替第1382条中所表述的过错的观念(任何人类行为,只要造成了对他人的侵害,那么该行为人就对其行为造成的损害负责),在上述两种情况中都不能否认的是,我们超越了文本中实际表述的含义,或者扭曲了立法者用词的自然含义。但是如此得出的原则依旧离法律应当所是十分遥远,因为条款本身不能因牵强的文本解释而被改变,并且从中可以读出的最好规则是,由雇主为其所有的财产引发的事故承担责任,然而仍没有充分合理的条款来支持说,(雇主)要为他无法掌控的某个实物造成的一切事故承担责任。

我远不是想要反对启发了上述新理论的正义且合理的理念。总的来说,我同意上述主张,只是想要指出其赖以确立的思维过程的缺陷和不足。因此,我主张这一法律原则在可靠推理的角度来看是更容易得到辩护的,并且将更轻易地适应现实,如果我们坦率地承认《民法典》在第1382条及其之后的条款中只规定了他人过错造成的侵害,但是这些条款没有处理雇佣的所有内在风险。真正的问题在于,发现纯粹来自事故的损害如何能在受案件情势影响的两人或多人中分配;而且我们应当说,在缺少制定法条款时,由法院来对这一事项进行调整是最利于促进正义和社会功利的。

为了知晓什么最能促进正义和社会功利,除了对被实际接受的关于人与人之间关系的道德情操进行仔细观察,对社会和经济条件进行追问,从而根据做出判断时存在的文明状态来估量所涉不同利益的真正价值之外,别无他法。

简而言之,我们总是要回到对相互竞争或看上去相矛盾的利益进行平衡的尝试上来。而这只有彻底审查每个实在法体系的要素才能做到。正如我在别处所表明的那样,这并非逻辑构造物,而是本身就能使我们对社会生活的实效力量有所洞见的伦理和经济现实。

此外,至少作为一个一般性的命题,如此得出的规则能为任何通过当事人的自治意志进来的矛盾规定开路,因为必须先验地认为,它们比任何人,甚至是政府,都更好地理解什么最能促进它们为所有人的利益所保护的利益。

§13. 共同体利益优先原则

无论如何,我们允许个人意思自治原则进行自我肯定——无论它是补充还是抵触了权威所制定的规则,但绝不能被认为是毫无限制的。虽然个人意志的行使大多数时候能在当事人的自由裁量下创造法律义务,但有时更高利益的介入会为其权力设置或多或少的约束,并且取代由权威正式施加给自由自发创造者的关系。换句话说,对于涉及的所有利益进行令人满意的平衡,在该案件中需要强制性的标准来消除当事人有分歧的臆想。这就是通常所说的公共秩序原则的基础。我同意这个词语是模糊的,而且不适合用来表达想要传达的意思。类似地,我也承认所有定义该意义上的"公共秩序"的尝试(它试着在每个具体的制度之外发现定义标准)都彻底失败了,我们会立即觉察到隐藏在私人协议条款中的法律规则。但是,似乎由此可以得出 M. 德·瓦雷耶-索米埃(M. de Vareilles-Sommières)的观点,即我们不应将某一组法律视为负有更高的社会利益,而是要肯定,没有私人能够否决任何法律的实效。这一观点在我看来也是走出该两难境地的徒劳尝试,它无非是把困难转移到了别处。因为可以确定的是,在法律体系赋予个人的权利中,有部分不可以被自愿放弃。要决定哪一特定制定法赋予的权利不可被与其矛盾的私人协议废除并不困难,或者说,制定法给予的什么权利是个人不能自愿放弃的。

然而,除非解答可以变得更简单,否则改变问题的惯常表述就是无意义的。批判中唯一值得采纳的是对"公共秩序"与私法的关系的传统观念的反对:首先,从消极的方面说,根本就不存在问题,无论使用的词语是否让一系列利益看起来真的与众不同并且与其余的分离,通过滴水不漏的隔层将其与真的私人利益隔离开;其次,从积极的方面说,问题可以被归结为,能够找出哪些构成私法整体的规则,它们基于其性质和目的不能通过以意思自治原则为基础的行为被对所涉利益的自由调整所废止;或者说,什么规则至少能充分地限制当事人意志的行使,从而防止更高利益因为私人意志被牺牲。

如此一来,问题就有了相当的重要性。它不仅牵涉到成文法包括的法律规则,而且还有每一个可能被当事人私人行为所影响的法律规则,无论该规则是源自习惯法还是法律科学自由考察的产物。事实上，这个问题存在于具有以下性质的法律中，它们有时服从于当事人的意志，有时又比当事人意志更高。如果是被制定的规则，那么由立法者指出制定法关于矛盾的私人协议所意欲达成的效果就是恰当的。可是几乎没有制定法包含这样的条款，对这一点的解释在大多数情况下都交给了法官的自由裁量。由此可见，存在对法律学者的独立考察开放的广阔领域，这不仅与习惯规则和以科学研究为基础的原则相关，甚至直接与制定法条款相关。

如此必要的考察只能通过下述方式有益地进行，即追问我们的道德本性，探求我们身处的政治组织的原则，并研究经济环境的需求，从而习得形塑现代社会所处条件的更高规则（它们也因此必然高于任何私人的意志行为）。

§14. 自由发现方法的其他应用

因此，当法官没有制定法或已确立的习惯的形式指导时，如果希望在不超出私法已知限制的情况下有正确性确保地裁判，那么就要在社会要素中寻找所处理事实背后的鲜活力量。

如果我们研究那些不能被传统方式解答的问题，并且更直接地使成文法几乎没有进行平衡的道德和经济利益发挥作用，那么同一件事就会变得更显然。这样的问题可能与大量主题有关。因此，知识产权就是从个人人格中存在内在的权利中衍生出的。还有商事权利的特殊法律待遇及其与普通民事行为的区别问题。还有理解工业生产的调整目的之合法性与法律效果问题；采矿法中非常复杂的问题来自地表与地下工作的关系，以及许多类似的其他问题。这些问题不能全部得到解答,关于这些主题的实在法虽已被确立,但还没有借助对社会事实的仔细观察,也没有依靠查明的科学数据。

我必须在这里终止我的考察。我相信以上论述足以表明这一法律方法的必然组成部分——我称之为"基于科学的自由发现"——的成效,也足以说明它是如何运作的。

自由法律发现:原则与对象

〔奥〕欧根·埃利希[①]

(曾立城 译 路 程 校)

I. 官员之法与人民之法的对立

  §1. 立法者与法官的关系

  §2. 制定法重要性的提升

  §3. 裁判规范不足以调整现实生活

  §4. 非制定法的重要性

  §5. 法律人法

  §6. 国际法的发展

  §7. 脱离立法的法律成长

  §8. 立法并非法律的原初形式

  §9. 法院和制定法

  §10. 现代的法典

  §11. 唯制定法的不足

[①] 欧根·埃利希(Eugen Ehrlich),切尔诺夫策大学罗马法教授。本文(省略了前六页)译自他的《自由法律发现与自由法学》(*Freie Rechtsfindung und freie Rechtswissenschaft*, Leipzig, 1903)。作者在本领域的另一重要著作是《法社会学原理》(*Grundlegung der Soziologie des Rechts*, Munich, 1913)。英译者为埃内斯特·布伦肯。——原书编者注

II. 制定法及其对自由法律发现的阻碍

　§12. 法典化的利弊

　§13. 法律技术主义

　§14. 对技术方法的进一步反对

　§15. 反对技术主义的倾向

　§16. 接近自由发现

III. 自由法律发现原则的特征

　§17. 自由发现并非任意

　§18. 自由发现的基础

　§19. 受法律人影响的法律成长

　§20. 法官的个性

IV. 有待自由法律发现的任务

　§21. 法律科学的工作

　§22. 法律的实践运行

　§23. 法律调整和现实生活

　§24. 法律科学与法院

　§25. 证据法的发展

　§26. 结论

I. 官员之法与人民之法的对立

§1. 立法者与法官的关系

现代的法律科学体系，倾向于主要通过探寻发现立法者的意图，来解释每一条法律规则。然而，如下事实从未被充分地强调：

在个人的日常生活中,法律的含义对负责实施法律之人的依赖,远甚于对据以实施法律之原则的依赖。在不同的国家或不同的时期,同一规则可能有大相径庭的含义,这不外乎是因为,那些坐在法庭上的人经受过不同的训练、拥有不同的性情、采持了不同的官方态度或社会立场。相较于长于分析的学生,那些训练有素的法律史学者更容易深刻地认识到这一点。对历史学者来说,"裁判官"(praetor)和"法学家"(prudentes)仍然在潘德克顿体系(Pandect)、"陪审员"(Schöffen)仍然在古老的德国法、最高法院的法官的判决仍然在同样植根于日耳曼传统的英国普通法(common law)和衡平法(equity)中发挥作用。同样地,当下在欧洲大陆各国行之有效的法律,应当被视为由学识渊博的法律官员所构成的司法机构所特有的法律体系。因为虽然我们可以适切地将现代国家表征为立基于法律的国家,但是我们不应当忘记,这个术语在我们的言辞中,本质上指的是具有官员系统的国家——尽管毫无疑问可能存在着以法律为基础、非官僚化的国家,正如与此相反,人们也可以设想一个并非以法律为基础的官僚化国家。

我们所有人都是官僚制国家的臣民,它已经支配了我们的政治生活和社会生活好几个世纪。由此产生和培养出了一套思维的概念及界限,我们任何人几乎不可能轻而易举地将自己从中解脱出来。在官僚系统的眼里,法律不过就是国家向它的官员发出的指令。当然,就法律的实效而言,法律也必须在官员团体之外获得实施,因为法律的目的正是调整隶属于国家的所有人民的行为。然而,我们通常只是以一种迂回的方式来促成这种事实:我们推断,人民臣服于法律,是因为国家官员强迫他们这样做,或者在他们胆敢违抗时将施加强制。

§2. 制定法重要性的提升

根据当代的法官是负责法律实施的国家官员这一事实,以及法律是国家指向其法官的命令这一概念,在诸法的渊源之中制定法的显著重要性也就被呈现出来。因为相较于其他的法律形式,在制定法中,国家以一种尤其直接的方式向其官员发出命令,这是再显而易见不过的事实。任何倾向于将法律视为国家命令的人,会发现他不得不将所有法律规则或多或少地当作制定法。

事实上,当下关于法的渊源的通行理论确实以此为根基。当然,教科书时常向我们介绍和保证,习惯法和制定法具有相同的效力(force)。但是,人们如果着眼于现实实践而非纸面文字,很快就会得出如下结论:(法学)专著、指南、论文,以及根据某个假定推演得出的裁判,从来就不会公开承认,在制定法之外的的确确没有别的法律。那些并非成长于官僚制国家,但是在现实实践中见识过活的(living)习惯法的人,会发现关于习惯法的传统见解是难以理解的。例如关于习惯法的起源及理论预设的学说、制定法是否可以禁止依据习惯衍生出一条规则(尽管它总是被认为与制定法具有相同的拘束力),或者制定法是否可以通过冗杂繁多的条件来限制这种衍生的问题。当这些涉及习惯法之实践的理论被明确地表达,正如被按照17、18世纪的法学家们当时的方式来教授,其意图不过是向法律官员提供一个标准,借此得以判断产生于日耳曼法的习惯的效力,后者经常被有失公允地对待并且需要求诸当事人的证明和辩护。在今天,这些学说显然不再与时俱进,科学的反省毫无疑问将带领它们走向终结。

对我们来说,制定法是法律的主要形式,这一事实刻画出官僚制国家的根本属性。同样地,官僚制国家的法律的内容,依赖于政体的本质特征。这样的法律体系在本质上不过就是一种裁判规范。它唯一或者几乎唯一的目的,是指导官员如何处理那些托付给他们的问题,尤其是如何裁判法律争议。当然,这只是一种非常片面的观念,因为法律作为裁判规范,可能确实是法律对于法律人而言最有趣的一面,但它绝对不是唯一的甚或最重要的一面。除了争议的解决,法律还为其他各不相同的目的而存在。这正是社会有机体的基础,或者(用谢夫莱[Schäffle]已经逐渐过时的术语来)说,法律是社会实体的骨架。

当然,在大多数情形中,社会安排确实为形成于这种安排的争议裁决提供了其必然要依据的规范。然而明白无误的是,这不过是一种下级的、次要的功能。在某些情形下,一个社团的章程可以为处理法律争议提供有用的基础;但是这些章程首要地服务于调整社团运作。当奥地利的《民法典》规定丈夫应当成为一家之主,它就准确地按照家庭组织现今存在的状态定义了它。但这项规定并不因此而提供了裁决争议的规范,并且或许丝毫没有这种意图。众所周知,在罗马法中,"法锁/债"(obligatio)可以产生于以从事各种类型的行为为内容的契约,但只要传统形式的程序持续存在,裁判结果就总是要求支付一笔金额。裁判规范并不符合于(债的)关系的法律性质——"一者享有债权,一者清偿债务"(aliud erat in obligatione, aliud in solutione)。在一篇著名的论文中,埃克(Eck)解释了,在罗马一项买卖为何是一个所有权转让的契约(正如今天的情况一样),尽管罗马法中的裁判规范仅仅以容许其占有为基础规定了责任。裁判规范和行为规范之间的区别最清晰地展现在"自然债务"(obligatio naturalis)②的情形中——它实际上产生出一种义务,但是它的存在不能成为支付金钱判决的基础。

§3. 裁判规范不足以调整现实生活

毫无疑问,这样一种推定(正如传统自由主义学派的政治家所经常做的那样)——法律只由裁判规范组成,并且国家没有资格用法律的方式来直接地组织社会——是完全错误的。许多现代的土地制度直接地产生于国家活动;现代社会的立法也已经创造出众多的组织机构;并且尤其关键的是,国家通过它的军事、政府和行政制度来组织它自身。尽管如此,大部分由国家制定的法律无疑是由裁判规范组成的。宽泛地说,国家除了向它的官员发布命令之外,什么也做不了;与此同时,官员除了在他们被要求介入案件时采取行动之外,也什么都做不了;并且,即使当他们应当"依职权"(ex officio)行动时,情况也并无不同。但是,通过裁判规范的方式来改变社会生活的尝试几乎没有完美地实现过它的意图;一般来说,这样的手段相对于目的而言是不适当的。即使偶尔有司法案件的裁判方式确实不同于置于旧规范之下的案件,人们的生活也还是照旧如昨。如果现在发布一条制定法,它将所有家庭问题的裁决权威确立为母亲而非父亲,这条新的法律可能

---

② 在罗马法中,"自然债务"是指,强制(enforcing)可能性已经消失,因而归属无效的债务,然而它仍然是可以被执行的(executory)。并且,如果它被执行了,那么它可以成为将来的法律后果的基础。——英译者注

只在极其少数与家庭事务相关的案件裁判中发挥实效。家庭的社会组织或许根本不会因此而改变。任何人如果想断言社会生活(例如财产、契约、家庭、继承)的宽厚基础是由这些细碎的方式来建立的,或者它们的发展实质上依赖于后者,他也就站在了最显眼的证据的对立面。

§4. 非制定法的重要性

然而,只有很少的裁判规范起源于国家。国家对权利的每一种保护,都开始于损害赔偿金的强制支付。而在原始时期,却由受害方借助他自己的权威、通过他自己的力量来寻求补偿。在法院的判决取代了这种原始的自力救济的时刻,也就存在,并且只存在着产生于社会组织的本质的裁判规范。换言之,它们来自在原始所有权的条件下财产被直接假定之形式的本质,也来自在原始社会中占据重要地位之团体(例如部落、家庭、社群、行会)的本质,来自最古老的契约的典型主题与形式,以及几乎比任何种类的法律保护要更古老的原始交往形式。裁判首先被口口相传地留存,然后被书面记载,被收集、注释、一般化,最后被编纂成典。由此,在法律人(lawyers)的特别维护下,产生了那些形形色色的法律制度。在早期社会,世界各个国家的法律体系在许多不同方面都各具特色。它们是法律科学和法律规则的综合体,正如罗马的"市民法"(ius civile)仍然在本质上未作变更地存在于罗马法学家的著作和优士丁尼大法典之中。

因此,裁判并不是以法律规则为基础,反而是在裁判之中推演出了法律规则。作为裁判的基础的法律是"法本身"(ius quod

est)。保罗——他能够观察到这种活法的实际运作——将他在现实经验中的领悟精炼地总结为这句著名格言:"不是法自规则而出,而是规则由法而生。"(Non ex regula ius sumatur, sed ex iure quod est regula fiat.)裁判先于规则而存在;相比于立法者的法律,法律人的法律也要更加古老和更加丰富。

§5. 法律人法(lawyers' law, Juristenrecht)③

将这些法律人法称作"习惯法"(customary law)并无不妥,这种做法也并不鲜见。只是人们不应当忽略,这个术语涵盖了几种相当不同的事物。商业交易中的法律人法几乎就是商人们的习惯。损害赔偿和司法程序中的法律人法产生于恣肆任意的自力救济的逐渐消解,尤其得益于诉诸法官来解决争端的习惯成为一种义务。原始联合(无论是地方的,例如社群[commune];还是社会的,例如部落和家庭)的法律人法,是以人类的原始社会倾向为基础。借此,才形成了所有上述联合。而当它们消失不见,这些联合也将不可挽回地走向衰亡。继承法的起源也几乎完全来自这种倾向。在由财产分配形成的法律人法中,可以发现社会权力关系的严格表达;因为它们取决于例如佃农向领主提供服务的规定,或者是在领主去世后,土地应当返还给领地授予人还是划分给领主之继承人的问题。

显然,法律人法确实无法创造社会制度,但它可以对社会制度进行严格限定,并在理论上定义它们。这种作用尤其体现于下

---

③ 原文用语是 Juristenrecht。它首先包括所有以"法学家的权威"(auctoritas prudentium)为基础的罗马法规则,其次也包括任何由特定的法律人角色所提供的法律,例如以法院的裁判为基础建立的共同法。——英译者注

述情形：正如在罗马社会一样，人们遵循受咨询的法律人之意见而行为，法律人法借此对现实生活产生了直接影响。没有人能够想象，法律人可以建立一个像用益权（或者土地的终身财产制）这样的法律制度。但正是他们，使得罗马的用益权形式能够实现其目的；也正是他们的工作，为所有权人和用益权人之间的利益分配确立了划定界限的规则。在所有这些情形中，裁判规范都来自社会制度和法律人必须处理之程序的本质；同样地，法律人的实践也适应了在商业交易中已经可被注意到的趋势，并且可以说，它明确展现了交易人的意愿。

§6. 国际法的发展

现在，我们可以转移注意力至一个类似的发展历程，它也许就正在我们的眼皮底下发生。随着时间的推移，形成这样一种法律和司法体系——国家之间的争端将成为它的调整对象，正如在今天私人之间的争端受到国家的司法权力调整一样——并非全无可能。这种司法方式所据以运行的法律规范，首先只能是来自国家的本质和国际法律关系中既存习惯的法律人法，而不可能是其他任何东西。齐特尔曼在他的《国际私法》中表明，仅仅是从属地管辖和属人管辖原则中，就可以衍生出大量服务于裁决国际公共争端的规范。当然，现代的法律人对这个过程毫不陌生，它清楚地反映出历史上的相同经历，即司法救济替代了私力救济的解决方式。这些司法救济的基础，是根据提交给法院的争端的本质以及现有的人类交往行为习惯而形成的法律人法体系。因此，如果有人断言，各个国家的起源或存续归功于由国际法院施行的这类法律人法的保护,那么他将和这类人——他们在今天认为,财产、家庭、契约或继承的法律以某种方式立基于国家通过其制定的裁判规范而给予的保护———一样地接近于事实真相。

§7. 脱离立法的法律成长

基于同样的理由,既已存在的裁判规范必然处于持续变化的状态,这仅仅是出于社会变迁的缘故。这一点在继受罗马法的情形中可以被最清楚地察觉到。因为被继受的当然不是存在于罗马人之间的法律关系,而仅仅是罗马人的裁判规范,而且这些规范(已如前述)几乎毫无例外地属于法律人法。现在,我们发现自己面临着这种显见的情况,即罗马人的裁判规范被它们所适用于的现代的、本土的法律关系填充进全新的内容。

人们可能会感到,表面上看,关于债务人和债权人的罗马法几乎被彻底地继受。但是,在罗马法"法锁/债"的情形中,债权人和债务人不是个人,而是由个人组成的团体,它在法律上由"家父"(pater familias)来代表,后者自身就有做出法律行为的资格。[④] 显然,在今天,这种法律关系不再是团体之间的关系,而是个人之间的关系;这些事实存在根本性的差异,以至于所有与之相反的、在细节上的相似之处都必须被消解。再者,几乎就在我们眼前,婚姻关系正在从一个男人对一个女人的支配关系转变为两个同等重要、拥有平等权利的个人的联合体;父权和

[④] 归属于这个个人团体的,不仅包括家庭的成员,而且还包括奴隶,在更古老的年代,显然还包括了被解放的奴隶——被解放自由人(freedmen),尽管这些人自己就享有法律权利,能够实施法律行为。Comp. Cicero, *Epistula ad Quintum*, I, 1, 13: libertis quibus illi (maiores) non multo secus ac servis imperabant.

监护权也正在转变为一种公共事务,而不是私人的、有利可图的权利。

这种转变孕育着不可估量的后果,它很可能每时每刻都在影响着对于法律关系的法律判断和社会判断;然而,却未必有必要为此而改写任意一行制定法。有许多这样的事情,它们在今天被认为是对婚姻伴侣的极大过错,或者是对被监护人的信赖的背离,但也许最迟在18世纪上半叶或者19世纪前30年,没有人会认为它们是错误的。最巨大的、不可抗拒的法律变革就在社会制度本身中进行,并从根本上改变了法律人法的裁判规范,而当事人甚至法律人本身有时对此毫无知觉。

§8. 立法并非法律的原初形式

国家制定的法律与法律人法有本质上的区别。制定法作为其中之一,比习惯法或法律人法要新得多,而且可能在世界各个国家都是相对晚近的现象。在古代,它虽然在希腊的其他城邦也存在着相当可观的苗头,但似乎只在罗马人和雅典人中才获得了良好的构建。同样地,中世纪早期也几乎没有完成试验和过渡的阶段。当然,有关和平、战争或公共事务的行政条例和规定,虽然是由人民大会通过的,也被不适切地算作了制定法。汉谟拉比(Hammurabi)、摩西(Moses)、摩奴(Manu)、查拉图斯特拉(Zarathustra)的"法典"、传说中的米诺斯(Minos)和莱库古(Lycurgus)的"法典"、罗马人的"君王法"(leges regiae)和"十二表法"、日耳曼人的"蛮族法"(leges barbarorum)、《古兰经》,所有这些都只是相当于对既存的礼仪、伦理和宗教规范以及习惯法规范的记录编纂。有时它们只是私人的记录,有时是在神父或统治者的授权下制作的,有时甚至被极其自由地编写并且包含着丰富的变化;在后来的时期,它们增加了新的条例,来废除或修正令人抗拒的或陈旧的法律习惯。它们有点接近于制定法。然而,在主要问题上,一部真正的制定法应该是抽象的规范,它指示人民在未来如何行动,它对国家的功能预设了一个明确推进的观念;此外还要求,国家职员准备好并且有能力执行这些规范,以及广大人民群众对法律的目的有一定的理解。一个东方国家的专制君主或许有能力靠点点头就夷平一座城市,但他不能向他的臣民规定后者相互之间签订契约的形式。

§9. 法院和制定法

显而易见,法官与制定法的关系和他与法律人法的关系大不相同。制定法向他下达命令,而法律人法则提供指引。法律人法的约束力来自它对现有关系的公正判断的这个基础,而制定法的约束力则来自国家的统治。法院从对法院有权力的立法机关之处接收命令,但却可能从任何地方发现和获取信息。英国的法院毫不犹豫地引用美国的裁判,美国的法院也引用英国的裁判,但是以外国的制定法为根基来作出判决就是完全不可能的事情。⑤ 罗马的法律人法,也以相同的方式在任何地方只是被当作"成文的理性"(written reason)来使用,例如在苏格兰,某种程度上在低地国家和法国也是这样,甚至在训练有素的司法人员出现

---

⑤ 当外国的制定法被当作权威,正如瑞士法院经常引用德国制定法那样,外国法不是被当作制定法,而是被当作了"成文的理性",就好比引用某个作者的意见。

之前的德国也是如此。

然而,已如前述,现代官员体制中的法官,由于他们的公务地位和他们经历的法律训练,已经完全丧失了在法律规范之中发现除了命令以外的任何东西的意志能力。因此,训练有素的国家司法机构的发展带来了一种倾向,也即视法律人法与制定法具有相同的性质。如此一来,原本只是指引的事物就被提升到了命令的等级。

§10. 现代的法典

现代民法典是法律人法向制定法转变的集大成者。如同《民法大全》(Corpus Juris)一样,它们大部分是法律人法的汇编,但是在其中也能找到真正的制定法条款。表面上看,法律人法在此被完全地吸收为制定法;这一事实已经深深地嵌入人们的法律意识和法律人的思维模式之中,以至于即使是那些不因外部的同化而忽视内部的差异的人,也不得不去考虑它。

不管怎样,法律人法毕竟是法律人法,即使它被编排入典并由议会通过。这种法的渊源的独特品格会继续在表面之下发挥作用。然而,从各方面看都显而易见的是,这种内在的差异没能获得任何外在的承认。即使是共同法(gemeines Recht)*的拟制和推定,也如同制定法一样地被适用。可以肯定的是,以下这点非常值得怀疑:在德国,是否曾经有过罗马意义上的役权(servitude)。然而,与役权有关的被认为源自罗马的所有民法,当然地适用于那些在德国民法中被当作类似于罗马役权情形的法律关

---

* 德语原文为 gemeines Recht,即共同法。英译者译为 civil law,疑误。——中译者

系,甚至到了人们必须以类似于罗马"确认役权之诉"(actio confessoria)的形式提起诉讼的程度。

§11. 唯制定法的不足

以上过程最终导致习惯法在实践中销声匿迹,以及法律人法转变为制定法,它使得现代法律的外在形式具有僵硬死板的稳固性,除非通过立法手段,否则显然不可能有任何的发展。这种形式很好地符合了当前的通说的精神,有时候它在诸多论述中被实际上提倡为真正的原则。尽管如此,这种形式上的僵化总是比实际情况要夸张得多。个中原因,绝不是缺乏使之成为现实的意图,而是存在着某种真相,这些真相和一切真相一样,无法被掩盖埋藏。

没有哪种关于法律适用的理论可以绕过这个难题:每个已制定的规范体系在其本质上都是不完整的,它在制定它的那一刻起就真正地过时了。于是,它几乎无法调整当下,也永远无法调整未来。任何这样的理论都无法阻止法律适用于其上的社会制度的持续变迁,与此相应的是,被制定的裁判规范不得不持续地处理新的主题事项。并且,也永远不可能避免下述事实:被委任适用法律的个人,作为他们的民族和时代的子民,将按照他们的民族和时代的精神,而不是按照过去几个世纪的精神或者按照"立法者的意图"来适用法律。最牢固的理论和最强有力的立法,都必然同样地粉碎在这种现实的巨大冲击之下。

II. 制定法及其对自由法律发现的阻碍

§12. 法典化的利弊

当法律人法的规模上升到一定程度,将现实中有效的法律进行法典化就成为必要。虽然存在一些无法否认的弊端,但是这种法典编纂总体上是有利的。通过总结迄今为止的整个法律发展过程,它从法律的混乱中创造出了某种秩序。随着时间的推移,即使对于技艺最娴熟的人来说,这种秩序也将逐渐成为一片难以翻越的原野。

确实,法律科学工作者的国际互动因此成为不可能。这种互动毫无疑问存在于共同法的盛行时期,其时德国、荷兰、法国和意大利在文字上或从法律的角度看都形成一个单一的区域。即使到了19世纪初期,例如萨维尼的著述也还是建立在不受国界影响的民法学观念上。尽管如此,法典化还是为一国的法律发展和法律科学创造了单一的、坚固的基础。而人们可以期待,随着时间的推移,这种国家间的藩篱会被打破,它也将成为一门普遍的、比较的法律科学。至少在某种意义上,奥斯丁(Austin)和霍兰德(Holland)的英国分析学派的工作就构建了这样一门一般法律科学。

然而,即使就共同法而言,如下做法是否有必要或者是否合适,也是值得怀疑的:到《民法大全》中去寻找与共同法未言及的法律制度或法律问题相关的规则(尤其是那些起源于继受之后的制度或规则),并为此踏入仿照共同法进行的拟制和逻辑归纳之中,同时又在原则上拒绝自由的法律发现的权利。现如今,共同法到处都被法典取代,这个问题就具有了双重重要性。我们是否也要宣告放弃所有与此相关的自由的法律发现?在未来的所有时间,用拟制和逻辑归纳来规范我们的生活,这难道是我们的宿命吗?

国家制定的法律总是表明国家对社会提出的要求。这意味着社会的发展要臣服于国家的目的。因此,为了证明制定法对社会变革所施加的强制具有合理性,有必要表明这种强制对于国家的更高位阶的目的是绝对不可或缺的。于是,一个适当的问题是,仅凭下述理由——制定法对人生活中的成百上千种情形强制执行国家的意志,即使国家通常对是否应当规范这些情形丝毫没有兴趣——可否证明法典编纂是件无可非议的事务。然而,我们在这里关注的,不只是制定法的拘束,而且是通过技术性的法律方法的拘束,它将制定法适用于制定法本身没有明确指向的案件。

§13. 法律技术主义

可以肯定的是,人们不必期望这种技术性发现的结果比自由发现的结果要更好或者更公正。通常来说,正确地裁判某个特定案件,无疑要比创建一条可普遍适用于所有可设想的案件的抽象规范容易得多。当然,也几乎不可能严肃地主张这种观点:即使是那些在制定规范时没有人能想到的案件,这样的规范也必定会导致最公正的裁判。事实上,技术性的法律发现方法并没有尝试过这种事情,它具有完全不同的目标。一条要被制定的规范,不必然总是公正的,但它至少具有确定性;它可以被事先确定,并提供保障以防范任意的和有偏见的裁断。为了实现这个目的,法官应当在事先确定了所有问题的规范面前被束缚住手脚。

从这种法律技术主义占据无可争议的优势地位的四个世纪的经验中可以推论出,这个目的似乎从未被实现,也永远不可能被实现。在技术方法盛行的国家里,相比于在罗马的"市民法"或英国人和美国人的普通法的情况下,裁判的确定性丝毫没有增加半分,法院的任意性也丝毫没有减少半分。即使是对制定法的最通常的解释,包括对立法意图的发现,也会引起如此之多的疑问,以至于一个想要错误地适用法律的人,必须是特别不称职的人,这样他才会把白纸黑字的制定法当成一种障碍物。的确,如果我们彻底地放弃尝试让法律具有确定性,以及通过类推和解释规则来确保不偏不倚的法律实施,就不可能会有任何伤害。

如果主流学说真的被严肃对待的话,除非制定法中有明确的条文指示法院准许,否则法院就有必要否决下述请求:无论是原告方要求提起诉讼的请求,还是被告方要求提出抗辩的请求,或者是诉讼过程中的请求或"缺席审判"(ex parte)程序中的请求。根据盖尤斯的描述(虽然很不可靠),在"法律之诉"(legis actiones)流行的年代,罗马的规则就是如此。那么,如果不是建立在特定的"制定法"(lex)之上,每一个诉讼都必须撤销。没有一部现代法典采取了这种立场,它们全都至少都承认类推和解释规则。据此,如果依照制定法必须准许类似的请求,甚至或者如果可以通过解释来使得请求表现得与所宣布的法律相协调,那么就足够了。主流学说试图证成对立法者显然从未考虑过的案件适用制定法,声称立法者如果想到了这些案件,就会像对待类似案件一样对待它们,或者像对待那些作为逻辑解释的起点的案件一样对待它们。

然而,(用古斯塔夫·吕梅林[Gustav Rümelin]的话来说)任何的类推和解释规则都意味着"价值判断";这也总是意味着,通过类推的方式或解释规则,可以获得一个公平的结果。毫无疑问,这是正确的,否则人们几乎无法坚持认为立法者如果想到了这些案件,就会以同样的方式作出裁断。但如果情况确实如此,那么,技术的裁判方法也给法官的自由裁量留下了很大的空间,以至于自由的法律发现在现实中并没有什么优势。

§14. 对技术方法的进一步反对

但是,可能预测到法院将作出什么样的决定吗?在何种情况下,根据技术方法可以实际地获得这种预测?显然,只有在法律如此清晰和明确,以至于实在没有必要去费力寻找它的少数案件中,情况才是如此。然而,在这种情况下,自由发现的方法不会有任何变化,因为它只是在制定法没有明确规定时才发挥作用。有充分的理由认为,在自由发现的方法中可以发现比在技术方法中对法律确定性的更好保障——它只受司法先例的约束,但不超越先例。即使是在今天,当法官能够参考一系列的判决时,相较于他只能去解释制定法时,他会在前一种情况下感到更加地有把握,因为后者随时可能被其他的解释技艺家所摧毁。

然而基于另一个理由,人们可以大胆地宣称,法律技术主义的方法不亚于对圣灵的罪。因为这种方法遮蔽了我们的眼睛,使我们看不到唯一的真正根基,这不仅是稳定的、无偏见的司法通说的根基,也是由伟大的思想所主导的司法通说的根基:除了法官的人格,没有什么正义的保障。通过把立法当作我们法律体系的核心而不是通过其他的手段,才有可能在如此长的时间内遮蔽对这样一个简单的事实的认识,也即这个赋予个人的最伟大的任务——司法——要求远高于平均水平的精神上和道德上的卓越。只有这样,人们才能意识到,并非所有那些在些许的考试和实践中,证明了自己可以合理地在条款之间找到出路的人,都胜任这样的任务。

即使是错误,也有它本身的逻辑。可以说,当法典的各个章节成为法律确定性的守护者时,也必须设立其他的守护者来确保这个守护者履行其职责。于是就导致了审级制度以及糟糕的合议制原则,它们使得个人的个性相互对立或者消失在人群中。这就是欧洲大陆的现代客观法院的起源,它与罗马的和英国的法院截然不同;在后者中,法律人不至于被他们微小的任务所压制,而被任命为国家的第一人,这称得上是最大的荣誉。⑥ 任何人如果意识到在我们这里,一种无用的辩证思维被当作法律技巧的最高证明,就几乎不能理解为什么罗马人对法学训练有如此之高的评价、为什么他们要把它描述为"真正的哲学"(vera philosophia)和"关于神事与人事的学问"(divinarum atque humanarum rerum notitia)。

---

⑥ 应当记住的是,在罗马,类似于英国法官的主体是提供"法律解答意见"(responsa)的受询法律人。但是,尽管部分地是以不同的方式,英国的上诉制度和司法制度也确实已经扎根。

§15. 反对技术主义的倾向

但是,并没有什么令人无法抗拒的法律规定,使得现代的法官下降到目前的地位。确实,法律科学的技术方法支配着法律的适用;但如同所有其他科学学说一样,它注定要随时让步于对真理的更好理解。早在17世纪,在法律的科学化中,的的确确存在着一股强劲的逆流。自然法学说(the doctrine of the law of nature)在整个18世纪统治着法律人的思想,而且也确实从未完全地消失,这在一定程度上可以被解释为它无非在反技术方法之道而行之。在英格兰这个自由法律发现的典型国家,人们始终难以理解"自然法"究竟是什么意思。[7]

自然法学家们十分严肃地提出一个问题,当国家制定的法律和自然法相冲突时,哪种法律具有优先地位。很少有人会怀疑,当制定法不能让法官满意之时,法官必须根据自然法进行裁决。这样一种自然法学说,已经失去了对法律人思想的作用力,但是它的种子结出了果实,在许多方面,德国的法律科学仍然不自觉地受到其精神的感染。在考虑到关于没有拘束力的制定法内容的学说时,情况尤其如是。这条规则——制定法不能决定学科专业知识领域内特有的问题——无疑为法律人法在自由发现的成因上赢回了很大的空间。没有拘束力的制定法尤其包括(正如许多人所认为的那样)关于法的渊源理论和法律适用技术的规定。因此,这两个主题都必须留给自由的科学讨论。同样地,根据公认的观点,制定法中的概念规定对法律科学没有任何约束力,至少在私法领域是如此。

---

[7] Bergbohm, *Jurisprudenz und Rechtsphilosophie*, p. 331; Bryce, *Studies in History and Jurisprudence*, vol. 2, p. 177; Holland, *Elements of Jurisprudence*, 8th ed., p. viii. 霍兰称呼德国自然法为"空气中的法学"。

......⑧

让我们在此引用关于新《瑞士民法典》初稿第1条⑨的官方记载:"在一个尚未完全过去的时代,人们受到如下幻觉的影响,也即法院总是会在所有案件中适用已制定的法律,即使不是根据文字,也是根据它的含义和精神。然而,这种假想在许多情况下并没有得到证实。承认事物的真实情况的建议,正如在本草案中所做的那样,很可能会遭到如下反对,即认为法官会因此变得过于独立。他确实会变得比现在所处的情况更加独立,现在的情况是,他被期待完全地从制定法得出一切,哪怕是通过最可疑的解释技巧。但是,如果他不是被期待去玩弄这些技巧,他能在他的职业中发挥出更大的价值。他应该有权认识到,在制定法中存在着不能通过解释来填补的'漏洞'(lacunae)。在他明确了这个事实之后,他将这样作出决定:不是假定制定法覆盖了一切,而是假定整个法律体系足以应对所有案件,并假定存在这样的规则,也就是如果他是立法者,那么他在顾及整个法律秩序时认为适当的规则。"

§16. 接近自由发现

这些令人赞赏的话详尽地描述了自由发现原则赋予法官的任务。值得注意的是进一步的说法:"这就是当下实践的现实做

---

⑧ 此处省略了关于法国、德国、瑞士之法典的特定规定的若干段落。——英译者注
⑨ 本条内容如下:
"民法典适用于其包含的规定所指向的所有案件,无论是依据其文本还是依据其精神。
如果法典缺少可适用于待决问题的规定,法官应该依据习惯法作出裁判,当习惯法也不存在时,应该依据被认可的法律学说和法律科学。
在以上所有渊源均不存在时,他应当依据这样的规则来裁判,也即是假如他是立法者时所可能制定的规则。"——英译者注

法。"这当然指的是瑞士的司法特殊性,在那儿,对罗马法的采用和法官队伍的官僚化从来没有完全地实现。但是其他地方的实践也并无二异。然而,重要的是,司法判决很少以类推或制定法的精神为基础。它们被认为是非常不确定的,因而向自由发现敞开了大门。法院看起来好像是真的害怕他们所不习惯的自由。更为频繁的是,判决采用了某些未定义和不确定的概念,后者为法学家和立法者有时是公然地,但更经常是无意识地采用,从而服务于为自由发现提供机会的目的,例如,"事物本质""默示意思表示""诚实信用原则"或"交易习惯"等术语。

没有哪个法院能够像巴黎最高法院那样,处在技术的法律发现盛行的地区,而又能够成功地获得如此之多的自由。这样的情况要归功于这个时代中某些最成果丰硕的司法观念。其中必须称道的是事故责任和第三方过错的责任、反对不正当竞争的规则、版权的发展以及保险法的发展。通过巴黎最高法院的判决,许多新的观念被注入法国民法,制定法被频繁地以极其偏离立法者意图的方式来解释,以至于人们可以适切地说:谁要是只知道法国制定法,谁就无法理解法律在现实中存在的样子。在德国,吕贝克的前汉萨同盟最高上诉法院、纽伦堡的商事上诉法院以及后来的帝国最高商事法院(以及帝国法院本身,至少在商业案件中,法院总是被允许行使一定程度的自由),都证明了德国法院如果被允许自由操作,也是有能力去提升思想和提出创造性的观点的。

奥地利最高法院拥有一种小心翼翼、一丝不苟地恪守制定法文本的方式,这很少带来有益的结果。尽管它的裁判在其他方面有许多卓越的特点,但颠扑不破的是,对文义解释的偏爱甚至不能保证确定性的优点。语言是极其不完美的工具，没有人能够成功地通过单纯的言语来掌握真实的事物。

虽然有许多影响在推动技术性裁判方向的发展，但是法律的实施要如何才能够如此经常地摆脱它的束缚？

首要的是，法律不是僵化的教条，而是鲜活的力量。仅仅依靠制定法被通过这件事实，并不能证明它的有效，而且从立法者的意图中，你绝不可能推断出它将如何运作。多元的民法典一部分由真正的制定法组成，一部分由法典化的法律人法组成。但是，无论你如何使这两者在外观上多么接近，你都不会成功，例如，你无法赋予溯及既往的规则与禁止高利贷契约的规则相同的效力。如果不是出于其他的原因，而只是因为国家本身对它的主题事项没有特别的兴趣，那么法律人法在本质上总是由"成文的理性"传授的指示，而不是命令。但即使是真正的制定法，也只有通过其内在的力量才真正地有实效。如果它不能克服环境的阻力，它就会失去活力，被错误地适用或者变得绝对化。下面这点认识能够给我们慰藉，也即当制定法阻挡了阳关大道，法律的实施有时会以迂回的路径实现朴素的正义，即使不能认为强迫它绕道是立法的任务。

III. 自由法律发现原则的特征

§17. 自由发现并非任意

如果一个现代的法官假定他有责任始终以明文规定的制定法为基础作出裁判，他自然会问道，如果撤销制定法的规定，那么什么可以作为司法的基础。

人们可能会简单地回答说,在任何时期,都存在着不被法典章节所阻碍的正义。然而,这种正义绝对不是任意的。正如本文开头所强调的那样,它从法学传统的原则中生长出来。每一种自由发现都开始于法学传统,并趋向于施塔姆勒(Stammler)所说的"正确法"(correct law, Richtiges Recht)。司法裁判的特殊性就在于假定法官的表达代表的不是他的个人意见,而是法律。而这种法律主要于过去的法律记录、制定法、法院判决和法律文献之中被发现。即使是在绝对必要的情况下,也从来没有哪个罗马法学家过远地偏离传统规则。布莱克斯通(Blackstone)在他《英国法释义》(Commentaries)的一个著名章节中论及英国的普通法,将英国的法院裁判展示为仅仅是对法律规则的宣告而非创制。[10] 自由法律发现是保守的,正如每一种自由一样;因为自由意味着责任,而限制则将责任转嫁给其他人。

§18. 自由发现的基础

没有什么规范在所有时代都是公正的。任何形式的正义,就像所有的制定法,都是历史发展的结果。我们已经指出,法律人法作为自由发现的子嗣,由来自社会关系的性质、随着社会关系的变化而变化的规范组成。在任何时候,大部分裁判规范都由它们所适用的不断变化的社会条件决定。施塔姆勒似乎找到了贴切的说法,他提到希罗多德(Herodotus)关于米提亚人(Medes)的故事,米提亚人从亚述人(Assyrians)中分离出来后,生活在没有制定法的环境下,选举德约克斯(Dejoces)为他们的国王,因为在

---

[10] *Blackstone's Commentaries*, Cooley, 3d ed., p. 69.

他们的争辩中,他已经证明自己是个公正的法官,然后他补充道:"一位技艺高超、裁判令人民感到欣喜的法官,他很清楚如何以产生于传统习俗的原则为基础来裁判新出现的问题。因为我们可以有把握地假定,存在着像财产、有约束力的契约、家庭权威、个人继承权等东西,问题在于如何在每个特定的争议中维持这些原则。设想他在没有任何这种实在制度之基础的情况下行使公断人的职能,将是愚蠢的。"

§19. 受法律人影响的法律成长

很久以前,冯·比洛(von Bülow)就令人信服地证明,所有对法律的宣示,即使它的目的只是纯粹的法律适用,就其本质而言也是创造性的。每一种法律科学,都有意识或无意识地倾向于通过制定法来超越制定法从而获得进步。因此,自由发现与技术性方法的区别并不在于前者可以超越制定法,而在于(二者)超越制定法的方式。因为技术性方法要求,只能通过特定的法律思维程序——其中不允许有任何变化——来完成它的技艺工作;而自由发现也依赖于伟大的个人心灵之创造性思维因素。

人们看到,技术方法与合议庭原则和审级制度是同一精神的产物。所有这些程序都是为了尽可能地消除法官的个性。然而,针对这一目的将永远徒劳无功。因为每当将一般规范适用于具体案件,都必然受作出裁判的法官的人格的影响。法律传统本身虽然是社会进程的结果,但同时也是为之劳作的人的作品。同样地,那些继续这种劳作的人,也在不断地以新的方式塑造和改造这个传统。毫无疑问,如果不是乌尔比安(Ulpian)和保罗,而是雅沃莱努斯(Javolenus)和杰尔苏(Celsus)占据了话语权,那么如此之多的流传到我们这里的罗马法,将会呈现出完全不同的一面。在当下的共同法中,无论它可能多么完全地受技术方法的支配,每个具备必要学识的人都能准确地辨别出至迟在19世纪才由萨维尼、普赫塔、阿恩茨(Arndts)、范格罗(Vangerow)、巴尔(Bähr)、耶林、温德沙伊德和贝克尔(Bekker)等伟大建造者引介来的组成部分。

§20. 法官的个性

因此,司法始终包含着个人因素。在所有时代,社会、政治和文化变迁都必然对其产生影响;但是,任何法官个体是更多还是更少地服从于这种影响,他是更倾向于"固守传承"(quae ei tradita sunt, perseverat),还是更倾向于"以其天才和对学问的信心,革新诸事"(ingenii qualitate et fiducia doctrinae plurima innovare constituit),当然更多地取决于他自己的个人性情,而不是任何法律方法的理论。问题的关键在于,这个事实不应该被当作不可避免的事情来忍受,而应该被高兴地夹道欢迎。因为一个重要的愿景是,他的人格必须足够伟大,来被适当地赋予这些职能。自由发现的原则其实并不关涉法律的实质,而是关涉法官的适切选择;换言之,问题在于,如何组织司法机构,从而给予强有力的个性以充足的空间。一切都取决于此。所有的法律规定仍将像《奥地利民法典》第7条一样缺乏实效(ineffective, wirkungslos),直到上述方面发生改变。[11]

---

[11] 此处提及的《奥地利民法典》条文为第7条:"当根据制定法的字面意思或本质含义,无法对案件作出裁判,则应当考虑制定法中明确包含的相似条款,以及适用于类似事项之条款的原则。如果对案件仍有疑虑,则应当认真收集和周全考虑周遭环境,根据自然正义的原则来作出裁决。"——英译者注

我们应该承认,有理由怀疑,通常的在官员系统内的晋升过程是否是使司法飞跃进步的最佳方式。值得注意的是,巴黎最高法院是欧洲大陆上唯一一个惯常行使自由发现权(虽然是在事实上而非名义上)的法院,它作为法国最高法院的承继者实现了这个目标,有人说,"虽然它的成员是用钱买来了职位,但是它给了法国有史以来最好的法官"。同样值得注意的是,在德国,只有商业法院是在某些时候有机会自由发现的法院,它们在某种程度上被置于常规的官员等级体系之外,或者至少在以前是如此。可以肯定的是,这些制度并不是适当的模式。相反地,应该在罗马或者英国寻找例子,那里的法院汇聚了国家的知识分子和社会精英,最杰出的人物都把在法官席上占据一席之地当作他们此生工作的最高目标和最高贵的成就。英国的伟大法官的名字,如曼斯菲尔德勋爵(Lord Mansfield)、埃尔登勋爵(Lord Eldon)、鲍恩勋爵(Lord Bowen)或乔治·杰塞尔爵士(Sir George Jessel),在英国的知名度几乎高于任何一位知名法官在欧洲大陆上的知名度。毫无疑问,在欧洲大陆不止一次地发生过有才干的人被提拔为法官的事情,但是除了关注时事者的狭小圈子之外,没有人知道他们,他们的名声也没能在自己的团体中存续下去。

……⑫

如果我们没能认识到,对自由法律发现的现有反感还存在进一步的,也许是更有依据的理由,那就太不公平了。其中一个理由尤其可以在有关国家职能的合理限度和"权力分立"的传统观念中找到。在这种倾向——官僚制下的法官的司法意见总是以

---

⑫ 此处省略若干涉及大陆法系国家的特殊环境的段落。——英译者注

制定法的文字为基础——当中,我们可以发现好些传统自由主义对国家的不信任;另一方面,要想使得这种观念——立法的功能并不延伸至每一种立法形式,而只限于被通过的明确的制定法——彻底地为人所熟悉,还需要很长的时间。然而,这些思维方式确实属于已经过时的国家理论,尽管像每一种政治理论一样,它是历史发展之条件的科学表达。

IV. 有待于自由法律发现的任务

§21. 法律科学的工作

现在我们可以看一眼法律科学,并考虑一下在技术主义被自由发现取代之后,法律科学还有哪些任务。

首先显而易见的是,在这种变化之后,关于解释规则的传统著述失去了存在的理由。当人们认识到,只有在制定法中决定了的东西才是决定了的东西、制定法中没有决定的东西就是未被决定的东西,就没有进一步的借口来吹毛求疵、强人所难地从制定法中榨取出它并不包含的决定。对于因接受罗马法而来的孽子的死亡,人们不会流下太多的泪水。[13] 每个人都可以看到,一项决定的基础应该在于它的正义或者它的公平或者它符合于制定法或法律传统。然而,让我们期待,我们可能正在接近这样一个时代,即没有人能够理解为什么仅仅是因为有人写了一本书并在书

---

[13] "继受"(reception, Rezeption)是指对市民法(civil law),即德意志和其他欧洲大陆国家的中世纪法学家对罗马法的接受。——英译者注

中把法律解释为决定所说的含义,就要作出一项决定。可以肯定的是,人们在这些传统的文章上花费了大量值得尊敬的精神力量——但目的是什么呢?借用麦考利(Macaulay)的话来说,一个人可以在脚踏式磨碎机上,也可以在大路上迈开双腿,但是只有后者使得我们前进,而在前者我们却停留不前。

在法律科学背弃了无功而返的劳动之后,它将走上什么样的道路,疑惑于此是没有用的。人类的思想无穷无尽,每个领域中未解决的问题也无穷无尽。在这些问题上扮作预言家,那将是一种傲慢。但是,考虑到已经在各式各样的脚踏式磨碎机上浪费了大量精力,应当允许我们提请大家注意一些有吸引力的景致,这些景致可以通过康庄大道来抵达。

§22. 法律的实践运行

首先,可以肯定的是,法律科学的首要任务——探究法律规范的含义——将维持其地位。相比于其他类型的制定法,现代民法典更迫切地要求科学的解释。它们本身就是法律科学的结果,能够比普通的立法在高得多的程度上被法学完善和发展。

然而,对制定法或非制定法的隐藏含义的发现,绝对不是任务的全部。不能把法律规则当作僵化的教条,而应该把它当作鲜活的力量。人们在发现了法律条文的含义之后,显然还必须说明它是如何运作的。但是,后者并不取决于它的解释,而是取决于它的内在力量,取决于它为之制定的社会的性质,以及适用它的人的性格。按照法律的实际运作来教授法律,这是法律科学的工作。只知道"立法者意图"的人,远不知悉真正有实效的法律。

在这个意义上,传统的、教义式的法律观念可以和动态的观念相对照。对后者而言,问题不是简单地理解一条规范的含义,而是知道它如何存续和运作、它如何使自己适应不同的生活关系、它如何被规避、又如何成功地反规避。谁要是像传统学派的惯常做法那样,理所当然地假定法律精确地按照立法者意图来运行,谁就忽视了在所有人类事业中工具与实操、实操与结果之间的漫长距离。迄今为止,法律史学者几乎是孤身一人在探究法律究竟如何运作,经济学家和商法专家偶尔也参与其中;然而不幸的是,对于系统学习法律的学生来说,这些问题在大多数情况下似乎已经不属于妥当的研究领域。[14]

在这里,我们必须首先转向法院的裁判。从这些裁判中,我们主要可以理解"现存的法",我们只依靠它们就可以收集到实际上已经进入日常生活的那些裁判规范,了解它们是如何做到这一点的。但是,仅仅在文本中或者在记录中引用决定,并根据它们被认为正确的或其他的方式来赞成或者谴责它们,这尚不足够。一个法律裁判总是许多因素共同影响法官的结果;规范的含义和文本是这些因素之一,但不是唯一的因素。每个裁判都表达了一些实际存在的社会变化;即使是最深奥的学理、对法律最明显的曲解或故意的歪曲,至少也都有助于表明这些事实是社会趋势的共同要素。法律科学的职责之一,是检验在法律裁判中变为明显趋势的起源、性质、效果和价值,从而为司法中正在发生的事情及

---

[14] 在我的作品《〈德国民法典〉中的强行法和非强行法》(*Das zwingende Recht und nichtzwingende Recht im bürgerlichen Gesetzbuch für das Deutsche Reich*)中,我已经尝试以此种方式探讨《德国民法典》。然而,在涉及一个仍然处于发展过程中的法律体系时,这是尤其困难的。

其原因提供一幅图景。⑮

接下来是实际的私法行为,即使它们没有给人以诉诸法院或国家机构的场合。就股票交易所、银行、工厂和手工业来说,我们可以从经济学和商法的文献中获得一些指引;同样地,就劳动关系来说,也可以从社会政治学作品中获得指引,例如洛特玛(Lotmar)构思宏伟的作品就从中获益良多。⑯ 堆积在公证处和土地登记处的浩如烟海的材料仍然几乎完全地无人问津。不只是从经济学而且从法学的角度,在这里都将收获颇丰,例如巴尔奇(Bartsch)关于奥地利法律中不动产所有权记录的作品就提供了充分证明。在科学地处理档案方面,法律史学者比教义思维式的法律人要走得远得多!就我所见,在所有法律文献中,没有一部关于现代法律文件的科学著作。这就是为什么我们翻遍整个图书馆关于遗嘱继承的作品,在其中可以找到众多的聪明睿智的解释规则,却找不到用来表明在当下人们普遍怎样作出这种遗嘱的任何一个字。

§23. 法律调整和现实生活

在日常生活的法律层面之外,我们还必须进一步探究它的事实层面。我们法律人总是倾向于假定,我们的裁判规范是事物实际运作方式的忠实表达——法律规则也是现实生活的规则。但是在现实中,这可能是两件非常不同的事物。在现实中,生活首

---

⑮ 在我的论文《默示意思表示》(*Die stillschweigende Willenserklärung*)中,我已经尝试以这种方式来运用裁判。

⑯ See Lotmar, "Der Arbeitsvertrag", 2 vols. Leizpig, 1902, 1908.——英译者注

先创造出它自己的规则。作为制定法的家庭法对家庭生活中实际行为的影响是多么渺小；实际交易中对契约的解释和执行，与在少许案件中法院据以裁判的契约解释，也是多么不同啊！

学识渊博的罗马学家向我们揭示，在法律理论上属于"家父"的专有财产，实际上是由他的家庭共同所有，而根据严格的法律规定，"家子"（filius familias）的地位几乎与奴隶相同，但在现实中他们的地位却大相径庭，因此即使是在罗马，陈旧的法律规则与生活规则之间的差别有时候也是如此之大。而且我们可以肯定，考虑到法律规则部分地以外来的裁判依据——不管是罗马的还是法国的——为基础，而生活规则却是从本土的习惯中发展得来，在今天这种差别是有过之而无不及。谁会真的相信，在德国或者奥地利的任何地方，父亲真的会按照民法典的规定来履行他的捐赠责任，或者商贩真的会按照法律规定的方式来承担他们的瑕疵担保责任？

声称这些都只是大众习惯的问题、而不是法律的问题，声称在广受赞誉的罗马法中捐赠责任和瑕疵责任的规定本身就产生于大众习惯，这算不上什么回答。在每个法律发展的健康过程中，良善的习惯会转变为法律规则，而败坏的习惯则会受到立法和法院裁判的敌对；但是为了实现这两个目的，首先必须了解习惯本身。[17] 然

---

[17] 如同在其他地方一样，在罗马，邻里之间习惯于为对方的便利考虑。在邻人之间的诉讼案件中，根据这种习惯，相互之间负有的义务就成为裁判的基础。这就是温德沙伊德的《潘德克顿教科书》第1卷第169节第1至8行所列举的规则的起源。在今天，邻里之间在某些方面也有考虑对方便利的习惯，但是这种习惯几乎没有被用来作出裁判，这只是因为法律人对此一无所知。结果它不可能发展成为法律规则。温德沙伊德的《潘德克顿教科书》列举的也是，从罗马的习惯中产生的对邻人之间财产权的限制成为罗马法的一部分。这些，也只有这些，是每一个法律人都应该知道的事情——至少在他考试的时候是如此。

而，除非人们狭隘地将所有法律与裁判规范画上等号，否则便不得不承认，这些习惯作为现代社会的组织方式，无疑具有法律的性质，而它们没能获得法律上的强制的原因仅仅在于，法院没有像在罗马那样受约束于本土的裁判规范，而是在大多数情况下受约束于外来的或陈旧的规范。然而，无需阻止法律人对它们进行研究。有朝一日，我们值得去尝试描画当今的家庭法，也即是，家庭成员实际生活所依据的法律，而不是家庭争端之诉讼据以裁判的法律。或者，人们也可以着手于展示林地和草地、农场和牧场的财产的实际样态，而不是它们在民法典中的样子。当然，这不仅要求拥有高深的、尤其是历史方面的学识，还要求对现实拥有非同一般的感知力。但是，如果这能够成功，"作品（肯定）会赞美它的主人"，因为（引用歌德在《浮士德》中的一句话）"你所奋力之处，就是趣味所在之处"。

§24. 法律科学与法院

但是，还有更多性质完全不同的问题在等待法律科学来解决。谁要是希望我们拥有创造性的裁判，当然也必须希望拥有一门创造性的法律科学。显而易见，理论家和实践法律人的任务是紧密相连的。现代法学家的任务与过去任何时代法学家的任务，尤其是与罗马法学家的任务，不可能有本质区别。如果猜测罗马人的理论争议只是与传统规范有关，那就大错特错了。他们反倒更多地讨论什么是更正义、更有用的裁判。早在萨维尼及其弟子的时代，法律科学就被称为法律的渊源之一，自从耶林的著名论文《我们的任务》（*Unsere Aufgabe*）面世以来，就不乏呼吁创造性的法律科学的声音。即使是老旧的共同法之科学也在一定程度上具有创造性，虽然它的目的绝不在此。关于占有、代理、不在场当事人的契约、有益于第三人的协议、不当得利以及诸多其他主题的法律，都可以非常恰当地被称为共同法之科学的产物。

的确，这种期待——对一切事物都有一个权威，即使是在权威理应保持沉默的地方——也会在每一步都造成障碍。为了使他自己以及他同时代的人能够接受他最为聪明的观念之一，即消极契约利益理论，耶林认为他必须提供多么可怜的引证啊！当然，按照传统的民事法专著的方式，给法官预先提供可能出现在他面前的每个案件的判决，不是法律科学的工作。在大多数情况下，法院对一个实际案件的裁判，会比任何理论家预先提供的做法要更好。就这个问题而言，科学必须向实际的司法学习，而不是法院向科学请教。

然而，有时情况却恰恰相反。当法院对提交给他们的案件中可能涉及的重大社会、经济或政治问题存在误解时，情况尤其如此；当他们面临一个除非进行广泛的调查否则就无法处理的全新主题，而任何沉浸在不断变化的实际生活中的人都无法进行这种调查，情况同样如此。如果一门法律科学的存在无需反映唤醒和激活我们时代的伟大变革及思想潮流，这将是令人遗憾的。

§25. 证据法的发展

在未来，法律科学必须处理的这类最重要的任务之一，就是制定真正的证据法。在前几个世纪，通常由法学家来处理这个问题，许多有价值的科学研究成果都体现在古代的程序法典之中。

然而相比于其他任何领域,在这个领域,法典和制定法的成文化似乎运行得十分糟糕。它导致了所谓形式的证明理论,并逐渐给证据法注入了最终变得无法忍受的僵化性。其后果是用所谓的"证据的自由权衡"来取代形式的理论,不仅废除了形式上的证明要求,而且废除了所有证据规则;显然,对奥地利此项改革的主要倡导者格拉泽(Glaser)来说,这绝对是出乎意料的。[18]

这就是我们在证据法中仍需与之争论的彻底无政府主义的起源。这表明了单纯的口号对人类思想可以造成多大的影响,因为为普遍的自由法律发现而抗争通常被认为是十分危险的,而在这个特殊的证据领域,人们认为法律上之限制的缺席和科学上之界限的缺席都是理所当然的。的确,在这个意义上,某个上诉判决的撤销,其原因可能在于法律最微不足道的瑕疵,而不在于证据权衡中的巨大错误。正如在某些情况下,忽视了证据权衡的合理规则,相比于作出不太符合实体法中某些法定条款的判决,也许不会产生更严重的后果。仅仅依靠不知疲倦的汉斯·格罗斯(Hans Gross)所收集的数据,就足以为搭建适当的证据法提供材料。然而,这不应该由制定法来规定,而应该由法学家和法官按照英国证据法的方式来发展。

§26. 结论

由此清晰可见的是,相比于传统的研究领域,法律科学在探究现代事物之时,从来就不缺乏研究对象。而且我们完全可以期

---

[18] See Glaser, *Zur Kritik des Zeugenbeweises*, Gerichtssaal, vol. 33; Glaser, *Beiträge zur Lehre vom Beweis*.

待,如果未来的法律人认真地把注意力转向这类问题,那么,这种普遍流行的观念——法学家是精致和敏锐的雄辩家——将不得不被另一种不同的观念所取代。对于这种观念的转变,无需任何哀叹。在人类的所有智力天分中,逻辑的敏锐力是最劳而无功的。在德国的传说中,魔鬼经常被刻画为一个敏锐的雄辩家,此中蕴含着深刻的智慧。

辩证主义和技术性:社会学方法之必要

〔德〕约翰·格奥尔格·格梅林①
(黄顺利 译 罗可心 校)

I. 论司法的技艺
　　§1. 法典和司法的职能
　　§2. 制定法和正义
　　§3. 改革的必要性

---

① 约翰·格奥尔格·格梅林(Johann Georg Gmelin),斯图加特上诉法院法官。本文译自其论文集《直到?》,删去了原书的第一篇和第三篇论文。Quousque, Hanover, 1910, Helwingsche Verlagsbuchhandlung. 英译者为埃内斯特·布伦肯。——原书编者注

作者序

　　本书收集的(四篇)论文(两篇翻译)旨在与卡尔斯鲁厄的恩斯特·富克斯(Ernst Fuchs, 1859—1929)的著作相结合,以提请人们注意我们的司法正在由于其过度的形式主义以及形式主义所基于的学术的和辩证的方法而面临一些困难。
　　这种对技术性细节的盲目崇拜会持续多久?它将把我们带往哪里?我们可以用什么来代替它呢?这些是每一个法官都应当仔细考虑的问题。
　　前两篇论文展示了我现在已确定的信念的一个小小开端,然后逐渐发展到这样的程度,即在第四篇论文中我可以尝试阐述社会学方法建设性的一面,该篇论文的梗概最初发表在《符腾堡州司法与行政杂志》(Württembergische Zeitschrift für Rechtspflege und Verwaltung, 1910, pp. 1 et seq.)。第三篇论文论述"刑事法庭的非专业人员",与整体主题的联系有些松散,但此处的主要观点也与其他几篇论文一样,即对抗司法的极端技术化。
　　在研究社会学方法的更深层次方面,还有很多工作要做,并且还有很多材料需要收集。希望有更多真诚的合作者投身于这项工作!

格梅林
斯图加特,1910年1月末

§4. 恩斯特·富克斯的著作

§5. 对最高法院判决的批评

§6. 更多的判决受到批评

§7. 一种错误的方法

§8. 更好的方法

§9. 结论

II. 论司法中的社会学方法

§10. 法律和社会学

§11. 单纯的逻辑推理不是充分的方法

§12. 社会学方法

§13. 对最高法院判决的批评

§14. 对富克斯的批评的分析

§15. 富克斯的进一步批评

§16. 一个疑难案件

§17. 对更进一步批评的分析

§18. 该主题的延续

§19. 最高法院有时候在社会学上是正确的

§20. 个别错误还是方法错误

§21. 流行的方法行不通

§22. 正义感

§23. 裁判的理论概念

§24. 利益衡量

§25. 转变态度的必要性

§26. 对新方法的异议

§27. 异议驳回

§28. 关于新方法的一些观点

§29. 杜林格的观点

§30. 其他法律作者的观点

§31. 该主题的延续

§32. 结论

I. 论司法的技艺②

§1. 法典和司法的职能

1900年1月1日,在罗马法盛行过的德国各地,罗马法不再有效,围绕罗马法的争论与补充罗马法的地方性法规一起消失了,这种现象往往难以解释。许多人可能想象一个新的时代已经开始,在这个时代里有一部易于使用的法典,通过一些易于构思、人人都明白的声明,法官能够对实际生活中产生的各种新奇案件作出判决。这种希望至今还没有实现。争议非常之多。从业者的必备工具包括厚厚的评注和由最高法院以一种实际上令人害怕的方式发布的大量判决。③

书本知识的生产过剩不能被视作赐福。司法需要的不是死

---

② 这部分的讨论限制在民事案件中的司法。

③ 施陶丁格(Staudinger)的精彩评注涉及《德国民法典》的2385项条款以及《德国民法典施行法》218条附属法规的简介。帝国最高法院判决的官方版本在1900年1月1日之后从第44卷开始,到现在已经新增了26卷。按平均一卷450页计算,总共有11700页,根据现在的观念,每个法官都必须读完它们。再加上《法学周报》《法学》和其他期刊上的判决汇编,众所周知,《高普-施泰因民事诉讼法评注》(Gaupp-Stein)和《施陶布-施特兰茨商法典评注》(Staub-Stranz)的最新版本每部都大约有2040页。

学，不是对文字的崇拜，也不是对先例的过分敬畏。合理的司法依赖于对现实生活及其具体情境的充分关注。它需要了解当事人当下心中所想，深入考察个人在其生存竞争中追求的实际目的。它需要了解一般人的表达方式和受教育水平，及其构想对错的可能方式。最后，它需要了解个人在其交易或法律关系中衡量自己与他人的标准。关于这一切，法官只能在有限程度上从评注和判例中获取信息和教导。负有审判职能的人必须求助于观察的力量以及从连续不断的无偏见观察中得来的生活经验。他应当认识到自己的任务是反对被当作国家意志（即共同体的意志）的个人意志，在任何情况下都不应该在现实中与共同体的真实意志对立。④法官要记住，每一个法律争议可以说是由一种病态的状况引起的。在他的法庭面前出现了一段被打乱秩序的人类生活，而重新安排这段生活是他的职责。然后，像真正明智的医生一样，法官首先会试图找到帮助那些信任他的人的方法。⑤

法官履行职责不能仅仅用脑，还应当用心。他必须锻炼自己的想象力，在审理中将自己生动地代入当事人所处的各种或悲或喜的具体处境，以使自身能够明白当他们这样做时他们是什么感受，他们可能追求的目的是什么，以及当考虑到公共福祉时，这样的追求是否被认为是无可指责的。进一步地，他必须在头脑中明确当事人就其主观而言对于政府的期望就是给他们应得的，判断这种期望是否符合真正的正义感，还是基于其权利性质作出的毫无根据的假设。最后，法官可以说要像一根磁针一样指出植根于

---

④ Jhering, "Law as a Means to an End", p. 220.
⑤ 法官在宣布判决时，确实执行了一项法令。……在一切实际关系中，只知道事实是什么是不够的，而必须就事实采取行动。Jhering, *Zweck im Recht*, vol. 2, p. 47.

我们所有人心中的正义感的真正方向。真正的正义不能从冰冷的逻辑推理中或者在尘封的书籍中积累的智慧那里获得。如果要恰当地实现真正的正义,法官就必须听从内心的声音,即借助批判理性和控制从制定法中得出的逻辑推论,尽可能减轻它们的严厉性,直到它们与成文的法律相一致,并与实际生活需要相协调。正如罗马人在 1800 年前说的,司法是"善良和公正的技艺"(ars aequi et boni),只要制定法的无弹性条款不妨碍,想要正确地思考和履行其职能的法官,就一定能够在法律中发现那些当他自身置身于当事人的处境时会认为正确和公正的东西,并使之生效。

§2. 制定法和正义

也许会有人反对这种学说的影响,从而认为我们不需要这种学说。这种学说意味着把主观感觉置于法律之上。恣意的判决将取代法律来进行统治,而这恰恰是当事人最不能容忍的。如果这种恶劣的原则被实行,将造成不能忍受的法的不安定性。也许有人会参考古斯塔夫·吕梅林在一次演讲中谈到的正义的理念[6]

> 毫无疑问,正义的理想是根据周围的所有特殊情形和特点,考虑和决定每一个需要公共机关介入的案件本身。因为每一个案件本质上都是特殊的、个别的。没有一个案件与另一个完全相同,以至于能够确定无疑地由某些在先创设的规则所涵摄。如果我们可以想象一种神圣的司法,我们就不应怀疑这将是它的诉讼程序,即它不需要一套一般规则。但

---

[6] *Reden und Aufsätze*, new series (1881), p. 197.

是,这个理想是人类无法企及的目标,并因此应被拒绝。

我也不打算为德国法官主张任何像神一样的权威。因为人们可以放心,2385 条的《德国民法典》、1048 条的《德国民事诉讼法典》和 905 条的《德国商法典》,以及其他成千上万的制定法条款,至少足以防止德国法官在所有普通案件中恣意妄为!

然而,从教科书、评注和判决汇编中似乎可以充分看出,尽管有充足的实在法,但不断变化的生活潮流每天都会产生不允许直接或无异议地适用制定法条文的案件。因为所有这些书籍的唯一目的是,在实在法之外,构想出从其任何文字中都找不到的额外准则和原则,从文本中推出新的规则、补充规则、例外情况,从而指导我们达到所有法律科学的目标,即正确而务实的司法。因此,必须在最后的分析中通过这种司法方式来检验,通过解释以及通过被视作正确且被坚守的准则或原则,从实在法中衍生出来的法律是否真的促进和加强了正义的统治。

§3. 改革的必要性

因为德国法官传统上对评注和判决汇编心怀崇敬,整体而言,他们默认一切都处在最佳秩序中,在新法典的指导下,法律科学和解释技巧正在蓬勃发展并将在未来更加繁荣。一些从业者有时可能会被某种顾虑所困扰,那就是除非通过大量地推理、分析先例和诸作者的相互矛盾的意见,便不能解决一些简单的问题(例如法院日常面对的问题),这是否是一种健康的状态。我们可以用有关买卖合同撤销之诉的性质和卖方特别要求买方接受货物的必要性问题作为例证。关于后一点,即使是通常非常务实的施陶布(Staub)也提倡卖方要提出正式要求,⑦但随后⑧帝国最高法院以更具现实意义的方式作出判决,就像它对撤销之诉的真实性质所做的那样。⑨ 然而,当我们试图了解围绕这些问题展开激烈争论的结果究竟是什么,在我们从中挑出核心问题之后,我们所能说的就是:就撤销而言,撤销的事实必须首先在审判中得到确认,然后这种行为的法律后果才能实现,这就迫使我们陷入无用无效并因此令人反感的多余陈述中。如果有人问这样一个问题,在买方显然拒绝接受货物时,迫使一个诚信的卖方提出进一步要求从而令自己遭受冷落是否有任何意义,那么第二个争议就根本不会出现。因为根据商人的感受,买方很可能会反对把他的明确意思表示当作他并不是有意为之。

事实上,最高法院关于这两个问题的判决中所给出的理由只不过是对上述各点的陈述。⑩ 至少这两点是唯一具有实际重要性的。其余的都是很学术的东西,但都是多余的,因为没有人会怀疑,从所有这些所谓的科学理由中,也可能得出相反的结论。

如上所论,一段时间以来,某些法官不时地因为这些以及其他案子而怀疑我们是否真的达到了如此光辉的完美境界。接着,一位战士站起来,把散乱的怀疑收集起来,浓缩并强化它们,经过

---

⑦ *Kommentar zum HGB*, 6th and 7th ed., notes 75 and 92 in the excursus regarding section 374.
⑧ *RGZ* 51, p. 350, and passim.
⑨ *RGZ* 58, p. 424.
⑩ *RGZ* 51, p. 350. 其中非常恰当地指出:"我们不能认为在法律交往中需要无目的的和多余的行为。"在同一卷中,法院认为无理由被解雇的职员无须明确声明他愿意任职(Römer, in DJZ [1903]. p. 340)。

敏锐地批判性分析之后,用雄辩的语言宣布:

> 我们的整个体系都出了问题。我国法院的审判是建立在一种学术的形式主义的方法之上的,归根到底,这种方法是由院校里的一种错误训练方法引起的。司法职能的真正核心,应当包括平衡冲突各方的利益——换言之,社会学因素——被忽视或充其量将其视作一种不起眼的无足轻重的辅助方式。我们必须记着,法官应当促进法律的社会学发展,以便根据有更好权利基础的一方或另一方的利益来调和各方的对立利益。这是促善和符合诉讼两造需要的唯一司法方式。如果法院按照这种方式运作,我们便能够希望司法重焕生机,我们可能再不会听到法官因不了解现实生活而背负骂名。

§4. 恩斯特·富克斯的著作

总而言之,这就是恩斯特·富克斯在各种书籍和论文[11]中发表和辩护的观点的总的方向,并非没有遇到激烈的矛盾和反对。

如果人们一开始就倾向于如上所述的司法职能的概念,就不难支持这个新学说。在其存在条件受到攻击的情况下,这一学说当然要首先证明其存在的合理性,即证明它所指控的当今司法的缺陷确实存在且是由其审判方法所导致。现在很容易检验富克斯所坚持的主张的正确性,因为它们由相当多的对帝国最高法院

---

[11] *Schreibjustiz und Richterkönigtum*; *Recht und Wahrheit in unserer heutigen Justiz.* See also *Holdheim's Monatsschrift*, 1908, p. 161 et seq., 1909, p. 29 (now inserted in the work *Gemeinschädlichkeit der konstruktiven Jurisprudenz*, Karlsruhe, 1909, Braun); *Württembergische Zeitschrift für Recht und Verwaltung*, 1909, p. 1 et seq.

新近判决的批评来支持,我们必须承认这些批评显然是尖锐而激烈的。我们无法注意这些批评的每一个细节,从而如人们所说由第五审法院*做出修改。不过,我们可以热情推荐每位法官认真研究这些批评。在这里,我们只能给出一些观察结果,并通过一些例证说明这些批评中有多少经得起独立检验。[12]

§5. 对最高法院判决的批评

就帝国最高法院判决的外在表现形式而言,冗长的句子和笨拙的表达经常被建议应当避免。但是即使在最近,人们也可以在最高法院的案例[13]中找到一个包含 121 个单词的句子。在判决中插入很长的引语确实减轻了未来法律作者的劳动,但是这样的引用完全不是法院职务的一部分,法院应当首先考虑当事人的便利。法院的尊严要求法官应当通过判决来宣告自己的意见——事实上是国家的命令——而非在判决书表面上留下的痛苦的脑力劳动痕迹。在法院不得不说的那些东西被公布之前,所有的"疑心病"(maladie de doute)都必须被治愈。最好避免向当事人表明法院必须与怀疑作斗争。在一些案件中深入挖掘法律起源的历史或许非常合适,但那种苦差事通常不需要公开炫耀。

在私法领域,有很大一部分争议没有特别的科学意义。帝国

---

* 在德国的法院系统中不存在所谓的第五审法院,这里意指法院系统之外的普罗大众对于法院判决的非正式审查。——中译者

[12] 似乎不言而喻的是,这种批评主要针对德国最高法院。事实上,下级法院的判决在很大程度上依赖帝国法院的判决,因此,没有人会否认,如果这种批评能够在帝国最高法院的判决中得到证明,那么在下级法院中也会发现这些错误。

[13] *RGZ* 65, p. 318.

最高法院的法官用了 10 页纸来讨论这个问题[14]，即一方当事人在控诉审判决送达之后，提出上告之前死亡，而其仍由控诉审的律师代理时，诉讼是否中止。这本来能够很好地作出判决并用几句话说明理由。在类似案件中，就像其他许多与实践有关的案件一样，起决定作用的不是科学理由，而是日常生活的便利。奠基于科学基础但是忽略实践考虑的论据将会被拒绝，因为它们不可适用并因此不合时宜。例如，[15]最高法院在另一个判决中的主张，据此，证明拥有一份载有实质性证据的文件只能通过出示该文件而不能通过证人来进行，在我看来，尽管评注一直坚持这个观点，却似乎没有实践价值。当对方当事人发誓其没有这份文件时，为什么我不被允许通过证人证明对方当事人没有说实话；在这一点得到证实之后，为什么不能让证人在宣誓后说出文件所包含的内容呢？此外，也许有人想知道，是否有法院曾要求在第一次口头审理时拒绝宣誓的一方当事人在事后宣誓，仅仅是为了让那位自称不能宣誓的当事人有机会决定自己是否真的不能宣誓？[16] 最后，除了承认通过使新诉讼成为不可避免之结果的方式来结束一个诉讼的绝对荒谬之外，那个突出的"科学问题"，"可能之抵销"（contingent counterclaim）的真正的、现实的实质是什么？[17]

《德国民事诉讼法典》中所有关于文书送达的规定与其他任何

---

[14] *RGZ* 68, pp. 247-257.

[15] *RGZ* 16, p. 395. 接下来的两个案例没有被富克斯讨论。

[16] 根据《高普-施泰因民事诉讼法评注》第464条的注释 I.2 的观点，《德国民法典》第464条第2款的规定仅适用于法院强制当事人宣誓的情况。

德语原文是《德国民事诉讼法》（ZPO），此处疑为英译者笔误。现行《德国民事诉讼法》已删去该条。——中译者

[17] 这与《高普-施泰因民事诉讼法评注》第300条的注释2一致。

地方的相应规定(例如,《工商业法院法》《商事法院法》的规定)被荒谬和毫无意义的形式主义区分开来了,这给许多案件当事人造成了利益损失,针对这些问题的判决没有真正的科学意义;它们是由有缺陷的立法强加给法院的一项单调而繁重的工作。

§6. 更多的判决受到批评

在私法实体法领域,我们可以提供以下例证:

在另一个案件中,[18]我们看到法官如此判决:一个家庭的父亲掉入一条没有严加看守的流经村庄的小溪而淹死,这个家庭不能援引《德国民法典》[19]得到救济。关于这个判决的评论认为,不应将纳入考虑的受益者人数实际扩大太多。因为如果这样做,甚至国家也可能因为失去一个公民而起诉要求赔偿损失。然而,我看不出有什么可以阻止法院认为那些有权得到死者抚养的家庭成员有权享受《刑法典》的好处,因为同时期的《刑法典》罚则[20]就是为此目的而颁布的。当然,德意志帝国最高法院可以自负其责,宣称具有足够的权威将自己的判决宣布为法律,这将比它隐藏在制定法最狭隘的文义解释背后更加令人满意。

同样的批评也适用于另一个案件的判决。[21] 在那个案件中,一个女孩在她自己的要求下被她的情人杀害,被埋在杜塞尔多夫公墓的"自杀角",而其母亲要求以情人的财产支付将女孩的尸体

---

[18] *RGZ* 64, p. 344.
[19] *BGB* 823, par. 2.
[20] Sec. 367, subs. 12.
该条为1871年《德国刑法典》内容,1975年《德国刑法典》删去该条。——中译者
[21] *RGZ* 66, p. 305.

转移到柏林的费用。法院驳回了这一请求。这是一个在母亲的心和杀人犯的钱包之间取舍的问题。有必要拯救后者吗?

惨无人道!——这是我在知道富克斯相同的批评[22]之前对于下面这个案子使用的一个表达——在我看来这绝对是不人道的,即法官被召来起草遗嘱时发现遗嘱人处于瘫痪状态,而为了遵守制定法的规定,法官必须让垂死之人明确表示她不能书写遗嘱。[23]

§7. 一种错误的方法

够了![24] 让我们来问问:在这些案件中,熟知关于制定法的所有评注、专著和注释有什么好处?这些问题不都是很简单的问题吗?虽然碰巧这些问题没有制定法的明确规定,但任何人都能凭借自己的理智找到答案,以便实现"与我们相伴而生的法律"——并且我们很遗憾地说,在所引案例中——而不是实现帝国最高法院所发布的法律。

不幸的是,这三个"反社会学"的判决可能是最糟糕的,但绝不是仅有的证明错误的体系、形式与狭隘的解释方法之存在的判决,当法律条文适用于根据一般人的感觉不会适用的案件时,这一事实就会得到确信。富克斯是对的,他说,我们一次又一次地遇到司法判决与一个不精于学术论证的人所认为的公正适当的判决相去甚远的状况。

假如我们这些在形式主义的训练下成长的人,凭借所掌握的

---

[22] *Holdheim's Monatsschrift*, 1909, p. 52, col. 1.

[23] *RGZ* 69, p. 79.

[24] 顺便说一句,我谨声明我基本同意富克斯对下列判决的批评:*JW* 1907, p. 301. no. 3; *RGZ* 65, no. 16; 66, nos. 14, 50, 62, 67. *Recht und Wahrheit*, pp. 25—88。

这种解释方法寻找唯一的救赎之道,但对于这种方法,我们往往忘记,通过逻辑可以保证诉讼的形式正确性,却绝不能保证结果的正确性[25]——如果这种方法导致如此不幸的结果,那么,必须用别的东西来代替它。如果一个德国法官牢记自己的正义感,甚至用明确的语言强调在待判决案件中他所相信的是公平公正的,然后证明他所发现的公正与已经制定的法律是真正协调的,这真的是傲慢和值得谴责的吗?法律本身就假定自己是合理的,[26]并且根据托尔(Thöl)的说法,制定法可能比立法者更聪明。

§8. 更好的方法

关于制定法的条文,法律也应该按照《德国民法典》[27]对意思表示的解释方式来解释。当我们得出的原则本身是从制定法中经过科学推导而产生的,我们绝不应忘记这些原则不是教条。马克斯·吕梅林最近非常恰当地提出了这个问题。[28] 他说:

> 我们在这些案件中将拒绝仅仅从文字中推理,即制定法本身通过涉及其他应被考虑的利益的条款表明我们的推理是错误的;在这些案件中,我们仍然在文义解释的范围内。但我们不应该就此止步。每当重要的考虑要求这样做时,我们必须回到这样一种假设上,即立法者的本意是合理的,不

---

[25] Sigwart, *Logik*, vol.1, sect.2. 这种方法中最常见的错误是我们在应当通过类推的方式得出结论的地方使用反面论证,或者相反,正如富克斯在许多例子中所展示的那样。

[26] Wach, *Handbuch des Zivilprozesses*, vol.1, p.258.

[27] *BGB*, §133.

[28] 在他 1908 年 11 月发表的非常杰出的学术演讲中。*Das neue schweizerische Zivilgesetzbuch und seine Bedeutung für uns*, Tübingen, 1908, Mohr, p.31.

可能想要一个荒谬的判决。我们对正义的感觉越敏感、越细腻,就越不会满意那些显然不正确的实体判决。当法律高度发达时,我们甚至可以得出这一解释规则,即立法者从未仔细考虑过的纠纷,尤其是制定法制定之前在实践中从未出现过的纠纷,在有疑问的情况下,不能被解释为包含在文本词句中。

我不认为,以这里所提倡的方式更加强调正义感,会存在伤害司法安定性的危险。我更倾向于相信,我们的司法将会因此焕发活力。过度的形式主义必须被摒弃,取而代之的是一种与社会生活的实际情况相协调的更自然的观念,以便自觉坚持由我们的正义感所决定的现实需求。

一项诱人的任务是讨论我们的学校所提供的准备是否需要改革的问题。然而,我必须克制自己。我应该说,所有熟悉现状的人都同意有这样的需要,而且他们也可能同意,经常被指责不熟悉现实生活的法律职业从业者,将成为这项用实践思维和行动的训练取代单纯推理能力的正规教育的改革的最大受益者。我们希望大学里法律专业的学生能够避免狭隘的专业化,并尽可能多接触其他学科。

§9. 结论

综上所述,我们可以这样说:最近兴起的关于司法的技艺的讨论是有充分根据的。至少在某种程度上,那种技艺仍然与我在这篇文章一开始提出的理想相去甚远。我们法官在日常工作实践中所需要的,不仅仅是对提交给我们的每一个案件中的法律问题进行合乎逻辑的详细阐释,而且是在实在法的基础上朝着实现正义这一目标积极迈进。我们需要对事实有清晰的理解,[29]对眼前的人的命运有一种同情态度。我们必须努力深入了解当事人的需要,他们走到法官面前就像病人走到医生面前一样,这样我们就不会给他们提供光秃的推理之石,而是提供同情的救济之粮。让我们打破在判决书中以外行人无法理解的连篇累牍卖弄学识的习惯!如果德意志帝国每年发表的百万判决附带意见的作者们都坚定地同意回避所有学术上的精致、人为的推理和勉强的解释,那么将会获得很多好处。他们很可能把歌德的诗句作为自己的座右铭:

明智且诚实的判决
只用很少的技艺来阐释自己

决心遵守这些原则将比极尽所能在工作中灌注虚假学识带领德国法官走得更远。

II. 论司法中的社会学方法[30]

我们正在努力的是,让法院可以通过事实的现实意义和对事实的真实理解来作出正确的实体判决,而不是借助学问

---

[29] 这就是为什么法官的能力最明显地表现在他处理事实和向证人提问的方式上。
[30] 《符腾堡州司法与行政杂志》的编辑要求我对恩斯特·富克斯的《建构法学的普遍危害》(*Die Gemeinschädlichkeit der konstruktiven Jurisprudenz*)进行评论,所以我写了一篇书评。在这篇书评(1910年,第1页及以下)中,本论文得到了拓展。以下引用该书时简称为 *G*,后面是所引页码。同一作者的作品《今日司法中的法律与真理》(*Recht und Wahrheit in der heutigen Justiz*, Berlin, 1908, Heyman),将简称为 *R&W*,后面是所引页码。

的精致来进行正确的逻辑推理。

——恩斯特·富克斯,《符腾堡州司法与行政杂志》,1909年,第5页。

§10. 法律和社会学

我们的第一个问题是:我们是否有理由主张法律中存在一种现代趋势,它的特征与习以为常的东西明显不同,以至于我们能够并且被迫赋予它独立的重要性和一个特定称谓?

事实上,我确实相信我们这个时代的社会观念以及建基于其上的新社会学科学,已经进入了所有智力活动领域中最保守的法律领域。目前,法律科学的方法总体上是体系建构者的方法,而司法的方法则是实施制定法的方法(如果我可以使用该表达方式的话)。根据国家的权威,所有的努力都是为了"使案件在制定法范围之内"。按照这种方法,我们追踪立法者表达的意图,直至其最遥远的藏身之处。[31] 当这一切完成之后,我们通过一连串的演绎推理,将那些明摆着存在的规则,或者必要时以辩证的方式发现的规则,应用于案件事实,其中隐含的假定是国家要求制定法被平等地适用于可能出现的所有事实陈述。

针对这些原则,我们必须首先概括地说,它们只能导致形式主义的司法,因此我们必须寻找其他渊源,从中获得补充和活跃我们的工作的手段。依照特定现代观念,我们可以在这样的承认中找到一个渊源,即承认所有法律争议的核心是关于法律保护的

---

[31] "现在所需要做的就是使起草人宣誓证明他们的想法,或者如果他们想到了某个特定案件,他们会怎么想。"G, 11.

特定利益的争议,无论是金钱利益,还是观念性质的利益。因此,司法裁判的任务应该是理解这种利益冲突的是非曲直,找到其本质,通过一个站在各方之上,既考虑到竞争个体的利益又考虑到公共福祉的公正的仲裁人,取得彼此之间的平衡,以此来调和他们。考虑个人利益,因为这是各方寻求保护的利益;考虑公共福祉,这不仅是因为公众对司法的安定性(即同案同判)方面感兴趣,还因为公众对每个案件的公正裁判感兴趣。对于每个案件,都要考虑一系列类似案件的类型。这里概述了一种方法,以平衡现实利益的重要性替代逻辑概念的头等重要性,我们可以称之为社会学方法。可以肯定的是,社会学是一门科学的名称,该科学试图研究社会借以存在的规律以及各种社会群体之间的相互联系。但是,我们无需犹豫将该名称应用到一种在社会学科学中找到自身模型的科学方法中,并且将该方法应用于研究私法领域的利益冲突。因为这些利益难道在很大程度上不是处于斗争中的社会群体[32]的利益吗?

那么,私法的社会学科学就是处理那些属于私法范围内的法律利益以及这些利益的相关价值的科学。根据上述观点,社会学意义的司法实施法律的方式,在案件裁判中高度强调所涉现实利益的重要性,并设法从这一观点出发作出正确的裁判。但是,不能因此推论出对实在法的忽视,或者对体系化法学的抛弃,后者被誉为法律的坚强支柱。然而,如果确实由于社会学方法更加重视每一个单独案件所涉及的现实利益,并且根本上旨在根据实际

---

[32] 雇主和受雇者、生产者和消费者(或卖方和买方)、出租人和承租人、求职者和职业中介等。

的是非曲直作出判决,那么作为一个整体的裁判结果可能会显示出不同的面向。正如辛茨海默(Sinzheimer)恰当地指出的那样,[33] 司法的理想方法最终将通过体系化法学与"社会学基本思想"相互补充和渗透而实现。在这样做的过程中,社会学需要体系化法学,后者准备了适当的司法形式;但同时,我们必须承认,没有社会学原理的帮助,纯粹的体系化法学不足以就现实生活给我们足够的启发,而现实生活正是法律活动的主题。因此,单纯的体系化法学本身不应再被视为司法的适当基础。

§11. 单纯的逻辑推理不是充分的方法

我们将不得不无条件承认,在过去,法律科学或法律实践也没有完全忽略对诉讼的真正价值以及对平衡物质利益和法律利益的考虑。现在,人们正在进行一种更加自觉的尝试,以使这一观点获得一种应有的认可,而且正如其拥护者所倡导的那样,它迄今并未获得与其重要性相称的认可。正如耶林和科勒所主张的那样,单纯地通过考虑主题需要和判决的合理性,控制并在必要时纠正以逻辑演绎的方式从法律概念中获得的结果,已不再被认为是足够的。相反,我们从一开始就要自觉地瞄准一个实际有用和合理的结果。

迄今为止,社会学的思想在司法中还是占有一席之地的,可以说它一直被秘密地采用。主观的正义感是社会学思想的基础的观点盛行,但它通常等同于任意的自由裁量权,完全不适合成为司法的确定基础。有些人甚至主张彻底消除这种感觉,并且在法官之中存在很多未公开拥护这种观点的人也绝非不可能。但是他们不

---

[33] *Die soziologische Methode in der Privatrechtswissenschaft*, Munich, 1909, Rieger.

反对根本上与正义感相同的"公平"这一无害的概念,并且他们忘记了每一个"善意"的判决实际上都是建立在这种正义感之上的。

所有这一切的结果是,事实上,法院的判决常常与具体案件的实质正义相一致,但真正的理由却被置于意见书的某些偏僻角落,以至于它们看起来只是一种点缀,而不是像实际那样成为判决的基础。㉞ 这就是"隐秘的社会学"方法,它在本文标题的注释中所引用的文章里首先被指出,并且可以很容易地在许多报道的案例中被找到。"隐秘的社会学"在于法官已经找到的真正的社会学结论,但随后把一个学术的只有形式逻辑的链条假装成得出结果的手段。这是今后要摒弃的方法。

如果我们能够成功地从这种隐秘的社会学方法中发展出一种真正的社会学方法(这或许是许多从业者的理想),㉟那么,威廉·施特恩(William Stern)㊱的话将会实现,他非常贴切地说:"科学的伟大进步不是由从无到有的新概念和新思想组成的,而是在于,迄今为

㉞ 就这一点而言,富克斯在 G 第 39 页(也可以与第 69 页作比较)中非常正确地说,根据目前的实践,判决经常是"向后推理"。虽然这里也有"目标指明方向",但判决似乎是从制定法或者立法者的意图中宣读出来的,事实上判决已经被写入制定法之中。因此,这种判决中存在一种伪善,虽然意见书的作者没有意识到问题的起因是什么,但这种伪善常常被意见书的作者明显地怀疑。我们必须摆脱这个困难。《帝国最高法院民事判决汇编》第 363 页有一个很有启发性的例子,富克斯在 G 第 65 页对此有详细讨论。再举一个例子,富克斯给出了两个有关购买妓院的判决(RGZ 63, p. 179; 69, p. 97),其中第二个判决与第一个判决明显不同,除了认为第二个判决更符合实质正义之外,别无其他理由(见 G 65)。

㉟ 请允许我引用巴登大公国已故司法部长施塔贝尔(Stabel)先生有趣的话。他曾经这样告诫年轻法官:"判案时你最好先别管你的法典。在彻底了解了事实之后,根据你的常识、自然法和衡平法来考虑什么是正确的;然后,当你对这个案子下了彻底的决心,看看你的法典,你会发现这个法规在几乎所有的案件中都完全符合你自己的结论,而且它的意图也不过也是你的意图而已。"——完全正确的是,通过这种方法,一个公正的法官将在成千上万的案件中一眼就发现什么是真正正确的。

㊱ *Psychologie der individuellen Differenzen*, Leipzig 1900, p. 7.

止被视为理所当然的经验之谈受到批评,以至于它们的问题性被认识到,以及理解它们的努力被置于被视为不证自明的默许的地位。"

社会学方法本身并不涉及法院是否受制定法约束,或者法院是否有时甚至在没有歧义的情况下也可以无视制定法条文的问题。因此,它的性质与真正的"自由法律发现"学派完全不同,后者赞成那样的诉讼模式。㊲ 但是社会学方法的特性是,它将使法官对制定法条文抱持一种更加独立的态度,相比之下,体系观念除了知道所写的文字中包含了什么内容外一无所知。

我坚决反对"现代主义"这个词,这个词最近已经为人们所熟悉。这表明在天主教教义方面争取更大自由的特定思潮引起了相当大的反对。因此,这个术语在法律科学的讨论中引入了一个非常不可取的因素。我们应该避免把在教会领域进行斗争的痛苦带入我们的科学争论中,或者在没有必要的情况下使后者极端化。

§12. 社会学方法

现在非常重要的问题是,社会学方法是否含有能够生长的胚芽,可以期望将来从中收获科学。除非新学说能被纳入明确、一致的形式,除非可以证明它不仅是批判性的,而且含有建设性的内容,否则它不会成功。以下内容旨在为实现这一目标作出贡献。

㊲ 富克斯不属于这些极端主义者(参见 G 129; R&W 11)。对于其他事情,我倾向于消除对现实的司法而言无关紧要的问题,即法院是否应仅限于对现行法律的解释,或在适当情况下法院是否可以为制定法没有涵盖的案件提供规则的问题。这种讨论只会为新的学术争论提供机会(G 75)。上述观点更为正确,因为社会学方法不仅局限于解释制定法,而且需要进行利益衡量,即使制定法本身已经足够清晰。举个例子,当我们应用违背善良风俗(contra bonos mores)、推定欺诈(constructive fraud)等相似概念时就是这样。G 131 注:"我们处理的……不单是解释制定法,而是法律正义的本质。"

新趋势最坚定的拥护者是恩斯特·富克斯,因此,他和他的观察结果将首先引起我们的注意,即使是他的对手(他的对手不少)也不否认富克斯具有敏锐的批判能力。[38] 当他说他不处理特定的缺陷,而是处理整个体系,而结果"让他毛骨悚然"时,我们当然可以相信他说的话。[39] 他还说,在他的研究中,他发现了"一片不公正的海洋"[40],当他读到那些他不能赞同的判决以及"正义在经院主义的磐石上毁于一旦"的判决时,他的心在流血。[41] 此外,在他的书中找不到任何可以让人怀疑他的目的纯洁性的地方。[42] 然而,我们必须坦率地承认,他的批评常常把尼采或宗教问题等完全无关的事项拖入论证,并常常超出适当的界限。有时候他是彻头彻尾不公正的人,例如在对待罗马法[43]和

---

[38] 菲尔豪斯(Vierhaus)在德国律师协会的卡尔斯鲁厄会议上对"R&W"的评价是"非常具有创造性的书"(Vide "Verhandlungen des 29. Deutschen Juristentags", vol. 5, p. 579)。

[39] G 63.

[40] G 64.

[41] G 133, note 7.

[42] 作为一名辩护人,他在第6章中强调了律师对法庭绝对诚实的义务,这对他来说尤其有意义。

[43] 像G这样的文章几乎不是用来解决关于罗马法对德国的重要性这个巨大问题的,即便是日耳曼法律最坚定的拥护者也不同意富克斯的激进观点。我只需要参考科萨克(Cosack)褒贬得当的观点(*Lehrbuch*, 5th ed., vol. 1, sect. 4)。在我看来,罗马人永远是一个具有法律天才的民族的典型。罗马法律制度的发展一方面没有中断,另一方面,它符合顽强的保守主义,如果没有将武力和道德原则完美融合的民族特征,这是不可能实现的(Comp. *Foundations of the Nineteenth Century*, vol. 1, chap. 2)。富克斯本人意识到,罗马人不能为他们的继承者对罗马法的所作所为负责。我们必须承认,当今的经院主义所造成的麻烦是罗马法律在几个世纪的过程中所经历的僵化而引起的,我乐于反对富克斯非常高兴地蔑称为"潘德克顿学"(pandectology)的事物。但是,我不明白《学说汇纂》第21卷"关于市政官告示"部分的片段证明了什么。毫无疑问,在这里提出的案例被编写之时,它们完全可以作为实际应用的指南。它们仍然很有启发性。如果"法理"(ratio legis)在现代制定法中总是被如此巧妙地展示出来,就像在这个标题的第一部分中它是完全建立在社会学基础上的那样,那么我们将是幸运的。我们必须说,富克斯对罗马法的猛烈抨击构成了一种"手段不充分的尝试"。

耶林⑭时。然而,这样做是不明智的,并且违背了我们应该证明一切并持守美好的戒律——我们能否因为他的许多观点和主张的明显夸大,以及他的语言的无节制,而应一并拒绝他那些以一种值得注意的方式特别呼吁我们的法官研究我们的良心并检验我们的工作的性质的句子,以及那些他在我们面前鼓动进行改革运动的最重要的句子呢?⑮

富克斯并不标榜自己是一个全新学说的奠基人。他更倾向于将这一荣誉归功于法国人惹尼,而杜林格(Düringer)⑯则把它归于埃利希。⑰

§13. 对最高法院判决的批评

在对德国的理论学说和司法的现状进行批判性审查时,人们可以非常恰当地从理论开始,然后从理论进入实践,因为实践从理论自然演变而来并因此依赖于理论。从实践本身开始,之后进

---

⑭ 在许多段落中,耶林的观点得到了坦率的赞同。在 G 第108页的一个段落中,围绕从《法律中的目的》一书中摘出的一句话(Law as a Means to an End, p. 150),富克斯脱离语境地对耶林发起猛烈攻击。但是这种攻击没有击中目标。耶林有很强的幽默感和讽刺意味。当然,他并不是要提倡有意识地掠夺财富,但他说,富裕的女人与高官结婚是一种常见的事情,是由实际存在的社会条件造成的,将之描述为社会生活中的一种现象,这对国家保持政府官员的低工资是有益的。无论谁意图讽刺、批评这篇文章,认为它是不讲理的,都完全没有领会它的意思。——富克斯对《法律中的目的》的批评在我看来是完全错误的。耶林是第一个研究和解释罗马法的人,他不仅研究罗马法的形式和字面意义,而且研究其真正的实质性内容;他(在《法学的戏谑与认真》[*Scherz und Ernst*])中)首先揭穿了经院主义的面目;他将法律定义为"受国家权力保护的利益"。由于他对法律所保护的利益的分析,他被誉为社会学方法的首位作者——像他这样的人没有写过任何可以被人"嘲笑和奚落"的作品——科勒的攻击也不会(*Rechtsphilosophie*, p. 16)消除耶林的重要性,耶林的工作对促进现在已经开始的工作有极大的好处。

⑮ 我现在要说明的是,用那种经常听到的话来打马虎眼是不行的——富克斯因夸大其词而不值得被认真对待,或者说对他的批评是多余的。

⑯ *Das Recht*, 1908, p. 259.

⑰ 本书收录了惹尼和埃利希的作品。——原书编者注

入实践背后的理论也是可能的。如果这样做,我们应当通过分析相当多的判决,证明它们都是按照特定方法作出的,如果我们进一步证明这种方法的基础错误,我们就可以发现理论学说中也存在类似的错误,并可进一步查找导致此类错误的原因。

因此,我们可以利用一种演绎和归纳的方法来找到可能存在的错误的来源。最后提到的方法的困难之处在于,它必然涉及对帝国最高法院所作的具有相当大影响力的判决的性质进行的批评和对这些判决性质的可能的反对。对这些判决的分析肯定会涉及司法部门目前工作的最为典型之处。[48] 同时,这种程式具有很大的优势,即通过它我们可以提出切实的结果,作为进一步科学推理的基础。

尽管这种方法对从事司法实务工作的人们特别有用,但是直到富克斯,它从未在相同程度上被采用。富克斯不是以发现特定的错误或缺陷为目的,而是意在以收集到的材料为坚实基础来证明普遍采用的方法作为一个整体是错误的。因此,他获得了一个巨大的优势,那就是迫使每一个在这场讨论中声称据有科学地位的人考虑富克斯所审查的具体案例是否受到了公正的批评。[49] 我已经在文中其他部分说过,[50]我不明白人们如何才能避免坦率地承认富克斯提出的许多观点具有正当性,我也不必收回我所说的任何话。

---

[48] 我已经仔细考虑过,是否应该为了避免削弱法院的权威而不使用这种方法,但是得出了相反的结论。

[49] 即使是帝国法院以下法院的法官也不应避免参与这项科学任务。

[50] *Württembergische Zeitung für Rechtspflege und Verwaltung*, 1908, p. 467; *Deutsche Richterzeitung*, 1909, p. 98.

然而，我们无法避免在这里进行一场详细的讨论，并逐步分析富克斯提供的材料。

§14. 对富克斯的批评的分析

首先，富克斯反对帝国法院对于"精神损害"学说的观点，该学说存在于先前适用《法国民法典》的地区，根据富克斯的说法，法国最高法院以令人钦佩的社会学洞察力来应用该学说。[51] 即使是杜林格也承认，[52]这些例外似乎得到了充分认可。[53] 至于下一个要讨论的案例，[54]富克斯坚持认为户主有权因习惯于将全部或部分收入交给他的家庭成员被过失杀害而获得损害赔偿，尽管法律没有规定他们必须这样做——就像在本案中所做的那样。在我看来，根据《德国民法典》的一般责任原则，[55]即使《德国民法典》中的条文无法涵盖这种案件，[56]原告也有权要求损害赔偿。否则，他的处境会比那些属于他的用于牟利的家畜被杀更糟糕。只是有关赔偿期限和类似事项的具体条款[57]不适用。我们不能承认制定法的词句使相反的判决成为必要。如果法庭考虑富克斯的建议，那么法庭似乎真的敢于对制定法作出自由解释；不然的话，在众多子女的帮助下走上致富之路的父亲，可能会在他的孩子依

---

[51] *R&W*, pp. 25 seq.
[52] Cf. also *G* pp. 53, 54.
[53] *Richter und Rechtsprechung*, p. 17, note 2, Leipzig, Veit, 1909.
[54] *R&W*, p. 7, discussing a decision dated Jun 10, 1907, as printed in *Juristische Wochenblatt*, 1907, p. 480, No. 2.
[55] *BGB* §249.
[56] *BGB* §844, par. 2.
[57] *BGB* §844, par. 2.

次被枪杀的情况下无权获得民事赔偿。㊳

在下一个被富克斯的文章所批评的案件中,㊴一名已婚女性,在财产由夫妻共同管理的规则之下,经丈夫同意提起诉讼,被法院要求证明诉讼标的物与她有关而不是与她丈夫的财产有关。为此,该案件被发回下级法院。富克斯的观察㊵本可以明确地解决整个问题:"由于作为婚姻共同体家长的丈夫已经同意提起诉讼,这种法律上的细微之处是无关紧要的。"㊶

富克斯接着讨论了㊷另一个判决㊸,法官认为,一个家庭的父亲掉入一条没有严加看守的流经村庄的小溪而淹死,其家人无权请求损害赔偿,㊹因为《德国刑法典》的条文只保护死者本人,不保护其家人。这一判决受到了公正的反驳,㊺并且这一判决的理由,即家中父亲的死亡不一定被证明是家庭的经济损失,也被理据充足地驳斥了。

㊳ 富克斯根深蒂固地认为,就"精神损害"的问题而言,德国法院不幸地表现出不如法国的一面,并且在上述第二个案例中,在对制定法的正确解释下,父亲本应获得孩子被错杀的赔偿金,于是富克斯在其书第 28 页感叹:"的确有人很想振臂高呼,但不是反对创造性司法,而是反对阉人式(eunuch-like)司法。"我是最不愿意不对这种错误进行强烈谴责的人,也最不愿意相信一位作者应该因这种激烈抗议而被谴责,这种激烈抗议是对德国司法的一种不无道理的感觉所致,即德国司法方式在这些案件中确实没有表现出恰当的创造力("最高水准",G 187)。在另一处(G 63, 64)也有应当受到谴责的严重藐视法院的表述。

㊴ *RGZ* 64, no. 81, p. 323.

㊵ *R&W*, p. 31.

㊶ 尽管有杜林格的观察(*Recht*, 1908, p. 264),但事实确实如此。也可参见 *G* 44-46,在该文中,杜林格很能说明问题的表述"同情与复审法庭有什么关系?"受到了恰当的批评。作者(富克斯)认为,可以就这种问题给出否定答案的话,正义感的指南针一定指向了错误的方向。

㊷ *R&W* pp. 32, 37.

㊸ *RGZ* 64, no. 85, p. 344.

㊹ Under *BGB* § 823, par. 2; cf. Penal Code § 367, No. 12.

㊺ 参见我的观察结果。*Deutsche Richterzeitung*, 1909, p. 100.

至于下一个案件,⑥⑥它表明⑥⑦可以非常简单地说明作出这一判决的理由,这与法院的意见在实质而非形式上一致。该项判决的大意是,如果有权提存受托保管的物或其被出售的价金的受托人,根据有关条款的规定⑥⑧通过有拍卖权限的公务人员公开拍卖该物,受托人可以不提存相应的价金,而是将其支付给有权获得价金的人,并以此满足自己的任何求偿要求。

下一个问题是,如果承租人以《德国民法典》允许的理由解除了租约,⑥⑨出租人是否应承担损害赔偿责任。根据帝国法院推翻柏林上诉法院的判决,针对该案的肯定回答在我看来完全没有富克斯所假设的那样合理。从社会学的角度来看,即使在房屋变得不宜居住而出租人没有过错的情况下,也让出租人对承租人的所有损失承担责任,这难道不是不公正吗?正如《德国民法典》另一条所规定的,⑦⑩在这种情况下,难道不是以出租人的过失为诉讼理由吗?然而,帝国法院从未涉及这个问题。

§15. 富克斯的进一步批评

在下一个案件中,⑦⑪我倾向于同意,人们不应该从概念中进行逻辑推理,从而得出一个完全不能令人满意的结论,即购房者有义务将房屋拆除,因为房屋让与人将房屋建在了土地的边界线之外,而毗邻的土地也属于购房者。这似乎是适用《德国民法典》条

---

⑥⑥ *RGZ* 64, no. 90, p. 366.
⑥⑦ *R&W* pp. 40–46.
⑥⑧ *BGB* §§ 383, 384.
⑥⑨ *RGZ* 64, no. 93, p. 381; *BGB* §542; *R&W* pp. 50–52.
⑦⑩ *BGB* §628.
⑦⑪ Cited in *JW*, 1907, p. 301; *R&W* pp. 54–59.

文的案件,⁷²该条准许在此类案件中提供货币租金。

其次,关于"抵销答辩"(replica compensationis),我同意应当准许这种答辩。⁷³ 对任何没有偏见的人来说,显而易见的是,如果是为了一笔较大的求偿要求的一部分而提起诉讼,被告人不能反对将他自己的任何抵销计入未被起诉的求偿要求的部分。否则,原告将不得不撤回诉讼或受审,然后针对整个求偿(包括没有纠纷的部分)开始一项新的诉讼。毫无疑问,这只是滥用程序,法院应防止这种滥用,因为法律必须被认为是反对而不是赞成滥用行为。

一位动物饲养员好意施惠,允许他人共乘,马匹对该人造成伤害而饲养员被起诉。在这一案件中,⁷⁴我同意富克斯的观点,即最高法院应该判决原告败诉。富克斯的理由是,如果他站在被告的立场上,显然会认为这一主张是不公平和荒谬的。所谓法院补充立法者缺乏的意图⁷⁵纯属虚构,而这里真正应该发生的是让法院的正义感来判决。在像这样的案件中,很难说事实已被考虑到了。

§16. 一个疑难案件

鉴于它的困难之处,富克斯所反思的下一个案件⁷⁶需要更详细的讨论。事实是,一个十岁的男孩被雇佣为煤矿工人,违反了

---

⁷² *BGB* §912.
⁷³ *RGZ* 66, no. 62, p. 266; *R&W* pp. 61, 81, 82.
⁷⁴ *RGZ* 65, no. 75; *R&W* p. 67.
⁷⁵ *RGZ* 64.
⁷⁶ *RGZ* 66, no. 14, p. 42; *R&W* pp. 72 seq.; *G* pp. 49 seq.

《工业法典》(the Industrial Code)的法律规定⑦。该男孩在受雇过程中失去了几根手指。问题出现了：在《工伤事故保险法》(the Industrial Accidents Insurance act)*上，非法雇佣的雇员是否应被视为被保险人？如果是，他将从行业协会基金中获得该法提供的赔偿金，金额不算多，但是不得再向雇主提出任何其他要求。如果答案是否定的，他将保留对可能无力偿债的雇主的所有债权，但不会从行业协会那里得到任何东西。无论哪种情况，他都面临着一定的风险。帝国法院认为第一种选择是可取的，而且就其本身而言，我与富克斯不同，我认为这是正确的。这一主张大概是基于如下理由：从社会学的角度来看是正确的，即在这个案件中遭受人身伤害的儿童至少应受到该法规定的赔偿范围内的保护，并应由具备偿付能力的协会赔付。在该案的具体审理中，男孩的请求被仲裁员驳回，理由是，如果雇佣合同因非法而无效，则协会不承担责任。帝国法院与这里表达的反对观点一致，驳回了该男孩在民事法院对雇主提起的诉讼。在这方面，似乎没有表明为什么不适用《工伤事故保险法》第 135 条第 3 款，这个问题在已公布的判决书中没有讨论。根据该条款，普通法院受仲裁庭裁决的约束，帝国法院似乎本应据此认定雇主负有赔偿责任。可能法院没有适用这一条款是因为考虑到第 135 条第 2 款中的"有效判决"仅指协会有责任或无责任，而不会处理普通法院是否有义务承认

---

⑦ Industrial Code, §§135, 154a.《工业法典》指 1869 年首先在北德意志邦联适用，此后逐步适用于帝国全境的《工商业条例》(Gewerbordnung, 一译《营业法》)。——中译者

* 即 1884 年德国颁行的《事故保险法》(Unfallversicherungsgesetz)，该法历经多次修订，以下引用的可能是 1900 年公布的版本。——中译者

雇主责任的问题,即使普通法院服从仲裁员的裁定,认为不存在这一责任。然而,我们从社会学的角度不能同意这样一种观点,因为在这样一个不幸的具体案件中,由于雇主的过错而受到伤害的人不应得到任何东西,这不可能是制定法的意图。

§17. 对更进一步批评的分析

在一个当事人拒绝宣誓的案件中,该宣誓包含了不同的主题事项,[78]则必须有某种方式,使上级法院可以补救完全拒绝宣誓的疏忽,而不是只考虑令人反感的主题事项。

关于下一个案件,[79]我同意富克斯的看法,他说,出于公平和现实考虑,提供瑕疵物品的卖方应当在损害赔偿诉讼中承担任何他可能提出的抗辩的举证责任,从而帝国法院所特别依赖的"法律推理"不应成为决定性的。

我现在转入考虑富克斯在另一部作品中批评的判决。[80]

关于第一个案件,[81]我同意,如果买方不能或不愿要求降低价格,则否定向保证人要求降低买价的权利更为正确。就撤销买卖合同或要求降价的概念而言,区分主债务人与保证人的关系没有逻辑上的必要性。

关于下一个案件,[82]人们对这样的学说感到厌恶,即被宣布为非婚生子女之父的男子,在子女通过其监护人提起的抚养费的诉

---

[78] *RGZ* 66, no. 50; *R&W* p. 78.
[79] *RGZ* 67; *R&W* p. 82.
[80] *G* ch. 2, pp. 27 seq.
[81] *RGZ* 66, no. 80; *G* p. 27.
[82] *RGZ* 67, no. 43; *G* p. 29.

讼中,不被允许提出抗辩,⑧之后母亲被判伪证罪,但是该男子未能提起诉讼推翻宣布他为父亲的判决。在这方面,我们可以提请注意第一刑事法庭所采取的更为正确的观点,即第六民事法庭并没有参考的那个先前判决。⑭"无论人们对判决的神圣性评价有多高,都不能让它来掩盖犯罪的邪恶。"⑮

在我看来,接下来考虑的判决⑯而不是富克斯的相反观点更符合对流通票据的严格规定。票据约束的有可能是阿道夫·M (Adolf M.)自己。这张票据的目的是约束阿道夫·M公司,并且阿道夫·M本人实际上是该公司的代理人,这一事实本应在票据本身上出现。

富克斯在他的书中⑰批评的由律师签字和由仅仅是文书助理机械地添加签名的区别,在制定法中有充分根据。⑱ 如果在后一种情况下,文书助理签名可被允许,那么《德国民法典》的规定⑲所要求的"亲笔签名"将不复存在。这种区别虽然乍一看可能使我们感到惊奇,但在任何法律体系中都是不可避免的。

§18. 该主题的延续

这个案件⑳表明,如何通过"建构的和辩证的"方法,证明两个实际上截然相反的观点。在这个案件中,一个债权人同意抵押

---

⑧ Under *BGB* §826.
⑭ *RG Str.* 34, 282, 283.
⑮ *G* p. 30.
⑯ See *G* p. 33, citing from *JW* 1908, p. 280.
⑰ *G* pp. 41, 42.
⑱ 关于签名的要求,见下述文献。*RGZ* 50, pp. 51, 81, 387.
⑲ *BGB* §126, par. 1.
⑳ *G* pp. 46, 47; ct. also p. 44.

财产的买方转变为个人债务人,尽管没有按照《德国民法典》的规定在转让登记中提及这一交易。[91] 帝国最高法院有两个相互矛盾的判决,[92]没有人会否认第二个判决显然更正确,而且这可以很容易用两个简单易懂的句子来证明。

不管怎样,我再次同意富克斯对另一项判决的批评。[93] 正如我提到过的,瘫痪寡妇施密特(Schmidt)的遗嘱被宣布无效,只是因为法官没有要求她明确说明她不再能书写,我无法相信这是好的法律。我也认为这是对形式最为离奇、夸张而盲目的遵守,并且重申,尽管有反面批评,像这样的判决给人的印象也是不人道的。顺便说一下,这个判决似乎引起了普遍的不满。[94]

另一方面,在富克斯对帝国最高法院另外两个案件[95]的批评中,我并不站在他这一边。就前一个案件而言,有社会学理由使得"买卖破除租赁"的准则不适用于房屋租赁。而把这些社会学理由扩展至狩猎权租赁的案件,我不相信这是好法律。狩猎权租赁是一种性质非常特殊的合同。在因为执行事后被推翻的判决而要求损害赔偿的案件中,我认为,由于《德国民事诉讼法典》的规定[96]提供了特别救济,则以另一诉提出反诉根本不被允许。因此,反诉*涉及更大的要求这一点是不相关的。

任何人如果痛苦地研究了中级法院和最高法院的判决中的

---

[91] *BGB* § 416, par. 2.
[92] *Gruchot's Beiträge* 49, p. 354; *RGZ* 63, p. 42.
[93] *G* p. 277; *RGZ* 68, No. 79.
[94] Comp. Danz, in *DJZ* 1909, pp. 100, 101; Hellwig, ibid, p. 426.
[95] *JW* 1909, nos. 12, and 22; *G* 304, 295.
[96] 717, par. 2.
* 我国的民事诉讼法法理论一般认为反诉以本诉已经存在为前提,德国民事诉讼法理论中反诉的独立性更强。——中译者

装模作样的推理,然后在富克斯的书的附录中找到了以社会学精神解决这些问题的办法,⁹⁷那么他似乎就会满怀一种令人振奋的希望,那就是常常徒劳敲门的常识⁹⁸最终成功地进入了忒弥斯*神庙。

富克斯称之为"教授专家的判决",重印在他的书的附录中,⁹⁹我们必须坦率地承认,在一个不太遥远的日子里,它将适合作为一种早已被取代的方法的化石遗迹,陈列在法律古董博物馆里。⁰⁰

我认为,州高等法院的"科学"判决是错误的,而富克斯也这么认为。⁰¹ 如果任何人以现金支付为明示条件出售物品,任何情况都不能证明迫使他或他的法定继承人在没有这种现金支付的情况下卖掉物品的判决是合理的。无论有什么学术依据可以支持这样的判决,发生这种事情的人不可能不觉得他在法律的形式下遭到了抢劫。⁰² 在本案中,事实将证明这个假设是正确的,即交付应当在支付仍未付清的余款时发生,在这之前,不存在所有权的转让。这样的假设本应与实际情况一致,并防止诉讼中产生不公平的结果。

---

⑨⑦ 例如,第308页,提起《法学周刊》第55页第25段以及其他地方。我想特别提请注意第261页的最后一段,其中简洁而清楚地指出:如果丈夫有能力购买土地,使其成为共同财产的一部分,他也必须有能力提供抵押,作为购买价款的担保。

⑨⑧ 法律常识和真正的主观正义感是同义词。

* 忒弥斯(Themis),正义女神。——中译者

⑨⑨ Appendix II, p. 266.

⑩⓪ 然而,应当指出,卡尔斯鲁厄上诉法院推翻了这一判决。

⑩① See *G*, Appendix II, p. 271; *G* p. 321.

⑩② *G* p. 321.

§19. 最高法院有时候在社会学上是正确的

富克斯所反对批评的一系列案件的性质可能会给人一种印象,即他受到了一种敌意的鼓动,事实上这项指控已经在针对他了。我认为这是没有根据的。富克斯总体上给予了德国司法高度评价;[103]当他发现社会学上正确的判决时,他就会带着明显的愉悦感特别地关注它们。所有正确的判决都是在没有盲目崇拜文字的情况下被发现的,"与机械的潘德克顿学说相反,这意味着与不受传统惯例阻碍的正义感和对主题事项的理解相协调"。

作为这一主张的例证,我本人不妨提请注意这样的判决所产生的宽慰感,即法院认为基尔运河管理部门为了财政部的利益而对通行船舶施加责任限制是非法利用垄断地位。[104]同样,我提请注意这样一些判决,其中认为各种不正当竞争行为是不当的,例如将商品与质量低劣或毫无价值的其他商品混在一起。在实践和诉讼程序方面同样如此,帝国法院已经在那些对事实进行彻底调查的判决中收获了最辉煌的荣誉,例如它坚持法官履行询问证人的义务(《德国民事诉讼法典》第139条);[105]或者它与一再试图限制提交证据的权利的下级法院进行的持久斗争。[106] 因此,法院支持一种真正的社会学观点,即以彻底掌握所有事实为首要需求,压制法律形式主义的反抗。

---

[103] *G* p. 28, 8.

[104] *RGZ* 62, 266; *RGZ* 68, 358.

[105] 这被称为帝国法院如何司法的一个光辉的例子。Schneider, *Die richterliche Ermittlung des Sachverhalts*, 1888, p. 109.

[106] 帝国法院"一直以最值得称赞和最机智的方式坚持这一点"。R. Schmidt, *Lehrbuch des Zivilprozesses*, §72, II, sub-section 2.

§20. 个别错误还是方法错误

我认为,这种对富克斯评论过的案件的详细再审查,为着手解决这个问题提供了充分的基础:

这仅仅是帝国法院的判决(每年大约有 2500 个)中的个别错误判决的问题吗?并且富克斯根据帝国法院的错误认为许多初级和中级法院的判决是错误的,这也是真的吗?

对于前一个问题,答案必须是否定的。裁判所涉及的整个方法都是错误的。这种错误的方法在所有不令人满意的以及(为了实事求是而通俗地说)不公正的判决中都得到了体现。在所有案件中,我们可以发现一个不变的特点,即判决是以制定法的文字中得出的可疑论据或装模作样的抽象推理为出发点而作出的,但它忽略了依据具体事实、公平和主观正义感中得出的合理推断。[107]因为人们仅仅是读一下法官的意见就会感到烦恼、痛苦、愤慨,在许多被引用的判决中都是这样,人们可以确信,有权得到保护的利益不得不让位给另一方较小的利益,或因法律技术而被牺牲。在所有这些案件中,对制定法进行更为自由的解释,省略虚假的、抽象的论证,按照商业界看待这些事情的方式来平衡利益,以及降低对技术细节的重视,便会使各方的正当主张获得满足。

因此,我们必须认识到,指望仅有与法律法规及其纯粹抽象应用相关的理论知识就足够了是徒劳的。那样的话,我们就会错失真正的目标,而真正的正义将会受到千百次的伤害。除了一次又一次地以某种正确的姿态重复致命的错误之外,什么也不会

---

[107] 参见下面的第 22 节。

发生。[108]

因此,司法的本质要素将在不同于过去的地方去寻找。司法工作的核心在于对人类现实利益和财产的公正管控。今天流行的学术的和辩证的方法,试图通过字面解释加上纯粹的字面推理从法律规则中得出合乎逻辑的结论,既不适当平衡利益冲突,也不考虑结果是否合理,这绝对是错的。除非我们认识到法院的工作是为现实生活的利益服务,并使法院的审判适应现实生活的利益,而不是按照某种原理公式把事实嵌入普罗克拉斯提斯之床*,否则我们就走错了路,我们将犯下致命错误,幻想能够以这种方式获得法律的安定性。

§21. 流行的方法行不通

没有什么比这更确定的了:所有我们提到的实质上不公正的判决,都得到了无可争论的有分量的法律论据的支持,而这些论据在形式逻辑的立场是不能被否定的。[109] 这一事实证明,现行的基于法律规则进行逻辑推理的方法是行不通的。这似乎是一个公开的秘密,在大多数案件中,我们可以通过无懈可击的逻辑从规则中得出推论和解释来支持争论的双方。在由几位大法官组成的法庭上,众所周知,判决往往只不过是由多数人的投票通过的,"被击败的少数人可以通过潘德克顿的逻辑论证来支持相反

---

[108] 富克斯可以理所当然地宣称他通过归纳的方法对这一点进行了有力证明。

* 普罗克拉斯提斯之床源自希腊神话,普罗克拉斯提斯将客人的身材裁剪或拉长,以适应床的大小。——中译者

[109] 甚至有一点是正确的(参见 G 146, 147):从社会学的观点来看,错误和不公正的判决,比那些社会学上正确的判决,有更强的演绎能力。

的判决,这也将非常符合逻辑"。如果承认这一点,就很有可能得出这样的结论:我们的判决是"司法建构的偶然产物"。

因此,法院必须明白,当他们像过去那样从法律规则的形式正确的结论推导出判决,从而感到安慰时,是上当受骗了。他们应该知道,我们这个时代受到社会和社会学思想磨砺的正义感,首要要求是通过权衡所涉及的实质利益来找到公正的判决,以便以合理和可理解的方式调整和管控呈现给法官的法律关系。任何法官如果不首先寻求什么是正义,而是屈服于实在法的约束功能,这种秩序就不可能从混乱中产生。"法的安定性不是由潘德克顿学说决定的(它只不过是碰运气),而是由法官的个人品质和丰富经验决定的。"[110]为了消除法官个性的全部影响,代之以一种安定性和平等的幻觉,这与法律的本质背道而驰,并把司法变成了机械作业,使之不适应现实生活。[111]

§22. 正义感

然而,目前人们普遍认为,个人正义感是司法中不可接受和无益的因素。正义感被认定为一种恣意,并且人们或多或少地强调否认它可以成为司法裁判的适当依据。

否认主观或个人正义感的存在,将与所有的经验相矛盾。这种感觉就像良心一样的确存在,它与良心有许多相似的基本特征。很久以前罗马人就知道这种感觉可以通过实践和训练得到提高。这就是为什么他们说"(正义是)分配给每个人属于他自己

---

[110] G 84.
[111] G 188, 189.

权利的永恒不变的意志"(constans et perpetua voluntas ius suum cuique tribuendi)。* 然而,把这种感觉从它最适合发挥作用的地方消除是多么荒谬! 在所有地方,从法官的内心来说,他的使命使他有责任在自己身上培养和发展这种感觉! 难道所有的人不是在日常生活中都从这种天生的感觉里,对那些从未提交给法院的、由绝大部分事实(法律和正义适用于它们)所构成的数以百万的案件,得出他们关于什么是正义的结论吗? 一个善良的外行人在处理他的事务时,除了他的经验、常识和良心之外——我们都知道,这些东西对站在岔路口的他来说,都是通俗易懂的——还会参考别的吗?[112] 然而,是否有人会说,作为一个原则问题,法官有义务采取不同的行动,法官的职责(正如克莱因[Klein]所说的那样)就是告诉当事人,他们在进入法庭之前应该做什么吗?[113] 在依法履职和依法判决之间真的有不可逾越的障碍吗? 难道法官的职责不是根据法律生活的性质来规范法律在现实生活中的运作,而是通过推测和抽象论证,把从制定法中发现的与法律生活格格不入的东西强加给法律生活吗? 难道法律不应该仅仅是合理进行经济交往和社会交往的方式的正式表达吗? 在出现制定法规定参与者在交易中应承担哪些责任之前,不存在以物易物和商品买卖吗?[114] 齐柏林飞艇是不是要推迟对天空的征服,直到空

---

* 出自《学说汇纂》收录的乌尔比安《规则集》片段(D. 1, 1, 10, pr.),译文参考《学说汇纂》第一卷,罗智敏译,[意]纪蔚民校,中国政法大学出版社 2008 年版,第 13 页。——中译者

[112] Comp. *G* 11.

[113] Comp. *G* 11.

[114] 参见《理由书》(*Motive*)中关于规范作者和出版商之间关系的法案(1901 年 6 月 19 日法案)的精彩段落,丹茨(Danz)说(第 24 页),该法案不打算制定新的法律,而只是承认和确认已经盛行的做法。这才是法律发展的真正类型。

中交通被整齐细碎的规则和条款所调整?[115] 如果不是在自然正义的基础上公平地权衡所涉及的利益,那么法官在哪里可以找到针对制定法没有调整的关系而引起的纠纷的判决?[116] 你打算如何消除法律明确提及的自然正义感,正如它所提到的"重大事由""善良风俗"或"诚实信用"？要求法官忘记他的主观正义感是多么盲目啊！不,真的不行！除非一个人准备好让自己卷入十分可怕和无法忍受的矛盾之中,否则他将不得不承认法院必须尽可能地宣布法律是人们在日常交往中自然会做的事情;换句话说,他必须借助于主观正义感。

为什么会这样,还有另外一个原因。这种对于博学的法官来说属于非常奇怪的法律发现方式,已经在相当大程度上应用于法律所承认的非专业法庭。事实上,一个非专业法庭总是首先问自己,在任何特定的案件中,如果一个明智的人被召来充当一个试图对双方都公平的和事佬,他会做些什么;然后法庭会考虑制定法是否允许自己作出相应的判决。在我熟悉的商事法庭上,如果主审法官想让非专业陪审员相信判决的正确性,他几乎不会采取其他行动。如果有人声称在非专业法庭如此司法在原则上是错

---

[115] G 58.
[116] 然而,公平必须与主观的正义感区分开来,因为公平代表了正义的一般意义。这使得施莫尔德(Schmölder)将公平视为大众正义感的同义词(*Die Billigkeit*, p.35)。但是,后来他明确承认(第56页),公平使个别法官的"愉悦"(placitum)代替已制定的规则。因此,如果要使公平仍然是司法的一个要素,就必须承认法官具有一定程度的主观裁量权。因为没有裁量权,一个人就不可能知道什么是公平的。从"善良和公正的技艺"中消除公平是完全不可想象的。在讨论法官的主观裁量权时,我们不要忘记,法官对这个法律体系及其各部分之间的依赖关系(例如,关于规定要式的效用和执行这些要式的必要性)的了解,将对其原始的正义感产生极大影响,以至于最终形成一种新颖而独特的观点。在这种情况下,法官不能在任何特定案件中清除自己——即使法官希望这样做——就像医学专家在作证时不能消除他的医学知识一样。

误的,那么我们就必须坚持认为在德国有两种司法方式,其中一种与另一种完全不可调和。

§23. 裁判的理论概念

除了形式主义会消除正义感和简单地用制定法条文涵摄问题之外,另一个因素也对形式主义方法产生了相当大的影响。那就是民事诉讼中裁判的理论概念。

诉讼法的评注者通常很少告诉我们裁判的性质,除了裁判是"法院在强制性口头审理后作出的最终决定"。有关民事诉讼判决本质的流行观点是,法官必须"将案件置于制定法之下",纳入制定法的范围之内。在萨维尼之后,我们被告知裁判是三段论,其中法律规则是大前提,事实是小前提,判决是结论。至少在实践中,我们从未超越这一点。这种观点好像是说,如果我们确立了事实并找到了合适的规则,那么判决就会自动产生。

裁判的性质被认为是宣示性的。根据《高普-施泰因民事诉讼法评注》,[117]"裁判是适用于事实陈述的法律和诉讼条件是什么的声明",并且据说"判决很少但同时也是关于双方应当是什么法律关系的命令,后者即所谓的构成之诉(constructive action,即仅仅为了判决,宣告被告对原告负有何种义务的诉讼,例如,简单账目清偿诉讼、恢复婚姻权利诉讼等)"。

现在,在我看来,我们面前有一个根本的问题,我们的司法体系正处于这个问题之下。认为判决在本质上等同于逻辑结论的

---

[117] *Code of Civil Procedure*: introduction to section 300.

观点是错误的。[119] 审判和判决不能仅仅是合乎逻辑的结论；它也是为了在法律之下维护和平而行使国家权力的一种方式。司法裁判在任何情况下均具有国家意志行为的特征，因此它必然是一个命令，因为除了命令的形式之外，人们无法设想国家权力下的意志行为。富克斯也清楚地看到这一点："传统的观念是，法官首先从制定法及其解释材料中确定大前提；然后，将事实涵摄进规则，最后，将推出的逻辑结论作为判决。如果我们认识到这种经院传统中的真实性和现实性的缺失，我们就理解了司法中演绎法*的全部本质。"

但是，由于我们认为这种关于审判和判决的性质的概念是错误的，人们就不得不以一种没有理由的方式去依赖辩证方法。当人们将司法裁判视为国家的命令或意志行为时，情况就大不相同了。这就立刻切断了从法律规则中辩证地推断这一意志的可能性。然而，通过这种方式，已制定的规则的重要性毫无阻碍地被限制在主题的性质所施加的限制之内。法官在试图找到正确的判决时，不能再从这样一种想法出发，即认为在案件事实中不知何故隐藏着一种规则，而他必须在法典中找到与之对应的条文。相反，他会认为，他的任务是通过一种意志行为，调整各方相互的权利的行使，并对有关财产作出公正的分配。他将记住，他在那里是为了帮助当事人实现其各种行为的目的（只要这些目的没有被法律所否定），以及为了给予权利受到侵犯而自身没有任何违

---

[119] Comp. Bülow, *Gesetz und Richteramt*, Leipzig, 1885, pp. 5 seq.; Gmelin, *Die Vollstreckbarkeit*, Tübingen, 1898, p. 48. 又参见 *R&W* 81，其中的判决被定义为"权威的直接的声明"；以及 *G* 35。

* 英文原文为"归纳法"(inductive method)，疑为英译者笔误。——中译者

法行为的当事人应有的保护,以合理和公正地调整他们的利益。因此,首先需要的是将法官的意志在实在法律规则的范围内引导至合理公正的结果上。[119]

§24. 利益衡量

利益衡量有助于法官的工作。这不是幻想出来的事情,而是实实在在的现实。因为所要权衡的东西即物质利益是存在的,并且如果一个人专注于它们就很容易理解。利益衡量将会为引导意志的主观正义感提供坚实的基础。权衡本身反过来在很大程度上得益于商业界看待问题的一般方式。但是,在这些商业界尚未就某一问题形成一般意见的案件中,法官的职责是提出这样一种意见,这种意见是其若作为立法者所会提出的。[120]

因此,主观正义感将在当事人的现实权益、商业界的习惯和意见以及人际交往的需要中找到充分支持。法院自己承认,与过去的冒险做法相比,应该赋予这些现实因素所支持的正义感以更大的权威。相比于焦急地寻找本应藏在案件事实中的法律原则,他们可以自由地在其他事上找到用武之地。

因此,司法职能整体发生了转变。从我们主张的观点看起来是这样的:表现在审判和判决中的国家意志,在有效权衡各方利益的指导下,参照社会上关于此类行为普遍流行的观点,通过法

---

[119] 我们不能不看到,在事实陈述非常简单的情况下,只要法院继续忠实于制定法条文所提倡的措施中的词句,就没有自由裁量权的余地。

[120] 在帝国法院的许多判决中,特别是在 1907 年 11 月 2 日关于机器所有权保留方面的著名判决中,这种观点并没有得到理解。相反,法院试图就一个不存在通行惯例的事项找出一般通行惯例。

官固有的主观正义感来实现公正的判决。除非有实在法的禁止，判决在任何情况下都应符合商业交往中诚实守信的要求和现实生活的需要；在权衡相互冲突的利益时，应该帮助实现那些更合理和值得保护的利益。

§25. 转变态度的必要性

如果上面概述的司法职能的概念与富克斯的目的是一致的（我一点也不怀疑这是一致的，尽管他可能还没有以这种方式表达出来），那么我毫不犹豫地宣布，这一推理的结果为目前盛行的有关民事诉讼中司法职能的理论概念的彻底革命指明了道路，从而也为司法实践指明了道路。[121]

如果这里所持的观点是正确的，那么现在我们就应该摈弃那些从制定的规则中辩证地推导出判决的尝试，这些尝试现在已经被证明是没有成果的。这些尝试的地位以证明该判决在制定的规则之内为基础，但是这种证明将成为第二步，而从规则中推理是当前心理过程的第一步。相反，判决书的理由将首先证明（有人想说，这涉及举证责任的转移，举证责任现在落在了判决书的作者身上）判决书中对财产和权利的分配与正义一致。从这个意义上说，这也是公正的，即如果待判决事项是类似案件中的一种，那么判决必须适合于为将来的同类案件构成一项规则。然而，从这一观点来看，制定法或规则维持它的权威到了这种程度，即法官必须表明他的意志和命令是在实在法的范围内，适用于该事项

---

[121] 在社会学方法被法院自觉地实际使用之前，我们甚至现在也必须坚持认为这是一个新观念。

的规则必然不要求作出相反判决,判决也因此不能违反法律(在《德国民事诉讼法》第549条的意义上)。

§26. 对新方法的异议

然而,这种新方法不是最严重地危及法律的安定性吗?我将用反问来回答这个问题:目前是否存在这样的安定性?"显而易见,如果法院继续以现在的方式补充制定法,没有人知道自己的权利是什么。""任何不幸地落入逻辑推理和法律拟制的狂热分子之手的人都会发现,诉讼纯粹是一种碰运气的事。""基于同样的事实,有可能'推出'各种彼此完全不一致的法律结果,因为推理起点的选择不受任何现实考虑的阻碍。"说这些话的人甚至不是可怕的富克斯,而是一位德国大学教授,来自格莱夫斯瓦尔德的恩斯特·施坦普(Ernst Stampe),[122]他的良好意图谁也不能否认,而他真诚地要求在社会学的基础上权衡各种利益。当然,他必须承认,到目前为止,这些从业者对所有这些要求都充耳不闻。"我们许多实务朋友不愿放弃他们在法律抽象的天堂里的愉快散步,在那里他们可以轻易地拾起一堆概念,从中'推理'出任何类型的判决。他们拒绝品尝社会知识之树上的苹果。当正义的天平被用于在日常事务中衡量利益时,他们会低声抱怨。"[123]好吧,我相信对此充耳不闻的从业者可能会为统一的声音发出的呼吁所打动。

---

[122] *Unsere Rechts- und Begriffsbildung*, Greifswald, 1907, Abel, pp. 6, 37. 在这本书中,施坦普列举了一些表达类似观点的先驱:耶林、贝尔(Baer)、比洛、吕梅林、迈利(Meili)、施洛斯曼(Schlossmann),尤其是黑克(Heck)和埃利希。

[123] 施坦普说:"如果帝国法院坦率地倾向于使用这种方法,而不是使用其高超的技巧和经验来养成抽象的经院主义的习惯,那么最有益的结果将会很快显现。"

如果作为领军人物的富克斯在我们的混乱时代中呼吁得太大声，那么他也许可以被原谅，因为所有重大问题在我们这个时代都会遭受冷遇。

我们无法否定富克斯呼吁"从柯尼斯堡到科尔马的律师事务所的所有同事"为任何即将提起的诉讼的结果的普遍不安定性作证。这种不安定性必然伴随一种方法的盛行而增长，正如我们已经表明的那样，在我们的司法中，单纯的体系建构和形式主义或多或少有意识地通过它变得至高无上。在这种方法的行进中，从辩证方法中必然产生不正义、不公平的结果是理所当然之事，因为形式主义和缺乏情感是臭名昭著地结合在一起的。根据我自己的经验，当富克斯断言："不管结果多么不公平，现代法官对任何结果都不感到惊讶；正相反，尤其是如果他能找到一些先例，他便会相信即使是最不公正的判决也是正确的。"[124]我不能认为富克斯的说法是错的。

鉴于如今存在大量疑点，我们法官中的任何一个人，如果有机会在某些问题上大胆地对一桩诉讼的结果作出预测，他就会感到自己被一种不确定的感觉淹没。

§27. 异议驳回

我自己对富克斯书中所批评的判决的讨论表明，即使从社会学的角度来看，对特定案件存在意见分歧也是很可能的，这无疑让旧学派的追随者感到非常高兴。的确，"即使在社会学方法下，判决也不会自动产生"。然而，首先，可以公平地假设，在无数案

---

[124] *G*, p.159.

件中，如果全体法官都认真地努力落实公平公正，而不是沉迷于对所学概念的无谓争吵，调和法院法官的意见将更容易。"在关于一方当事人行为的不同观点之间，在对一项行为的善意和价值的不同理解之间，有可能找到一条中间路线。一位法官的严厉可能会被另一位法官的公正和仁慈所缓和。判决奠基于法律智慧、道德感和长期办案中培养的直觉的均衡，每一位法官都会变得更能容忍他的邻座的不同意见。相反，如果一个人纯粹是通过推理过程得到结果的，那么顽固不化地坚持自己的观点是很自然的，任何让步都意味着承认对方的推理比自己的更好。"同样，我们找到了门德尔松-巴托尔迪（Mendelssohn-Bartholdy）这个强大的盟友，他是下面文句的作者："在社会学的辩论中，最合理、最可敬、最恰当的解决方案在大多数情况下会占上风，而在基于潘德克顿逻辑的争论中，最不合理、最不切实际的解决方案与它的对立面几乎有相等的可能性。"[125]如果有人认为，鉴于所提交的实证材料，从此以后便不可能成功地反驳上述说法，这也许不会太过分。

我们可以肯定地认为，随着社会学方法变得更加为人熟悉，明确的指导方针将逐渐发展起来。我在这方面的个人看法可以简述如下：我们应该指出，法官自身的任务被普遍认为是公平分配当事人之间的财产和权利，并且，从制定法中得出的形式正确的逻辑推论已经不再被认为足以作为判决。我们更应该要求判决是公正的判决，不仅在法官的"内心法庭"（in foro interno）中是如此，而且在对有关人员的评价中也是如此。[126]

---

[125] In *Das Imperium des Richters*, p. 115, Strassburg, 1908, Trübner.
[126] G, 73, 236.

那种认为纯粹基于辩证的论证的判决具有所谓的逻辑必然性的观点,是幻想出来的。作者本人过去也相信这一点,但我现在放弃了这种观点。我们必须摆脱我们的判决是逻辑必然性的假象。法官应尽可能独立于先例及其推论,以及法学家装模作样的推论。

§28. 关于新方法的一些观点

考察人们现在对新观点的接受程度仍然是一项任务。在最近发表的一篇别出心裁的文章中,[127]菲尔豪斯尝试将自由法律发现学派描述为当时的症候之一,每当发现现存制度有某些缺陷时,他们就会立刻完全拒绝,而不是用建设性的建议补充消极的批评。菲尔豪斯敏锐而公正地认识到,在他所谓的富克斯的"古怪的长尾猴式的长篇大论"背后,是"敏锐的观察者的眼睛"和"热情的理想主义者的面容(真正的正义对他来说是发自内心的)"。菲尔豪斯认为,富克斯已经超越了即使是最真诚的争论者也应该遵守的适当界限,但他认为实质比形式更重要。表面上看,他和我们这里的观点差不多,但实质上各方面都不一样。在我看来,社会学方法并不缺少建设性的内容,并且我不同意菲尔豪斯也采用的主流观点,即认为整个争论仅仅是针对特定的法律规定、特定的司法学说和特定的法院判决。

菲尔豪斯可以说是涵摄理论的典型代表,因为他认为"法律概念和法律规则应当建立在事实陈述之上,可以说是为了看到它们之间的相互覆盖程度";并且他进一步说,"法官的职能结束于

---

[127] In *DJZ* 1909, p. 1169.

他正确地将查明的事实涵摄于正确的规则之时",同时在他看来,"一种依赖飘忽的正义感运作、不能用逻辑术语表达的法律科学无法配享科学之名"。但我们认为,我们再也不能在司法中冒险地拒绝给予主观正义感一席之地,即使它在逻辑概念科学方面也许"难以用逻辑表达"。顺便说一下,菲尔豪斯所说的精灵(δαιμόνιον)*,如果不是这种感觉,那又会是什么呢?我们将努力研究,是否可能在某些"现实"中(正如我们在上面试图解释的那样)为这种正义感找到坚实的基础。[128] 在菲尔豪斯的文章中,作为自由法律发现学说的结果,法官将无助地暴露在经济、社会和政治争议的影响之下,而不是受到"法律的铜盾的保护",确实,人们会忍不住拒绝新的理论。然而,不可否认的是,即使在今天,法官也无法真正摆脱对某些经济问题作出判决的必要性,例如"卡特尔"(cartels)、联合抵制(boycotts)以及类似问题的合理性。既然如此,以自觉的坦诚面对这种必要性,似乎比隐藏在虚伪的学术争论背后要好。菲尔豪斯本人主张利益衡量;然而,他没有意识到,这种观点不可能与他所说的"绝对是法学唯一可能的方法,即经过两个世纪考验的演绎方法"相调和。因为根据这种方法,制定法的条文必须根据概念和逻辑推理来实施,即使在正确的利益衡量强烈要求相反判决的情况下也是如此。我们可能会为此感到遗憾,但我们不能听从菲尔豪斯的召唤而停止攻击司法的演绎方法,直到每个人都承认利益衡量应该占主导地位。

---

* δαιμόνιον本意指低于神(θεόσ)但高于人的小神,类似于"守护灵"或"精灵"。——中译者

[128] Sub tit. iii.

很高兴看到黑德曼(Hedemann)[129]是如何毫无偏见地对待富克斯评论中的众多瑕疵的。我们不能否认,这位批评家呼吁人们注意富克斯所陈述的观点具有某种程度上的片面性,以及缺乏简洁、体系的论述是有道理的。他还正确地指出,富克斯未能建立起建设性的论证。然而,批判的工作必须放在第一位。怀疑与批评是知识的先驱。黑德曼认为富克斯的一个特别优点是,他展示了在传统的司法工作形式中隐藏着一种社会学因素,并说富克斯在批判的方面做了"最优秀的"工作,"他的劳动将产生丰富而持久的成果"。

§29. 杜林格的观点

杜林格[130]的观点截然不同。他对那些被诸如"社会学的司法"或"隐秘的社会学"的标签所强加的人没有帮助。好吧,我猜想黑德曼、我自己还有许多其他法官的视野被富克斯的"隐秘的社会学"和类似的怪物打开了,将会为失去杜林格先生的青睐而相互安慰"同是天涯沦落人"(Solamen miseris socios habuisse malorum)。在富克斯所提到的赞同之处,他发现杜林格在很多地方谈到"这里和那里的一些地方法院或上诉法院的法官",他们"乐于看到其他上诉法院或帝国最高法院受到责骂"。我意识到自己没有这种恶意的感觉,因此无法假定它会启发其他与我具有相同科学观点的法官,除非我看到存在这种感觉的证据。让我们拭目以待,看看公众是否会喜欢杜林格通过嘲笑对手的名字("富克

---

[129] *Archiv f. bürgerliches Recht*, vol. 34, pp. 116 seq.
[130] *Das Recht*, 1908.

斯"[Fuchs]音近"狐狸"[fox])而进行人身攻击的方式,尽管他也表达了对对手的理想主义和崇高意图的赞赏。杜林格称富克斯为"狡猾的狐狸",或者说"向鸭子传教的狐狸"。再者,杜林格把富克斯说成是"来自卡尔斯鲁厄自由法律发现的小主教",以及"具有所有现代观念的小丑"。在一个地方,杜林格甚至因为富克斯是犹太人而不屑于攻击他。我怀疑杜林格是否会以这种方式赢得掌声,尤其是像菲尔豪斯这样卓越的评论家在文章中已经指出,杜林格文章的这部分从未付印会更好。

就其价值而言,杜林格的论辩并不具有说服力。他跳过了一项预备工作,即重新审查富克斯所批评的最高法院判决,因为"他不愿意也没有时间非正式地争辩司法案件的正确判决"(他自己的话)。虽然杜林格不得不在每一页都(对判决)表示认可,但他说除了歌颂事物的本来面目之外真的没有必要做任何事情。"法官最重要的事务是使法律规则适应现实生活,"他说,"事实上,这就是他们正在做的事情。"如果是这样,我们只需要再加一句"证明完毕"。

根据杜林格的说法,"最伟大的社会学家"是立法者,然而《德国民法典》的大部分内容不过是学术的和演绎的,这似乎是无可争议的事实。正如人们所说,用来制定法典的那一滴社会学润滑油是远远不够的。当然,杜林格不赞成两个最糟糕的判决,一个是关于寡妇施密特遗嘱的案件,另一个在上面的讨论中评论过。既然如此,我们可以假设,如果杜林格没有不屑于"争辩"富克斯所分析过的判决的正确性,那么许多其他判决本不会达到杜林格的公正标准,也不会满足其他批评家的标准。最后,不管杜林格如何努力为自己辩护,他臭名昭著的问题"同情与最高上诉法院的工作有什么关系?"将会被科学观察者铭记,将作为一个例证说明当下居于优势学派的法律人如何关心形式逻辑的一切而完全漠视正义感,以及他们是如何有意识地努力将法官的主观正义感逐出法庭,理由是它会导致法的不安定性。

从我这里所说的,以及从我以前发表的文章来看,似乎可以清楚地看出,杜林格呼吁德国法官用"集体精神"(esprit de corps)对抗富克斯的攻击,对我和许多其他人来说不亚于要求"牺牲智力"。我重申,每一位法官将会通过开阔他的视野发现,重新审视富克斯批评过的最高法院判决非常富有启发性也非常有益。

§30. 其他法律作者的观点

赫尔维希(Hellwig)[130]指责流行的司法方式倾向于形式主义并且缺乏自由。他指责它"经常忘记它的工作不是简单地处理逻辑范畴或执行原则",并要求今后的司法应"通过公平地理解相互竞争的利益诉求来满足现实需要"。他认为,判决违反这一原则就是违反法律的精神。"它们是不公平的。不管它们在形式上有多么聪明,它们都违反了一种健康的正义感。"这必须被称为真正的社会学思想——如果杜林格原谅这种说法的话!

请允许我再回想一下博齐(Bozi),他用真正科学的论据表明,我们这个时代流行的法律思想(尤其是在刑事案件中)是如何地纯粹学术化和形式主义的。正因如此,发生了一件杀人犯逃脱了所有惩罚只因为必须坚持"无罪释放"的逻辑概念的事情。依

---

[130] In *Der Tag*, nos. 240, 241 (October 23, 24, 1909).

据《德国刑法典》第139条,此人因为没有报告即将发生的犯罪而被起诉,法院在驳回指控时明确表示,这样做是为了对谋杀提起新的起诉。帝国法院认为,未能阻止谋杀和谋杀本身两项犯罪是由同一事实构成的,因此已经根据同一事实提起了起诉。这无疑是对逻辑最盲目的崇拜。类似的案件可以在这样的判决中发现,即被告被判犯有多次盗窃罪,尽管对被告的第一次"定罪"被认为有误——被告当时是未成年人,并根据《德国刑法典》第55条第1款受到训诫。[132] 如记录所示,"定罪"这一法律概念的神圣性当然应被保护起来,而不受纯粹的实质正义的影响!

这是对文字的盲目崇拜吗?这是法律经院主义吗?能够用"最好的世界中一切都是最好的"(Tout est pour le mieux dans le meilleur du monde)这句话来安慰自己的人是幸运的。当然,那些做不到这一点的人应该被嘲笑。在这里,我可能会再次提请注意上文提到的施坦普对现有方法的批评。[133]

§31. 该主题的延续

相当重要的是,在莱比锡大学校庆之际,《德国法律人报》(*Deutsche Juristenzeitung*)在其特刊中认为,有必要用不少于三篇文章来介绍现代的改革运动。[134] 这里不是详细讨论这些文章的地方,但是我想引用米特斯(Mitteis)写的关于新学派的赞誉之词:

> 如果现在我只是说我发现这些指控很多是过分而不公

---

[132] *RG Str* 18, p. 116.
[133] Sec. 26 supra.
[134] *DJZ* nos. 16, 17 (1909).

正的,一些"实证"法学家可能会感到惊讶。彻头彻尾的"实证主义者"会对这些作品十分厌恶。但是,我确实不能说服我自己扮演这样的角色。我相信我们的责任是考虑认真负责的批评,这些批评至少部分来自我们行业中受过良好教育并且观察敏锐的成员,我们或许能从他们那里了解到我们的错误所在。我也相信有许多地方需要纠正。

他进一步表示:"我们需要的是少一些'法'(ius),多一些真正的法学家。"

最近,图宾根的黑克教授也参加了关于社会学方法的争论。[13]他宣称,演绎方法的主要错误在于规则是由概念推出的,而这些概念本身被构造成包含了这些规则。这就是他所说的颠倒方法*。我可以引用黑克的几句话来充分支持我的观点:

> 技术性的演绎法学**遮蔽了法律与现实生活利益之间的关系。法律除了服务于这些利益、划定和平衡人们的利益外没有其他目的。法律科学的主要工作是研究法律规则与各种利益状况之间的关系。在法律规则所代表的利益得到认识和阐释之前,任何法律规则都不能被认识和阐释。颠倒的方法不能做到这一点。如果我们认为规则是一个包含命令的概念的逻辑结果,我们就不能同时将其表示为在平衡当事

---

[13] *DJZ* no. 24 (Nov. 1909).

* "颠倒方法"在这里应被理解为从概念中推出规则的方法,该方法颠倒了概念与规则之间的关系。——中译者

** 黑克原文为"概念法学"(Begriffsjurisprudenz)。——中译者

人需求的过程中所产生的结果。……对德国法律科学的攻击在很多方面是不公平的和过分的,但不幸的是在很大程度上它们也是正当的。富克斯批评的判决在很大程度上事实上是错误的,它们不能被解释为个别的错误的后果而必须被解释为方法的错误的后果。罪魁祸首即颠倒方法。补救措施主要是完全并且原则上完全放弃一切形式的颠倒方法及其所有后果。

§32. 结论

我相信我已经成功地证明了一件事:新学派缺乏建设性作用的能力绝不是真的。当然,对流行做法进行批判性审查是必要的,并且不可避免地削弱人们对逻辑三段论的独特力量能带来救赎的信心。然而,这句谚语也得到了证实:"一力毁灭,一力建构。"(Studere destruit, studuisse construcit.)作为新思想的产物,一个重要的进化周期似乎已经开始。只要法律科学能从现有判例、评注和教科书的学术知识中完全解放出来,同时维持在实在法的范围内,就可以在此过程中应要求发挥主导作用。这种解放必然能对立法产生日渐有益的影响。因为未来的制定法必须避免用无用而空洞的程式给法院增加负担,取而代之的是通过促进对法律权益的实质及其应具有的相对价值的理解——也是对法律规则所涉及的现实人际关系的理解,以及对指导人际交往的原则的洞察——来帮助法院。[136] 这也将对法律研究产生激励作用,法律

---

[136] 正如富克斯在 G 177 和其他许多地方所指出的,今天的法官在这些问题上大多数都只是未经训练的经验主义者,因为他们缺乏足够的预科教育。至少在我那个年代,一个学生离开大学时就像一个只学过解剖学的医学院学生那样。

研究目前由于缺乏活生生的和真实的研究对象正在陷入困境。我们必须越来越多地摆脱法律研究的陈旧的、形式主义的和罗马法的基础,我们必须大力抗议古典语言在年轻人的预备教育中绝对不健康的优势地位。院校里培养的利己主义现在应该被由社会共同利益激发的道德情操所取代。我们必须为训练我们的青年成为国家公民而铺平道路。

这些是我们目所能及的广阔天地。即便在一开始,我们现在第一步争取的只有一小部分能实现——更加公正和更加真正大众化且符合现实生活需要的司法。即使是这样,社会学学派的努力也不会白费。我强烈邀请全体法官帮助实现这一目标。

社会学方法具有最高的伦理意义。[137] 它呼吁法律人将自己从逻辑的经院主义的难以言喻的束缚中解放出来,代之以一种与健全的感情相辅相成的法律解释,这一学派代表的无非是对普遍正义感的呼吁。它使法院从目前在司法中占据主导地位的被文字奴役的精神中解脱。[138] 它使法官摆脱了抽象的演绎和争论的负担,根据社会学观念,这些抽象的演绎和争论绝大部分失去了所有意义。[139] 它呼吁法官朝着司法公正的理想自觉行进。它使主观正义感回到适当位置,并通过阐明获得这种感觉的方法指出如何实现这一理想。它把法官从现在仅仅是追随者的位置提升到理所当然的领导者的地位,这样他就可以引导我们走向健康的法律概念以及这些概念在人类日常事务中的恰当运转。法官将因此成为法律进化的旗手。

---

[137] G 233.

[138] According to Hellwig, in *Der Tag*, 1909, nos. 240, 241.

[139] G 23, 228. Comp. *RGZ* 71, p. 196, which is entirely in accord with these views.

衡平与法律:自由法律发现

[匈牙利]格扎·基斯[①]

(杨蕙铭 译 曾立城 校)

§1. 法院的职能和法律的发展

§2. 法解释学的历史:罗马法

§3. "衡平"和"逻辑解释"

§4. 历史的延续:晚期罗马法

§5. 现代的问题

§6. 未定情形的问题

§7. 自由法律发现

§8. 真正的方法

§9. 制定法中存在漏洞的原因

§1. 法院的职能和法律的发展

在讨论裁判法律案件的适当方法时,无论是去探究"衡平"

[①] 格扎·基斯(Géza Kiss),匈牙利王国奥拉迪亚大学(现为罗马尼亚奥拉迪亚大学——中译者)法学院法学教授。本文是作者在1910年5月柏林国际法哲学学会的大会演讲译文,发表于《法哲学与经济哲学论丛》(*Archiv für Rechts- und Wirtschaftsphilosophie*, vol. iii, pp. 536-550)。英译者为埃内斯特·布伦肯。——原书编者注

(equity)与法律之间的真正联系,还是去追问什么是法律发现的最佳方法,都是一回事。这些极为重要的问题被摆到台面上来,正是自由法律发现运动的卓越成果之一。② 然而,司法问题的核心尚未得到充分研究。真正的问题是要解释如何在实施法律的同时改进法律。这并不是尝试为严格遵守制定法("法律")和自由法律发现("衡平")之间的恰当边界找到某种标准的问题;更不是为解释的技艺确立一条金科玉律,③并将其归结为一条单一的基本哲学原则的问题。④

至少可以说,高度评价这种理论的价值是一种过分乐观的表现;更有甚者,期望"通过这种理论来找到阿基米德基点,由此所有具体情况都可以用客观上令人满意的方式得到裁判"⑤。我们是时候认识到,这种问题根本没有触及我们所面临的难题的核

---

② For literature on the movement for free legal decision, see especially the data by Hedemann, "Zivilistische Rundschau", in *Archiv für Bürg. R.* 31, pp. 115 seq., and 296 seq.; cf. also: Oertmann, *Gesetzeszwang und Richterfreiheit*, Erlangen (34) Rektoratsrede, 1909, and bibliography in the notes, pp. 44 seq.; further: Gerland, "Die Einwirkung des Richters auf die Rechtsentwicklung in England", in Schmidt, *Zivilprozessrechtliche Forschungen*, Heft 6, Berlin and Leipzig, 1910; Gmelin, *Quousque? Beiträge zur soziologischen Rechtsfindung*, Hannover, 1910; Sinzheimer, *Die soziologische Methode in der Privatrechtswissenschaft*, Munich, 1909; Rundstein, "Freie Rechtsfindung und Differenzierung des Rechtsbewusstseins", *Archiv Burg. R.* 34, pp. 1-40; Meumann, *Observations sur le système de droit privé*, Genève, 1909 (cf. my review in *Zentralb. R. W.*, Nov. 1909); Cruet, *La Vie du droit et l'impuissance des lois* (Bibliothèque de philosophie scientifique), 1910.

③ 如:1. 来源于康德的、施塔姆勒的"社会理念"。Stammler, *Die Lehre vom richtigen Recht*, Leipzig, 1902, pp. 603 seq.; further: "Wesen des Rechts und der Rechtswissenschaft", in Hinneberg's *Kultur der Gegenwart*, ii, 8, p. 42 seq. 2. 正如布吕特所描述的、黑格尔和科勒的"进步文化的标准"。Brütt, *Die Kunst der Rechtsanwendung*, Berlin, 1907, pp. 112, 121 seq., 129 seq.; cf. Kohler, *Moderne Rechtsprobleme*, 1907; and recently: *Lehrbuch der Rechtsphilosophie*, Berlin and Leipzig, 1909, pp. 2, 57 seq. 3. 耶林的"法律作为达到目的的手段"概念。Van der Eycken, *Méthode positive de l'interprétation juridique*, Paris and Brussels, 1907, pp. 133 seq.

④ Comp. especially Rumpf, *Gesetz und Richter*, Berlin, 1906.

⑤ Thus, Brütt, *Die Kunst der Rechtsanwendung*, p. 124.

心。以一种确切方式去处理真正的法律问题的探究,应当限于解释通过法院的裁判职能来创造法律何以可能。⑥ 我们不必费心去考虑具有这个功能的原则本身。因为人们普遍承认,法律解释既是一门技艺,也是一门科学,而且这并不意味着了解原则的人就会懂得如何运用这门技艺。⑦

必要的是,准确地考察法院的裁判和法律科学以何种方式参与法律的发展变化。解释的结果,即司法活动的成果,应该得到仔仔细细的分析,以便我们对其性质得到科学的理解。

这样一来,我们必然会涉及"衡平"的概念,它意指所有富有成果的解释都必须求助的那些不成文法原则。法律与衡平的关系不过是制定法与刚才提到的不成文法原则之间的关系,这些原则之所以被囊括在法律中,是因为它们实际上在人们的行为中得到了体现。

请允许我结合传统法律解释学原则的历史,简要地描述这一

---

⑥ 这一看法由科勒首先提出。Kohler, "Die schöpferische Kraft der Jurisprudenz", in *Jhering's Jahrbücher*, 25, pp. 262 seq. 斯特恩伯格的论著尤其应当被注意,也许是由于这部作品谦逊的语气,它在自由法律发现运动的后期著述中没有被认为是值得考虑的。Sternberg, *Allgemeine Rechtslehre*, Sammlung Goeschen, Heft 169, vol. 1, pp. 123 seq., and particularly pp. 120 seq.

⑦ Regelsberger, *Pandekten*, 1, §§ 36, 145; also: *Streifzüge im Gebiet des Zivilrechts* sep. repr. from *Festgabe der Göttinger Juristenfakultät für R. v. Jhering*, Leipzig, 1892, pp. 16 seq.; comp. also Savigny, *System des heutigen römischen Rechts* (cited from first edition, 1840), vol. 1. p. 211: "解释是一门技艺,优秀的模型确实非常有助于训练它",但"其理论所提供的东西要差得多。因此,重要的是,不要就任何关于法律适用方法的理论——即使是最好的理论——的价值自欺欺人"。Cf. further: Pfaff-Hofmann, *Kommentar zum öst. allg. BGB*, vol. 1 (1877), 166 seq.; Hartmann, "Der Zivilgesetzentwurf, das Aequitätsprinzip und die Richterstellung", in *Archiv Ziv. Praxis*, vol. 37, 405 seq.; Kraus, "Die leitenden Grundsätze der Gesetzesinterpretation", *Grünhut's Zeitschrift*, vol. 32, 613 seq.

思想的历史发展。⑧

§2. 法解释学的历史：罗马法

在罗马法中，"解释"（interpretatio）一词表达了"法"（ius）和"衡平"之间的关系。"我们习惯于通过'解释'一词来理解心灵的功能，试图找到法律规则，尤其是书面规则的意义；这是一种探寻作者意图的努力。然而，我们可能会说，归于罗马法学家的'解释'方式并不完全是被动的。相反，这包括向成文法中加入尚未成文的内容，以后者补充前者的任务。可以说，他们是成文法的文字和现实生活之间的中介，因此，他们的工作不是拘泥于成文法的字面内容和立法者的原意，而是使文字适应实际生活的需要，使成文法的适用变得可行。"⑨

有趣的是，这给法律方法带来了某些启示。在法的渊源的科学中，人们正式认识到，法律科学实际上可以建构出新的法律，而这一事实是由一个特定概念所表达出来的。这种解释的结果在具体的罗马法意义中恰恰就是所谓的"不成文法"（ius non scriptum）。这种不成文法的形式包括补充的事项，可以说是盈余的智识产物，由"法学家"（prudentes）的解释活动添加到成文法（指制定法文本）中。

因此，彭波尼（Pomponius）将"不成文法"的概念与"法学家法"的概念等同起来：

---

⑧ 斯特恩伯格恰当地强调了传统解释学史的重要性："近来，我们关于法律方法的讨论，非常需要它。"（in *Zentralb. R. W.* vol. 26, p. 65.）可以肯定的是，由于篇幅所限，我们在此只能给出最粗略的概括。

⑨ Puchta, *Kursus der Institutionen*, vol. 1(4. edition, 1853), p. 316.

第一部分 法官的问题

"这种讨论和由法学家创造的不成文法不像法的其他部分那样有自己的名称,人们用'市民法'这个共同的名称来称呼它。"⑩

更为明确的是,他在下一段中宣称"市民法"恰恰意味着有问题的"不成文法",它起源于"解释"的创造权:

"从十二表法中产生了市民法……然而,所有这些解释的知识,属于祭司团体……人民沿袭这一传统约有百年。"⑪

最后是:"……市民法,没有记载而纯由法学家们的解释构成的法。"⑫

埃利希影响最为久远的贡献是,他大力强调,在这些地方,市民法已经被"一种不会遭到误解的方式"恰当地界定了。⑬ 我们从中了解到,罗马人关于不成文法的具体看法是不成文法"仅由法学家的解释"所构成。根据罗马人的看法,不成文法不过是对成文法进行解释的结果。

---

⑩ Dig. 7, 2, 2, 5: Haec disputatio et hoc ius, quod sine scripto venit compositum a prudentibus, propria parte aliqua non appellatur, ... sed communi nomine appellatur ius civile.

原文引注有误,应为 Dig. 1, 2, 2, 5.——中译者

⑪ Dig. 7, 2, 2, 6: Lege XII tabulorum ex his fluere coepit ius civile ... omnium tamen harum ... interpretandi scientia ... apud collegium pontificum erat ... et fere populus annis prope centum hac consuetudine usus est.

原文引注有误,应为 Dig. 1, 2, 2, 6.——中译者

⑫ Dig. 7, 2, 2, 12.: ... proprium ius civile quod sine scripto in sola prudentium interpretatione consistit.

原文引注有误,应为 Dig. 1, 2, 2, 12.——中译者

⑬ Ehrlich, *Beiträge zur Theorie der Rechtsquellen*, I. Teil. Das "ius civile, ius publicum", etc. Berlin 1902, pp. 1 seq. But cf. also: Jhering, *Geist des römischen Rechts*, passim; Krüger, *Geschichte der Quellen und Literatur des römischen Rechts*, 1886, pp. 26 seq.; Karlowa, *Römische Rechtsgeschichte*, 1885, pp 454 seq.; Joers, *Römische Rechtswissenschaft zur Zeit der Republik bis auf die Catonen*, 1888, pp 71 seq.; Sohm, Institutionen, 13. edition, 1908, pp. 8 seq. (最后两个文献开始显示出埃利希的影响。) See also: Pernice, "Zum römischen Gewohnheitsrecht", *Zeitschrift der Savigny-Stiftung für Rechtsgeschichte*, Römische Abteilung 20, p. 151; and Lambert, *La Fonction du droit civil comparé*, 1903, pp. 694 seq.

实际上,这一概念源于希腊。⑭ 这一概念特别出现在亚里士多德那里,他的"νόμος ἄγραφος"也意味着由"衡平的"(ἐπιεικές)裁判所构成的法学家法。⑮ 在这方面,理解"ἐπιείκεια"的概念是非常重要的,相当于希腊语中的"衡平",这无非是"整个法律体系的基础"。在亚里士多德的语境中,这是"得到正确理解和解释的法律",例如实在法总是以此为目标。这也造就了解释的原则,因为必须按照 ἐπιείκεια 才能解释和构想实在法。成文法(νόμος ἔγγραφος)是制定法的字面文本⑯,不成文法则意味着制定法的完美含义,这无法在每个单独的情况中作出明文规定。

为了解释这个意思,亚里士多德说:"'衡平的'的确是'公正的'(just),但不等于'合法的'(legal),不如说它是在单纯的法律公正的基础上所作的改进。理由是,一切制定法都是用一般性术语来表达的,但许多东西并不能以笼统的方式表达。因此,在不得不笼统地讲,但又无法讲得正确的事情上,虽然明知这是种错误,制定法也只能考虑大多数情况。这种说话方式也并不因此而不妥,因为错误不在于制定法或立法者,而在于事物本身的性质。"然后他又说:"当今,当制定法的措辞很笼统,但出现了不符

---

⑭ Cf. Ulpianus, Digest 1, 1, 6, 1.: "Hoc igitur ius nostrum constat aut ex scripto aut sine scripto ... ut apud Graecos: τῶν νόμων οἱ μὲν ἔγγραφοι, οἱ δὲ ἄγραφοι…"[因此,我们的法,或来自书面,或没有记载,如同希腊人所言,法律,一些是成文的,一些是不成文的。] Similarly, Inst. 1, 2, 3.

⑮ Hirzel, Ἄγραφος νόμος. (Abhandl. der philologisch-historischen Classe der Königl. Sächsischen Gesellschaft der Wissenschaften 20, 1. Leipzig 1900); same, *Themis, Dike und Verwandtes*, Leipzig 1907, pp. 359 seq.; Cathrein, S. J., *Recht, Naturrecht*, etc. (1901), pp. 101-102; also Voigt, *Das ius naturale*, vol. 1, pp. 127, 175, 529, and vol. 4, p. 372; Pernice, Parerga, *Z. Sav. f. Rg.* 22 (1901), pp. 82-95; Kraus, *Grünhut's Zeitschrift*, 32. p. 613.

⑯ Cf. Aristotle, *Rhetoric*, A. 10. 1368 b7, A. 13. 1373 b4; and especially *Nicomach. Ethics*, E 14, 1137.

合这种笼统措辞的情况时,如果立法者没有对此进行规定,而他的笼统措辞又犯了错误,我们就会以立法者本人如果在场见证案件时会说什么、会如何立法的方式来纠正这一漏洞,这样的做法十分恰当。"

因此,衡平是"在制定法因其一般表述而出错的地方,对制定法作出的改进"。"这也是并非所有事物都能用制定法来加以规定的原因;因为对于有些事情,是不可能制定法律的。"[17]

希腊人因此称之为"ἐπιεικὲς δίκαιον",相当于罗马的"公平",它是著名的"法解释学"(interpretatio jurisprudentium)的基础,根据彭波尼的说法,这相当于"不成文法"。

§3. "衡平"(Aequitas)和"逻辑解释"(Logical Exposition)

"仅仅凭某条辉煌的格言,罗马法不能获得如此强大不朽的称号,它凭借的方式是界定自己与衡平之间关系的原则。"基普(Kipp)[18]的这些重要表述同时也是对罗马的法律解释方法的绝佳描绘。因为这种方法是以衡平原则为基础的,它来源于(类似于亚里士多德的"ἐπιεικές")"衡平"("公正与善良、公正、善意"[aequum et bonum, aequum, bona fides])一词。衡平是作出正确解释的必要前提。衡平要求根据每个案件的情况进行适切地处理。当现实情况中每一个应当被考虑的要素实际上都被考虑到了,法律就是衡平的。[19] 法律需要根据衡平的要求得以解释和适用。因

---

[17] *Nicomach. Ethics,* loc. cit. chap. 14.
[18] *Geschichte der Quellen des römischen Rechts.*
[19] Windscheid, *Lehrbuch der Pandekten,* vol. 1, §28, p. 119.

此,衡平是法律解释的基础原则。⑳ 如果没有"衡平",就不了解待适用法律的案件之具体情况的需求,就不可能找到真正的法律意图(诸如"法之精神、[皇帝]制定法的法理、制定法之思想"[mens juris, constitutionis ratio, sententia legis])。

因此,"衡平"的工作的一部分就是不断进行填补,并同时作出改进。无疑,任何有争议的法律规则都通过对"所有相关情况"公平合理的考量增加了一些东西,因为它的字面含义或抽象逻辑含义并不能为所有具体案件提供具体规范。有些无法根据形式逻辑在字面文本或字面含义中找到的东西,已经在已制定的法律中得到了阐明。㉑ 因此,"衡平"作为一项解释原则,既排除了严格遵守制定法的字面表述,也排除了所谓的"逻辑解释"。正如杰尔苏所言,即使某人的行为"构成对法律的欺诈"(in fraudem legis),也可能不违反制定法的文字,但可能"遵守法律之措辞而规避法律之真义"(salvis verbis legis sententiam eius circumvenit)。㉒ 因此,某些纯粹的语法上的解释可能会被认为是对法律的恶意歪曲的"诡法、诡言、过分机智(诡诈)的解释、极端不法"(Callidum

---

⑳ Kipp, loc. cit. p. 7, note 13, and in Pauly-Wissowa's *Realencyclopaedie*. Similarly Celsus, Dig. 50, 7, 90: in omnibus quidem maxime in iure aequitas spectanda est. [凡事着眼公正,法律尤是如此。] And especially Dig. 1, 1, 1: ius est ars boni et aequi. [法是善良与公正的技艺]。克吕格尔(Krüger)将"衡平"(aequitas)与"尽职尽职的行为"(pietas)和"人道主义"(humanitas)等概念相混淆。Regarding H. Krüger's paper, "Die humanitas" etc., *Z. Sav. f. Rg.* 19, pp. 6-57, Cf. Kipp, *Geschichte*, etc., 3. ed., §2, note 27, pp. 9-10。

原文引注有误,应为 Paulus D. 50, 17, 90。——中译者

㉑ Cf. C. 1, 14, 1: inter aequitatem iusque interposita interpretatio. [解释置于衡平与法之间。]在这条片段中,罗马人的"解释"(interpretatio)被正确地理解为成文法和"衡平"之间的中介。see also Cicero, "De republica", v. 2: "aequitatis explanatio, in qua juris erat interpretatio. [法之解释既存于衡平之阐明。]

㉒ Dig. 1, 3, 29. Comp. also Paulus.

versutumque ius, calumnia, nimis callida interpretatio, summa injuria)等。㉓ 然而,现代学院派法学所作出的逻辑解释也是如此。很有可能这种解释㉔就像最枯燥的文牍主义(literalism)一样,与衡平的要求并不相容。罗马法学家对于逻辑解释的结果并不满意,因为这仅仅是合乎逻辑的或符合立法者的初衷的㉕。帕比尼安(Papinian)机智地说道㉖"我们为利益而越过[法的]严格意旨"(Propter utilitatem strictam rationem insuper habemus),意思是当严格的规则无益于达到真正的目标时,我们就把它放到一边去。

当然,这并不意味着现代自由法律发现运动所主张的那种任意的主观性。㉗ 罗马的"衡平"裁判的特性恰恰在于此,它表现出某种方法上的可能性,这种方法认为裁判本身要受到制定法约束,但仍然能够进一步发展法律。

§4. 历史的延续:晚期罗马法

遗憾的是,法解释学在后世的发展,无非是在罗马法的这一发现的基础上进行退化。这是因为后来的帝国专制引发了根本

㉓ Significantly Cicero, *Brutus*, 145, 198; *De orat.*, i, 292; *Pro Caecilio*, 57, 65, 77; *Pro Mur.* 27; *De officiis*, i, 10.33 etc.

㉔ 相应的罗马法术语是:stricta ratio [严格意旨, Dig. 11, 7, 43]、strictum ius [严格法, Fig. 5, 3, 50, 1; 3, 5, 30; 23, 2.67, 1]、rigor juris [法之严格规定, Dig. 40, 5, 24, 10]、suptilitas juris[法之确切意义, Dig. 39, 5, 25]、suptilis ratio[确切意旨, Dig. 8, 3, 11],或仅仅是 ius[法, Dig. 15, 1, 32 pr., D. 39, 3, 2, 5]. See Kipp, loc. cit.

㉕ 关于罗马法学家对"立法者意图"的价值的认识,参见科勒的出色汇编。*Grünhut's Zeitschrift*, vol. 13, pp. 1 seq., note 2. Comp. Also on this point, Regelsberger, *Pandekten*, §35, p.144, note 10; Austin, *Jurisprudence*, vol. 2, 1027; Kipp, loc. cit. p. 7, note 17.

㉖ Dig. 11, 7, 43.

㉗ C. 7, 14, 7; cf. also Const. de Conf. Dig. c. 18.

性的变化。全能式帝国为自己保留了法律解释权:"唯独我们应当且被准许考察置于衡平与法之间的解释。"(Inter aequitatem iusque interpositam interpretationem nobis solis et oportet et licet inspicere.)[28]

这一主张对注释法学派关于法律解释的理解造成了极大冲击。他们坚信优士丁尼法律汇编的绝对权威性,同时又缺乏历史知识,具有学院式的思维习惯,以评注的方式对待他们的研究对象,[29]这些因素使他们无法独立地深入研究法律适用问题,正如他们因此而无法不偏不倚地思考解释的主要原则一样。关于这一理论问题,如同其他一切问题那样,《民法大全》中的陈述被视为强制性的规则和无可争议的真理。因此,在实施法律时,除了参照《民法大全》中的某些引文("有权解释"[authentic interpretation])外,没有什么会被认为是正当的;除了纯粹的宣告性解释(declaratory interpretation)外,法官什么也做不了。因此,司法职能的内容无非是维护和科学地利用实际存在的法律。[30]这很快就催生了从现有法律规则体系中提取新的法律规则的方法。

首次对这一规则进行科学而系统地处理的人是多内鲁斯。[31]

---

[28] 这种倾向可以在下述文献中找到:Dig. 15, 1, 32, pr.; Dig. 39, 3. 2, 5;在这方面,温德沙伊德暗示道:"在过去,法学家的态度比今天要独立得多。"Windscheid, "Pandekten", vol.1, §28, note 4. Contra, Kipp, loc. cit.; cf. also Pauly-Wissowa, loc. cit.

[29] Brie, *Gewohnheitsrecht*, vol. 1, 96–97.

[30] Cf. Stintzing, *Geschichte der deutschen Rechtswissenschaft*, vol. 1 (1880), pp. 102 et seq. Landsberg, *Die Glosse des Accursius*, p. 25: "the purely deductive and strictly logical procedure which may be called particularly 'dialectics'."[纯粹演绎的和逻辑严谨的程序,尤其可被称为"辩证法"。]Cf. also Brie, loc. cit.; further, Falk, *Die Analogie im Recht*, 1906, 24 et seq.

[31] *Comentarii de jure civili*, lib. 1, c. 13, §1 seq.

他的理论恰恰是那个传统的、公认的"逻辑解释"的基础,后者后来由萨维尼发展了起来。这一理论与罗马人的"衡平"思想形成了鲜明对比,它支持实在法中并不存在漏洞的观念,寻求立法者的原始和不变的意图,而且主张对于法律适用而言,形式上的辩证逻辑已经足够了。[32]

自然法学派尤其遵循这种方法。但即使是自然法学派中最激进的拥护者,在其基本原则面前[33],也会提倡我们在论述者和评论者身上发现的同一种逻辑方法。

同样,就我们目前的问题而言,历史法学家也不过是延续了逻辑解释和实用解释(pragmatical exposition)的学说。直到最近,传统学说才被萨维尼及其杰出的追随者们阐述为一个完整的理论体系。格米尔(Gmür)说[34],这个学派的时代已经过去了,但在民法和《德国民法典》的教科书以及私法方面成体系的专著中,其

---

[32] 在多内鲁斯(Donnellus, 1527—1591)的直接承继者中,尤其值得关注的是福斯特(Forster)。Forster, *Interpres sive de interpretatione juris libri duo*, lib. 2, c. 12 seq. (cited from Otto, *Thesaurus juris Romani*, vol. 2, 1733.)关于教会法的解释学,总体上有着相同的结果。cf. Reiffenstuel, *Ius canonicum universum*, vol. 1, passim; and Schulte, *Geschichte der Quellen und Literatur des canomischen Rechts*, vol. 1 (1875), 212-220.

[33] 根据这一学派的原则,构成最高权威的自然法至少应被认可为辅助的法。显然,适于这一观点的解释方法是一种通过自然法从外部对于制定法进行的补充(cf. Pfaff-Hofmann, *Comment.*, vol. 1, 194 seq.)。然而,在实践中,这一理论从未得到真正的应用。即使是当该理论最激进的追随者在处理解释的细节时,也会展现出和我们在上面所发现的相同的"辩证方法"。Cf. Pufendorf, *De jure rationali et gentium*, vol. 5, 12; also Zeiller, *Comment. zum öst. BGB*, ad. §§6-7,他不仅为传统方法的所有基本原则辩护,还声称著名的第七条的适用"非常成问题"(loc. cit. vol. 1, p. 66)。Cf. further Winivarter, *Das österreichische bürgerliche Recht*, vol. 1 (1831), p. 82, note 2. See also Glück, *Pandekten*, vol. 1, 205-301, and Rotteck-welcker, *Staatslexikon*, 517-518.

[34] Gmür, *Die Anwendung des Rechts*, p. 9.

教义通常仍然是获得公认的学说。㉟ 然而,我们上面所说的东西清楚地表明这显然不是罗马人适用法律的方式,而只是一种退化形式。这种形式逻辑对于罗马法学家来说是陌生的,甚至遭到他们的鄙视。这是逐渐偏离罗马的法律实施基本理念所发展出来的产物。

§5. 现代的问题

因此,毫无疑问,通过回到罗马人的原则,我们首先可以获得一种更贴近实际生活需要的司法实践。

这绝不是一个让法官获得"更独立的地位"的问题。"在法律演变过程中,现代法学家功能已经与罗马法学家的功能产生了巨大差异,对此有着许多讨论。有人主张,罗马法学家的工作是法的渊源之一,而现代法学家的工作则被剥夺了这一功能。这种说法至少有些夸张,应当对它提出抗议,因为它带有一定的现实危险性。"㊱真正的问题仅仅是当法官使用其已经拥有的权力时,如何运用更好的方法。

像罗马法学家一样,我们也应该科学地制定和解释使上述那种法官法(judicial law)成为可能的方法,而这种法则必然显现于实施正义的过程之中。我们不应该"把实际上不断出现,并被视

㉟ Among many, cf. especially Windscheid, loc. cit. §§22 et seq.; Thöl, *Einfuhrung*, etc.; Regelsberger, loc. cit. §35; Dernburg, *Pandekten*. On recent works in Austria cf. Pfaff-Krainz-Ehrenzweig, *System des österreichischen allgemeinen Privatrechts*, vol. 1 (4 ed., 1905), pp. 42 seq. For French literature, comp. Laurent, *Cours élémentaire*, p. 15: "On ne doit jamais séparer l'esprit de la loi de son texte…le texte et l'esprit … c'est une seule et méme chose: la volonté du législateur."[人们绝不能把法律的精神与文本分开……文本和精神……是同一件事:是立法者的意志。]

㊱ Regelsberger, *Streifzüge*, p. 16.

为相当不可或缺的事物,说成是理论上不可能的事物"[37]。

§6. 未定情形的问题

这种提问方式使我们不可避免地回到"衡平"的概念。"衡平是对法律因其一般的表达形式而造成错误之处所作的改进",因为"并非所有事情都能用法律来加以规制,有些事情是不可能制定法律的"[38]。

换言之,除非考虑到法律未予规定的情形,否则无法科学地解决如何适用法律的问题。

人们可以在惹尼的名作《实在私法的解释方法和渊源》(*Méthode d'interpretation et des sources en droit privé positif*)中找到对这个问题进行科学评价的起源。[39] 这部著作的优越之处就在于,他首次大力强调并且系统应用了法律未规定情形的科学可能性。

然而,他没有详细阐述自己理论的主要思想,也没有"通过针对其后果的有意识的理解"来强化自己的理论。他在"被动解释"(passive interpretation)和"漏洞填补"(supplying of omissions)之间划了一条过于尖锐的分界线,试图用主流学说的那种狭隘方式来专门解释前者的功能。然而,对于后者的功能,他却允许一种极

---

[37] Aristotle; see notes 16 and 17 supra.

[38] Kipp, note in Windscheid's *Pandekten*, vol. 1 §28, §121.

[39] Rumpf (loc. cit. note 3), p. 21. 伦普夫正确地指出,这部杰出的、考虑周到的作品所取得的成功,同时也在很大程度上是德国法学的成功,更不用说更早的标杆性作品了,尤其是埃利希的作品。Ehrlich, "Lücken im Recht", in Burian's *Juristische Blätter*, vol. 17, 417seq.

其"自由"的"自由科学研究"。[40] 这就是说,他忽略了自己所划定的界线在实践中是无法实施的。毕竟,只有当规则能够适用于待决案件的各方面时,才会显得普遍而详尽;而在其他情况下,规则必然是可疑的、充满疏漏的。惹尼的错误在于,在涉及法律未予规定的情形时,他只想到了制定法起草中的技术性错误、立法者的明显错误或者经济和社会条件的重要变化,而没有同时考虑到个案中的具体事实在每个立法规定中产生"漏洞"(gaps)的情况。在这方面,他没能成功地充分认识法律条文与整个法体系之间的真正关系是什么。他没有理解或者至少没有科学地阐述上文所述的希腊-罗马的观点,根据这一观点,立法者以如此清晰的方式表达每项一般法律原则,以至于可以通过简单的推理链条从这一规定中推演出对所有个案的适用方案,这是一项不可能完成的任务。[41] 一直以来,我们都有必要更加重视亚里士多德已经提出的观点,即制定法的目的并不是为可能发生的每一种生活关系都制定一项具体的规则。[42]

§7. 自由法律发现

接下来是"自由法律发现"学派。从表面上看,该学派将这里

---

[40] Gény, loc. cit. 457 seq., 580 seq. For a critical appreciation see Perceron, in *Annales de droit commercial et industriel français*, vol. 14, 145–160; Eycken, *Méthode positive*, pp. 368–386; Lambert, (loc. cit. note 8) pp. 34 seq., and authorities cited p. 29, note 1; see also Rumpf, loc. cit. pp. 25–28.

[41] Comp. Danz, *Auslegung der Rechtsgeschäfte*, 2nd ed., 1906, p. 79.

[42] Valuable suggestions on this point especially in Kohler, in *Grünhut's Zeitschrift*, vol. 13 seq., *Jhering's Jahrbücher*, vol. 25, pp. 270 seq., and *Lehrbuch des bürgerlichen Rechts*, vol. 1, pp. 122 seq. Also: Bülow, *Gesetz und Richteramt*, pp. 41 seq.: Hartmann, in *Archiv. Ziv. P.*, vol. 73, pp. 309 seq., 400 seq.; Zitelmann, *Die Rechtsgeschäfte*, pp. 1 seq., *Kunst der Gesetzgebung*, Dresden, 1904, pp. 40 seq.

所说的内容铭记在心,并试图科学地阐明这句"神秘的谚语":"制定法不是法(正义)"(La loi n'est pas le droit)。该学派的拥护者以制定法并没有囊括案件裁判的全部规则这一观点为出发点。根据这个学派的看法,除了"具体的裁判"(specific decisions),什么都没有。因此,制定法的适用范围应限于"制定法本身已经决定(the statute itself decides)的情形"。人们应当首先诉诸制定法,但仅限于制定法明确涉及的情形。在所有其他情形中,都有一种"真正自由"的裁判方式。㊸

然而,这样的观念并未比既有学说更进一步。首先,富克斯把所有法律规定都看作"具体的裁判",这就偏离得太远了。法律规定从不决定某个具体案件,而是确立普遍性的规则。㊹

正是出于这个原因,我们不可能在规定了所有情况的制定法和含有"漏洞"的制定法之间进行明确的区分。这条界线是完全模糊的。一部制定法永远不可能在刚产生时就对案件作出绝对准确和直接的裁判,因为这些案件中总会存在一些抽象法律规则本身所关切不到的特征。对于这些情况,由法官确立起来的具体适用的补充规则绝对是必要的。因此,富克斯所做的区分,即制

㊸ Expressed in the most radical and exaggerated manner by Fuchs, *Recht und Freiheit in unserer heutigen Iustiz*, Berlin, 1908, pp. 14, seq., and again: *Die Gemeinschädlichkeit der konstruktiven Jurisprudenz.*, Karlsruhe 1909, especially pp. 75 seq.; comp. also Gmelin, *Quousquel*, Hannover 1910; Sinzheimer, *Die soziologische Methode*, Munich, 1909. Contra: Düringer, *Richter und Rechtsprechung*, 1909), and also in the paper "Eine neue Methode", etc., in *Das Recht*, 1909. Cf. also Cruet loc. cit. (note 1).

㊹ 原则上,即使是为了具体涵盖各类案件而产生的制定法也是如此,我们现代的制定法更是如此。对此,"坚持超越具体规定而向一般性规则发展的那种原则"看起来是完全适当的。Huber, *Erläuterungen zum schweizerischen Zivilgesetzbuch*, 1902, p. 24. Comp. Gmür, loc. cit. pp. 27-28; Bülow, loc. cit. pp. 30 seq.; Gény, "La Technique législative", in *Livre du Centenaire du Code Civil*, vol. 2, pp. 989 seq.

定法要限于对其明确规定的案件的裁判,在理论上是错误的,在实践中也无法得到贯彻。㊺ 我们应该说,对于每一个案件,制定法所提供的一般框架都要通过解释来填补,也就是通过遵循制定法的原则来填补。事实上,法律科学的当务之急,是以一种准确而实用的方式,来确立法院用来补充这种疏漏的适当方法的基本原则。

§8. 真正的方法

冯·比洛最先为这一目标作出了重要的贡献,㊻其理论重要性不仅在于首次抨击了到那时为止从未遭受过争议的教条,根据那一教条,法院与立法是无关的;其重要性还尤其在于他对法官法的科学论述,他主张法官法是国家制定法律规则的命令。㊼通过这种方式,他试图研究和阐明法官法作为成文法补充的重要性。

然而,正统的法律科学却悄然忽略掉了这篇极有价值的文章。直到最近,他的思想才受到人们的青睐并得以进一步发展,㊽而这种肯定意味着承认在正统的、科学的意义上存在法院制定法律的现象,并且通过裁判来填补漏洞是法的渊源之一。㊾

㊺ Comp. the very apt remarks of Neukamp, in *Juristisches Literaturblatt*, vol. 20, p. 146.
㊻ *Gesetz und Richteramt*, pp. 35 seq., 45 seq.
㊼ Comp. also his *Geständnisrecht*, 1899, pp. 130 seq.; and *Heitere und ernste Betrachtungen über die Rechtswissenschaft*, 1901, passim.
㊽ Bülow, loc. cit., in *Das Recht*, vol. 10, pp. 770 seq.
㊾ Cf. especially Gmür, *Die Anwendung des Rechts*, pp. 71-80; Danz, *Die Auslegung der Rechtsgeschäfte*, 2nd edition, 1906, and *Jhering's Jahrbücher*, vol. 50, pp. 1 seq.; Wendt, "Die exceptio doli generalis", etc., in *Archiv. Ziv. P.* vol. 100, pp. 1 seq., and especially p. 101; Stier-Somlo, "Das freie Ermessen", in *Festgabe für Laband*, 1908, pp. 447 seq.; Oertmann, *Gesetzeszwang*, etc., loc. cit. (note 1). 格米尔主要论述了将抽象的法律规则进行个别化和具体化的必要性,而其他被提及的作者则特别论述了某些舶来的司法概念的可变性,如诚信、商业惯例、案件环境等,并说明应如何根据"衡平"原则解释这些概念,以适应商业生活中多变的需求。

对这些主张进行详尽讨论已经超出了本文目前所要处理的范畴。因此，我会把这些思想在精致的法的渊源理论中的运用留待其他地方处理。但是，为法律适用的正确方法勾勒出一个轮廓，这是我目前可以做的工作。

§9. 制定法中存在漏洞的原因

制定法通常无法对将来出现的某些情况进行规定，对此可以作如下分析：

1. 当缺乏能够决定个案的详尽的抽象规则时，存在狭义的或者说技术意义上的漏洞。

2. 当制定法的文本确实表达了所有可以用一般性术语来表达的内容[50]，但并没有直接提供针对个案的规则，而是明示或暗示地指向某些其他法的渊源时，制定法文本给出的框架就可能无法得到填补。

在这一点上，可以区分以下几个分支：

1. 参照其他法的渊源：

（1）交由法院的自由裁量。[51]

（2）参照不成文但客观上可确定的规则（例如善意、关于交易习惯的考量）。[52]

---

[50] 齐特尔曼的基本意见是整个"法律漏洞"理论的基础。*Lücken im Recht*, 1903, pp. 30 seq.

[51] Cf. Zitelmann, *Lücken*, pp. 29 seq. Oertmann, loc. cit. pp. 19 seq. 法律后果通常由制定法所规定，但具体的裁量由法院在每个个案中确定。一个例子是，如果一项刑事判决是在制定法所给定的范围内作出的，就不能再对法院的司法自由裁量权进行审查。

[52] 典型例证见德国民法典第 157、242 条。Comp. the detailed discussions by Danz, loc. cit.; Wendt, loc. cit.; and Oertmann, loc. cit.

2. 根据所谓㊼制定法中的价值概念(the statutory concepts of value)㊾进行默示参照。在这种情况下,司法解释也是以"衡平"为基础来造法的。正如基普在谈到罗马的"衡平"时非常恰当地强调的那样,大多数法律规定"不断地使用从生活中所提取出来的概念,却没有对这些概念进行分析,以至于人们根本无法想象在没有衡平的裁量权干预的情况下,这些规定应当如何适用"㊿。实际上,这些规定仅仅是以间接的方式表达意图。㊀ 在这种情况下,法院肯定受到制定法的约束,但在其中只能找到实际的规则的原材料,法官的任务就是从中塑造实际的规则。在这方面,丹茨恰当地指出,法典㊁承认的商业惯例本身就是"由制定法所认可

㊼ For elucidation of these concepts see Zitelmann, *Kunst der Gesetzgebung*, Dresden, 1904, p. 40; Stier-Somlo, loc. cit. p. 471 seq.; Oertmann. loc. cit., especially p. 13 seq., and note 8, p. 46.

㊾ 在这种情况下,似乎制定法已经详尽地表达出了所有东西,但事实证明,制定法所采用术语和概念需要被提供以具体的内容。术语本身不过是或多或少没有得到充分填充的框架。没有什么比基础的规则(rudimentary rules)更好的了,它能够被客观地确定下来,这是因为制定法无疑指向了在实际生活中得到普遍理解的事物(如商业惯例和类似事物)。这种推断在上诉时可以适当加以修改。(Oertmann, loc. cit.; Zitelmann, loc. cit.)这个问题已经被很多作者所触及,但其真正的重要性却还几乎没有得到重视。Comp. especially Ehrlich, loc. cit. in *Burian's Juristische Blätter*, vol. 17, p. 447; same author, *Die stillschweigende Willenserklärung*, p. 293; *Freie Rechtsfindung*, pp. iii – vi; *Tatsachen*, pp. 26 seq.; Zitelmann, *Lücken*, pp. 45–46; p. 32, note 18. Comp. also Laband, *Staatsrecht*, vol. 1, §57, iiii.

㊿ Kipp, *Geschichte der Quellen*, p. 11.

㊀ 在这种情况下,制定法以明示或暗示的方式指向了一些其他的渊源,从那些渊源中可以提取出规则。(Comp. Gustav Schwarz in the Hungarian magazine *Jogallam*, vol. 6, p. 99.)在绝大多数情况下,这种"其他渊源"包括我们称之为"大众习惯"的社会现象。这些只是社会生活中自发产生并不时变化的制度,没有受到官方立法的干预。(Laband, loc. cit. p. 553.)文中提到的制定法的模糊规定(在目前的意义上,所有法律概念都是模糊的)可以透过这些社会现象加以解读,以充实具体内容。我们想到的不仅仅是所谓的"安全阀概念",即现代制定法的起草人用来使制定法更具弹性的概念;我们指的更是任何的制定法术语,它们的具体含义都取决于现实生活的变化情况。(所谓的"个案的本质"; comp. Ehrlich, in Harden's *Zukunft*, vol. 14, p. 234.)

㊁ BGB §242.

的习惯法"[58]。这些规则本身并不是法律——它们是法院根据制定法所明示或默示参照的规则而做出的承认才成为法律的。

无论是技术上存在漏洞,还是制定法框架中出现空白,都必须由法官根据公正原则("衡平")履行补充性职能,对具体案件作出裁判。

未来的法的渊源理论的任务是,对作为现行法律体系的组成部分,以及法律实际实施环节中最有价值的要素的法官法提供与其重要性相符的适切评价。一个关注法律现实的法的渊源理论,不可能无视法官造法现象的存在。这种法律实际上的确存在,理论研究只需承认和运用它即可。要做到这一点,我们要把所有法律规则划分为两类,一类是规定一般性义务的法律规则,另一类是法官法或在具体案件中必要的补充规则。前者代表严格意义上的"法律",后者代表希腊的"ἐπιεικές"或罗马的"aequum"所理解的衡平。

---

[58] Danz, *Die Auslegung der Rechtsgeschäfte*, p. 101.

情感主义的危险:感性司法及其与自由法律发现之间的联系

〔德〕弗里茨·伯罗茨海默①
(徐子煜译 卢 岳校)

§1. "自由的法律科学"实际上不是一种新观点

§2. "利益法学"是一种站不住脚的理论

§3. "自由法律发现"等同于违反法律的判决

§4. 只能在法律原则的适用中发现"自由法"

§5. "自由法"的原则发展于历史和经济情况

§6. "自由法"原则的基础是自由的理念,也即消除法律中的一切压迫行为

§1. "自由的法律科学"实际上不是一种新观点

就包含在"自由的法律科学"②之中的观点而言,如今这些

---

① 弗里茨·伯罗茨海默(Fritz Berolzheimer),五卷本《法哲学与经济哲学的体系》(System der Rechts-und Wirtschaftsphilosophie)的作者。本文译自《现今感觉法学的危害》(Die Gefahren einer Gefühlsjurisprudenz in der Gegenwart, Berlin, 1911, Rothschild),英译者是埃内斯特·布伦肯。——原书编者注

② Gény, Méthode d'interprétation et des sources en droit privé positif, Paris, 1899(转下页)

观点似乎已经成为共识:大多数法官都希望看到法院从法律的词句的束缚中解放出来——至少在适用既有规则会造成不正义的严酷后果时要如此,甚至仅仅是在显得不公正的情况下就要如此。乌尔比安的箴言"虽然很严苛,但法律就是如此规定"(durum est, sed ita lex scripta est)显然与此相悖。

因此,除却少数极端人士和法律语词的狂信者,似乎人们对"自由法律发现"的必要性实际上已经达成共识了。但是我们还远没有发现这种自由的理论本质——如果我可以用"法哲学"这一术语,也可以说是法哲学上的本质;并且我们也缺少对于源自新的时代精神的法律推理和事实结果的理解。对于变幻莫测的法院判决可能导致的危险——尤其是在德国——我们也缺乏认识。最后,在法院从"立法者的意志"的枷锁中挣脱出来后,法院要依靠什么原则裁判,我们也不清楚。

"自由的法律科学"这一表述确实是晚近才出现的;但是它所要表达的含义实际上并不新颖。法院从未只是语词的崇拜者——除了某些法学不昌明的时代。实践中自由的程度根据法

(接上页)("libre recherche scientifique"), pp. 457 seq. , 580 seq. And Ehrlich, *Lücken im Recht*, in Burian's Juristische Blätter, vol. 17. pp. 417 seq. ; Ehrlich, *Freie Rechtsfindung und freie Rechtswissenschaft*, Leipzig 1903; Wurzel, *Das juristische Denken*, Vienna 1904; Cruet, *La Vie du droit et l'impuissance des lois*, Paris 1908; Fuchs, *Die Gemeinschädlichkeit der konstruktiven Jurisprudenz*, Karlsruhe, 1909.

早在 1886 年,科勒就强烈反对所有的判决都必须基于已颁布的制定法的观点。*Grünhut's Zeitschrift*, vol. 13, pp. 1-61, p. 49.

Compare also, quite recently, Rolin, *Prolégomènes à la science du droit*, Brussels and Paris, 1911. 罗兰(Rolin)支持社会法学。并非"立法者的意志"改变了法律,相反,"一切法律都是习惯"(tout le droit est coutumier)。如果刑法过于严苛,它就有可能会因为法院不去适用它们而失去实效(Loc. cit. pp. 116-118)。Similarly Cruet, loc. cit. p. 152("La mort naturelle des lois; la désuétude")。

律规则的特点和关于法官责任的通说观点的不同而差别巨大。在立法迟滞的时代,在实在法③过于零碎的领域,以及在法官的工作享有崇高声誉的时候,法院的日常实践就会以一种今日难以置信的自由态度对待实在法。人们需要回忆以下事实:罗马的"衡平法";德意志对罗马法的继受;以及法院在其实践已经使得《加洛林纳刑法典》④过时的情况下,拒绝适用其中的严酷条款;直到最近在国际法中有疑问的判决;法国实践和英美审判中的自由法学;在我们的法庭中基于类比的判决;以及我们的外行法官们仅仅基于正义感作出的判决。

由此我们发现,法官的立场总是相对自由的,另一方面,我们也可以相信,在一部内容深入到各种细节的,像《普鲁士邦法》那样的法典中,或在疑难案件中一定要遵循"立法者的意志"的司法学说中,自由法运动的方法是不会被推崇的。

因此,在此前的时代和其他国家,人们在需要的时候基于法律智慧(legal tact)来使用"自由法律发现",而不会有太多顾虑,也不会担心如何在理论上(在程序法或者宪法上)证成这种实践超越法律(praeter legem)甚至违反法律(contra legem)。然而如今,法学家们竭力鼓吹"自由法律发现"是一种新的要求。很多人倾向于认为,是当今时代对法哲学和方法论问题的更大的接受度导致了这一变化。然而这并非根本原因;因为在过去那些人们对法哲学更感兴趣的时代,法学家往往回避这个问题,或至多三言

---

③ "Gesetzesrecht"意味着所有实际上颁布的法,无论是制定法(statute)还是其他成文法,或者法院判决、普遍被接受的学说观点。它排除了那些根据英美司法解释的理论实际上存在于法律规则的体系中,但还没有被形式化的规则。——原书编者注

④ 在查理五世时代帝国境内适用的刑法典。——原书编者注

两语便结束了对这一问题的讨论。

§2. "利益法学"是一种站不住脚的理论

在自然法理论的时代,人们相信自然法高于实在法,当法官想要修正实在法的时候,就会根据自然法进行判决。因此,无论他的判决是"超越法律"还是"违反法律"都不会引起任何问题。这就像如今英美的法官根据不成文法进行判决一样。

当人们对更高的自然法的信仰开始褪色,"立法者的意志"就堂而皇之地取自然法而代之了。人们开始区分制定法和习惯法;[5]没有了习惯法的基础,判决将不得不遵循或好或坏的制定法。为了实现这一目的,法官只能返回立法者所应该欲求的事物,或者至少返回立法者可能欲求的事物。这种假定的意愿会变成立法者的真正的意志。然而,现代的法律解释并不满足于此。立法者的意志已被证明并不存在,那么急于找到依靠的法官就只好去物色新的支持。有一种理论指出,这种支持可以由"利益法学"来提供。[6]

这一"利益理论"要求法官通过小心地权衡所有受法律影响

---

[5] 通过"习惯"来发展法是制定法的一种衍生品。Comp. my *System der Rechts-und Wirtschaftsphilosophie*, vol. 3 ("Philosophie des Staates"), Munich, 1906, pp. 325–331.

[6] Compare Stampe, "Rechtsfindung durch Konstruktion", *Deutsche Juristenzeitung*, vol. 10, 1905, pp. 417–422; "Rechtsfindung durch Interessenwägung", in *Deut. Juristenztg.*, vol. 10, pp. 713–719 ("interests found worthy of protection" are to be decisive, loc. cit. 417, 717); "Gesetz und Richtermacht", in *Deut. Juristenztg.*, vol. 10, pp. 1017–1022. Mueller-Erzbach, *Die Grundsätze der mittelbaren Stellvertretung aus der Interessenlage entwickelt*, Berlin, 1905 ("Real method of law formation"). Rumpf, *Gesetz und Richter*, Berlin, 1906, pp. 81–87 ("Finding values" and "Weighing of values").

(转下页)

的利益来把自己类比为立法者。然而,即使我们完全忽略,那些被权衡的利益可能大多是无法衡量的——尤其是在许多公法领域(刑法、国家法[Staatsrecht]、行政法、国际法和教会法)——那么在历史上,法就是从对利益和共同体各组成部分的需求的衡量中产生的吗?相反,有哪次法律的重大的和基础的变革不是共同体中一部分通过斗争并取胜从而压倒了另一部分而发生的呢?有哪次变革不是通过在一个更加现代和进步的正义理念的旗帜下的斗争而发生的呢?有哪次变革不是通过一个全新的法律战胜一个陈旧且人们认为它已经不正义的法律而发生的呢?

自中世纪结束以来的数个世纪中,伟人的解放从来都是通过权力扩张来实现,极少是通过一方进行暴力胁迫甚至直接使用暴力,而另一方屈从于暴力的形式来实现的:从宗教压迫中的解放、资产阶级的政治解放、农民从农奴制下的解放、犹太人获得政治平等、无产阶级工人的经济解放,以及最近的女性的社会和职业

(接上页) Compare further Heck, "Die Fortbildung des bürgerlichen Rechts im Wege der Rechtsverordnung", in 46. *Jahresbericht der Juristischen Gesellschaft zu Berlin*, 1906, pp. 72-84. (Contra Stampe, loc. cit. p. 79.) Heck, "Interessenjurisprudenz und Gesetzestreue", in *Deut. Juristenztg.*, vol. 10, pp. 1140-1142. "Was ist diejenige Begriffsjurisprudenz, die wir bekdmpfen?" in *Deut. Juristenztg.* 14, pp. 1457-1461. (p. 1460: 司法官员的主要任务是探寻法律规则和利益状况之间的关系,质言之,研究利益。)

Contra: Landsberg, "Das entgegengesetzte Extrem?" in *Deut. Juristenztg*, vol. 10, pp. 921-925. Vierhaus, "Die Freirechtsschule und die heutige Rechtspflege", in *Deut. Juristenztg.*, 14, 1909, pp. 1169-1175. Comp. also M. Rümelin, Address: *Bernhard Windscheid und sein Einfluss auf Privatrecht und Privatrechtswissenschaft*, Tübingen 1907, p. 24. According to Regelsberger, "Gesetz und Rechtsanwendung", *Jhering's Jahrbücher*, 58, 1910, pp. 146-174. "法官实际上被实在法所限制",但雷格尔贝格(Regelsberger)主要在私法上区分不灵活的法律规则,即法学家无法发展的法律规则(如《德国民法典》第 90、253、246、656、762-764、1297 条)和可发展的法律规则(loc. cit. pp. 155 seq.).

解放,莫不如此。⑦ 相似地,正是与权力或经济状况有着本质联系的文化或社会观点的变化开创了法律观点的产生或转变。比如,刑法和刑事诉讼法,从加洛林纳法到现代,已经发生了剧烈变化,而如今似乎仍需要进行改革;或者在未来,在国家间的交往中,仲裁的思想取代了(也应如此)外交阴谋;再比如,由于跨国的经济联系日益紧密,可能有必要制定国际统一的商法或知识产权法。

在所有这些情况中,立法者都没有也不可能进行"需求或利益的权衡"。法院也是如此。同样,基于"利益法学"的案件判决是好是坏也就如同掷骰子一样。利益法学最近可以追溯到耶林的目的理论⑧,而这一理论提供了对于权衡不可权衡的事物的错误标准。并且,它用利益和实用取代了权利和正义,从而判决也就会沦为单纯的行政管理工作。因此,它实际上与它所信仰和宣称的目的南辕北辙了。

§3. "自由法律发现"等同于违反法律的判决

法院的"自由法律发现"什么时候应该登场呢?如今的通说认为:法院可以并且也应该自由地扩张法律来"超越法律",但允许自由的法律续造来"违反法律"则有过度扩张司法权之嫌。与此相对,人们应该研究的是,在现实情况中根据"自由法律发现"的原则进行的法律解释是否能做到仅仅在"超越法律",或者说不总是违反制定法,以及根据自由法来行事的法官所作的判决是不是单纯填补了法律漏洞,甚至是不是根本没有什么法律漏洞。

---

⑦ Comp. my *System der Rechts-und Wirtschaftsphilosophie*, vol. 2 (*Die Kulturstufen der Rechts-und Wirtschaftsphilosophie*), vol. 3 (*Philosophie des Staates*), Munich, 1906.

⑧ Jhering, *Der Zweck im Recht*, 4. edition, Leipzig, 1905.

对这一主题进行最为深入研究的学者毫无疑问当属贝格伯姆(Bergbohm)⑨和齐特尔曼。⑩

在贝格伯姆的激进反自然法学说的论述中,他试图通过引入客观法的"逻辑扩张的力"来证明法律是一个不可打破的整体。⑪贝格伯姆自己的解释确实可以自圆其说;但是它是从这一假定出发的:所有没有被法律秩序统辖的外在关系都会落入"法外空间",而无论它们多么需要法律规范来调整。⑫但是,我可以举出反例:在德国法中,长时间都没有制定一个规定铁路事故责任的特别法,迄今也没有制定关于卡特尔和托拉斯的特别法,然而上述问题都没有"落入法外空间"。相反,确实存在着对这些问题的规则,尽管它们与我们如今的正义感相违背。

以下是齐特尔曼的观点的前提。他认为,(通常来说)所谓的"法律漏洞"并不是真的说对于这些案件来说确实没有法律规范可以适用,"而是说,真相是,在那些案件中总是可以得出既有的一般性法条的例外。那些案件的特点是,考虑到那些一般性法条的目的,早就该制定出它们的例外来了……由此,人们说的法律漏洞就是:对于有特殊性的案件,却没有颁布相应的例外条款的情况"⑬。法院在这种情况下显然已经"违反法律"而不是"超越

---

⑨ *Jurisprudenz und Rechtsphilosophie*, I, Leipzig, 1892, pp. 371-393.
⑩ *Lücken im Recht*, Bonner Rektoratsrede vom Oktober, 1902 Leipzig, 1903.
⑪ *Jurisprudenz und Rechtsphilosophie*, p. 387. Contra Jung, *Von der logischen Geschlossenheit des Rechts*, Berlin, 1900, pp. 131-157; Stammler, *Die Lehre von dem richtigen Rechte*, Berlin, 1902, pp. 271-275; Rümelin, *Das schweizerische Zivilgesetzbuch und seine Bedeutung für uns*, Tübingen, 1908, pp. 29 seq.
⑫ *Jurisprudenz und Rechtsphilosophie*, p. 387.
⑬ *Lücken im Recht*, p. 23.

法律"。⑭

当然这一解释没有告诉我们,制定法在何时指示法院根据公正或者商事习惯而不是制定法规则来判案。即使在这种情况下,判决的法的渊源依然是制定法。⑮

在基于自由法律发现的原则进行的审判中,法官需要从这样的法的渊源中得出判决:

1. 并非制定法
2. 并非习惯法
3. 比制定法更高

因此,"自由法律发现"的法的渊源是什么这一问题必然要导向另一个问题:根据"自由法律发现"的理论,司法的法律特征是什么?我们现在就来讨论这一问题。

§4. 只能在法律原则的适用中发现"自由法"

人们常常认为,根据"自由法"来判决的法官改变了既有的法

---

⑭ Zitelmann, loc. cit. pp. 24 seq. "填补法律漏洞意味着法院打破了针对这种特殊案件的一般规则,并找到了一条新规则,通常是对已经存在的其他特殊规则的进一步发展。"

⑮ 因此,如果在这种情况下谈论"法官法"或"司法法",则很容易导致误解。Thus Danz, "Rückständigkeit der Rechtswissenschaft, Richterrecht und Gesetzesrecht: Neue Rechtsprechung", in *Deutsche Juristenztg.* 1911, no. 8, pp. 565-570.

丹茨本人正确地认识到法院并不是有着半立法功能的立法者。"这些是由制定法(德国民法典)规定的习惯法。"(loc. cit. p. 566, note 2a) Compare also Danz, *Die Auslegung der Rechtsgeschäfte*, 3d edition, Jena, 1911.

律,并因此承担了准立法职能。⑯ 然而,这是错误的。⑰ 在这些案件中,法院仅仅为了在争端的两造中伸张正义,而不是制定了新的行政规章。法院的目的是为了在既存的法的渊源的基础上来判决——而不管这些渊源是从何处被发现的或如何去适用它们。

但是,即使认可了这些,也可以正确地认为,正如齐特尔曼认为的,对于这一情形有一条普遍法则:"法是存在于制定法中的法,但却是通过特定的变化(扩张或限缩)以类比等方式得到的。"⑱

但这种解决问题的尝试也是站不住脚的。⑲ 因为每一种制定法都宣称自身有完全的效力,如果有人认为这种效力是有限的,则或者制定法自身明确表达了这种有限性,或者有一个高于这部制定法的法的渊源。那么就必须存在一个更高的法律秩序,法官既可以从中获得他根据"自由法律发现"原则进行判决的授权,又

---

⑯ Thus, with particular acuteness: Schlossmann, *Der Irrtum über wesentliche Eigenschaften der Person und der Sache nach dem bürgerlichen Gesetzbuch*, Jena, 1903, pp. 34-43, 36 -39. Sternberg, *Allgemeine Rechtslehre*, 1, Leipzig, 1904, p. 138, seq. (No substantially definable boundary between legislation and interpretation.) Saleilles, "Einführung in das Studium des deutschen bürgerlichenRechts" in Leonhard's *Studien zur Erlauterung des bürgerlichen Rechts*, Heft 14, Breslau, 1905, p. 91.

Compare also Saleilles, *De la personnalité juridique*; Paris, 1910. p. 27. "……创建基金会的章程应该被解释为基金会的创建者在这一情形下会作出的解释,以实现他所认为的最终目的。"

Compare, further, the excellent expositions of Kohler, "Über die Interpretation von Gesetzen", *Grünhut's Zeitschrift*, vol. 13, 1886, pp. 1-61.

⑰ Correctly expressed by Zitelmann, *Lücken im Recht*, p. 26. Excellently by Jung, *Von der logischen Geschlossenheit des Rechts*, Berlin. 1900, pp. 146-148. Compare regarding this question, also Saleiles, *Einführung in das Studium des deutschen bürgerlichen Rechts*, p. 95.

⑱ Zitelmann, *Lücken im Recht*, p. 26. 其中引用了德国民法典初稿中的这类规定。

⑲ 这样一种说法也是站不住脚的:"法典是发展的工具,而不是僵化的工具。"(Saleilles, *Einführung in das Studium des deutschen Rechts*, p. 100.)因为法典是发展过程的结果固定下来的产物,因此,它实际上是进一步发展的障碍。

可以获得判决的具体内容,即便这个法律秩序在内容上十分贫弱。如果法官想让他的判决无论在自己眼中还是在世人眼中都如依法判决一样论证充分,他就必须有这样的支持。只有如此,共同体才能摆脱法律的不安定性,而法的不安定性正是与"自由法律发现"的要求相对立的。[20] 因此,就只有一种可能,即存在着在实在法之外的法律原则。

但(有人可能问)这是不是回到了自然法呢? 并非如此。我们和自然法的关系类似于炼金术和似乎可以把一种特定元素转换成其他元素的近代化学之间的关系。就像近代化学家一样,我们曾经居高临下地认为,在新发现的万丈光芒下,中世纪那些尚有价值的古老信条也都应该被扫进历史的垃圾堆。自然法的最基本的错误是,相信存在一个永恒的法律模式,它高于所有制定法且永恒不变;同时这些自然法学者还以完全非历史的方式通过原子自由主义,即认为国家是由个体的总和组成的,以及那些形式自由,比如契约自由、商事或贸易自由,都只是"自然权利"等等——来发展他们法律模式。如今我们已经知道,与自然法学说

---

[20] Thus, Heck, "Die Fortbildung des bürgerlichen Rechts im Wege der Rechtsverordnung", in 46. *Jahresbericht der Juristischen Gesellschaft zu Berlin*, 1906, p. 78; Landsberg, "Das entgegengesetzte System", in *DJZ* vol. 10, pp. 921–925. (p. 925: "安定性和稳定性是法律的目的。") Compare further Laband, "Rechtspflege und volkstümliches Rechtsbewusstsein", in *DJZ* vol. 10, pp. 10–15. See also, very recently, Del Vecchio, *Sulla positività come carattere del diritto*, Prolusione al corso di Filosofia del diritto, letta 1' 11. febbraio, 1911, nella R. Università. di Bologna, p. 17. "这种伪装的自由的法律适用,除理论上的矛盾之外,实际上也将构成对公民法律自由的永久威胁。而公民的法律自由恰恰植根于法律的确定性,尤其是法律的至高无上的地位。"

在这一点上,即使是"极端的自由法学者",比如埃利希、伦普夫、施坦普、康特洛维茨和富克斯,仅仅希望填补法律漏洞,换句话说,只拥有"超越法律"的自由,而没有"违反法律"的自由。see Kantorowicz, "Die Contra-legem Fabel", in *Deutsche Richterzeitung*, 3. no. 8. of April 15, 1911, pp. 258–263.

相反,法拥有可变的本质、可发展的性质,同时也是相对的。在今天的文明国家,某些基本的法律信条是绝对的——比如,禁止人格上的奴役,宗教和政治信仰自由,禁止通过劳动合同来进行剥削(经济上的奴役),等等。所有这些信条都是法律公理,所有的法院都会把这些信条作为他们判决的基础,而不需要说某些法典给了他们授权。这些都是法律原则,[21]尽管它们并非向来就有,或许也不会万古长青。但是,仅仅接受它们是我们这一阶段的文明的信条,就可以说它与法律相关,而非外在于法律。约定和规定的正义(νόμῳ ἢ θέσει δίκαιον)被自然正义(φύσει δίκαιον)所补充和修正。正义的"自然"含义随着时间、地点和民族特征而变化。[22] 因此,至少,法律原则不是绝对的自然法,而是相对的文化法。[23]

---

[21] 发现这些原则是法律科学的任务,但是这样做并不像康特洛维茨错误地指出的那样,法律科学是法律的渊源。(*Der Kampf um die Rechtswissenschaft*, Heidelberg 1906, p.20)它仅利用法的渊源来发现和制定此类法律原则。

基斯认为法院仅有权为填补法律漏洞而"超越法律",他认为未来的法的渊源理论中最紧迫的任务是将由此产生的法官法表述为有效法律体系的一部分,并作为实际执行的法律中最重要的要素。Kiss, "Billigkeit und Recht, mit besonderer Berücksichtigung der Freirechtsbewegung", in *Archiv für Rechts-und Wirtschaftsphilosophie*, vol. 3, pp. 536-550; Kiss, "Gesetzesauslegung und ungeschriebenes Recht", in *Jhering's Jahrbüchern*, vol. 58, 1911, pp. 413-492, 473.

[22] 这实际上与施塔姆勒的观点类似(*Die Lehre von dem richtigen Rechte*),他假定了一个"内容可变的自然法",尽管视角不同。

[23] 对于这一问题的正确理解暗含了把"自由法律发现"当作依据衡平来判决的观点。这假定了衡平是正义的一部分并且依据衡平的判决也是法律判决。Compare Brie, "Billigkeit und Recht, mit besonderer Berücksichtigung der Freirechtsbewegung", in *Archiv für Rechts- und Wirtschaftsphilosophie*, vol. 3, 1910, pp. 526-534, 534. 在这方面,布利认为,法院只有权为未定情形提供规则。Reichel, "Ergänzungen zum Referat Brie", ibidem, pp. 534 et seq., 535. 当然,赖歇尔(Reichel)在此也拥护"目的法学"。

"衡平"的意义参见我的《法哲学与经济哲学体系》一书。*System der Rechts und Wirtschaftsphilosophie*, vol. 2, pp. 103-108, and the literature there cited. Ibidem, p. 104: "'绝对的法即绝对的不公'(Summum ius, summa injuria)这句话表达了'衡平'的理念。"

因此，那些根据"自由法律发现"的原则来审判的法官（当然）违背了制定法，但却符合不成文法，也即违反法律但合法。他的法的渊源存在于在某个特定的时代和特定的文化圈内的被认为是正确的法律观点中。

§5. "自由法"的原则发展于历史和经济情况

我们如何获知这些法官在根据"自由法律发现"的方法来进行判决时适用的基本法律观点和法律原则呢？

我们可以使用历史的方法来处理精神科学的问题。这是由于文化的本质是不断发展的洪流。也即，发展的事物不是全新的事物，它们并不是无中生有的，而是既有事物的渐变和发展。比起既有事物，发展的事物有扩展和变化，但并不是全新的。在自然法的法学说和国家学说中，我们已经可以发现关于法和国家的历史演进了。然而，学者们从来没有认真对待过法的历史发展；脱去历史归纳的外套，我们只能看到其下隐藏的是法哲学家们不加掩饰的先天命题。这些法哲学家是带着先见来看待历史质料的。不过，我们不能合理地声讨那个时代的学者对待历史的研究不够充分，毕竟那时历史写作还不是科学的历史研究。"历史法学派"提出研究历史的要求是一条正确的道路；但这个学派仅仅止步于此了。社会学这一新兴科学发展了历史法学派的研究成果。社会学的优点有二：其一，它关注法律的产生和发展中群体的意义；其二，通过将社会置于法与国家的核心，它使我们牢记法律概念来自生活，法律内容来自现实问题这一颠扑不破的真理。由此我们也认识到，法和经济之间存在着紧密的

联系。㉔

这就是社会学的作用;但这门年轻的科学也对我们的学科带来了不小的伤害。由于社会学追求"事实研究",因此它试图把自然科学的方法全盘移植到法哲学和国家哲学之中,这真是个不幸!结果就是各种半吊子理论扼杀了现实生活中的法哲学萌芽;更严重的后果是在一般法学说和一般国家学中没人再去严肃地关注历史方法的需求。

那么,原谅我的直言不讳,如今的法律科学在处理一般问题的时候自然就会落入不安定性和无助的陷阱,正因此,法律科学试图抓住每一个可以提供安定性的树枝。"利益权衡""保护有特殊的保护需要的利益""社会保护""社会伦理"——这些都是用来满足法哲学几乎所有需求的口号㉕,而且糟糕透顶。结果法律

㉔ Compare in this connection my *System der Rechts- und Wirtschaftsphilosophie*, 5 vols., Munich, 1904—1907. 与此相关,我和约瑟夫·科勒一起创办了《法哲学与经济哲学论丛——立法问题观察》(*Archiv für Rechts-und Wirtschaftsphilosophie mit besonderer Berücksichtigung der Gesetzgebungsfragen*),现在已经发行四年了。在此基础上还成立了法哲学、经济哲学及立法问题国际联合会(Internationale Vereinigung für Rechts-und Wirtschaftsphilosophie samt den Gesetzgebungsfragen),其成就广为人所知。我将"法和经济"结合在一起,创造了一个科学平台。看到这一结合为他人所用,我十分满意。

㉕ 看一眼刑法,就会发现今天的情况有多糟。在这一领域,惩罚的对象是什么这一问题被视为刑法总论的基本问题;这个问题就没有过确定的答案,但所有的思路都缺少历史基础且总是谬误百出。结果是,刑事法院没有按照法律和司法程序进行判决,而是像一行政官员一样做出行政决定来改造罪犯、保护社会或威慑其他人。格劳秀斯指出,借鉴经院哲学思想,我们可以认为惩罚是用来平衡"恶行"(malum actionis)的"痛苦"(malum passionis)。在20世纪最现代的教科书中仍然可以找到这种说法。就像国王的新衣的故事一样,全世界都赞美国王的漂亮衣服。没有人能像那个说国王没穿衣服的小孩子一样单纯和天真,他们都不想看到这种学说除了废话连篇之外什么都没有!"邪恶"(一种教会和伦理概念)与刑法的制定有什么关系?通说所宣称的国家惩罚怎么可能是出于报复而发展起来的呢?要是果真如此的话,那么每个还有理性和人性的人都肯定会宣布自己是托尔斯泰学说的追随者!

类似地,在公法中,继承自自然法理论的"国家目的"概念仍在发挥作用。(转下页)

研究和司法判决都把责任推到感性考量上去,而感性考量根本难当重任。

与此相反,继法律科学从语词研究的束缚中解放出来后,如果我们想让法律科学摆脱漫无目的的状态,并且想让法律科学获得和其他科学同等的地位,我们就应该集中精力于法与国家的历史研究。

我们需要法律概念、法律制度、法律条文的涉及经济发展的历史解释。法律史和相关的经济史将会解释那些从对被资本主义束缚的工人阶级进行的经济剥削中产生的社会伦理的真正本质,并且这一合理解释只能是以解放那些在经济上没有权利的人为目的。公正的历史研究将会给我们最近关于"法律保护请求权"之争论的正确标准。它也会引导我们改革刑法和刑事诉讼法,并使得我们在刑事司法实践和量刑实践中作出正确判决。然而,历史研究也显示法律的塑造会带来强制的规则(形式的或其他种类的),即使在个案中这些规则显得冷酷无情,考虑到法的安定性这一利益也必须适用。这也显示了"自由法律发现"的界限。

§6. "自由法"原则的基础是自由的理念,也即消除法律中的一切压迫行为

自然法给出,或者尝试给出一个或多或少在细节上能给实在

(接上页)在民法中,与法律行为有关的"意志"仍然是形而上学的恶作剧,就像法律必须与"意志"而不是人(权利的拥有者)和财产有关。而且所有法律部门都不采纳历史研究的方法来阐明法律概念并将其置于进一步的法律演变的路径上。相反,它们采用了逻辑演绎来解释法律概念。换句话说,根据主观意愿。这些主观意愿不是个人的意愿,而是法官和法学家的意愿,他们自然地渴求支持,从而向"社会伦理"寻求帮助,从社会伦理的角度出发,他们只能模糊地认为经济上较弱的社会成员在任何情况下都应受到保护。

立法以模板的法律秩序。然而如今,发展"自由法"原则唯一可能的目标就是去发现这些原则的边界——那个对抗不公平的法律适用的边界。这正所谓"过与不及,皆非正确"(ultra quos citraque nequit consistere rectum)。

自然法建立了法律规则,"自由法"就必须承认自身一定要去确立一般法律规则的例外,换句话说,就是确立那些法律适用不能违背的原则。自由法的功能就是通过例外情形清晰地阐明制定法。

自然法的原则和"自由法"之间存在着实质和功能上的本质区别。发现可以打破制定法的超法律的"自由法"规范之方法和自然法的方法有着根本对立。后者在本质上是演绎的,而我们的方法一定是归纳的。因为我们的角色不是遵循自己最主观的观点去"根据如果自己是立法者会制定的法律来判决"的法官A或者法律学者B。[26] 我们的任务是通过科学依据找出那些在任何情况下都必须遵循的客观法律原则,而无论制定法是否在文义或精神上符合这些原则。

法律史证明了,所有的法律原则都是从自由的理念中推导出的。[27] 所有的法都是统治——法律的统治。法律史也指出,最基本、最本质的问题不是法律规范(命令或禁止),而是主观法(权利)的确立;质言之,即通过法将强力关系或统治关系转化为法律上的强力关系或统治关系。

---

[26] 瑞士民法典第2章第1条。Compare in this connection, Rümelin, *Das schweizerische Zivilgesetzbuch und seine Bedeutung für uns*, Tübingen 1908, pp. 31 seq.

[27] Compare. with this and what follows, my *System der Rechts-und Wirtschaftsphilosophie*, vols. 1-5, Munich 1904—1908.

在初民时代所有的统治都是宗教法的一部分。比如政教合一的君主;财产的神圣性;通过宗教神圣化的形式程序;宗教审判通过牺牲祭祀(sacrificial death)或剥夺公民权(outlawry)来驱逐可能会作为毒素(μίασμα)污染共同体的刑事犯。

在法律文化的第二阶段,统治转变成了伦理形式。例如,僭主或寡头拥有绝对权力;债权人拥有无限的索偿权,甚至可以将债务人杀死或贩卖为奴("债务口约"[nexum]);对财产和家庭的无限权利;如同比赛一般的诉讼法;在刑法中的报应原则。

在文明的第三个也是迄今为止最后一个时期,法律的本质作为统治与强力之间的关系原则上得以保留,但通过与自由的伦理观念进行综合而受到限制和减轻。㉓

在自由思想(或者人性的理念这一同义词)的影响下,越来越多的人,最后到全人类都会被视为权利主体和法律主体,被法律赋予"人格"(persona)。因此,所有形式的奴役都被从法律中抹消了:在宪法中废除了绝对政府的统治,确立了成文宪法并引入了议会;在行政法中,有首脑责任、行政法院和自治;在刑法中,废除了纠问程序和酷刑。在民法中,禁止奴隶制开启了一个新时代,但债务人的解放推进得依然过于缓慢(注意债务拘禁!)。从晚近的时代直到现在,通过理解法与经济之间的联系,我们了解到对劳动合同的双方适用形式自由往往会导致经济上的强者对弱者的奴役。如今,出现了与社会伦理发展(movement of social ethics)———一个实际上不够清晰的表述———相关的法律上的变化。在伦理进入法律的原因和限度之中都可以发现自由的理念。

㉓ Hegel, *Grundlinien der Philosophie des Rechts*, §142."伦理即自由的理念……"

为了追求这一理念,人们可以打破迄今为止的所有不是为了避免对那些受到这些秩序影响的人的经济奴役的法律秩序。

通过自由的理念,不需要参考制定法,就可以得出破坏自由贸易和竞争的托拉斯、联合抵制、规定超时劳动的合同等都是非法的。

............*

"自由法"运动的危险不在其存在本身。相反,其危险在于,如果它承认"立法者的意志"纯属幻想以及奴隶般地服从制定法的语词必将导致法学的僵化这些事实,它就迈出了决定性的一步。

真正的以及最大的危险,是在"自由法律发现"的影响下,法院会仅仅被感性左右;如今,经过社会伦理运动的高潮,感性可能已经沦为彻头彻尾的无病呻吟。㉙通过谈论所谓法官对世界的疏离(Weltfremdheit,一种常见的错误说法),这种危险还在进一步增加㉚——人们诱使法官从其执行司法职务的行为中转向各种各样的日常知识,而处理这些日常知识永远只是外行人的工作。如果非专业人员在法院中的工作进一步增加,那么危险也会进一步增加。㉛而此前我们坚持了不应该剥夺公民正式受审的基本权

---

* 相较于德语版,英译版在此省略了两个段落。——中译者

㉙ 参见拉邦德的卓越论述。Laband, "Rechtspflege und volkstiimliches Rechtsbewusstsein", *DJZ*, vol. 10, pp. 10–15.

㉚ 参见杜林格的卓越论述:"客观地批评法院的职能不能削弱法院的权威和声誉."Düringer, *Richter und Rechtsprechung*, Leipzig, 1909, p. 49.

㉛ 索姆卓越地反驳了这一观点:"我们拥有训练有素的司法机关,并提议保留该制度,因为训练有素的司法机关本身就是正义的支柱,公正地进行审判,不考虑任何人."Sohm, "Ueber Begriffsjurisprudenz", *DJZ*, 14, pp. 1019–1024, 1020, seq.

利。㉜"利益权衡"的原则更可能导致这种危险,因为"利益权衡"最容易被感性左右,并且极易隐藏在法律判决之中。即使在自由法律发现之中,法院也必须主持正义。

法院可以越过法律的语词所设置的边界,但不能以法院自己的主观意愿取立法者而代之。法院应当根据"通说和习惯"㉝以及正义感来进行"自由法律发现"。这时法官依然是正义的仆人。因为法必须是法。

㉜ Comp. Laband, loc. cit.
㉝ 参见《瑞士民法典》第一条第三款。

制定法的司法解释

〔德〕约瑟夫·科勒①

(徐子煜 译 卢 岳 校)

§1. 为什么需要解释
§2. 法律解释和一般意义上的解释的区别
§3. 如何发现真正的含义
§4. 随着社会情况改变的解释
§5. 有效解释的一个例子
§6. 立法者的意志
§7. 扩张解释和限缩解释
§8. 对于不成文法的解释

§1. 为什么需要解释

解释意味着寻找表述背后的含义和意义。解释很有必要,不仅因为我们只能通过表达来交流思想,更因为通常来说,思想只有先被表达出来,才会变得清晰明了。后一种理由常常被忽略,

---

① 本文译自约瑟夫·科勒(Josef Kohler)的《民法教科书》(*Lehrbuch des Bürgerlichen Rechts*, Book I, chapter iii, sections 38—41)。本文英译者为埃内斯特·布伦肯。——原书编者注

进而导致一系列错误。

解释就是发现含义和意义。它不关心言说者意图说的含义和意义,而是他们实际说的含义和意义。

很多人相信,思想完全是我们意志的奴隶,且除了我们追求的事物不会产生任何其他事物。这是一种常见的误解。实际上,思想独立于意志并且经常远远超越意志所追求的。思想只有在通过表达变得清晰才能摆脱不确定和不安定,但即使如此,它所包含的最为精微的内容也不能立刻变得显白。

思想有如此深刻的背景的原因是,我们所有的思维都不仅仅是个体的,而且是社会的;我们所思维的不只是我们自己的产物,而是一些无限的,成百上千年的思维劳动的成果。它们与其他思想有着无限的联结;通过概念,它们展示了主观思维所没有意识到的观念内容。

迄今为止我们都犯下了没有察觉到立法的社会意义的错误。在历史科学中,人们早已接受了社会而非个人创造历史这一真理;然而在立法科学中,我们却假定立法者的人格实际存在。我们完全忽视了立法者是一个处在他时代的人,完全忽视了立法者置身于他那个时代的文化,完全忽视了是立法者那个时代的思想塑造了他。我们忘记了立法者必须借助从他生活的时代的文化氛围中获得的观点和概念来进行工作,也忘记了他必须使用有着数个世纪的历史的语词,这些语词的含义由持续了数千年的社会进程所规定,而非由个人的选择决定。相信立法完全取决于立法者的意志显然是一种对历史进程的完全非历史的态度。这种观念应该完全从法律科学中排除出去。因此我们可以认为,我们不能根据立法者的思想和意志来解释制定法,而应该社会地解释制定法,将制定法解释为组成立法者的全体人民的产物而不是某个机关的产物。②* 这就是那句著名的箴言"法律比立法者更聪明"的含义。法包含了无限的文化内容**,从而制定法的立法者很少是制定法最好的解释者。这一观点最近越发流行。如果我们把普朗克(Planck)的解释奉为圭臬,那对我们的民法典而言真是一件不幸的事情。

由此我们可以指出,(1)由于制定法只能通过语词的方式向外界传达,而语词如同给思想套上了一件外衣,所以制定法需要解释;(2)由于包含在制定法中的思想内容对制定法的制定者而言也只有部分是清楚的,所以他们不再是思想的主人,思想不再如一贯认为的只是意志的奴隶;(3)通过解释我们可以发现制定法中包含着庞大的,有时甚至是无限的内容。而这些被表述的思想绝不可能是个别立法者的思想,而是全人类的思想。而立法者仅仅是给了这些思想特定的形式和表述。③

§2. 法律解释和一般意义上的解释的区别

我们须进一步论述上述的论点:立法者不能以私人的身份造法,而只能以他作为立法者的权能来造法。严格来说立法者只能

---

② "法除了是自身的意志之外什么也不是。"(Lex nihil aliud est quam ipsa mens.) See Bartolus, ad fr. 29 de leg.

* "而不是某个机关的产物"为英译者所加,德语版无对应表述。——中译者

** "文化内容"的德语原文为"Kulturinhalt",英译者翻译为"social labor",似为误译。——中译者

③ 埃利奥特(Eliot)提出了一种恰当的说法,即天才的语词比启发他们的思想具有更大的意义。George Eliot, in "Adam Bede".

使用制定法的语言。他平常所做所说的都只是私人的事务,而非立法事务。立法者只能用词语来表达思想,或者说使用那些包含着思想的语词。因此这一问题似乎有着另一个重要的层面。[④] 一个人可以假设在制定法中表述的思想是在立法者心灵中的思想,但又或多或少独立于思想者,因此似乎立法活动就产生了一个确定的文本,并且立法的结果仅仅是这一文本。如果这一文本隐藏着四种、五种或者六种不同的思想,其中的任何一种都可以从文本中被推导出来,那么在这种情况下制定法的语词就不只包含着一种确定的思想,而是所有的这些思想的某一个。这不意味着我们可以从这五种或六种思想中随便选一种,而是说从这五个或六个思想中选择正确的一个是法律技术的任务,而非心理学(个体心理学或社会心理学)的任务。解释制定法不只意味着发现隐藏在表述之后的含义,也意味着从文本可能承担的多种含义中选择必然是正确且权威的那一个。这一过程和在神学中的过程类似,当后者有必要去展示在圣事或者圣言(sacramental formula)中所包含的多种含义中的哪一个符合拯救的真理时。

§3. 如何发现真正的含义

包含在制定法中的思想可能是任何可以在制定法中找到的思想,因此一个制定法可以包含两种、三种、五种乃至任意种思想,其中的任何一个都可能是正确的。因此,解释的原则不仅要能帮助我们找到隐藏在文本中的可能的思想,还要能从所有可能

[④] 我没有在发表于《格林胡特杂志》(*Grünhut's Zeitschrift*, vol. 13, p. 1)的论文中表述这一方面,但是在发表于《每季评论》(Kritische Vierteljahrs-Schrift, n. s., vol. 18, p. 515)的文章中论述了。

的思想中找出正确的那一个。有许多可以找出正确思想的方法。此前,当我只考虑在第一部分中提到的观点的时候,我相信这一决定性的标准就是意图(intention,Entscheidende),并且我们可以或多或少地从那些推动制定法通过的人的动机中发现立法者心中的意图。而如今我不再相信这是最重要的标准,尽管我不否认这种观点有着一定的重要性。

最重要的标准应该是:在制定法的可能的解释中我们要去选择那个让制定法变得最为合理和有益以及能产生最有利的结果的解释。证成下面这个命题几乎是必要的:如果制定法有着最合理和最有效的含义,那么法律生活最为成功——这是不证自明的。法学的主要工作应该是通过使得法律史加合理来服务法律生活。这一真理由于主观解释的错误已经失去了光芒。当我们消除这一误解,真理又会变得清晰。如果根据这种方法我们可以找到制定法的许多意义,并且每一个都同样地好,那么我们就必须关注不同的法律条款之间的联系,并且采纳可以有机地建构制定法的解释。在这种情况下我们不得不特别关注在这个国家的法律的整体中众多规定之间的恰当联系。因为法的良好状态必然要求数门制定法彼此契合而不是表现为大量散乱而彼此无关的规定。

如果这还不足以得出一个清晰的结果,我们就可以考虑法律的目的并调查在那个法律被接受为提供社会所缺乏的事物的手段时,共同体在争论何种目的、有着何种担忧和欲求。这种方法是正确的。因为如果其他的解释都不能导向法律的目的,那么我们接受的解释不仅应当是最理性的,也应当能提供符合法律目的的内容。

§4. 随着社会情况改变的解释

接下来,我们要说制定法的解释不需要保持永远一致。认为有一种从制定法的产生到废止始终都揭示它正确含义的解释,显然是错误的。这种观点误解了法的目的,把法从实现目的的工具变成了理解世界本质的工具。然而,一个制定法,实际上只是一种改善状况的方法、达成特定人的目的的工具,一种为了促进文化的发展、压制一切不利于进步的因素、发展国家力量的手段。只有在把法作为一种可变的或可发展的实现利益的工具,或者把它作为文化发展领域的正面因素时,换句话说,只有法发挥着正面作用,且我们能正确地认识它,且法产生的结果符合目的时,法才是认知的对象。而法只能通过解释法律来认识。由于时代环境和社会状况的变化,相同的手段必然会产生不同的结果。忽视这些变化,并且坚持制定法必然如此前一般运行,那就像给成人喂婴儿的食物一样,就像为一个有着高度发达的工业的国家立一套和农业民族同样的法一样,就像无视黄昏和正午的日光的区别一样。既然我们已经认识到解释可以随着时代变化,制定法就可以有一定的弹性,由此制定法可以贴合变化的社会需求,并且即使在最初制定法律时的情形已完全变化之后,这套制定法依然能给共同体带来利益。

据此,一部制定法,是一种产生有利结果的工具,不是一种具有真值的现象。就像民族学一样,对于法而言,真值并没有什么价值。民族学原则在民族历史的不同时代有着不同的形式。因此，为一群人所接受的法律原则也要随时空的变化展现出不同的形式。如果认识不到这一点，把法当作一种需要寻找其真值的现象，并且把真仅仅视为从制定法本身如同自然本质一般演绎的结果，那就变成了经院哲学。经院学者不去思考什么是存在的。他们尝试着发现正确的结果而不是试着去发现最值得追求的结果。他们只认可一种正确的结果，而忽略了其他可能是有效的诸多结果。这样的观点类似于宣称某一个国家的风俗习惯是唯一正确的。

解释可以变化，并且必然变化。比如，《法国民法典》的解释在一百年内经历了许多变化。在国家生活中所有重要的事件都对解释的方向产生了影响。随着商业和工业的发展，许多过去没有人想到的规则，都从没有发生变化的法条中产生了。整个反不正当竞争法是从两个法条（第1382条和第1383条）中发展出来的，而最初没有人可以从中读出这样的意义。

§5. 有效解释的一个例子

因此，在解释制定法的时候人们应该首先考察其合理性，其次考察其体系的逻辑一致性，最后考察社会运动的历史。以下是一个例子。制定法就外观设计和发明作了不同的定义，而解释者可以根据制定法的定义方式从数种意义中选择一种。合理的选择是区分对自然力的使用和在空间中的布置。这种解释形式将给工业最大可能的保护，它是能想象得到的最为宽泛自由的解释，并最能够促进工业的有益产出。由于在空间上的布置既包含简单形式也包含复杂形式，因此，这种解释提供了从不同方面保护同一对象的机会,使其能够同时获得发明专利和外观设计专利。并且这样的解释能够使得我们的工业立法有一个确定的、有机的体系,并且保持这一体系的一致性。所有其他的考量都应该为之让步。尤其没有必要担心要求通过关于外观设计的专利权法的运动没有考虑到如此深刻的理由,而只是想保护相对于"真正的发明"而言不怎么重要的新点子。关于这个问题,从初期报告的表述或者政府辩论中也无法获得什么有价值的东西。可以证明,任何基于这些考量的解释都一定是有缺陷的,并且无法满足工业世界发展的正当需求。

§6. 立法者的意志

此前流行的解释方法都是错的。[⑤] 这些方法都忽视了精神创造的社会本质,也忽视了语词中隐藏的内容是无限的,还忽视了思想独立于思考或表达它的人。因为这些方法尝试将思想归结于意志的奴隶,它们必然会导出立法者的意志就是法的结论。然而,这一结论完全错误,且与人类思想史不符。这导致这些方法大幅缩减了思想内容,只把思想内容视为立法者实际上把握的且通过他们的意志传达到世界的思想。这些方法收缩了法学的范围,并用历史的随意性和个人的奇思妙想取代了体系的一致性。

即使我们假设立法者是一个绝对君主,单纯其意志本身就是法,这种解释方法也不正确。确实,这样的立法者在颁布法律后可以自由地由第二个释明性的法律来解释。然而这一解释并不

---

⑤ 我们可以在沙夫拉特(Schaffrath)和冯·哈恩(von Hahn)的作品中找到正确观念的萌芽;但评论者认为沙夫拉特的论点毫无价值,而冯·哈恩也被戈尔德施密特(Goldschmidt)等人猛烈批判。

因它释明了第一个法案而有效,而是因为它是一个新的法案。然而,为了使自己的意志能成为法律,这个绝对君主也必须在宪法中维持至少一种形式,比如公开形式。那么至少在他的意志成为法之前,*他的私人作品或日记就不能被用来解释他的法案。

然而,在一个有几个相互合作的立法分支的现代宪制国家中,这种方法就变得不可忍受了。在这样的国家中,无论法何时被通过,实际上被通过的都是语词。因为在那些与法案通过有关的人中,每个人都经常对法案有些许不同的理解。甚至在那些表示同意的人之中,也可能有几个不同的群体,每个群体对于同一个词语都有不同的理解,并且仅仅由于他们不同的理解而形成同意。如果在这种情况下有人还要严肃地坚持必须遵循立法者的思想,那他就只能得出这样的结论:由于立法机关的不同成员对词语有着不同的理解,这个法案根本没有被通过。所有人都会立刻拒斥这种荒谬的结论,除了一些敢于接受这样的结论的逻辑一致性的狂热分子。突破这种困境的唯一方法是通过抑制和任意的假设。人们尤为喜欢这种假设:政府理由书⑥中提到的任何内容,凡是未被议会明确拒绝的,都被认为是议会同意的。他们也认为任何一个议员提出了而又没有被反驳的事情都一定与议会的意见一致。这种理论导致人们过度夸大了一项法案通过之前的工作的作用。这样的观点都是错误的。一件事情是否在论辩中被提及取决于许多因素。比任何表示同意的意志更为重要的事实可能是,一个四处游走的演说家患了感冒,反对派的某些成员患有胃病,或者首都

---

*　"至少在他的意志成为法之前"为英译者所加,德语原文无对应表述。——中译者
⑥　"理由书"(Motiv)指德国议会实践中,附于政府提交的法案中的解释性报告。——英译者注

的吸引力和娱乐相比其他城市来说太强大了。确实,法的效力取决于一些议员的消化情况实在是一种奇怪的解释方法。议员没有提出一项议案,可能是由于一直在探讨前一个问题,或者由于某个成员感到疲劳,或者因为他一直在大厅里进行交谈。当你考虑到现实生活,所有既有的逻辑方法都是徒劳的。

因此,在议会报告或辩论中的宣言对于发现法的真实意义并没有什么重要性;它们至多能展示公共意见或人群中主流愿望的状态。然而,随着时间流逝,这种宣言就不比公众正在思考的其他证据重要了。一些报纸中的文章,或者一些对公众意见有着决定性影响的书籍,可能对于这一目的而言有着相对于报告和辩论中的任何事物都要大的重要性。这些辩论和报告的公布可能很重要,因为这其中往往包含着立法者的思想和感受。对于制定法的解释而言,这些东西没有特殊的重要性。滥用这些公开物的危险总是比它们的用处更大。因此,制定法颁布的时候不同时公开初期报告是一种更好的选择。这对于任何制定法都是适用的,尤其是对民法典,初期讨论的报告甚至并不正式并且也不充分。帝国法院如此评价这一报告:"此外,这一报告……对于制定法的意义而言不是决定性的。它只是一个不来自立法的私下的产物。它不想,或者说没有被授权去宣布制定法的含义。"[7]现在,我们要问,为什么那份报告还是被公布了呢?

§7. 扩张解释和限缩解释

在制定法中的思想通过语词来体现,语词就像机器的动力一

---

[7] *Decision* 51, p. 274 (May 3, 1902).

样。就像有的时候机器的某一部分会宕机一样——当机器的动力不足或过剩，就会成为机器正常运作的障碍——而制定法也是如此。如果所有的表述都按照其自然含义来理解的话，一个制定法就可能包含着两个思想。然而，如果我们考虑到这些表述中，可能有一个或几个是有隐喻的，或者某一个表述包含着不是它原本含义的或超越其本意的含义，那么在这个法条中就可能有六个更多的思想。这样就产生了一个问题，即假设所选择的表达方式曾经是隐喻、尴尬和不寻常的，那么法律科学是否可以在这种情况下选择考虑其他的思想？答案是肯定的。因为，就像在日常生活中一样，在制定法中立法者也不总是选择最平常、最保守和最字面上的含义作为表达方式。如果有人总是使用最普通、用得最多的含义，制定法的语言将丧失独特性，变得掉书袋、死板而迂腐。因此，如果每一个语词都小心地使用日常交流的准确含义，就无法表达一些重要的思想，或者只能用别扭的说法和折磨人的从句来表达。这会使得制定法看起来尴尬得像一个语言学的怪物。提到这，人们通常只会想到在这方面令人震惊的英国制定法。现在我们不能重蹈覆辙：这是因为，至少为了使制定法能够进入人们的头脑中，制定法也应该是一种文字艺术。否则民众永远也不会接纳制定法，他们只会认为制定法古怪且令人厌恶。这对民众的普法教育极为不利。

综上我们可以得出如下结论：在选择正确的意义的时候，法律人（lawyer, jurist）必须记住，为了仅按字面意义大致表达其全部含义，制定法的语词可能包含着隐喻或不使用其惯常用法；就好像如果有人要尝试解释一台机器的功能，他必须牢记机器可能有不完美的地方,原因可能只是组装过于匆忙或者整台机器不需要更高的精度等。

人们一般称上述方法为"扩张解释"或"限缩解释"。然而它们依然只适用于特例。在这些特例中,不使用这两种方法可能不能在质和量上精确地涵盖词语的意义。但人们不应仅知道扩张和限缩解释,还应该讨论一个能让制定法的思想脱离不精确的文本表述的新方法。这一方法不会使得制定法的思想在量上变多或变少,而是会发生质的变化。如果一种解释只停留在让解释出来的思想比文本的文义略多或略少,但不能完全超越文本文义并引进新的思想,那这种解释实在贫乏。例如,当制定法说"撤销"(objection),我们应当知道在特定情形中,它不是指一般法律意义上的"撤销"。我们可以认为这是在非技术性(untechnically)地使用该术语,它可能包含"解除合同"(crescission of a contract)的意思。另一个例证是专利权的"相对无效"这一术语。在专利权中使用这个词不意味着完全无效,而是与此完全不同的含义。[⑧]

§8. 对于不成文法的解释[*]

不仅成文法需要解释,习惯法也需要解释;但是解释后者的方法有很大不同。解释习惯法时必须从诸多习惯法规则中总结原则,并通过这条原则检验每一种特定适用的真正本质。在司法中,解释者的任务就是考量判决在何种程度上使用这样或那样的理由。也许在一个判决中有两到三个理由,并且其中的一个是基

---

⑧ See my *Handbuch des Patentrechts*, pp. 396 seq.

* 本节应为原书下一章的第一段。——中译者

于习惯法的原则。那么就会出现这样一个问题：习惯是否是引导法庭作出决定的真正理由，或者说它仅仅是一个或多或少有分量的考量因素，仅仅是"锦上添花"地影响了这一判决，而非其决定因素。这是英美解释法院判决的部分方法，他们由此来考察法院的判决是否权威。同时，还要考量以下问题：这些规则是否只适用于在这个案件中某个特定的事实状态或者即使缺乏事实的某个细节，这些规则也具有可以适用的一般性。

法院和立法

〔美〕罗斯科·庞德①
(卢 岳 译 徐子煜 校)

让我们引用下面一段话作为开篇:

毫无疑问,我们的法律与法律秩序过于混乱。它是无限的,没有秩序或者终点。那里没有稳固的基础,也没有确定的支撑;但是每一个能够粉饰理性的人都会阻止之前设定的最佳法则。一个行政长官的精明之处会使他变得懒惰并且破坏在此之前智者们产生的所有判断。在我们的普通法中没有可以依赖的稳固基础。岁月的审判是无穷无尽的,充满了反复无常的东西。法官并不一定要将这些视为规则去遵循,但是在他们拥有自由之后,他们有权按照行政长官的指示进行判决,而且他们也有权对通常情况下的案件进行判决。这使得我们的法律判决及其过程是无止境和无限的;这

---

① 罗斯科·庞德(Roscoe Pound),哈佛大学法学教授。本文为庞德于1911年12月28日布法罗美国政治科学协会的演讲,重刊于《美国政治科学评论》(*American Political Science Review*, vol. vii, no. 3, pp. 361 seq., August 1915)。脚注部分有所增补。——原书编者注

导致诉讼裁决需要很长时间。因此,为了彻底解决这个问题,我们的法律有必要采取优士丁尼在罗马法中采用的同样的补救办法,使这个无限的过程达到某个终点,去除这些冗长的法律,并且通过一些政治家和精英的智慧,制定一些更好的法律和条例。②

上文是斯塔基(Starkey)在一份呈递给亨利八世的对话中假雷金纳德·波尔(Reginald Pole)枢机主教之口所说的。如果说他们的对话并不令我们感到陌生,而且只需要将语言换成现代英语,就足以被混淆为是最近美国法律的"扒粪运动"的产物。那一方面是因为审判与立法之间的关系是一个常见的问题,另一方面是因为那个时期是一个在普通法时期之后的立法时期——而当今时代也正处于立法时期。在随后的立法活动中,克伦威尔对英格兰法律及程序进行的改革以无效告终,他谈到法官和律师时不得不表示:"洗鲁雅的儿子们的丰功伟业对我们而言太难了。"*再后来,也就是立法改革运动时期,边沁习惯于说法律是由"法曹群体"(judge and company)③制定的,也就是由法官和律师制定的,他还谴责律师"对立法机关的假想的失败抱着一种欣喜若狂的心情而窃笑,而他的审慎无论如何也无法说服他压抑这种心情"。随着现代议会立法的发展,法院与立法之间的关系已成为一个世界性的问题。在欧洲大陆上,过去的十年见证了关于这一

---

② Maitland, *English Law and the Renaissance*, 42.
* 洗鲁雅(Zeruiah)的三个儿子是大卫王手下的勇士,常常被合称。此处应该指改革法律像他们的事业那么难。——中译者
③ *Works*, Bowring edition, v. 369.

主题的伟大法学文献的兴起。无论是像在法国,对已经获得了教义学和法理学的固定注释的旧法典提出新要求;还是像在德国,新法典的原则在许多重要方面有待法学的进一步发展;或像在美国那样,一个迅速增长的成文法体系正在适应一个稳定的、不太灵活的传统原则体系——无论以哪种名义,司法方法已成为主要讨论的主题。甚至我们对违宪立法的司法权力问题也冲出美国,走向世界了。在南非,马伯里诉麦迪逊案(Marbury v. Madison)已经被适用罗马-荷兰法的法院引用并遵循。④ 随着对成文宪法的接受,这一主题在澳大利亚变得尖锐起来,并且在面对英国枢密院的相反决定时,澳大利亚法院和律师都坚持适用美国的学说。⑤ 如果我们牢记法院和立法之间的关系既不是一个新问题,也不是一个局部问题,我们将能更加冷静地多角度看待这件事。

根据精妙简洁的权力分立理论,三个完全不同的部门各自有若干排他的制定法律、执行法律以及面对争议时进行司法裁决的适用法律的职能。众所周知,任何地方都不存在权力的完全分离,而且我们在我们的宪法中划定的权力界限,也是历史性的而不是分析性的。但是权力分立理论本身,就其将司法职能仅仅局限于适用另一个非司法机关预先制定的规则而言,还延续18世纪的立法和法律概念,这是我们今天所不能接受的。

---

④ Brown v. Leyds, 14 *Cape Law Journal*, 94; "The Courts and the Legislature", 14 *Cape Law Journal*, 109; "The Judicial Crisis in the Transvaal", 14 *Law Quarterly Rev.* 343. 参见罗马尼亚的类似案件。6 Am. Pol. Sci. Rev. 456.

⑤ Deakin v. Webb, 1 Com. L. R. 619; Baxter v. Com'rs, 4 Com. L. R. 41, 63, 81; Cooper v. Com'r, 4 Com. L. R. 1304; Federated Ass'n v. New S. W. Ass'n, 4 Com. L. R. 488; Rex v. Barger, 6 Com. L. R. 41, 63, 81. See Webb v. Outrim, 1907, A. C. 81; Moore, *The Common-wealth of Australia*, 2nd ed., chap. 4. Cf. In re Award, 26 New Zealand S. C. 394.

18世纪的法学家们毫不怀疑,任何有能力的思想家都可以从抽象的原则中推导出一套完整严谨的法律体系,以供任何国家使用。他们认为法律体系作为一种建构,可以随心所欲地按照自己的权利理想重塑。因此,他们的法律科学的概念是对这一理想的发现和阐述,是一种不可改变、独立于人类认识的东西。由此,法学家们可以给立法者一部示范法典,给法官一块纯粹法律的试金石,给公民一份可靠的行为指南。只要人们相信这种绝对的自然法,他们就有理由主张,应该由立法者发现并制定这种示范法典,而法官只需要适用它。即使人们不再相信自然法,有两种流行的理论仍然坚持由此产生的司法功能的概念:其一是绝对法律原则的传统,法院发现并适用绝对法律原则,但这些原则存在于所有司法裁决之前并独立于所有司法裁决之外。布莱克斯通认为,司法判决仅仅由法律揭示,或是由成文法无法揭示的那部分法律所揭示。这一观点已经作为一个基本命题被接受。奥斯丁把它恰当地形容为:"我们的法官有着一种幼稚的幻想——判例法或普通法不是由他们创造的,而是一种奇迹般的东西;它们不是由任何人创造出来的,我们可以假定它是永恒存在的,仅仅是法官不时地宣布出来而已。"⑥从历史上看,它代表了日尔曼人的法律观念,赫斯勒(Heusler)告诉我们,在中世纪的每一本法律书籍中都能找到"造物为造物主的正义和真理而叹息"⑦这样的观点。这种传统在18世纪建立得很好,既适合于当时的法学理论,又适合于由此产生的司法机构理论。此外,这一理论还从其他观点中得

---

⑥ *Jurisprudence*, 4 ed., 655.
⑦ *Institutionen des deutschen Privatrechts*, §1.

到加强。历史法学家推翻18世纪的法学理论之后,他们遵从了欧洲大陆的一种学术传统,这种学术传统把历史研究局限于罗马法的文本,然后他们又在美国创造了一种学术传统,把法学家的研究局限于古典的普通法。因此,从表面上看,司法职能仍然纯粹是一种适用的职能。人们的分歧仅仅在于应该适用什么:对有的人来说是通常在立法中表达的主权者的命令;对有的人来说是可以在任何时候作为一个整体向立法者披露,并以法典的形式颁布的自然法;对有的人来说是由先前的判决揭示或由成文法宣布的普通法的原则;对有的人来说是隐藏在被学术传统限制从而只能通过历史研究和法律推理得到的法的渊源。在任何情况下,人们都假定法官在每一种案件中只是适用了一条先前独立存在的规则。

一位德国作家提出了这样一个公认的理论:法院是一个自动机器,一种司法的自动贩卖机。立法或公认的法律原则已事先规定了必要的机制,人们只需在上面列入事实,并在下面取出决定。"的确,"他说,"事实并不总是契合于机制,因此我们可能不得不重击或摇晃机器,以获得点什么东西。"但是,即使在这种脱离纯自动的极端情况下,得出的决定也完全不是由于重击和摇晃的过程,而完全是由于机器本身。⑧ 毫无疑问,这种关于司法裁决程序的概念经不起所有法律和政治制度都要经受的批判性审查。人们坚持要弄清楚,在法官发现和适用先存的规则之前,在哪里可以找到它,它以什么形式存在,它是如何、从哪里产生形式和获得权威的。而当规则似乎已经从法官的头脑中成熟地涌出时,我们似乎可以认为,司法职能只是解释和适用这一假设,最终导向了

---

⑧ Kantorowicz, *Rechtswissenschaft und Soziologie*, 5.

法院是在行使篡夺的权力这一结论。但正确的结论毋宁说是,我们关于司法职能本质的理论是不健全的。它是一种诞生于绝对和不可改变的法律时期的幻想。如果所有的法律规则都以不可变的形式包含在《圣经》、《十二表法》、法典、公认的法令大全或某些领域的惯例中(这些领域的原则由一系列先前的决定所揭示),那么在解释的外衣下进行的演绎和类推拓展不仅要应对新的情况,而且必须在同样的外衣之下隐藏所有法律被迫发生的一切不可避免的变化。今天,当所有人都认识到而且坚持认为,法律体系正在发展且必须发展,法律原则不是绝对的,而是随着时间和地点变化的,司法观念(juridical idealism)不可能比一个时代的观念更进一步的时候,我们就应该放弃这种幻想。分析法学家在揭示这种幻想时为法律科学作出了巨大的贡献,尽管他们认为应该制定一部完整的法典来结束司法立法过程——这表明他们只看到了真理的一半。因为法律的适用不是也不应该是一个纯粹的机械的过程。法律不是自身的目的,而是司法的手段。因此,在较宽的限制内,法院必须能够自由处理个别案件,以实现当事人之间的正义。任何对这些限制的大幅缩小,任何借由过多苛刻的规定对司法职能的限制都会很快消解法律存在的目的。法律适用不仅必须涉及逻辑,还必须涉及一定程度的自由裁量权。所有试图消除后一要素并使法律在其运作中完全机械化的努力都以失败告终。正义要求我们不要让案件事实符合规则,而要让规则符合案件事实。"无论是谁处理法律问题,"齐特尔曼说,"都必须同时是一个立法者。"[9]也就是说,在某种程度上,他必须为在

---

[9] Zitelmann, *Die Gefahren des bürgerlichen Gesetzbuches für die Rechtswissenschaft*, 19.

他面前的案件制定法律。

因此,在考虑法院与立法的关系时,首先必须分析司法职能。

在确定事实之后,一项有争议的司法判决一般来说涉及三个步骤:(1)发现适用的规则,(2)解释规则,(3)将规则适用于案件事实。第一个过程可能仅仅涉及掌握一份规范的文本,如法典或制定法,在这种情况下,只需确定规则的含义并加以适用。更常见的是,第一个过程涉及在竞合的文本中进行选择,或从竞合的类比中进行选择,因此必须解释几条规则,以便进行更明智的选择。这种解释常常用来指真正的解释,它表明现有的规则不足以作出公正的决定,因此有必要暂时提供一项规则。这项规则可能会也可能不会成为将来类似案件的一个先例。这个过程在所有的法律体系中都一直持续进行着而无论其形式如何,或其司法理论多么严格地把司法判决的功能限制在纯粹的机械化上。

上述程序的典型例子或许可以在《法国民法典》第5条中找到。该条文规定如下:"法官在对提交给他们的案件作出判决时,不得制定一般行为规则,也不得认为案件受先前判决的管辖而作出判决。"正如一位权威评论家告诉我们的那样,它的目的是防止法官形成一套管辖法院的判例法体系,并防止他们"通过司法解释纠正(已颁布)法律中的错误"[10]。在努力实现这一目标的过程中,法国法学家经过一番审查,现在一致认为这一条款并没有发挥实效。时至今日,面对法典和罗马传统,向法国学生讲授法律的初级书籍仍可以毫不犹豫地写道:司法裁决过程是法律的一种

---

[10] Laurent, *Droit civil Français*, i, §§ 250-262.

形式。⑪

上述所有三个步骤都通常被混淆在解释的名义下,因为在史前时代,当法律被认为是神赋予的和不可改变的时候,人类法官至多只能解释神圣的经文。分析法学家首先指出,发现新规则和解释现有规则是截然不同的过程,奥斯丁将它们区分为虚假的解释和真正的解释。因为他相信有可能已有一套完整制定的规则,足以应付各种案件,这使他认为虚假的解释在现代法律中是不合适的。⑫ 事实上,他正确地坚持了虚假的解释仅仅是幻想,且在今天的法律体系中是完全不合时宜的。但是,经验表明,理性应该告诉我们,这种幻想是为了掩盖司法的实际需要而编造的,除了最简单的争论外,提供一项规则来确定案由是作出判决的一个必要因素。近年来关于现代法典所提供材料的法律处理的讨论,使得大陆法系法学家将规则对特定案由的适用与较为普遍的解释问题区分开来。事实上,社会哲学家和社科法学家坚持认为司法的本质是对个人纠纷进行合理、公正的解决,在他们的影响下,法律的适用已经成为当今法学研究的中心问题。

考虑到法院正在进行的决定案由的三个步骤,即发现规则、解释规则,以及在发现和解释规则时将规则适用于特定争议,让我们参照每个步骤来考虑法院与立法的关系。

---

⑪ Baudry-Lacantinerie, *Précis de droit civil* (8 ed.), preface; Capitant, *Introduction à l'étude du droit civil*, 3d ed., 30ff. See also Demogue, *Notions fondamentales du droit privé*, 216ff.; Esmein, "La jurisprudence et la doctrine", in *Revue trimestrielle de droit civil*, i, 1; Saleilles, "Le code civil et la méthode historique", *Livre du centennaire du code civil*, i, 97; Gény, *Méthode d'interprétation*, §§39-59.(也参见第一章——原书编者注)

⑫ *Jurisprudence*, 4th ed., 1026-1036. See my paper, "Spurious Interpretation", 7 *Columbia Law Rev.* 379.

立法者最赞同这一观点:法律发现可以简化为真正解释这一简单问题;已颁布的一系列规则可以被制定得如此完整和完美,以至于法官只需为手头的案件事先挑选一项规则,加以解释和适用即可。⑬ 如前所述,这是 18 世纪的想法了。因此,腓特烈二世(Frederick the Great)的法典"意图将所有的意外事件都以非常细致的方式加以规定,以至于在未来的任何时候都不可能出现任何疑问。法官们在解释问题上不能有任何自由裁量权,而是要就任何疑点征求皇家委员会的意见,并且绝对地受到他们回答的约束。这种对法律的刻板印象是符合自然法学说的,根据这一学说,可以想象出一种完美的体系,对于这种体系,不需要作任何改动。因此,可以一劳永逸地制定出来这种体系,以应对任何可能的情况组合"⑭。边沁和奥斯丁清楚地认识到 18 世纪的自然法学说是站不住脚的,尽管如此,他们还是仍然认为有可能制定出一部完善的法典,并对现行法律作出详尽说明。因此,奥斯丁指出,《法国民法典》的一个缺陷是其成功的主要原因:它并不打算是完整的,而打算通过各种辅助原则进行补充和解释。⑮

众所周知,历史学派推翻了可能存在一个完整的、不可更改的法律的法律状态。不幸的是,历史法学家在相反的方向走得太

---

⑬ "这些决定使得该国的合法事务处于一种不确定的状态……在我已经向参议院引介的一项法案中,我看到了这种状态。它用通俗易懂的英语列举了所有联合抑制竞争的已知做法和权宜之计,并禁止任何人从事联合。"——参议员拉福莱特(La Folette)于 1912 年 7 月发表于美国杂志上的文章。

⑭ Schuster, "The German Civil Code", 12 *Law Quarterly Rev.* 17, 22. As to this notion of authentic interpretation, the maxim "eius est interpretari legem cuius est condere" and the breakdown of non-judicial interpretation by legislative bodies and royal coomissions, see Gény, *Méthode d'interprétation*, §§40–45.

⑮ *Jurisprudence* (4 ed.), 695.

远了。他们认为人类有意识地努力去塑造和改进法律是徒劳的。他们认为,法律是通过一个民族的智慧发展起来的,并在法律制度中逐渐体现出来。因此,他们认为法学家有责任研究这种发展的过程,并追溯其在现有法律体系中的影响,但绝不要试图干涉这种发展,因为有意识的立法就是尝试不可能的事。由于许多原因,这个理论在美国非常流行,而且在很大程度上,在它因社会哲学法学家的崛起而在其他地方被拒绝后,仍然在我们身边流行。因此,关于法院与立法的关系,我们有两种相互矛盾的理论。一方面,古老的分析理论——在这方面继承了18世纪的观点——认为可以事先实现关于任何主体的法律的完整的立法状态,而司法立法是不正常的,就其合理性而言只有在预见立法缺陷时才是正当的。另一方面,历史理论认为这种立法尝试是徒劳的,是做不可能之事的尝试,因此以法律推断和司法决定的方式来发展法律是正常的、总体来说唯一可行的方法。这两种理论都不完全正确。但现代立法的兴起以及由此产生的强制性法律观念使得前者得以延续,而在欧洲大陆实施现代法典的迫切需要,以及在英国和美国实施现代制定法的经验使得后者以这样或那样的形式作为法律职业的原则得以延续。例如,新制定的《德国民法典》没有试图成为一个18世纪的意义上的完美法典,我们恰当地认为这是新制定的《德国民法典》的优点之一。但也有德国的法典评注者反对它的一般性和它留下的发展空间,并指责它仅仅是一本制度教科书。[16]

---

[16] Endemann, *Lehrbuch des bürgerlichen Rechts*, §5. See Crome, *System des deutschen bürgerlichen Rechts*, i, §§9, 11; Kohler, *Lehrbuch des bürgerlichen Rechts*, i, §1.

事实上,人们对立法的态度随着萨维尼历史学派的瓦解而演变。虽然这是值得欢迎的,因为它使我们对努力改进法律的实效产生了急需的信心,但它正带来立法的绝对理论的回归,这种绝对理论在很多方面都不尽人意。我们确实说过,立法机关的活动是现代法律的一个基本事实。人民将会立法,任何试图阻止这种行为的理论都将徒劳地与不可动摇的事实相冲突。但同样正确的是,许多(即使不是大部分)这种立法活动也将会被证明是徒劳的,因为过去已经证明,只要它基于立法者可以事先提出一个充分和完整的计划的假设,这就足以应付所有争议,只要它假定法律的一般原则和法律体系的规则和教义适合立法,并且立法必须在这里占有一席之地,只要它继续保持这样的想法,即主权意志的表达可以通过"颁布"一则序言来赋予其与法律相同的性质。立法者和法院都必须吸取的一个法律史教训是,立法者不应过于雄心勃勃地制定普遍规则。

由于法律的基本理念是一系列司法判决背后的规则或原则,很明显,法律发现的权力必须被允许由法庭行使,且要由某种制度来管辖,否则我们应该由个人而不是依法律进行司法活动。人们最初有意识的尝试往往会建立这样一个纯粹的立法系统。但这样的方案很快就会过时,而且永远无法满足需要。因此,出现了三种纯粹的法学方法来系统化司法中的法律发现。(1)第一种方法,我们可以从所谓的概念法学出发。某些基本概念是从传统的法律原则中推导出来的,而手中案件的规则则是从这些概念中通过一个纯粹的逻辑过程推导出来。这种方法的优点在于它带来了确定性,因为在19世纪,商业和财产的需求无论何时都是最重要的,所以这种方法是最流行的。(2) 第二种方法是以传统体系的规则或者立法系统的章节为前提,并且根据目的或者目的与当时的社会状况之间的关系的某种理论来发展这些前提。目前大陆法系的文献中满是关于如何制定这种方法的建议。(3) 第三种方法是我们英美法系中的纯经验方法,正如米勒大法官(Mr. Justice Miller)所说的,司法的包容与排斥的过程。这种方法,从表面上看是粗糙的、不科学的,其结果也证明了这一点。事实上,这是自然科学家、医生和工程师所使用的方法,一种试验——假设和证实的方法。先天推理的初步结果不断地被经验所修正。在某种程度上,这种方法有着更加谨慎的优点。如果取得了公正的结果,那么就会进一步推进并且及时制定规则。如果结果不公正,就会采用新的方法,以此类推,直到找到最佳方法。即便存在缺陷,这种方法也比其他方法更经得起考验。谈到这种方法和它在英美法律中的影响,科勒——应该被认为是现代法学家的领袖,说道:"他们的科学并没有超越少数必要的起点,但是他们法律的实施要远远超过我们。"[17]

如果任何完整的立法计划都不能回避司法的法律发现,而且法律发现也可以通过已知的法律方法充分系统化,那么立法似乎应当首先提供新的和更好的前提,使法院可以从中开展工作,而不是通过大量的规则严格地束缚法院。在所有过渡时期,提供新的和更好的前提是一项可能的任务,也是一项必要的任务。在这样的时期,仅仅通过司法的包容和排斥,以及健全规则的发展来改善法律将牺牲许多诉讼当事人的利益,这导致法律的缓慢发展

---

[17] Geleitwort to Rogge, *"Methodologische Vorstudien zu einer Kritik des Rechts"*, iii.

变得无法被容忍。在许多方面,加快法律体系的调整以适应社会的需要已成为当务之急。更重要的是,在我们的英美判例法中,经常发生这样的事情:由于我们的法院过于追求制定普遍规则,我们的经验方法在法律体系的许多部分被概念法学所取代。在这种情况下,可能需要新的前提,因为社会不能等待逐渐转变的过程——尽管这也可以重新调整法律。但在这方面有两点值得注意。

首先,立法者必须记住,他制定的法律不是孤立的。它必须在整个法律体系中占有一席之地并成为其中的一部分。因此,立法者不能忽视他制定的法律与整个法律体系之间的关系。规则不能在法律体系中独立存在。只要人类的预见力是有限的且人类行为的多样性是无限的,法律推理就必须是法庭审理大部分案件后作出裁决的衡量标准。以我们所考虑的三种方法之一来运行的法律推理假定了一个规则或原则的体系。这种体系的干扰会对法律推理过程产生相应的干扰,这种干扰因素迟早会屈服于一般体系,否则一般体系就会屈服于它。在任何情况下,没有什么比法规与其所处的法律体系的关系,以及对其调整方式的研究和规定,会对法规的实际运作产生更为深远的影响。这是一个需要更多时间来解决的问题,而不是一个为可预见的适用的每一个细节作出规定就能解决的问题。

其次,需要注意的是,司法对立法作适应法律体系中的环境的调整这一正当功能容易被滥用,并且在不久之前,在美国法律中就有被滥用的情况出现。旧的法律和新的要素应该并且最终必须在法律体系中协调一致。但这并不意味着要以怀疑的目光评判新元素，或要求新元素必须严格遵守其条款的字面意思，并且如果把旧的法律中与新的元素不相抵触的所有明文规定的教义都加以解读，那么这些新元素就会被扭曲。遗憾的是，这种倾向曾一度显现出来，并且没有完全消失。在19世纪的美国法律中，许多因素结合在一起产生了上面这种趋势：我们许多州的立法的低质量；一种"法律是制造的"分析理论及这种理论的美国形式——法院决定它是什么；法官和立法者之间的关系（这种关系存在于这样一个体系：司法机构在发现法律时可以通过宪法规定来检验制定法的有效性）；保留了许多关于超越了人类变化的一系列规则的日耳曼概念的记忆的法律传统；最重要的是一种认为普通法学说已经终结的观念，这种观念部分来自日耳曼传统，部分来自后来的自然法概念，并被历史学派的学说进一步加固，该学派认为有意识地制定法律是徒劳的。法院与公民之间的大部分摩擦都要么是出于法律的目的，要么是出于立法权的目的。

让我们更仔细地研究一下法院与立法之间关系的这一特征。

固定的法律思维习惯是美国法律科学的特点。我们的法律研究几乎全都是历史的研究。我们对法律主体的专业思考几乎完全是从18世纪自然法的角度出发的。无论哪种情况，大体上都是以判例法开始以及结束的。请理解我，我一刻也没有低估这种在调整个人关系和处理具体纠纷方面的司法经验的继承。但我否认它在任何其他意义上包含任何超越这种经验的东西，而不是所有的经验都可以揭示行动的原则。然而，我们两个学派的法学家对此提出的要求要高得多。已经不止一次地表明，我们的历史学派是基于历史的前提给予我们自然法则。它使我国传统判例法的基本概念成为所有法律科学的基本概念。因此,它建立了一个确定的、专断的、外在的标准,以此来检验所有的新情况和新学说。该学派在我们的学术领域里有着几乎无可争议的优势。在整个专业领域和由从业者主导的法学院校的法律思维中,该学派基本上以另一种方式达到了同样的结果。除了来自几所伟大的法学院校的律师和法官之外,大多数律师和法官已经经过训练接受了18世纪的自然法理论。直至最近,所有的法律教育,无论是在学校还是事务所,都是从布莱克斯通的研究开始的。也许所有严肃的事务所学习,都始于布莱克斯通,或是当今美国的一些模仿者。我们最新出版的、自命不凡的制度性著作阐述了自然法的概念,却丝毫没有暗示任何可能站得住脚的其他观点。一些法学院校仍然将布莱克斯通作为第一个教学内容。在另一些院校,布莱克斯通是录取考试或录取后的规定阅读的对象,或者存在所谓的基本法课程,而复制18世纪法学理论的文本是教学的基础。因此,学者和律师一致认为,曾经一度彻底成为美国律师信念的普通法教义是普遍法律秩序的一部分。当他谈到法律时,他想到了这些教义。他认为《宪法》和《权利法案》宣布了这些教义。他认为制定法与它们保持一致。通过法院对违宪立法的权力,他强迫这些教义进入现代社会立法。用布雷克顿(Bracton)和科克(Coke)的话来说,他提醒主权国家的人民,他们是受到上帝和法律的统治的[18],他的意思是,这些被认为是所有宪法所遵从的,且超越立法的教义,是衡量国家活动的标准。但是,英美判例法的基本概念绝不是当今流行的那些概念。由于那些概念在许多细

---

[18] *Prohibitions del Roy*, 12 Rep. 63.

节上与当前的正义观念格格不入,而且往往与现在经济和社会思想脱节,因此即使没有积极的力量来对抗这些原则,人们也不大可能完全默认这些原则。确实存在这样一股力量。因为流行的主权理论——人们可以称之为经典的美国政治理论——深深植根于人们的心灵,就像18世纪的法律理论深深植根于律师们的心灵一样。外行们在学校里接受过这种政治理论的教育,他在报纸上读到这种理论,他在7月4日,在政治演说上和在肖托夸演说中听到过这种理论,他很少或从未听说它受到质疑。因此,他对此如同律师对待法学理论一样十分肯定。如果律师会把所有不符合他们学说的东西污名化为违法的,那么一般人也会把与他们的理论不一致的东西污名化为篡夺。

法律人相信法律的原则是绝对的、永恒的、普遍有效的,并且法律是被发现的,而不是被制造的,然而人民依旧坚信法律是可以被制造的,并且他们有权制造法律。对于法律人来说,国家之所以强制执行法律仅仅是因为它是法律;然而对于人民来说,法律之所以为法律是因为国家反映了人民的意愿。对于法律人来说,法律高于一切意志,然而对于人民来说,法律只不过是普遍意志的表述。因此,当法律人认为他在执行法律时,人们常常认为他在推翻法律。法律人认为人民的所有行动都受到宪法的法律限制,并且宪法只是被重申,并非被创造;而人们认为他们自己是所有宪法和限制的创作者,是最终判断其意义和效力的法官。这种法律人与人民之间的理论冲突削弱了法律的力量。法律人的理论常常导致他对立法缺乏重视,或者按照他所认为的真正的法律的紧急情况来塑造和扭曲立法。但对于那些不同意这一理论的人来说,这似乎是一种凌驾法律的行为。外行在这种对法律人的印象下苦苦思索,无法理解为什么法律人会垄断这种便利的权力。同时,人们认为法律只是人类意志的有意识的产物,这一理论往往产生武断和考虑不周的立法,不能令人满意地适用于实际争议。

因此,我认为,源于18世纪的绝对理论,是法院与立法之间产生摩擦的主要根源。目前这种摩擦的原因已经消失,那么由此造成的法律体系中的困境也应随之消失。一方面,应更加谨慎地立法,从更好的方向出发,并以更好地理解立法可以实现和应该实现的目标为基础;另一方面,普通法具有终结性的观念的消逝,即使不是现在,也肯定是近期会发生的事情。与此同时,司法对立法的态度也发生了明显的变化。将1880年至1890年的报告与今天的报告相比较,这种变化非常显著,当人们回顾1890年至1910年的裁决时,就会发现一种先进的自由化趋势。总的来说,这场运动在法院的进展要比立法机构快得多,尽管这其中有些州是明显的例外。如果我们要使现代社会的立法作为法律体系的一部分发挥效力,就不能像我们通常规定的那样,要求赋予法官最强大的最高权力。

我们现在转向解释问题,我首先必须说明,这里指的是真正的解释,是真正确定立法条文含义的解释。然而,这个问题与一个更困难的问题息息相关,就是如何把法律条文适用于手头的案件,因此,在某种程度上,我们可以把它们放在一起来看。在过去,整个复杂问题——找到一个适用规则,找到后解释并应用它——被称为解释。这导致了一种普遍印象,即所有的解释都涉及立法和个人因素,而这一因素只属于法律发现的范畴。因此,目前的普遍要求是,我们的法院对宪法条款作出虚假的解释,而与此同时,人们抱怨说,通过发现和适用法律的一般程序,法官无视了成文法。我们不能太清楚地说明,法律发现——如果你能够接受,也可以称之为司法立法——是一回事,真正的解释是另一回事。在处理制定法时,因为从案件的性质来看,所有的诉因都是立法者不能预见的,除非我们要求法院掷骰子或抽签决定,否则法院就必须进行这种法律发现或司法立法或虚假解释。但在宪法中,问题仅仅是立法行为是否必须服从宪法条款所体现的国家最高法律,这个问题只能是一种真正的解释。事实上,在有关法定货币法案的第一个裁决中,以及在偶尔的其他情况下,对立法权力的隐含限制是通过类推得出的。但是这种隐含的限制,如果存在的话,必须隐含在事实中。惯例性宪法的理念,即所有政府发布的权利法案只是宣言性法案的原则,只是自然法另一个阶段的观点,并且对这一原则的应用仅意味着普通法基本原则理念发展的终点。在我们许多州的法院里,这种想法已经成为适用权利法案条款进行宪法判决的祸根。事实上,这种想法在那些制定权利法案的人的思想中有一定的正当根据,如果这些想法是法定条款,那么它们可以被类推地扩展为普通法学说所宣称的东西,从而可能会得到采纳。因为我们的人权法案代表了18世纪的愿望,即描绘哲学、政治和法律的永恒图景,对于那些相信自己在每个方面都已经实现了终极目标的人来说,这种想法才是恰当的。我们宪法的第一阶段就受到这些思想的影响。但是,当时的立法机构愿意按照预先描绘的图景行动,甚至即使没有这样的宪法规定,立法机构也会如此行动。那个阶段对法院的指责是,法院通过解释扩大了政府行为的可能性。例如,他们允许联邦政府做很多宪法所不允许的事情。随后,一个对社会问题进行强力立法的时期开始了,对法院的指责也发生了变化。现在有人认为法院的解释过于狭隘,各州的和国家的立法机关,都被剥夺了属于它们的权力。确实如此。正如司法经验告诉我们的那样,固定不变的立法是不明智的。人们发现,18世纪的政治和法律图景并不合适(于今天)。至少我们发现联邦宪法的原始草案删除了权利法案是明智之举。在他们那个时代不需要这些东西,在我们这个时代也不需要。的确,由于人们认为权利法案是宣示性的,适用权利法案要根据假定的第一原则进行推理,而不是适用条款本身,因此,权利法案的规定有所加深;但随着普通法终结观念的衰落,这种做法正在消失,并且目前的报告显示,除了少数明显的例外,联邦法院和州法院都明确拒绝这种做法。因此,在虚假的解释逐渐失去其在宪法司法解释中的唯一立足点的同时,公众却强烈要求通过一种虚假解释的过程来消除或减轻这些无可争议的限制,何其不幸!

　　以解释的名义来称呼法律发现的司法程序的幻觉导致了这样的误解。它使人厌恶直接改变任何重要的法律学说。人们呼吁"解释"法律,但这种解释是虚假的解释,它其实是立法。而且,将一个令人讨厌的规则解释为不存在,而不是通过立法公正、干脆地直面它,是造成很多混乱的根源。然而律师被训练成一个古老的普通法学说的承载者,对公众有很大的影响力。因此,如果法律不能很好地发挥作用,那么,正如边沁那一句充满讽刺的名言所说,"永远不是法律本身有错,而是某些邪恶的法律诠释者,腐蚀和滥用了法律"[19]。因此,我们的司法系统承受了不必要的压力,法院的许多工作本应由立法机关来承担。

但是,就立法本身而言,在发展一个更好的解释和适用体系方面还有许多工作要做。范德雷肯(Vandereycken)认为司法解释的发展有三个阶段。[20](1)字面意义阶段,是指以字面意义上的确切词语作为唯一的衡量标准。(2)在逻辑阶段,法律被认为是由立法者的意志构成的,对立法者意志的遵从取代了对前一阶段规定的公式的遵从。我们大多数的普通法解释都属于这个阶段。我们认为真正的解释是通过逻辑方法来确定法律作者的意志的一种尝试。(3)在实证阶段,法律与其说是立法者意志的产物,不如说是社会通过立法者产生的东西;法律是经济和社会力量通过立法者产生并在立法者的话语中表达出来的产物。因此,文本和上下文不再被认为是一个全面充分的指南。参与制定的情况也不是决定性的。最重要的是,必须考虑到社会生活的迫切需要,必须考虑到为之服务的社会目的,必须考虑到可能出现的不同解释或适用对由此统治的群体的影响。科勒是这一观点的先驱者和拥护者,他已经将这种方法应用到制定的新《德国民法典》中,他的阐释值得引用。他说:

> 迄今为止我们都犯下了没有察觉到立法的社会意义的错误。在历史科学中,人们早已接受了,是社会而非个人创

---

[19] *Fragment on Government*, xvii.
[20] *L'Interprétation juridique*, §§236 ff.

造历史这一真理；然而在立法科学中，我们却假定立法者的人格实际存在。我们完全忽视了立法者是一个处在他时代的人，完全忽视了立法者置身于他那个时代的文化，完全忽视了是立法者那个时代的思想塑造了他。我们忘记了立法者必须借助从他生活的时代的文化氛围中获得的观点和概念来进行工作，也忘记了他必须使用有着数个世纪的历史的语词，这些语词的含义由持续了数千年的社会进程所规定，而非由个人的选择决定。相信立法完全取决于立法者的意志显然是一种对世界历史的完全非历史的态度。这种观念应该完全从法律科学中排除出去。因此我们可以认为，我们不能根据立法者的思想和意志来解释制定法，而应该社会地解释制定法，将制定法解释为是组成立法者的全体人民的产物而不是某个机关的产物。[21]

值得注意的是，德国的"法学家协会"（Juristentag）已经对作为拟议立法基础的现行法律的社会影响进行了法律-社会学调查，而且一段时间以来，至少某位德国法学教授一直举办专门研究这类问题的研讨会。[22]

如前所述，我们传统的习惯法解释属于第二种类型。但是这个国家已经开始出现类似社会学解释的东西。布兰代斯（Brandeis）先生提交的关于穆勒诉俄勒冈州案（Muller v. Oregon）和涉及

---

[21] *Lehrbuch des bürgerlichen Rechts*, i, §38.
[22] Kantorowicz, *Rechtswissenschaft und Soziologie*, 9; Ehrlich, "Die Erforschung des lebenden Rechts", *Schmoller's Jahrbuch für Gesetzgebung, Gewaltung und Volkswirthschaft*, xxxv, 129.

伊利诺伊州法规关于妇女劳动时间的案子的案情摘要显示了在这方面可以取得的成果。[23] 最近,法院就工人补偿法的合宪性作出了裁决,这表明,我们法院的良好判断力正在引导它们为自己开发一些这样的方法。[24]

此外,关于解释,我认为我们的任务是:(1)摆脱绝对理论,特别是普通法具有终结性的教义的残余,(2)废除那些应该立刻、直接废除的法律规定,而不是通过虚假的解释要求来间接废除,以为将来蓄积祸害,(3)首先是发展一种社会学方法来适用规则,并在需要时,用法律发现的司法权来发展新的规则。

今天,一种完全不同的观点正受到许多门外汉的青睐,并被政府和政治学教授所倡导。他们最近建议,应该将法院的解释权赋予某些行政机构,因为他们假定行政机构更接近民意。这样,法院的任务将局限于适用规定了的和经过了解释的规则上。也许已经有足够的言论表明,脱离裁判的解释是不切实际的,试图将裁判功能和解释功能分离是徒劳的。但是,如果真正解释仅有的功能都被抵消——当然,虚假的解释就是立法,而且从理论上讲,行政委员会和法院一样都不适合进行虚假解释,而且从实际来看,具体地行使解释权显然比抽象地行使解释权更好——那么我们还能做什么呢!

格雷教授说得很好:

---

[23] 参见以下案例的摘要。Muller v. Oregon, 208 U. S. 412; Hawley v. Walker, 232 U. S. 718; Miller v. Wilson, 236 U. S. 373; Bosley v. McLaughlin, 236 U. S. 385; Ritchie v. Waymen, 244 Ill. 509; People v. Schweinler Press, 214 N. Y. 395; Stettler v. O'Hara, 69 Ore. 519.

[24] Opinion of Iustices, 209 Mass. 607; State v. Creamer. 85 Ohio St. 349; State v. Clausen, 65 Wash. 156; Borgnis v. Falk. 147 Wis. 327.

一种根本性的误解盛行于所有关于法院处理制定法的书籍中。人们通常认为,解释的主要功能是发现立法机关的真正意图。但是当立法机关在某一时点上以这样或那样的方式表现了真正的意图后,无论如何都不会产生任何关于意图是什么的怀疑。如果这就是法官和制定法的所有关系,那么制定法的解释,将不再是法官职责中最困难的一项,而会变得极其容易。然而事实上,当立法机关没有任何意图时,当出现立法机关从来没有想过的关于制定法的问题时,当法官需要做的不是确定立法机关在它所想到的一个问题上的意图,而是猜测如果问题出现了,立法机关对没有想到的问题有什么打算时,所谓的解释困境就产生了。[25]

而且,上述实验曾在腓特烈二世的法典中进行过尝试,结果正如我们预料的那样,彻底失败了。那我们为什么希望行政委员会比立法机关更有远见呢?这是整个法律史给我们的教训,即我们最多能预先制定前提或指导原则,而适用的细节必须是司法实验和司法经验的产物。

在一个被广泛引用的14世纪的案件中,律师提醒民事诉讼法庭,如果该法庭不遵循自己的裁决,那么没有人能够知道什么是法律。其中一位法官提出意见,认为法律是法官的意志。"不,"首席大法官纠正说,"法律就是理性。"[26]在意志和理性的对立中,我们找到了问题的根源。纯粹的意志从来不能维持自己的

---

[25] *Nature and Sources of Law*, §370.
[26] Langbridge's case, Y. B. 19 Ed. III, 375.

法律地位。我们因统治者的意愿被无视而产生的不满必须和詹姆斯一世爆发的怒气放在一起——"难道我不像我的法官一样理智吗?"[27]——和腓特烈二世企图将法律的所有解释权交给皇家委员会放在一起;和《拿破仑法典》阻止法官造法进一步发展的徒劳尝试放在一起。没有任何手段可以让君主——无论是神权君主(King Rex)还是人民君主(King Demos)——将纯粹的意志写入法律,以维护司法的实施。

总而言之,我认为法院与立法之间的关系所涉及的困难来自:(1)过于冗长的立法,给法院强加了太多硬性的细节规定;(2)粗糙的立法,让法院去弄清楚立法机关打算做什么而却没有做;(3)绝对理论,法律和立法都导致了法院和立法机关试图制定太多的普遍规则,试图将当时的观念永远定形为法律,有时导致法院过于强烈地执行传统体系的教义,而牺牲了较新的原则;最后(4)同样重要的是,对规则制定后的执行问题关注不够。执行和适用是法律的生命。但是我们把所有的精力都花在制定规则上,并且似乎依赖于它们能够证明自己是正确的信念。最重要的是,注意程序和规则的执行及其在实践中的适用将缓解目前的紧张局势。被许多详细的规则束缚着的清教徒理想的司法机器,已被证明是无法满足需求的。如果法律的历史可以证明,出路就在于强大的法庭,它们拥有伸张正义的全部权力,遵循立法者制定的原则,但不受无限的规则的阻碍,那么就没有人能够预见法院行动产生的全部效果。

---

[27] *Prohibitions del Roy*, 12 Rep. 63.

英国法中司法功能的运行

〔德〕海因里希·B.格兰①

(杨蕙铭 译 曾立城 校)

§1. 近来的法律改革方案

§2. 自由法律发现

§3. 英国法院与法律发展

§4. 采纳程序性规则的权力

§5. 遵循先例的制度

§6. 遵循先例制度的实践效果:优点

§7. 遵循先例制度的实践效果:缺点

§8. 遵循先例制度的实践效果(续):进一步的缺点

§9. 英国法律难以驾驭的状态

§10. 法典编纂

§11. 无法践行的自由法律发现

---

① 海因里希·B.格兰(Heinrich B. Gerland),耶拿大学教授。本译文的原文是在埃尔朗根法医学会上所作的一篇演讲,发表于《民事诉讼法研究》(*Zivilprozessrechtliche Forschungen*, edited by Dr. Richard Schmidt, Heft 6, Rothschild, Berlin, 1910)。英译者为埃内斯特·布伦肯。——原书编者注

§1. 近来的法律改革方案

从历史角度考察各种现代法律改革运动的尝试,与其说是在分析这些运动的目的,不如说是在分析导致这些运动的原因,这种角度似乎非常有趣。这种探究甚至可能比考察关于这种运动的目标和宗旨是否合乎目的具有更为永久的价值。首先,我们应该得出一个不那么偏颇的结论,学会理解和体会每一场改革运动的历史理由。此外,我们还应当熟知某些客观事实,即使是最聪明的推理,也总是或多或少地保留着明显的主观特征。最后,我们应该学着去了解法律生活的变化与每个时期的重大文化运动之间的关联。正是这种关联,往往会成为解释一场法律运动的终极意义及其终极目的的优先手段。我也无需进一步强调这样一个事实,即这种全面研究是唯一可行的方法,我们可以通过这种方法去评估改革趋势本身及其实质性内容的真正价值,或者至少可以将其当成重要的东西加以体会。

我们可以充满把握地断定,在我们这个时代最有趣的法律改革运动中,有些运动并不是直接反对特定制定法(如"刑法"或"民事诉讼法")中的规定,而是针对法律状况和法律实施机构(法院)的模糊和普遍不满的产物。我们无法不把这一运动的存在纳入考虑,因为无论我们对这一运动理由持有什么意见,从政治视角来看,它都是重要的。

这一运动对我们法院的运作提出了批评。"现实生活的陌生人"是这些改革者对我们的法官使用的一种最礼貌的说法了。这些攻击与其说是针对我国法体系的内容,不如说针对的是司法的方式。在这场运动中,我们很容易识别出两种倾向。一类批评者从我国法院的组织入手,认为它是有缺陷的。据说,由于聘用了大量法官,因此不可能完全由真正有能力的杰出人士来实施法律。大致可以说,他们的战斗口号是:给我们一些人!把我们所需要的那种天才法官给我们!他们要求改变组织结构,但仅限于实现他们的真实要求所需的程度。他们反复要求大家注意的重要之事是:由于我们法庭的组织方式,大多数法官并不真正适合于履行他们的职务以及这个时代所要求的那些职能。

与这一趋势截然不同的是另一种思想潮流(阿迪克斯[②]是最有力的代表)。表达这种观点的人也强调了当今的法律实施存在缺陷,但他们认为错就错在法官对于制定法所采取的态度上。他们认为麻烦的原因并不在于法院的组织方式,而是法官在对待法律规则,特别是成文法的方面缺乏自由。他们说,法官是成文法的奴隶,是法典的顽固崇拜者,而不是法律独立发展的塑造者。因此,这一方的拥护者并不打算改变法院现有组织的原则。不过,他们确实提出了一种新的解释方法。最终,他们赞成所谓的"自由法律发现",根据这种方法,此后法律仅仅是指导法官的一般性指南。法官真正的职责是找到如前所述的存在于每一特定事实状态中的法律。他会把在每一个单独的具体案件中所产生的社会学考虑填充进成文法的一般形式中去。[③]

[②] 然而,阿迪克斯试图使自己免于这样的指责,也即是,只要求法院组织的改革,而不是坚持程序法上的修正。Comp. *Aschaffenburg's Monatsschrift*, vol. iv, p. 13.

[③] 当然,我并非不承认,在改革者的著作中,这两种观念是紧密交织的。我的意思并不是说,在我们面前有着两个外在分离的改革运动。我的目的是表明在这个运动中可以区分出两种不同的观念进路来。这些观念的独特性并不因为它们在特定情况下存在外部关联而有所改变。

§2. 自由法律发现

我已经说过,对这些不同趋势进行历史探究会是非常有趣的尝试。尤其是对于最后一种趋势,可以肯定地说,在法律领域,这只不过是整个文明领域所共有的一种运动的表现。这些新旧学说之间的斗争以一种新的形式,又一次地重复着总是激动人心的进程,并且将来会继续如此。因为归根到底,这是厄尔特曼(Oertmann)所说的个人主义和客观主义之间的一场较量。[4] 自由法律发现的追随者反对成文法字面的绝对统治,据他们所说,这过于僵化和形式化,以至于不能适应实际生活中不断变化的需求——就像当年的自然法学派反对绝对政府的全能性,反对人有不可剥夺的权利一样。的确,他们急于在社会学理由的掩护下,掩盖他们所提出的方法的随意性,然而这并不够成功。但很明显,这一切不过是在宣扬一种新自然法,如同传统自然法一样,没有终极基础,只是主观的突发奇想。新旧自然法仅仅在一个方面有着明显差别:新自然法具有纯粹的司法特征,而传统自然法学派具有的主要是一种政治观点。

几乎没有必要指出,在提出这些主张时,我想到的只是那些实际上要求法官独立于成文法的自由法律发现的代表人物。我完全不考虑那些支持完全不同的看法的人只是提出了一种新的解释方法,但希望保留法官必须受制定法约束的原则。我们现在要处理的问题就是这个命题:如果法官认为制定法的规定不符合实际生活中公正的要求,那么赋予法官无视内容明确的制定法的

---

[4] *Gesetzeszwang und Richterfreiheit*, Erlangen University Programme, p. 3.

权力,或者使用常用的现代概念"权利"⑤,这是否可行?换言之,我们的法律是强制性的,还是仅仅是指导性的?我们现在暂不处理的另一个问题可能是:法官在多大程度上要受到立法者的约束?应让法官对制定法进行何种程度的补充?就此而言,下一步就是要探究法官应该如何着手补充制定法。我相信丹茨在其《私法行为的解释》(*Auslegung der Rechtsgeschäfte*)一书中已经对这个问题作了详尽而令人信服的论述。⑥

§3. 英国法院与法律发展

如果能详细考察上文所简述的命题,尤其是追溯法律史与文明的一般发展之间所存在的对应关系,这将会非常有趣。然而,这不能成为我们目前论述的主题。相反,我们会从另一个角度来探讨这些问题。那些认为自己发现了我国法院堕落的真正原因是组织缺陷的学者,以及以自由发现学派为代表的学者(我会特别提到埃利希),都将英国列为一个典范,同时英国也是他们主张的例证。他们说,在那里,所有这些东西都可以在实践效果中找到,而在国内,我们只能把这些东西当作理论上的愿望来讨论。现在看来,英国法院及其组织的现实情况与德国改革者的想象大相径庭,这一点已经得到了充分证明。⑦ 然而,我们也应该收集一些历史材料,这些材料有助于阐明法院与法律之间的关系,特别

---

⑤ 这里暗指"正确法"(richtiges Recht)或"符合正义的法",是由施塔姆勒引发的风潮;见本丛书第8卷中他著作的译文。——英译者注

⑥ 2nd edition.

⑦ Comp. Especially my paper on *Die englische Gerichtsverfassung in ihrer gegenwärtigen Entwicklung und die deutsche Gerichtsreform*.

是要去仔细研究一下英国法官是否真的习惯于去做那些对我们自己的法官要求得越发强烈的事情。这样的研究似乎更为可取，因为德国作者(再次提到埃利希[8])把英国法官比作罗马裁判官，这令我们感到惊讶，而同时在英国作者当中，这种想法被最富有学术声誉的人(例如布赖斯[Bryce])予以了最强烈的否定。

因此，我希望讨论英国法官与英国法及其发展之间的关系问题。然而，我必须将我的主题限定在某个方向上。我并不打算进入关于英国法官为了解释已制定的法律所采用的方法的讨论，尽管这类论述已经相当全面而系统，比起仅仅为了我的目标而挑选出来的案例而言，无疑更有助于我们认识英国和德国的法律解释的异同。由于每个单独案例都具有各自的特殊性，这往往会妨碍对于一般原则的深入了解，或者至少会使理解变得异常困难。正如我说过的，我们在此不会讨论英国法院对法律的解释，可以把我们的主题界定得更狭窄一些，试图回答这样一个问题：英国法院在何种程度上对本国法的进一步发展作出贡献？

在这一点上，我们必须区分两件事。一方面，我们注意到，法院直接行使立法职能的情况并不罕见，它们自己为各个法院制定了程序规则，或至少参与到了这些规则制定的过程当中。另一方面，我们发现，法院在立法事业中发挥着间接作用，遵循这样的规则：法院所作裁判的效力并不仅限于具体的待决案件，而是超越了这一范围，成为一条新的法律规则。通过对案件作出最终裁判，法院不仅实施了司法行为，也实施了立法行为，正如某个英国

---

[8] *Freie Rechtsfindung und Freie Rechtswissenschaft*. 这部作品本身就非常有趣，而且清楚地表达了阿迪克斯后来讨论的许多观点。

习语所说的——创造了一个先例。法官成为法律的创造性生产者,确立了一项新的规则。我们几乎无需强调,正是这种可能性对我们来说才是最有意义的。自由发现的拥护者提请我们注意的正是英国法院的这一功能。在大多数情况下,我们的学者只是偶然提到了英国法官在制定程序规则方面的作用。[9]

§4. 采纳程序性规则的权力

首先,让我们谈谈英国法官对于通过程序性规则的参与情况。在此我们应该注意到:从纯粹的技术角度来看,在英国,调整法院组织的制定法和提供程序性规则的制定法之间并没有区别。同一制定法既会设立一些特定的法院,也会对其程序模式进行规定。然而,制定法并不规定程序的所有细节,而是本身限制在一些或多或少全面的一般性方向上。这些细节由所谓的"规则"来规定,类似于我们所说的"执行性规定"(Ausführungs-Bestimmungen)或实施性规定(executory provisions)。这些规定自然比制定法的规定要多得多,也重要得多。高等法院和上诉法院的程序规则不少于1045条,而1873年的司法组织法(Judicature Act)总共只有100条。因此,合适的程序法是在"规则"中发现的。

在制定法的授权范围内,这些规则具有制定法的效力。此外,这些规则的法律效力是不受限的,除非明文禁止,或作为授权通过这些规则的特定制定法的一部分,即使是制定法条款也可以由规则来修改。法院通过的规则即使对制定法进行了减损,也可能是有效的,这一点表明,有些制定法明确禁止通过这些规则修

---

[9] *Englisches Richtertum im Court of Criminal Appeal*, pp. 41 seq.

改特定的制定法条款。除非那些规则可以修改制定法,否则这就毫无意义了。

英国法官对于程序法发展所做的贡献似乎应该受到重大关注。有人可能会提出这样的问题:为了避免某些可被反对的特征,把类似计划引入德国,这是否并不可行。诚然,我们联邦制的组织形式会增加一些困难。然而,在此只能提及这个问题,不能作进一步的探究。⑩

§5. 遵循先例的制度

我们现在开始讨论我们要处理的第二个问题。那就是英国法院以何种方式通过其判决去影响本国法律发展的问题。这的确是法院立法职能最重要的特征。正如开头所说,规则是指某些法院的判决对其他法院具有约束力。因此,在一定范围内,这些裁判不仅仅是在本案中确立当事人之间权利的规则,还是能够超越具体案件的持久效力的一般性规则。除非只是重申现有的规则,否则这些裁判实际上是在制定新的法律。这些创造性的决定共同构成了所谓的判例法,它是介于制定法和普通法(指传统习惯法)之间的一个独特的法律类型。

现在,如果我们更仔细地研究一项裁判决定如何能够同时成为立法行为的问题,我们就必须从现行法不能因法院的裁判而改变这一原则出发。这同样适用于判例法和习惯法。因此,裁判只是对于现行法进行补充。裁判决定通过填补漏洞的方式制定新

---

⑩ 翻译中省略了文本的几个段落和一些注释,包括规则通过的可能方式以及授予规则的形式的描述。——英译者注

的法律,但在已经有法律规定的情况下,裁判只能是宣示性的,而绝非构成性的。就这一点而言,英国法官和我们的法官一样,完全受到法律的约束。根据我国法院组织的主要原则,法官的独立性受到法律的限制,这一原则在英国实行的方式与我们完全相同。然而,当法院宣布法律是什么的时候,必须确定法律是如何得到解释的,在这个程度上,裁判决定是具有约束力的。因此,每一项裁判在目前要说明的范围内,都是一种权威性解释,既然如此,裁判就不再仅仅是宣示性的,而是成为一种创造性的立法行为。此外,在解释法律时,我们认可一条非常重要的原则,即法院不能使一项规则的适用导致荒谬的后果。[11] 我们丝毫不怀疑,经由这样的规则,法官实际上被提升到了高于法律的地位。虽然在我们这里,有一条格言是得到无条件遵守的,即"错误的法律也是法律"(lex falsa lex est)[12],但在英国,原则是法院会纠正荒谬的规则,格言的内容是:"错误的法律不是法律。"(Lex falsa non lex est.)

为了确定一项裁判能在何种程度上进行立法,我们必须确定各法院之间的关系。因为基本规则绝不是指每一个表达了新规则的裁判决定都具有无限的立法效力。只有上级法院的裁判才对下级法院具有约束力。[13]

根据除上级法院外,任何其他法院都不能以其裁判约束下级

---

[11] 参见哈切克(Hatschek)对这个问题的详尽处理。*Englisches Staatsrecht*, vol. i, pp. 138 seq.

[12] 尽管自由法律发现的追随者可能会反对,但这一规则就是法。他们的观点仅仅是指他们希望法律应该是什么,而不是法律实际上是什么。从每个立基于法律的国家的最根本原则来看,国家的每项活动都必须建立在法律所赋予的某种权威的基础之上。对法律本身,不能有任何怀疑。

[13] 有关调整这一问题的原则的简要概述,可以在哈切克的作品中找到。*Englisches Staatsrecht*, pp. 111 seq.

法院的规则,还衍生出了另一条重要规则,即原则上法院不受其自己曾经所作裁判的约束。然而,虽然这一规则对英国最重要的法院即高等法院而言是正确的,但对上诉法院和上议院来说却并非如此。就这两个法院而言,规则如下:上诉法院既受其本身裁判的约束,也受现已废除的与它具有同等地位的法院的裁判约束。换言之,上诉法院(开庭审理)不能推翻自己的裁判(除非裁判是由主审法官投决定票作出的)。上议院的规则更为严格,它根本不能自我推翻,因此,规则一旦由其确立,就只能通过成文法作出更改。

当然,通过制定法去修正判例法可能是不受限的。但是,不可能通过习惯来改变判例法,这必须被清楚地理解为,一项规则不会仅仅因为时间的推移而失去约束力,无论裁判是多久以前作出的。事实上,我们可以看到,一百多年前的裁判仍然可能对当今的案件具有决定性作用,这确实是一件非常奇怪的事情。

§6. 遵循先例制度的实践效果:优点

在上文所述的内容中,我们已经试图简要地阐明了支配先例学说的原则。现在,我们必须从批判性和历史性的角度,来探究这种法院参与立法的制度在实践中是如何发挥作用的。我认为总体而言我们不得不给出一个不容乐观的回答:在我看来,这样的制度将会不得不被称为是一种失败。对于这个主张,我们可以提供许多理由;但在提供理由之前,让我们注意一下这个制度有哪些积极的优点。

首先,毫无疑问,在法院辅助立法的地方,法官的权威或者说外部重要性就会大大增加。如果一项裁判的影响超出了具体案件的范围,那么该案当事人以外的人也会对此产生兴趣,而且从长远来看,那些仅创造先例的判决所具有的重要性将在严格意义上归于可能创造先例的所有判决。这种法院的裁判会比在那些法院职能仅具有宣示性质的国家之中的法院裁判具有更大的分量。很容易理解的是,随着时间推移,对法官职能的尊重转变成了对他们个人的尊重;不过,必须指出的是,还有其他因素促成了英国法官受到外界高度重视的情况。

在上述条件下,法官的权威还会因为以下事实得到加强,即他不需要像仅具有宣示性职能的法官那样忍受法律的瑕疵。在我们这里,如果一个法官在以严格认真的态度适用他所发现的法律时,认识到了法律的缺陷,并拒绝以自己的个人主观意志来弥补缺陷(例如在众所周知的盗窃电流案中就发生了这种情况),那么他会很容易因为立法者的过失而遭受责备。我们的法官之所以不了解世道,在很大程度上是因为他们对当今施加给他们的职责拥有一种自觉而正确的观念。当然,在英国不可能有类似指责。[14] 在英国,法律中的漏洞必须得到填补,法院不能以制定法没有规定为由拒绝作出裁判。法院在改善法律规定方面的活动很可能会使这样一种观念流行起来:如果法院找不到救济手段,那他就找不到任何东西了,因为法律禁止了它。因此,人们倾向于把责任推到法律而非法官身上,但法院往往毫不留情地对他们所不赞成的法律规定进行批评的习惯也助长了这种倾向。

---

[14] *Die englische Gerichtsverfassung in ihrer gegenwärtigen Entwicklung und die deutsche Gerichtsreform.*

最后,也许还有另一个优点(尽管思维方式非常科学的人可能倾向于称之为缺点),即所有裁判,甚至是解释性裁判所具有的立法性质导致文本争议的范围大大缩小了。一般来说,如果对某项规则的解释产生了怀疑,一旦作出裁判,我们就必须认为这个怀疑已经得到了解决;在这种情况下,很少会出现对法院已作裁判继续展开文本争议的情况。⑮ 关于这一点,我们还可以提到一个事实,即判决的立法性特质似乎带有一种减少针对法律问题的上诉的目的。一旦某个法律问题被确定下来,就不可能有人再提出这个问题了,但在我们这里,总是可能作出不同的裁判,因此,法院可能会被要求,而且实际上是一次又一次地被要求对同一问题作出裁判。关于上诉的情况大概也适用于新的诉讼;因此,裁判的这种造法特征倾向于抑制公众的好讼,这似乎并没有什么疑问。

§7. 遵循先例制度的实践效果:缺点

然而,我们也很容易承认,针对这一制度的上述优点也存在严重的反对意见,因此整个制度在实践中给人一种相当危险的印象。我把需要注意的几点列举如下:

首先,制定法会变得比判例法次要。当法院可以提供救济措施时,立法机构就没有机会采取行动了。判例法很容易会变得更加重要,而立法则会因为缺乏必要的刺激而趋于瘫痪。尽管如此,英国法律的相当多的部分实际上已经被编入法典,这可以用目前的历史发展潮流来解释,涉及对判例法和同样的习惯法的逐

---

⑮ 与此不同的情况是,人们通过呼吁大家去关注先前的裁判,来否认某个裁判创造了先例。

渐放弃。遗憾的是，在这里无法更充分地讨论这一演变阶段。

此外，说英国法的灵活性是通过裁判的约束力来保证的，这并不正确。相反，其结果是法律的发展出现了明显的僵化；由于后来的法院受到先前法院所作裁判的约束，法律的发展过程根本无以为继。我们绝不能忽视已经提到过的规则，即时间的推移不能剥夺先例的效力。人们常常激烈地指出英国法律的落后性，这在很大程度上要归结于"遵循先例"的规则。这种规则实际上导致了法律发展的停滞，这个命题可以通过历史的角度以一个经常不被我们理解的有趣例子来说明：衡平法规则体系。最初，在英国除了制定法以外，没有任何法律，只有习惯法或所谓的普通法。早期，在普通法没有提供任何救济措施的情况下，大法官开始给予一种基于公平和正义的保护，这起初是一个自由裁量权的问题，但后来被认为是一个权利问题。这样就产生了衡平法院，并从它们的裁判中发展出来一套完整的制度，即所谓的衡平法，它与普通法截然不同，并经常与普通法直接对立。在此不谈衡平法与普通法之间的关系问题，因为这现在纯属历史问题，我们只想表明，衡平法最初是纯粹的判例法，但到了19世纪初或19世纪中叶，它已变得僵化死板，以至于要想在法庭上就单纯的衡平法主张获得正义，实际上已经不再可能。[16] 我可以顺便提一下，如今已经没有独立的衡平法体系了，更重要的是，这个体系不可能重现。因为1873年的法院大改革抹除了普通法和衡平法之间的区别，显然我们不能在此详细讨论这件事。

---

[16] 参见比勒尔的论述，比勒尔的结论是这样的："法官制定的法律已经发挥了它的作用。未来是属于制定法的。让我们为精心作出的制定法祈祷吧。" Birrell, Century of Law Reform, pp. 177-202.

在刚刚偏题说了关于历史的内容后,让我们回到正题上来。先例制度的危险性也是显而易见的,因为不仅仅是天才法官所发现的法律能够永存,愚蠢和错误观念的产物(毕竟法律人,甚至是英国法律人有时也会造就这样的东西)也同样永存,并成为具有约束力的规则。这种过失在英国已经得到了充分认识,我们经常在书中发现这样的警告:比起许多能干的法官所带来的好处,一个差劲的法官所造成的伤害要更大。

§8. 遵循先例制度的实践效果(续):进一步的缺点

现在,人们可能认为,制定法律的任务将激发法官更大的勇气,增强对自己的信心,鞭策他做出更多努力。然而,事实并不完全支持这种见解。当然,我并不是要对英国法院的成员进行道德评判,我只是想谈谈这个制度的可能性。合理的政策似乎总是应该考虑到可能性(possibilities),而不是概率(probabilities)。现在看来,一般而言,法院,尤其是一个非常勤奋的英国法院,会倾向于去搜寻一个相当适合于个案的先例。遵循先例制度的本质,不正是在厄尔特曼恰当地称之为创造性行为的倾向之中找到的吗?这种倾向使得法院不必采用自己的判断。难道我们现在不也是在抱怨一种让法官就他人的意见鹦鹉学舌的倾向吗?不要忘记,存在于英国的不仅仅是一种遵循先例的倾向,而且遵循先例还是强制性的。[17]

此外,就算先例并不构成发展的障碍,能够使得法律继续发展下去,这种制度仍然有很大的缺陷。在这种情况下,法律的发

---

[17] 对先例的追随很好地展现在哈切克的著作中。Englisches Staatsrecht, vol. i, pp. 102 seq.

展将永远是毫无规律的,是没有伟大而全面的观念的零碎发展。可能会有一些权宜性的裁判(stop-gap decisions)一个又一个地攻克案件,只服务于当下,但会对所有的未来都产生影响,而且内部充满了不一致。对于重大问题,不可能会有和谐的、永久的解决方案。除了历史学家和浪漫主义者之外,没有人会喜欢英国法律中脱节、无条理与存在大量不一致的情况,这在很大程度上是由遵循先例制度所造成的。

§9. 英国法难以驾驭的状态

这就引出了另一个不可否认的缺陷,即先例的使用必然导致了英国法所谓的难以驾驭性。谁能消化和了解这些数量庞大的裁判汇编呢?现存的报告有数百套,它们的完整汇编足以填满一个大型图书馆。从而,法律科学就变成一种除了法律人之外没人能够理解的深奥学说。这一事实解释了法律人的非凡影响力和他们在法庭上的权力。因为法官也永远不能指望掌握整个判例体系的知识。这也解释了某些试图消化这种"判例法"的学者所使用的命令性权威。法院不可能了解法律——法律必须被提供给法官,否则,法官就无法作出裁判。[18]

然而,在最后的分析中,也正是由于英国法的这种难以驾驭的特性,今天的英国法律人才会受到如此不系统的训练。他们习惯于在每个案件中仅仅看到那个案件的情况,构造出一个先例;他们不知道如何在具体事实中找寻一条抽象的原则,他们不知道

---

[18] 在英国的地方法院中,法官通常是一个非专业人士,在这种情况下,下级官员产生了非同寻常的、占主导地位的影响。我只是顺带提到这一点,因为这是英国的典型情况。

在特定情况中,普遍规则如何以个案的形式表现出来。然而,我不会被指责过于强调抽象的体系。体系性的抽象是法律科学的逻辑。如果不能在包罗万象的观念和概念的单一性中首先理解事物的多样性,也就是体系的统一性,那就没有人能真正掌握具体细节。偶然的事物难以被记忆所把握,而逻辑上的必然的事物则不断地被才智重新演化为这一原则不证自明的结果。[19]

法律人的培训和实际工作缺乏体系,这必然反过来对建立在先例基础上的法律体系产生恶劣的影响。一个不具有体系性观念的法官,怎么可能创造出一套融贯的法律体系呢?由于他受教育的方式,他几乎永远也做不到这一点。判例法在带来体系性缺失问题的同时,也使其自身变得不成体系了。

§10. 法典编纂

似乎没有人能够严肃地否认,这里所说的情况一定会对法律的实施和发展产生相当大的不利影响。此外,法院的全能性也不得不导致主观上的任意判断。归根结底,决定一项裁判是不是先例的主体是法院,每当法官作出新的判决时,他个人的自由裁量权就会创造一个客观上的新规则。事实上,判例法的状况就像人

---

[19] 可以肯定的是,如果在我们之中存在着一种倾向,而且不幸的是,这种倾向几乎等同于一种时尚,它乐于贬低我们法律文献中产生的作品,并将其污名化为完全不重要的东西,而我们德国人完全可以为这些作品感到自豪。那些被称为预言家并为其奢侈行为开脱的作者被赋予了太多的荣誉,他们敢于谴责像温德沙伊德的"学说汇纂"(Pandekten)或索姆的"法学阶梯"(Institutionen)这样的作品是没有价值的创作。这些作者对英国法官大肆吹捧,认为他们通过研究案例受到了实际生活的训练,因此有资格通过自己丰富的思维能力进一步发展法律。我希望这些狂热的人将不得不从那些被英国人称为体系性著作的混乱案例中研究德国法律。这正是我们的体系性法学所带来的非凡优势:隐藏在实际生活事件背后的一般命题已被简化为法律的抽象概念,因此,我们不必再从社会生活千姿百态的状况和关系中提取出这些命题。

们的梦魇一样。一方面,在实际的法律规则中存在某种僵化,法院总是试图通过对事实进行人为的解释,来对抗这种僵化。另一方面,人们很难清楚地了解法律的真正含义,在缺乏先例的情况下存在极强的不确定性。商业受到这些情况的影响是最大的。商人越来越倾向于摆脱法院,诉诸仲裁,在我看来,这在很大程度上是由遵循先例制度造成的。商业需要法律规则具有清晰性。近来在英国越发迫切的法典编纂的支持运动,主要来自商界。我认为,在可预估的时间内,这种运动能否引发什么结果是值得怀疑的。由于英国法律人所受到的培养缺乏体系性,真正大规模、体系化的编纂工作即使并非不可能,也是极其困难的。法律人如何通过个案制定出一部抽象的法典呢?即使出现了一位伟大的天才立法者,通过整合普通法和无数的判决来完成如此艰巨的任务,法律人是否有可能知道如何在个案中运用法典呢?在我看来,在英国法律人中普遍存在的反对法典编纂的最终原因,其主要根源在于上述情况。[20] 人们也不应当忽视这一想法:只要先例制度仍然有效,即使是最好的法典编纂也是毫无用处的。因为会围绕法典形成新的先例,就像童话故事中覆盖睡美人城堡的野玫瑰一样把法典给覆盖掉。在这几乎无法穿透的藩篱之后,法律的精神像是在魔法般地沉睡着,而是否有一个解放者能使它苏醒过来,这是值得怀疑的。

---

[20] 这两种情形的关联在英国也得到了明确承认。因此,在《比较立法协会期刊》中,综合性法典编纂的缺失被归结为"英国的法律教育体系充满缺陷、杂乱无章,在这种体系下,学生通常只能在法庭或大律师的办公室里捡拾零星的知识碎片,很少被鼓励去对于他必须适用的原则形成任何一般性的或科学的看法"。*Journal of the Society of Comparative Legislation*, n.s., vol.iii, p.142.

§11. 无法践行的自由法律发现

我们现已考察了法院在英国法律发展中的地位,特别描述并批评了法院通过作出裁判来创造新法的方式。姑且不谈法院在规定程序方面起到的如上所述的共同作用——这本身很值得关注,但对于理解我们时代的挣扎、问题和发展却没有多大帮助。在我看来,当我们在思考判例法时,我们已经表明了两个重要的看法。首先,我们现在能够确定英国法官是否居于一个类似于罗马执政官的位置,或者说,布赖斯呼吁人们去关注这两类官员职能之间的深刻差异是否正确。[21] 此外,自由法律发现学派的理想,即法官享有独立于制定法的地位,这在英国绝不比其他地方更容易实现。同样,在英国法院也受到现有规则的约束;这种规则的效力不是相对的,而是绝对的。不过,法院确实行使着有限的立法职能;但这些职能伴随着许多可疑和无疑的情况,以至于在我看来,似乎不可能去主张我们自己的国家应该渴望这样的制度,更别提要求法院绝对独立于法律规则的束缚了,这在实践中并不会比绝对的司法专断要更好。[22]

我们的司法机构将不得不安于现状。我们不会赋予它英国

---

[21] *Journal of the Society of Comparative Legislation*, n.s., vol. iii, p. 468.

[22] 自由发现学说的拥护者可能会反对说,他们并不要求裁判决定应该成为有约束力的规则。然而,我们现在对于处理自由法律发现学派的观念并不感兴趣,只想要去理解英国的普遍情况,以期探索我们能否在其中找到一种可以使我们自己有所收获的观念。而在我看来,情况并非如此。如果德国法官是法典条文的奴隶,那么英国法院就是先例的奴隶。如果我们要在外国找寻重要观念,在我看来,我们应该才能够首先利用《瑞士民法典》。因为在其第 2 条中,我们可以发现一条通往新目标的道路,而没有陷入泥潭的风险。不过,我们最好也记住拉德布鲁赫在他的《法学导论》(*Einführung in die Rechtswissenschaft*)第 69 页中所说的内容:"对我们而言,承认司法性立法也必然导致承认对于先例的偶像崇拜是正当的,这种偶像崇拜既受到广泛追捧,又遭到普遍谴责。"换句话说,在我看来,拉德布鲁赫正确地把先例制度称为每种自由发现形式的必然结果,而绝非英国法特有的偶然特征。

法院的"统治权"(imperium),尽管这表面上极好,但这种辉煌往往只是表面的。我们是否因此而剥夺了我们的司法机构为我国法律发展作出贡献的一切机会?几乎没有!相反,我们因此为司法机关创造了一个本质的而不仅仅是名义上的合作机会。因为法律发展不是通过终局性地制定规则,而是通过制定作为该规则基础的原则来进行的。英国制度的根本性弱点恰恰体现在这一点上:任何法律主张,一旦得到权威宣布,就会成为法律规则。因此,不能再作进一步的转化和阐述。每当我们在某个裁判决定中提出一个新的主张时,我们都可以用批评性和体系性的思想,从理论和实践两方面加以探究,使它得到进一步的发展和更充分的阐述。目前尚无定论,我们有无限可能采取进一步行动。通过使法院摆脱先例的束缚,我们为法院提供了随时参与科学的法律发展事业的机会。我们并不满足于某个法庭对一件事情的看法如何。通过自由发挥我们所使用的诸多思想,以及消除主观错误因素的意见斗争,我们发现了新的视野和新的知识获取手段。因此,法院总是贡献出自己的一份力量,这个国家也产生了伟大的法官,我们完全有理由为他们感到骄傲。我国的法律发展在一定程度上是他们的功劳,尽管只有他们的功绩在他们的裁判决定中保留了下来,而不是像在英国那样,他们名字也能够得以保留。[23] 因此,我希望我们的司法裁判机构能够继续在科学的自由中发展、繁荣,只受到法律的约束。这样一来,我们的法官就能实现所有法律人的最高愿望:他们将成为

---

[23] 在英国,人们频繁引用的是法官的名字而非裁判决定,因为法官的名字给予了其观点中所表达的看法以权威性。

推动我们国家法律(也即社会)发展的人,他们是创造者,而不仅仅是教师或盲目重复他们所学的人,尽管是对过去有着体系性的理解,他们会成为未来的先驱。

法典法与判例法及其在形塑司法政策方面的作用

〔法〕爱德华·朗贝尔①
(路 程译 杨蕙铭 校)

§1. 通过法典化的法律固定化理论及其效果

§2. 英美法系国家司法判决的效果

§3. 认为习惯法不具备政策目的的谬误

§4. 这种谬误的起源

§5. 英美习惯法体系

§6. 英美法中的习惯与司法判决

§7. 法官的真正作用

§8. 这种英国学说是一种虚构

§9. 这种英国学说的谬误之处

§10. 作为法律创制者的法院和立法机关

---

① 爱德华·朗贝尔(Édouard Lambert),法律史学教授,在里昂大学教授比较民法课程。本文节选并编写自《比较民法之功能》(*La Fonction du droit civil comparé*, Paris, 1903, vol. i. , pp. 16-18,61,63,74,88,93-95,95-100,110-112,173-199,795-796,799-811,821-823,903)。本文由宾夕法尼亚大学法学院的讲师雷顿·B. 雷吉斯特(Layton B. Register)翻译为英文。——原书编者注

§11. 结论

§1. 通过法典化的法律固定化理论及其效果

在19世纪,那些空洞的、令人沮丧的且使得法国的法学思想陷入瘫痪的方法显然引起了反作用乃至反抗。

这些灾难性的方法的发展与兴起,可以追溯到1804年在法国发生的法典编纂运动。在某种程度上,这是为享受法典化所带来的那些无疑义的益处所不得不支付的代价。在《法国民法典》颁布后不久,为了更加便于对立法文本进行研究,对司法演进之不断运作的观察与研究就被搁置了。科学性研究让位于纯粹的评注。解释使人们错误地相信,《民法典》以及少数几部对《民法典》进行补充和修改的法律,将能够持续不断地解决日常的、产生于实践事务中的所有司法问题。制定法的解释者认为,完全可以从这些法律规定中,通过类比、归纳和演绎的过程来控制发展的细节,甚至可以控制立法者不可能预见的原则的出现。这些解释者们并不关心这种控制对实现法律原则所蕴含的价值目的来说是否是公平的和合适的,或者是否确实能够保证此价值目的的适当运作。尽管历史已反复地对此提供了明确的教训,解释者们仍然不愿意承认立法者根本没有能力使法律保持不变;他们否认法律的编纂充其量只能改变未来的法律演变的基础条件,而绝不可能中止甚至停止法律演进的进程。他们将法律的刚性和固定性概念以及其预测和控制一切的能力提升到一个教条的层次;他们认为所有其他的法的渊源都是无效的,并且,尽管经验层面上的反例几乎每天都会出现,他们仍然宣称,只有在立法者将法令颁布出来以后,现有法律体系对社会和经济环境变化的调整才能被实现。他们无力阻止法律在立法之外不可避免地、自然自发地产生,而只能对此视而不见。他们采用的作为其方法的根本基础的前提,直接否定了有关社会进步的最普遍的规律之一,即法律在不断变化。

不足为奇的是,从上述的原则出发,在《民法典》通过后被引入的方法并没有带来令人满意的结果。它所造成的主要影响是在学者的理论和司法裁判所创造的规则间制造了日益扩大的鸿沟。理论必然会感受到其自身政策的影响,这些政策阻碍法律的自然发展道路,拒绝使法律的原则和推理获得其弹性,或拒绝法律的内容元素随着社会和经济关系的日益复杂而增长乃至倍增。这种理论通过宣称法律是静止的而使得其自身同现实逐渐趋于分裂。它的地位已不得不被实践中通过司法判例的重复积累而形成的一种新的法律体系逐渐取代,并且已不得不去适应社会的实际需要:形成司法裁判体系。

与此同时,理论和实践之间的鸿沟正在迅速扩大。在课堂和教材中阐述的法律与法院所适用的法律正变得越来越不同。如果这一流行至今的方法继续发挥其影响,我们无疑将看到一种最为不幸的现象在法国不断地重复,由相似的原因造成的这一现象出现于不同的国家和时期,尤其如罗马时期和英国。同样地对社会发展基本规律的无视,及同样地盲目相信那些无条件捍卫法律之刚性的学说,使得罗马法分裂为市民法和裁判官法(praetorian law),使得英国习惯法分裂为普通法和衡平法。这些都必须结束,除非我们的民法法律人及时改变他们之前——将民法典类似地分为两个体系,并在起源和精神上区别两者,进而为我们的大多数法律问题提供相互矛盾的规则——的做法。否则,一方面,我们将有一个由"过去"强加给我们的法(旧有的"教义"),一个已经被废弃的体系,仅仅是一种依照惯例的、脱离于现实的存在;另一方面,那些在法院的实际裁判中所适用的规则,正作为另外的一整套制度而确实地在被使用着。这样的一种方法论在法典编纂后即在法国迅速地生根发芽,其主要后果在于,民众受到那些过去的、废弃的法律制度和法律体系的遮蔽,已经越来越无法观察和了解那些现存的、实际运作着的法律制度,这种方法也迫使法国的法学家们暂时地放弃了作为他们的传统的、社会学导向的研究旨趣。

这种在 19 世纪使得法国的法律思想研究陷入瘫痪的法律方法,或与之类似的其他方法,在同样原因的影响下,在其他国家自发地发展起来。同法国的情况类似,奥地利的民法学者们[②]在对 1811 年的《普通民法典》进行解释时,同样任由自己陷入一种过度夸大成文法典的效果——赋予成文法典一种保持法律永远不变的特异能力,并进而使自己放弃对实际的法律生活的发展、流变的观察和研究——的荒谬之中。[③]

---

② 显然地,这里仅指 1811 年"奥地利普通民法典"调整范围内的奥地利帝国各省的民法学者。

③ 关于 19 世纪初奥地利民法研究方法的演变,参见翁格尔的文章。Cf. the article by J. Unger, "Ueber den Entwickelungsgang der österreichischen civiljurisprudenz seit der Einführung des allgemeinen bürgerlichen Gesetzbuches", republished in his *System des österreichischen allgemeinen Privatrechts*, 4th ed., vol. i, pp. 635—638. 关于当下的此类运动,特别是从德国法的角度来考察的论述,参见奥夫纳的文章。Cf. Julius Ofner, "Rechtstheoristische Bemerkungen", in *Zeitschrift für das privat- und öffentliche Recht* (1899), vol. xxvi, pp. 1–18.

在德国,相比于1896年之后,之前的民法科学研究享有更多的自由。在1896年之前,由于缺乏统一的立法,德国的民法研究反而找到了一个发展的基础,这一发展的基础甚至可以同法国在习惯法整合与《民法典》起草阶段所获得的发展基础相媲美,尽管这种比较对于前者而言可能不太有利。

德国国内法律体系的形成,在很大程度上是由于对"德国私法",或者说德国共同法之教义学说的运用。这使得德国法趋于统一,其类似于共同习惯法在16世纪初的法国所产生的作用,或者,更具体地说,它类似于那些大量法律文本在17、18世纪产生的作用,这些法律文本旨在表明各个行省法官在适用习惯法和成文法时"创造"的规则的相似之处,并在有可能的情况下,试图提炼出通用于整个法国的法律要素。

"德国私法"或者说德国共同法之教义学说的持续影响,为1896年的德国法典化运动铺平了道路,使之成为可能,这不仅使德国民事立法的统一(尽管并不全面)得到实现,而且标志着德国的法律统一运动进入了一个决定性阶段。《德国民法典》对共同法适用地区所造成的影响,与各德意志邦国地方自发进行的法典编纂对德国其他地区所造成的影响是一样的;它破坏了罗马法作为一种辅助法(subsidiary law)的权威,也即破坏了其作为一种正式的和直接的法源地位。此外,新法典所建立的司法制度排斥了罗马法的若干重要原则,后者一直存在于德国之前实行过的众多法律制度中……在德国,法学界已明确地接受了这样一个观点:罗马化的"潘德克顿法"或"潘德克顿"在现代的法律继受,无论是作为法律学说的一支,或是作为法学教育的一支,都已经迎来了其事业的终点——法典化运动正在为它掘墓。因此,1896 年的法典编纂运动将对德国民法科学施加两重影响:这将加速那些因为其外国来源而一直未能受到充分重视的因素的消灭;这将在短时间内造成一种法学教育方法——实际上是一种罗马法式教育——的消失,这种教育方法的发展扩大了法学思维的天然缺陷:对逻辑以及抽象概念的热爱,对富有偶然性的生活现实的蔑视,以及对社会经济生活的实际需要的冷漠。

但是,法典化运动为德国民法科学带来的第二重发展,在未来的某一天到来之前都很难为我们所感受到,在未来的那时,德国的法律科学将摆脱那种受到法典化束缚的不幸的情况(尽管已经可以确定地预见到)。④ 但在那个未来到来之前,法典化已立即将那种狭隘的、空洞的方法推广至整个德国,这种方法曾在 19 世纪使我们自己的"民法典解释学派"的工作陷入瘫痪。那些已经非常丰富的,以《德国民法典》为研究对象的学术文献⑤,显然同那些受到《法国民法典》的启发而产生的第一批研究成果惊人地相似。此外,还有一种同样明显的倾向,即严格甚至机械地适用法律条文,将现行的司法制度同其历史渊源隔离开来,以及切断司法制度与其所据以产生的根源性的社会环境之间的联系。显然,当德国学者热衷于解释和应用法典这一新任务(这往往是理

---

④ Zitelmann, *Die Gefahren des BGB für die Rechtswissenschaft Bonn*, 1896, and the critical analyses in Meyer: Über Codification, Rechtswissenschaft und Rechtsstudium der Zukunft, in *Zeitschrift für verg. RW.*, vol. vii, pp. 81-101.

⑤ Cf. the enumeration of the authors inspired by the new Code and those prior to 1898, in Maas, *Bibliographie des bürgerlichen Rechts*, Berlin, 1899, and supplement of 1900, containing mention of works published in 1899. Also Mühlbrecht, *Bibliographie des BGB*, Berlin, part i, 1898; part ii, 1900.

论性的、晦涩的)时,他们将暂时放弃改良法律的创造性工作,并将经历一个与法国类似的、在"民法典解释学派"的领导下影响本国法律学说的黑暗时代。

§2. 英美法系国家司法判决的效果

这种把法律与其诞生的社会环境隔绝开来,把法律看作一种惰性的、死气沉沉的东西的方法,已作为成文法典编纂活动的一种结果而出现于大多数欧洲国家。这种情况的出现,其原因在于人们对法律关系的绝对稳定性抱有一种不切实际的期望,这种期望恰恰是随着新制度的诞生而产生的,但无论如何,它并不是法典编纂特有的结果。在主要适用习惯法,尤其是适用英国法律制度(以及与英国法律有关的或者源自英国法律的法律制度)的国家,同样的现象出现得较法国更为明显,其持续得也更为长久。

在英国,这些现象出现的原因在于,人们相信法律,即制定法,能够永远地控制未来的发展;而最重要的一个原因是,人们迷信般地尊重那些已决的判例。法官制定的法律——基于先例的重复和判决结果的一致性而产生的司法惯例——在欧陆所扮演的角色,自古以来就被英国法学家归为孤立的司法判决也即案件。对于当事各方提交的法律问题,他们赋予法官一种高于我们对裁判权限的既有认识的裁判权威,这种权威实际上可与"法学家的解答"在罗马所赢得的权威相媲美。英国不仅赋予法庭判决(在某些我们暂时不必审查的情况下)以一种证明某习惯的效力,而且赋予它一种将该习惯永久地确立为法律的效力。英国法官的判决无限期地保留了它的价值。它在使它合理化的环境和使它存在的需求中生存了下来。⑥ 因此,最近的英国学者们继续解释制定法,并将几个世纪前甚至是鲜为人知的中世纪时期的案例引为该解释活动中的权威。法律是静止不变的这一信念使得英国的法学家们继续主张,在封建社会中成长起来并适应了一个与我们的现代文明迥然不同的社会特殊需求的教义学和普通法体系仍然保有其权威。

上述做法的结果是,随着社会和经济环境的变化,正式法律同实际运转的规则之间的差异和冲突迅速扩大。这样的冲突使得对主持司法的政府官员和大臣来说,有必要采取一定的干预措施,以缓解普通法在变化的社会环境中所遭遇的困难,就像罗马的裁判官们过去所做的那样。后来,基于对控制自身干预措施的必要性的考虑,在自由化思潮的启发下,官方发展了衡平法院,其同古代适用判例法的法院相平行。从 16 世纪到 18 世纪,英国的这些法院建立了一套比普通法体系更全面、更现代的判例法体系,并在所有的案件裁判活动中适用它们,这套新的判例法体系就是"衡平"。但是,衡平判例法体系的复兴,反过来又受到了前述的对已决判例的迷信式崇拜的阻碍,在这一原因的作用之下,衡平法中许多富有特色的原则已出奇地过时了。就这样,英国法分裂成了在精神和起源上都截然不同的两个分支——普通法和

---

⑥ 布莱克斯通在其《英国法释义》(*Commentaries on the Laws of England*)中清晰界定了法官裁判的权力范围,他对该观点的表达至今仍然可以说是最为清晰有力的。斯蒂芬(Stephen, *New Commentaries on the Laws of England*, 10th ed. 1886, vol. i, pp. 53 seq.)几乎是完全复述了布莱克斯通的内容观点(Introduction, sec. iii, 1),他只是简单地重写了过时的文段。肯特对判例在美国普通法中的作用,则作了几乎与布莱克斯通相同的描述。James Kent, *Commentaries on American Law*, 14th ed. by John Gould, Boston, 1896, vol. i, part iii, Lecture XXI, pp. 473 seq.

衡平法。这种分裂意味着古代法制同现代法制之间的所谓继受关系是虚构的，它意味着一种对法史学者和法律解释者的工作领域的混淆。除非回溯到罗马法，否则我们很难找到类似的法律制度，因为就传统在罗马法中所受到的盲目崇拜而言，英国的习惯与它几乎是对等的；或者我们还可以提出如伊斯兰教或犹太教的法律制度作为类比，这些法律制度是通过对宗教文本的解释而发展起来的，而这些文本的宗教起源阻止了该法律制度的任何一步发展，除非这些发展是通过间接的、隐蔽的演变来实现的。

对司法判决的崇敬、普通法和衡平法的并存、衡平法的规则在满足社会生活需要时所显现出的无能，这些主要原因使英国判例法成为外行人无法理解的谜，即使是最初建立这一制度的人们也很难解开这个谜。上述原因在很大程度上使得欧陆的法学家很难真正了解英国民事法律制度的运作方式和内在精神。当代的英国法律教科书并不是一个令人满意的向导。除了极少数例外，这些教科书几乎只包含对法规和案件的分析，除了甚至缺乏对引用先前判决背后的原因或这些判决之间的关系的关注之外，它们与法国的法律汇编几乎没有区别……

§3. 认为习惯法不具备政策目的的谬误

上述多个类似的结果究竟是由何种原因造成的？我们可以在两个根深蒂固的错谬认识中找到它们共同的原因。

认为习惯在法律方面的创造力因成文法典的编纂而消失——这是第一个谬误；认为习惯法或其他立法外的法（extra-legislative law）在其形成过程中不存在任何意识的因素或有意的

行动——这是第二个谬误。这两个谬论必然导致这样的结论：只有立法（与既定的司法和法学家的教义学形成对比）包含政策因素，因此，对"立法政策"的研究只能为立法者所用。"立法政策"一词翻译过来就是一种广泛的共识，即其适用仅限于立法领域。

但是，作为这个结论的基础的两个前提性认识都是错误的。我已经表达了我对第一个错误认识的看法——法律的固定性仅仅是成文法典编纂的一个结果，我还注意到，该错误认识在事实层面上也受到了一些更为引人注目的驳斥，因此，我仅建议读者参考一下上述那些解释，以下不作展开。

但我还没有批判性地考察第二个前提，即绝对自发性被认为是习惯法的特征，这与成文法形成对比——也就是不成文法与成文法是相对的。"自发的"或"自然的"法律发展这样的术语言简意赅地指明了何为立法之外的或者说基于习惯而产生的司法规则，但是，它们并没有将这些表达所包含的概念之中的差别和保留彻底表述明白。我们现在必须批判性地考察这一关于立法之外的法源本质的流行概念的有效性。如果人们普遍认识到，"立法外的法律创制完全是无意识的"的断言完全是毫无道理的假设，那么"法律政策"的适用领域将被大大拓宽。这是由于一种完全人造的习惯观念在欧洲的传播——对生活在习惯法体系中的人民来说，这是一个外来的概念，或者说，这个概念只是通过一种外来输入（它并不代表真正的接受）而获得了一些并不牢靠的立足点。这种概念是在受成文法支配和对习惯极为敌视的环境中兴起的。

§4. 这种谬误的起源

这种关于习惯法的人造(错误)概念,其基本要素具有两个来源。它在一定程度上来源于教会法。⑦ 教会的整个制度系统,在其发展和变化基本陷入停滞以后,即为一种要求坚定地确立权威原则并确保教会内部的宪章与纪律之统一的想望所支配。教会法不太倾向于认可习惯,而后者正是某种"特殊论"天然的根据;然而,它将习惯当作一种不可避免的现象而加以容忍,它只是努力以尽可能地限制习惯的法律创造。⑧ 另一方面,这一概念也来源于优士丁尼的法律编纂,后者发生在一个盲目相信"立法"(成文法)全能的时期。⑨ 以上两个要素,它们被后注释法学者(post-glossator)⑩、教会学者以及平民们融合到了一起,这些人在数个世纪里致力于实现那些源自习惯、用于实际的规则对罗马法的替代,他们或多或少地通过某种具有解释性质的修改来达到他们的目的,在罗马法和教会法中有关习惯的概念——它将习惯法作为一种法的渊源的作用和地位降至极低——的广泛传播中,他们正

---

⑦ 《教会法大全》(*Corpus Juris Canonici*)的编撰中有相当长的篇幅引用了关于法的渊源和习惯功能的一般理论。有关习惯的规定汇集在《格拉提安教令集》中(*Gratian's Decree*, Distinctions 1 to 15, part i, especially 8, 11, 12)。我们在《教会法大全》的其他部分中发现它们或多或少是散乱的(尽管有几部分包含"习俗"[De consuetudine]的标题)。对这些规定的列举和分析, cf. Brie, *Die Lehre vom Gewohnheitsrecht*, vol. i, pp. 59-95, §§9-12。

⑧ Upon the spirit of the canon law, cf. Gierke, *Deutsches Privatrecht*, vol. i, §20, ii, p. 160; and *Genossenschaftsrecht*, vol. iii, p. 307, note 185; Puchta, *Gewohnheitsrecht*, i, p. 184; Brie, loc. cit., p. 63.

⑨ 这种信念在著名的宪法中体现得尤为明显,其禁止任何非官方的解读和评论,并将释疑的权力保留在皇帝手中。Cod. I, 17, 1, 2: C. de veteri jure enucleando ... etx. Cf. Gény, *Méthode d'interprétation et sources en droit privé positif*, 1900, p. 73.

⑩ 布利的著述中包含了注释法学派、后注释法学派和教会法学者有关该问题的有趣分析。Brie, loc. cit., pp. 95-128; pp. 128-164; pp. 165-202.

确地找到了实现他们的目标的最有效的手段中的一个。

这种习惯概念的罗马法渊源和教会法渊源可以证明,(如果可以认为它是正确的)"立法是意志和反思的产物"与"习惯只是法直觉的产物"之间经常被强调的对比是正当的。这种差异使习惯看起来只是个人自发的、非理性的努力与模仿法则的不可避免的作用共同造成的结果。⑪ 以这一学说为前提,我们才可以(与惹尼)谈论所谓的"习惯的无意识的和盲目的力量",我们就必须认定,那些我们试图去定义其功能的法律科学的分支(即"法政策学"),在指导这些习惯赖以产生的自然的和无意识的运动时起不到任何作用;因此,它无法在立法之外产生任何影响。⑫

§5. 英美习惯法体系

但是,这种来自罗马法和教会法的"习惯"概念真的是可接受的吗?它已经同建立它的传统一样古老,以至于我们有必要毫不犹豫地拒绝接受它。反对罗马法和教会法的"习惯"概念,有一个非常决定性的理由,即不可能把它同习惯的实际运作相协调,这在几个仍然通行习惯法的大国的主要法律制度以及那些我们可以通过西方文明史的资料进行研究的诸多法律制度中,是可以看到的。

---

⑪ 关于潘德克顿学派所理解的模仿功能(它在某种程度上限制了习惯的自发性),参见塔尔德的论著。Cf. Tarde, *Les Transformations du droit*, 1893, p. 204, *Les Lois de l'imitation*, 2nd ed. 1895, pp. 267seq. 惹尼和布利则从哲学角度进行了探究。Cf. Gény, *Méthode d'interprétation et sources en droit privé positf*, p. 299; Brie *Puissance unificatrice du droit contumier*, contributed to the Congress of Comparative Law, 1900.

⑫ 的确,惹尼避开了这里所说的后面那种后果;在使"法律政策"一词在法国赢得认可这方面,他的贡献最大。这是因为他关于实在法和自然法关系的特殊理论使他有可能在立法之外,在他保留给自然法的领域中,恢复"法律政策"原本具有的巨大影响。

在这方面尤其具有启发意义的是英国的法律体系(以及美国法律体系的绝大部分内容),在这些国家,习惯同数量日益增多的成文法(即严格意义上的立法)一起,仍然构成了法律一般的基础。⑬

英国习惯法的内容资源可被分为不太平等的两支:第一支是"一般习惯",它的效力可以遍及整个国家,它被称为"普通法",如果从广义上理解的话,它也能将"衡平法"包括在内;第二支是特殊的或地方性的习惯,它只适用于英国领土内个别的、或多或少有限地域内的居民⑭,"习惯"一词可以被不加限定地运用于它。

只有英国习惯法第二个分支,也就是特殊的或地方性的习惯,才较深地受到来自罗马法和教会法的教义的影响。在这里,我们不仅发现了它的显著特征(在英国,它被贬低为次要的,但并不被认定为无足轻重的),即对主权者⑮普遍默示同意⑯的受影响⑰的推定的遵守(受影响者的遵守、普遍默示同意的推定、主权者的制裁);我们还发现了一系列的规则(它们在一般的英国法律专著中受到强调),这些规则有时候看起来像是一些复制品,其他时候看起来则像是法律解释者们为限制习惯的支配作用所采取之措施的一种发展或夸大。因此而产生了这样的一种说法:一种

---

⑬ 英国和美国被普遍认为是实行习惯法制度的主要大国。Cf. especially, Gény, Méthode d'interprétation et sources en droit privé positf, p. 282.

⑭ 在特殊习惯的定义中,我排除了商法——商人的惯例,它通常被如此归类,但它与普通法所依系的权威相同。Stephen, "New Commentaries on the Laws of England" (1886), i, p. 62.

⑮ 英国的作者通常并不坚持第一个特征;他们只是在列举习惯之合法性的必要条件时略加提及它。

⑯ Stephen's Blackstone, Introd. sec. 3, ii, 3; Blackstone, ed. Chompré, i, p. 121.

⑰ Blackstone, ed. Chompré, i, p. 116.

习惯必须是(1)历史悠久的,(2)持续存在的,(3)和平安定的,(4)合理的。由此,地方性的习惯受到了规则的严格约束,这些规则反映了,甚至夸大地反映了罗马和教会的观念的主要特征。

另一方面,出于同样的原因,教会法教义在这之中体现出来的作用几乎是微不足道的,或者充其量只是对英国习惯的一个分支,即司法判例,起到了一些微小的作用,而这个分支在今天仍然单独存在着,而且富有成效。"一般习惯"被布莱克斯通恰当地描述为"英国法的首要基础和主要基石",它又分为两大分支:普通法(狭义的)和衡平法。在这两种英国习惯法中,没有一种会屈服于来自注释法学者或教会的法学家们因想象而产生的狭隘观念。

§6. 英美法中的习惯与司法判决

实际上,普通法本身即是司法活动的产物。只需要仔细阅读布莱克斯通的著作中有关普通法的章节——这些内容仍然非常经典,以至于它在近期出版的斯蒂芬的《新英国法释义》中得到了实质性的复述,我们就可确信这一点。然而,布莱克斯通过于尊重传统,这使得他不愿意戳破法学家们对公众做出的、有关英国法形成的真实过程的欺骗与隐瞒……而在附带地宣称普通法规则的权威建立在社会的普遍接受和适用之上以后,布莱克斯通便满足于研究某个单一的问题即证明问题,这一问题对他来说如此重要,以至于其他所有问题都变得微不足道。只有当这个问题获得解决之后,才能说普通法的理论已经被完全建立起来了。布莱克斯通对证明问题的处理办法,在实践中剥夺了他从罗马法中借鉴过来的关于习惯起源的理论的一切真理性。

"这些习惯或准则是如何被认识或发现的?它们的有效性由谁来确定?答案是:由法院的几个法官来确定,他们是法律的保存者,是活着的神谕者,他们必须对所有疑难案件作出裁判,并发誓严格遵照国家法律[18]作出裁判。"我们已经注意到[19],在英国,由于对司法判决的尊重而存在一种独特的权威,即法院判例。"它们是证明这种构成普通法[20]的习惯的存在的最主要和最权威的证据。"甚至这一早期的陈述也是不准确的,它在接下来的几页中经常地受到更正。司法判决不仅是习惯的主要证明,而且是证明习惯的唯一手段[21],因此,布莱克斯通把普通法定义为"自古以来的普遍习惯,并且不时地在法院的判决中得到体现"[22]。

布莱克斯通"活着的神谕者"的说法,立即表明了一种将英国法官在法律事务中的作用比作古代神谕者在宗教事务中的作用的比喻,前者揭示了习惯,正如后者揭示了所谓神的意志,他们的角色既不是创造者也不是发明者,他们只是在发现和解释而已。如今法官宣布习惯,正如从前神谕者宣布神的旨意一样。正如(根据异教信仰)神的意志在被神谕者确认之前就已经被理解了一样,英国的习惯——按照现代法学家所迷信的传统观念——在作出判决之前就已经存在了,从它们最初被适用开始,它们就被认为是自古不变的,仿佛它们的起源已经在时间的迷雾中消失了。

可以这样说,习惯法的历史明显地可被区分为两个阶段:在

---

[18] Introduction, sec. 3, i.
[19] Introduction, sec. 3, i, p. 59.
[20] Blackstone, *Commentaries*, Introduction, sec. 3, i, p. 69.
[21] Blackstone, *Commentaries*, Introduction, sec. 3, i, p. 71.
[22] Blackstone, *Commentaries*, Introduction, sec. 3, i, p. 73.

其获得司法宣告之前是一个阶段,在其获得司法之宣告以后又是另一个阶段,只要这种习惯所获得的司法承认尚未生效,这种规则——尽管它在理论上已经存在——就是未知的,甚至可以说是不可知的,不只对非专业人士而言如此,对法学家们来说也是如此。律师知道这条规则的存在,但他必须放弃通过自己的调查来获知它的希望。英国的习惯,就像异教中的神意一样,仍是俗人所看不见的,只有个别被选中的人才能感知到它,法官们就像古代的神谕者一样,被赋予了一种特殊的,感知该种"神谕"的力量。但是,当法官们履行了他们的职责,当他们宣布了他们所感知到的"神谕",并在这样或那样的规则中承认了习惯的性质时,瞧瞧这其中所发生的变化!在这之前还是不确定且无足轻重的东西,现在则成为某种永恒的规则。[23] 没有人询问法官是透过何种迹象来认识到或占测到这种习惯的,他的职责适合于解开这之中的奥秘;当他开始履行他的该种职责时,他就誓言解开这之中的奥秘;从这时起,他的判断就成为习惯所发出的声音。如果一个问题已经由判决而得到解决,当它再次出现在法院的时候,引用之前的判决即足以再次解决它,这也就是说,只要确认前一个案件与现在审理的案件之间的同一性就够了,因为这一习惯已经被证明且法官受其约束。因此,在受到法官的第一次引用或承认之前,习惯并不具有实效价值,也就是说,它是不被适用的,但在受到法官的引用或承认以后,该习惯便成为法律。今后再有类似的情况出

---

[23] Blackstone, vol. i, Introd., sec. 3, i, p. 69; Stephen, vol. i, p. 53. "在任何情况下,当法律被庄严地颁布并解决了以前不确定的、也许是无关紧要的问题时,它便成为一种永久的规则,以后的任何法官都不会根据他的个人感情来调整或改变它。"Cf. Pollock, *Essays in Jurisprudence and Ethics*, pp. 246–252.

现时，法官即不需要再次特意宣言承认该习惯，因为该习惯已经变成了已知的，它约束了法官本人以及诉讼双方，法官只是被要求行使其权力，以使得作为法律的习惯受到尊重，并且使得先例无限期地得到遵循。

我们已经看到，在先例违反神法或出现了明显的不公正和荒谬的情况下，布莱克斯通对上述原则作出了某种缓和。布莱克斯通据以得出该例外的例外情况值得引述；它最终阐明了英国法学家对习惯和司法判决之间的关系的看法：

> 然而，当之前的决定极显然地违背理性时，允许出现这一规则的例外；如果它违背了神的律法，那就更是如此了。但即使在这样的情况下，后来的法官也不会假装制定了新的法律，而是应致力于使得旧的法律不受歪曲，因为，如果发现先前的判决明显是荒谬的或不公正的，不应该说这样的判决意味着坏的法律，而应该说它不是法律；也就是说，它并非本国既有的某种习惯，而只是法官个人错误的决定。[24]……这样说来，法律和法官的意见并不总是同义的，更不总是同一个东西；因为法官有时也会误解法律。[25]

---

[24] Blackstone, vol. i, Introd., sec. 3, i, pp. 69-70; Stephen, vol. i, p. 54.

[25] Blackstone, vol. i, Introd., sec. 3, i. p. 71. 这段话并没有被斯蒂芬转写。波洛克爵士(Sir F. Pollock)在他关于判例法科学的章节甚至没有提到这种非理性的理论。它虽然渗入了英国人的思想，但它始终是肤浅的。他确实预见到法官可能会犯错误，预见到个人感情对法官的影响，但他认为这些都是偶然的，可能使法官的观察在预测未来的司法意见时误入歧途。但是英国的学说不承认这些理由可以被用来动摇案件的权威。我们可以完全准确地通过把布莱克斯通的格言反过来说，把波洛克爵士的观察结果加以总结，法官的意见和习惯是两个同义的术语。Pollock, *Essays in Jurisprudence and Ethics*, chap ix.

§7. 法官的真正作用

显然地,我们必须将这种被修改过的英国学说归为教会法学说在英国留下的少有的影响痕迹之一,前文提及的所谓"神法"即足以证明这点,我们在这里重新发现:在字里行间认为非理性将习惯无效化的经典理论,不论如何已经被深刻地改变了。布莱克斯通对这一规则的解释(这一规则在欧陆地区的有效性令人怀疑)最终使得该规则陷入瘫痪,如果布莱克斯通迟迟不对该理论性的假设加以研究,这是因为他认为这是一个有利的时机,可以消除每一个非专业人士在面对习惯和适用或承认习惯的判决时很容易产生的混乱。后来,斯蒂芬觉得有必要通过自己的一些观察来加强布莱克斯通的论证。他说,经常会出现关于普通法规则的问题无法被司法判决解决的情况,在这种情况下,法官首先会诉诸类比的方法,以便根据就案件事实而言密切相关的判例来间接地解决这些问题。但有时即使是类比也不足以指引法官完成其工作,于是,法官就肩负起了领悟和揭示习惯的责任,他的判断将是"根据事物的自然理性"展开的。由于并未受到法院的明确承认,这种"事物的自然理性"[26]作为英国普通法的一部分,至今仅作为一种理论而存在,并且仍然不为公众所知。它因此呈现出了类似于惹尼先生所指出的"实在的事物本质"(la nature des chosen positive)的奇怪特征,即使它在实际上可被归为法官自身

---

[26] Sir F. Pollock, *Essays in Jurisprudence and Ethics*, pp. 251, 255. 他更喜欢强调在这种情况下影响法官的另一种力量。他谈到了"科学合理性与和谐的理想标准",他说,类似于罗马的"法律的优雅"(elegantia juris),也类似于法国的"法律的精神"(l'esprit de la loi)或"法律体系的精神"(l'esprit du système juridique)。在没有先例可循的情况下,它们便指引着法官,并根据法官所受的法律训练,对其施加影响。

理性的产物,这一原则应得到维系——法官不能创造习惯,而只可能揭示它,所以,法官的判断似乎总是在声称习俗是什么,而非习俗应该是什么。㉗

布莱克斯通和斯蒂芬的上述阐释充分地支持了我们在前文中的说法,即由达恩(Dahn)与斯托贝(Stobbe),以及他们之前的普赫塔与萨维尼所捍卫的学说体系——否认实际使用(Übung)是习惯法的一个构成因素,并认为它仅仅是揭露既有习惯的一种典型手段而已——比目前在潘德克顿学派中占据主流的反对观点更具道理;这一学说体系建立在对习惯法仍普遍适用的地区的主流观念的准确理解之上,其优点尤其在于,它与英国法学家针对在英国仍然十分重要和活跃的习惯法——普通法——所持的认识非常一致。

§8. 这种英国学说是一种虚构

但是,这个几乎完全或主要地服从着习惯法的地方——尤其是英国——的人们普遍接受的认识真的符合现实吗? 它是否如实地描述了习惯的真正起源以及习惯的真正运作? 当然不是。亨利·梅因爵士在他那雄辩的《古代法》一书中清楚地论证了这一点。的确,他除了研究法律拟制以及法律拟制在众多社会的法律演变中所起的作用以外,并没有将自己的研究方向特意引向普通法。他举了两个例子,一个从罗马法中借鉴而来,另一个则从英国法中借鉴而来,他说,这些例子很好地说明了"他们在改变一

㉗ Stephen, i, p. 55.

个法律体系,以及隐藏这种改变这两个方面的双重作用的成效"[28]。我们感兴趣的是第二个例子,即来自英国法的例子。在梅因的分析和批评下,布莱克斯通与斯蒂芬的评论中对英国普通法的性质和起源的论述,仿佛是某种结合了现实和拟制的奇特产物。

事实是,许多世纪以来,英国的习惯法仅仅是通过法官深思熟虑的行动而发展起来的,而它的变化和发展仅靠司法和立法进行如此缓慢而不充分的推动。记录在无数卷"判例集"中的法庭判决,其在英国的习惯法体系中所具有的地位可与法国成文法体系中的立法法律相媲美。正是这种考虑促使梅因在书的另一部分中,对一个在法国的法律语言中肯定是不正确的,但却被明确接受的术语提出抗议,因为法国承认"不成文法"一词是指"习惯法"。梅因说,英语普通法当然是习惯法,但并不是不成文法。"成文法"一词,如果我们从其最初的和自然的意义来理解的话,对英国习惯法和欧陆的议会法一样适用,它同后者是一样的,唯一的差别只是它被写在判决汇总而非法典中。[29]

英国法官和法国法官必须同样地完成双重任务,在完成这两种任务时,他们各自所采用的方法虽然不尽相同,但两者之间却存在着某种密切的联系。(1)法官的首要义务是尊重现行法律,为履行这一义务,他的主要工作是直接根据法国的法律文本和英国的司法先例,或者间接地通过类推、综合以及演绎,来对他所面

---

[28] Sir Henry Sumner Maine, *Ancient Law*, London, 1906, chap. ii, p. 35. 该书附有波洛克爵士的引言和注释。

[29] Sir Henry Sumner Maine, *Ancient Law*, pp. 11 and 12.

对的被诉案件作出判决,只有他通过第一种方法成功地完成了判决时,他才能说他已将自己的活动限制在宣告和适用现行法律上。(2)但法国的立法和英国的判例不可避免地具有一些缺陷。法院必须一点一点地纠正法律的这些缺陷,因为它有义务回答它所面对的所有一切司法问题,无论法律或先例是否预先答复过这些问题;不论它们是由于社会和经济条件的变化而突然产生的,还是由于早已存在的原因而产生的。如果要规范那些因文明不断发展而产生的新的法律关系,法院就不能盲目地转向单纯的解释机制,除非这将导致最明显的荒诞和不公平的情况。不论有意或无意,审判这些案件的法官都将不可避免地求助于法国立法文本和英国司法判例之外的指导和理由;他必须寻求一种这样的解决办法——它不仅符合法律的一般精神,而且符合随时间和地点变化的偶然和自然法则,后者被斯蒂芬称为"事物的自然理性",惹尼先生称之为"实在的事物本质"。即便如此,根据斯蒂芬的说法,尽管法官经常且必须作出判决来对现行法律进行宣告和认可,这样的判决依然是正确的,正如梅因所证明的那样,这些判决立刻就在英国或法国通过反复和统一的适用和出现来补充甚至修正了之前的现行法律。因此,不论是英国还是法国的法院都还具有第二项职能,即创制法律,参与法律的演变和进步这一不可缺少的工作。

那种已悄然融入普通法传统学说的虚构存在一个双重的目的:模糊上述的法院的第二职能,以及模糊法官在履行其第一个职能时所依据的材料的来源,这种拟制是把法官法的整个产生过程归因于一种模糊而神秘的力量,这种非个人的、超人的本性赋予了它一种无上的、任何判断都无法伪装成为的权威——只要这些法官法被承认是那些显然地会屈服于个人的偏见、前见以及其他人类弱点的,作为少数个人的法官的工作成果。这种以地方法官的言语为外衣,并对其加以控制的理性的一个要素,不正像古代的神谕活动中活跃着的神明一样吗?他通过自己的声音说话,口述着他的判决,并用权威包装着这些判决——这些判决代表着"古老的习惯",并且通过一种"它已受到数代人普遍接受"的假设而被神圣化了。因此,这些判决因其古老而免于受到国会和法院公开颁布的任何立法创新的怀疑和反对。尽管法官的个人意见可能会有错误和发生变化,但理性的这一要素却具有可靠性和一致性。虽然司法判决所能确立的规则是有限的,但它已经预见到所有法律困难——包括那些只会在遥远的将来出现的法律困难——的解决办法。

梅因将这种虚构的幼稚之处如此无情地揭露了出来,以至于我们绝不可能对其露出微笑。我们还可以以各种方式再次发现梅因所指出的东西,在大多数人口尚未受到较先进的社会和法律教育的国家,这些东西都是合理且有用的;而在国家及公众脱离了低下的社会和法律教育水平的影响以后,它们通过历史的强大惯性留存了下来。梅因对他自己国家的法学家的讽刺同时也对法国法学家们的观点造成了冲击——事实上,是所有那些坚持"民法解释学派"观点的法学家。他们在立法者面前承认了英国学说中古代习惯所具有的功能(或者说仅仅是其中的第二个功能)。在新的经济发展需求的压力之下,在持续不断的生存和发展需求的支配下,对司法和立法进行不断创新的责任被压在了立法者的肩上。法官本身是我们实现法律制度变革的非自觉的工具,他们往往对法律的细微变化以及他们身边所发生的演变浑然不知,就像我们无法察觉地球的转动一样。

对法国法学家来说,针对英国法的渊源的法学理论研究具有重要的借鉴意义。以英国的研究为基础,他们可以在一种更惊人的程度上,并因此以一种更直接明白的、不寻常的方式,来较以前更加好地认识到仍然占统治地位的、法国的法律方法所依赖的那种虚构,认识到这种虚构的幼稚以及不可能性。就欧洲大陆的法学家而言,他们所受的教育并没有受到英国法律人们所特有的那种思想扭曲的影响,他们不可能对以下事实视而不见:这种"古老的习惯"被认为可以为每一个新的案件问题找到其答案,它规范着昨天才产生的各种制度——而根据梅因那令人瞩目的说法,这种所谓"古老的习惯"只在"幻境"或"官吏的胸臆"中存在。

今天的这种幻想是否曾经成为过现实呢?长期以来,通过法庭的工作而不断发展和更新的普通法,是否像德国的潘德克顿学派的学者所定义的那样,在习惯的规则和准则中崛起?在《古代法》中,梅因毫不犹豫地否认了这一点。他的观点得到了中世纪最博学的英国法律史学家的证实,尤其是波洛克和梅特兰(Maitland)——他们的学术地位几乎无人质疑。在仔细研究了普通法的起源及其取代特殊习惯——适用于庄园和其他地区的习惯——的原因后,这些作者得出结论:英国的一般习惯,即后来的普通法,在布雷克顿的时代可以被公正地定义为"王室法庭的惯例"或"王室法庭的司法先例"。他们把这种习惯想象成是通过每一个法官法体系——由司法判决和此中类比的使用㉚所构成的体系——所熟悉的过程发展起来的。虽然把现代英国判例法的概念(即先例的权威,甚至是单个判决的权威)归因于布雷克顿的时代肯定是不合时宜的,但在早期已经存在一种"法庭惯例"(consuetudo curiae),即大量的司法传统。最初,这些司法传统或多或少地是通过法庭的书记员的工作使法官们了解到的,但随着王室法庭的工作人员越来越多地从法律行业中选拔出来,这些传统和惯例的力量和精确性也就越来越得到了累积。㉛但令我们难以置信的是,这些使得普通法得以产生的王室法庭的早期裁决,竟然忠实地反映了一些早已存在的(罗马法和教会法意义上的)实际习惯;在这点上,波洛克和梅特兰连一点幻想的余地都没有给我们留下。他们描述了诺曼征服所造成的一些新情况(即当时生活在不同法律制度下的人们的接触),这些情况迫使国王的法院采取折中和妥协的方法,从而创造了法律;它的判决更多地基于公平的理由,而不是严格的法律。一方面,这个由大多数不懂英语的人组成的法庭,不可能认为自己一定要适用早期的盎格鲁-撒克逊法律;另一方面,显然不可能从诺曼底的古旧习惯中衍生出一套规则来规范因英吉利海峡以外的诺曼人征服并建立政权所产生的新情况。在诺曼国王的统治下,不仅诺曼法律先例被移植到了英国;一批身负诺曼传统的法院工作人员也逐渐建立了一个

㉚ Pollock and Maitland, *History of English Law*, 2nd ed. 1898, Cambridge, vol. i, bk. i, chap. vii, p. 183 and note 1. 他们引用了布雷克顿的话,后者很好地说明了类比的作用和法庭的创造性规则在解决新问题时的作用,这样的裁判是具有权威的。

㉛ Pollock and Maitland, *History of English Law*, pp. 173-184. 关于王室法庭的转变,参见前书第 152 页以下。

新的司法体系。对此,波洛克和梅特兰是这样描述的:"这是一种灵活的、偶然的法学,它致力于处理一种前所未有的事态,用新的权宜之计来对付新的情况,在他(国王)和他的贵族之间的微妙平衡中摇摆不定,它能够接受来自外部的影响,它受到教会法发展的影响,也许还受到来自伦巴第的古老学问的影响。"㉜因此,构成普通法的最早的基础规则是一种融合的产物,它部分地借鉴各种不同来源的元素,如盎格鲁-撒克逊的传统、罗马法,特别是诺曼法和教会法,还有一部分是大量的独创材料。这种融合是通过王室法庭的持续工作实现的。因此,普通法在其司法实践中既有其渊源,也有其逐步发展的过程。

英国学者们针对普通法的起源和发展所作的论述,足以清楚地揭示出罗马法和教会法的习惯法学说,以及某种类似的学说,这种学说在模仿中发现习惯中作为产生习惯的原因和基础的要素:受其影响的人民自发地使用和一致地接受法律;全体人民直接而本能地认识法律;全体人民自愿地服从他们所认识到的法律规则。这一理论形成了一种屏障,习惯法在其背后存在并发展、掩盖其变化,并使得公众相信这个法律体系的绝对静止性,尽管这一体系始终在不断变化。这一屏障的存在,使人们无法看清法律的变化和形成的过程,但它并没有中止或停止那种至今仍保持着其活力和创造力的习惯——一般习惯和普通法——的发展。同时,英国的法学家们也没有声称,地方习惯必须同那时只起到保护作用的法律拟制相一致,只有当拟制这一法律的创造方式不再能够满足英国社会的需要时,它才在短时间之内被完全地淘

㉜ Pollock and Maitland, *History of English Law*, p. 108.

汰了。

在我们看来,英国法律的例子完全是不容置疑的,针对该法律制度的个人主义精神所提出的反驳都是没有意义的。我们当然不是必须在英国法律的这一特点中——对已决案件的尊重,对先例的无限权威的(即使是孤立的)忠诚——寻找造成习惯与司法判决之间不可分离的联系的原因,即使是对英国普通法的运作的肤浅观察,也能使得这些联系得到揭示。

§9. 这种英国学说的谬误之处

两种受到考虑的有关习惯的观点所包含的思想矛盾,是习惯法在本质上所固有的。在这种法官法体系中,就像在议会立法体系中一样,法官被要求根据那些被认为已经存在的规则而非他个人的主观意见来对案件作出判决,他被要求宣布的是"法律是什么",而非他所认定的"正义是什么",他有责任去适用习惯,并且在理论上他只能依据这个习惯来作出判决。但是,要适用这个习惯,法官必须了解这一习惯,而法官总是直到他要适用这一习惯时才能了解到这个习惯。这种恶性循环是理论与现实之间冲突的必然结果,在法律完全或主要通过非议会立法的渠道获得创立和发展时,这样的问题总会出现,正如现在盎格鲁-撒克逊社会的情况一样。

如果我们在英国的法律文献中寻找关于一般习惯的定义——就这一问题而言,英国的法律文献显然比其他任何地方的文献都更具权威性——根据我们向普通法律人或法学研究者请教的结果来看,我们可能会找到很多不同的观点。普通法律人

（或法律论文的作者，他们只有传统观点——通常由拟制构成）告诉我们，他们国家的法官从来没有权力制定法律，他们的裁判必须符合古老的习惯，后者的每一个组成要素都和英国一样古老，虽然这些习惯中有很多都是第一次被承认和应用。[33] 相对地，如果我们请教那些把精力投入到被英国称为"法理学"的更高一级的法律科学的学者，我们会听到一种截然不同的说法。这些习惯于在法教义背后寻找社会学现实的作者告诉我们，普通法在很大程度上是法官的作品，其大部分的规则源于法律先例。[34]

§10. 作为法律创制者的法院和立法机关

我花了很长时间来分析和批评那些希腊和拉丁的修辞学家、法典编纂者、教会法学者、后注释法学派、历史法学派的领袖以及后期的德国潘德克顿学派的法解释学家的关于拟制的奇特观点，在这段时间里，阿纳托尔·法朗士（Anatole France）的《圣克莱尔之井》（*The Well of St. Clare*）中最令人印象深刻的一段时常出现在我的记忆中，这一段描述的是圣人乔瓦尼（Giovanni）的梦，在他殉难前夕，他无邪而坦诚地承认了真相。他看到了一个巨大的、活

---

[33] The doctrine of Blackstone and of Stephan, cf. Supra, pp. 265 seq; Hammond, in *Lieber's Hermeneutics*, p. 312.

[34] Holland, *The Elements of Jurisprudence*, Oxford University Press, 9th ed. 1900, pp. 61-62; John F. Dillon, *The Laws and Jurisprudence of England and America*, Boston, 1894, pp. 173 seq., 229 seq.; Holmes, *The Common Law*, Lecture I, p. 35; Pollock, *First Book of Jurisprudence*, pp. 229 seq.; Markby, *Elements of Law*, Oxford, 1896, pp. 57-65; Greer, "Custom in the Common Law" in *Law Quarterly Review*, vol. ix, pp. 153 seq.; Gray, "Judicial Precedents", in *Harvard Law Review*, vol. ix, pp. 27 seq.; Austin, *Lectures*, II, p. 655; Bentham, *Works*, vol. iv, p. 460; ibid., vol. v, p. 13; cf. also the more guarded observations of Courtenay Ilbert, Common Law and Statutory Law, in *Journal of the Society of Comparative Legislation* (1899), n. s. vol. iii, pp. 407-416.

着的圆盘,后者由无数不同年龄不同背景的人们组成,这些人的嘴里吐出了卷轴,各个卷轴的颜色以及其上的文字内容都各不相同,但这些卷轴都以这样的文字结尾:"这就是真理。"圆盘上有各种颜色的真理,唯独缺少那种纯洁的、白色的真理。当圣人在这调色盘上悲叹并徒劳地寻找他即将为之而死的真理时,圆盘开始转动起来,随着它转动速度的加快,不同的颜色开始互相碰撞并融合。当圆盘的转动速度如此之快,以至于人们的眼睛已经无法感知到其转动而以为它是静止的时候,整个圆盘竟然就变成白色的了。所以,乔瓦尼了解到,这个纯白色的真理是由所有不同的真理组成的,就像白色是由其他的所有颜色一起组成的一样。

习惯法同法朗士所描述的这个圆盘具有惊人的相似之处。真相是,法学家和社会学家必须放弃在静止状态下观察习惯法的希望。习惯法的发展变化永远不会停止,但是,它的变化在一开始是缓慢的,只有在司法判决这一决定性的动力的影响之下,它变化的进程才能被加快。在它的准备阶段,在还没有被正式地确立起来之前,它的变化运动非常缓慢,以至于它内部各种各样的元素都可以被区分开来。它呈现了斗争的场面以及个人利益之间的残酷冲突……但是,当司法判例把自己的能量传递给基本的习惯法,并突然加速了习惯法的变化运动以后,构成习惯的那些五颜六色的丝线就看不见了。上述斗争的参与者在实现他们的主张时所使用的全部手段,都逐渐被抹掉了。很快,你只会听到这最后一句话:"这就是法律。"在一个短暂的幻象中,仿佛所有的人都站在我们面前,他们的嘴里也都说着同样的话。

我们不应被语言的魔力所迷惑。我们应该提防这样的一种对立——它一开始是如此具有说服力,但它实际上毫无意义,它已经走进了越来越多的学说和著作中,甚至还滑入了惹尼先生那令人钦佩的批评㉟中。它把立法、自由意志和反思的作用、社会意志自由的表现同习惯对立起来,并坚持认为习惯的力量来源于"在我们所处的一切环境中,向我们施加隐藏的、无声的压力,它在不知不觉中指导着我们……它独立于我们的意志,并不断地扭曲我们的意志"㊱。立法和习惯一样,都无法摆脱社会学规律强大力量的影响。一方面,立法者们并不是在某个乌托邦里自由地、独立于任何自然力量地完成其工作,如果他试图忽视他所在的时代与地区的情况,试图摆脱把他同现实连接起来的那些纽带,那么事实将很快揭穿他的失败。然而,另一方面,自然的神秘力量的发挥,其本身并不能创造真正的司法性习惯;就此而言,人类还需要不断地合作。具备特殊知识的官员,以及过去的神谕者、牧师或教宗,甚至今天的法官,都无法被动地让习惯诞生,没有他们的帮助,习惯将永远无法从散乱无序的举止的外壳中脱离出来,他们选择、培养、修剪并整理类似一种生命体的司法的自然生长,他们每天都被要求以人民的名义去发现、发起和实践社会意志的自由。

法律产生的这两种基本方法——立法和习惯——直到法律史上的晚近时期才被分离开来。事实是,虽然成文法和习惯法的构成要素是相同的,但它们在整个法律体系中所占的比例却不尽

㉟ Gény, *Méthode d'interprétation et sources en droit privé positif*, p. 359.

㊱ Deslandres, "La crise de la science politique", in *Revue du droit public et de la science politique* (1901), vol. xvi, pp. 69 seq. 作者在这些方面谈到了国际层面上的法官造法——也就是现代习惯(法)的形式之一。

相同;而且,当我们越接近更先进的文明时期时,这两种要素在每一种中的相对比例就变得越来越不平等。立法机关和法院通过诉诸非常不同的两种程序来完成一项共同的功能,这在今天也是符合事实的(过去则远非如此)。法院的工作更加零碎和不连贯,缺乏系统性。它以一种建立或适用已有法律的假象掩盖了它的创造。因此,它的行动远不如立法机关那样迅速和果断,它每时每刻都会遇到难以逾越的障碍,为了避开这些障碍,它会被迫离开它原有的运行轨迹。

那些期望我们的成文法能够解决法社会学的基本问题,并认为我们的议会有能力修改和编纂主宰社会进步的法则的大多数法学家坚持认为,调整法律以适应经济基础结构不断变化的任务完全由立法者独自承担,如果这样的说法是正确的,那么法律政策的作用将是非常有限(温和)的……理想与现实之间存在一段漫长的旅程,理想的情况是,我们这个时代对立法的倾向——萨维尼在很久以前曾对此作过徒劳无功的斗争——应该比现在更加敏锐[37];立法者应该致力于尽可能地审查法官造法,并定期对其进行必要的修改,调整现有的法律体系,以适应社会和经济环境中不断发生的变化。当立法者屈尊亲自执行这项任务时,他的工作比法院更有效。从官方意义上来说,这些法律只是用来解释和适用之前已经存在的法律的。只有在社会学法则(sociological law)不可抗拒的压力下,他们才会创制法律进行干预,因为社会学规律与公认的规则相抵触并使之瘫痪;他们在做这件事时始终

---

[37] Durkheim, *Division du travail social*, p. 427; Duguit, *L'État, le droit objectif et la loi positive*, p. 89.

是畏首畏尾的。法官法(judicial law)自然是保守的,在我们不断变化的经济生活中,它的发展是缓慢的。因为这一事实,它必须尽可能地在解释的掩护下隐蔽地进行创新,它一般只能通过迂回和间接的途径,来达到立法机关可以直接和因此更肯定地达到的目标。我个人不太同意约瑟夫·科勒的看法,他认为司法实践使过去的制度在今天依旧具有生命力,他还坚持认为,如果罗马法和英国法在其发展过程中,没有在很大程度上依赖拟制,其适用范围就不会在世界范围内得到广泛扩张。[38] 罗马法的扩张和进步是由基于不同原因而产生的力量所推动的。至于英国的一般习惯,即普通法和衡平法,它得到广泛传播的原因是英国人的殖民历史,而不是它本身的任何优点。事实上,恰恰相反,在英国,法律知识的进步远不如文明的普遍进步那么迅速,这全部或至少部分地是由于英国立法的迟缓和不足。因此,我们非常希望立法者在今后能比以往更经常地进行干预,以便指导和刺激过于缓慢的法官法的演变。

§11. 结论

因此,法律规则的政策并非由立法者所垄断。只有他可以采取一些迅速而完善的方法来实行这些政策。但他并不是唯一有权考虑法律政策的人。他有两个合作者,一个是法院的判决,一个是法律职业者的实践。这些工作者使用不同的方法,跟立法者一起从事一项共同的工作,那就是使法律适应于不断更新的社会

---

[38] "Über die Methode der Rechtsvergleichung", in *Zeitschrift für das Privat- und öffentliche Recht der Gegenwart* (1901), vol. xxviii, p. 278.

形态。所有生活在法庭环境中的人——不仅是法官、书记员、律师,还有公证人、商人和文书起草者,所有这些人,不论有意或无意,都是制定法律政策活动的积极参与者。可见,法律政策的制定并不完全依赖立法者的智慧和行动。因此,在各个法学院里,法律政策也应该作为一个部分合乎逻辑地进入现在的学术研究。这样就形成了"司法的技艺",它具有创造性和文明化的功能,正如那些真正的法学家——他们在法律史中的"英雄时代"是法律真正的设计者——所设想的那样。过去几年开始使用的词"法政策学"和"法律政策学"并不意指一门新科学,而仅仅是指处理一门旧学科的新方法。

因此,我们力图阐明的是,那些在今天的活动中占有如此重要地位的立法外的法律活动,不仅仅是盲目的自然力量所造成的;它们在法律的指导或监督以及全体法律人士的不断合作下运作;一个国家在其国内法中制定政策的任务不仅由立法者来完成,还由其他与法律有关的单位、机构来完成,法学家的著述、法院的意见和该行业的从业者都对这些制度施加了更有效和更持久的影响。

法律思维的方法

〔奥〕卡尔·格奥尔格·乌尔策尔①
(吕思远、连 城译 徐 辉校)

前言
导言
　§1. 法学和其他社会科学
I. 法律思维的性质和特征
　§2. 通行理解
　§3. 法学的预设
　§4. 法律人的无偏私性
　§5. 法的安定性
II. 通行解释理论：对其主要学说的批判理解
　§6. 概况与主要缺陷
　§7. （根据通行理论）对解释活动之结果的分类
　§8. 对上述分类的批判

---

① 译自《法律思维》(Das Juristische Denken, Vienna, 1904, Verlag Moritz Perles)，英译者为埃内斯特·布伦肯。——原书编者注
卡尔·格奥尔格·乌尔策尔(Karl Georg Wurzel, 1875-1931)，奥地利法学家。译文在部分表达上亦参酌了德语原文。——中译者

§9.（根据通行理论）对解释活动之方法的分类

§10. 法律理由（"法理"）

§11. 法律思维理论的必要性

III. 法律思维的范围,尤其是与解释的关系

§12. 原则上的边界确定

§13. 关于法律思维之范围的一些实证现象

§14. 附论（一些关于逻辑的补充）

§15. 将上述原则运用于法律概念:投射

§16. 立法者

IV. 解释的主要方法

§17. 概况

§18. 统一性倾向

§19. 保守倾向

V. 投射的主要材料

§20. 概况

§21. 法律思维与伦理影响的关系

§22. 法律思维与经济现象的关系

§23. 将法律思维之总体材料划分为事实与规范时,投射材料之定位

VI. 一些特殊的主题

§24. 对例外法律规则的类推

§25. 对所谓内部事实（尤其是当事人意图）的查明

§26. "安全阀概念"

§27. "安全阀概念"（续）

VII. 结论
　　§28. 作为社会需求之表达的通行解释理论
　　§29. 法律事实
　　§30. 关于使法学与其他社会科学之关系更紧密的杂谈

前　言

　　本文非哲学作品，而是法学作品。为了保持这种特性，且考虑到法律类主题通常的抽象性质，我会提供尽可能多的、具体的例子来阐释法律作品经常处理的那些一般命题间的联系。我相信，具体的例子常常会比长串的理论演绎更能有效地说明问题。由此，我经常举例证明一般命题，并相信读者会在两者(这些例子和命题)之间建立理论联系。这样做是否正确，在很大程度上取决于读者是否能同等地重视我列举的事实内容。在此我认为有必要强调这部作品的纯粹实证性，因为它对法律人而言是十分确定的。因为没有哪一类人比法律人更倾向于采用目的论思维来假设、来更改，或以各种方式"偏折"事实。然而，本文的目的仅仅在于，对事实本身进行探究和描述。正如这句科学研究的首要原则所言，"只有不带目的和预设，才能揭示出科学的最高原理"。

　　作为一部一般法学作品，本文不属于任一特定法律领域，但它与私法理论联系最紧密，并从中汲取了大量实例。因为在这一领域中，数百年间产生的作品已经将法律思维最为清楚地阐述出来；因为借助于私法之发展，法律思维理论(关于法律适用和解释的理论)实际上已经确立(尽管并不充分)；更进一步来说，因为在私法(和刑法)中,法律思维已经得到普遍认可。在这一领域,判决应完全基于法律规则*和法律理由,而不是基于政策或其他考量**。与这一原则密切相关的是一种拟制内容:实际存在的法律规则只要以适当的法律方式被适用,便足以决定所有争议案件。②

我认为这篇论文是这样的一项研究,它并不是要全面且均等地涵盖法律思维的各个阶段,也不是要做关于法律适用(administration of the law)的系统论述,而是只涉及该主题一些重要但被严重忽视的方面。为了给新材料的引入提供足够的空间,本作品的此种局限性是必要的。此外,我认为由这种局限性带来的不确切性比任何其他方法都要小。因为这本书面向的将不是那些痴迷于方法论的初学者(他们有时会根据自己有限的理解推出并适用不成熟的结论),而是那些能够理解新材料与自己先前经验及通常理论的正确关系的法律人。

1904 年 1 月
作者

导 言

§1. 法学和其他社会科学

法学是最早诞生的社会科学。在所有人中,法官和立法者首

---

* 德语原文是"法律规范"(Rechtsnorm),英译者将它和"法律条文"(Rechtssatz)都译为"法律规则"(legal rules),考虑到德语原文与英语译本刊发年代的理论局限性,因此后文在不影响表达的前提下,将尊重英译本的表达,不对这一点作进一步纠正。——中译者

** 德语原文是"合目的性(Zweckmäßigkeit)或其他权衡"。——中译者

② Cf. §IV Code civil p. 89 note. 16, Menger, *System des österr. Zivilprozesses*, §11, note. 2.

先发现,自己需要就那些支配人类共同生活的原理,探求一种明确而清晰的认识。这种关于共同生活基础的知识首先来自对正确和错误*的区分。在此前的很长时间里,这种知识并非(像现在这般)产生于理论上的好奇心,而是产生于生活的需要。由于为了避免或调整冲突③,调节人类行为的、存在于意识中的必要规则的法的出现,一旦无意识和无组织的惯行、习俗、强制不再足以规范个人的行为,向着更高的精神独立发展的人类开始怀疑,是否应像以前一样跟随自己的冲动。④

起初,这种以法律知识的形式出现的对社会共同生活之原理的全面认识,仅涉及对一些利益的保护(首先是经济需要,其次是生命与健康的维持⑤,再次是对国家及其秩序的保护,最后是一些伦理需要)。其目标最初也仅在于,以一种片面的方式,调和各方冲突的意愿。因此,这种原始法律是粗糙、不完善的,并一直是外部性的⑥,只抓住了一些最外显的事物。然而随着理解的深入,法律知识必须超越仅仅考虑人类意志冲突之外部形式的倾向。否则,法律规则就无法(哪怕仅仅是大致)符合现实世界以及(往往被很好地掩盖的)事件的因果联系。法律需要关注到心理和社会生活中的一系列差异化现象,并逐渐认识到这些现象与所谓"人

---

*　德语原文的表述是"法(Recht)和不法(Unrecht)". ——中译者
③　Roscher, *System der Volkswirtschaft*, vol. 1, section 16.
④　Vierkandt, *Natur and Kulturvölker*.
⑤　Wandt, *Ethik*.
⑥　Comp. Jhering, *Geist des römischen Rechts*, §3. 耶林曾论及,实际的法律与这些法律的表述之间的差异,例如,以物易物引导下的贸易发展逐渐消减了漫长的(在东方甚至至今仍存在的)讨价还价习俗。旧雅典法禁止市场上的小贩坐下就是对这种社会趋势的在今天看来有些拙朴的表达。或者另一个例子:出于无奈,为有效规制抢劫和杀人行为的社会危害性,古日耳曼法会惩罚"在路边伏击"的行为,等等。

的意志冲突"有着密切的联系。相比于其他后来的、由纯粹理论兴趣激发起的独立科学，下述现象优先在法律中得到考虑和适用：逻辑和心理现象，如意志、目的、意图、解释、谬误、强制、激情；经济现象，如财产、价值、价格、功用；语言现象，如语句、含义；伦理现象，如自由、人格、诚实；政治现象，如秩序、公共权威等。在法律发展的早期阶段，完全可以由通行观念来获得必要知识。法律往往仅使用那些真正知识的"替代品"，也即那些未经深思的、仅能被模糊地感觉到的概念。哪怕没有几千年，也可以说在几个世纪以内，法律必须尽可能地接受这种现实。

后来，在法发展为一种科学形式的"法学"之后，一系列其他社会科学产生了：政治学、伦理学、经济学、逻辑学、个体和社会心理学*、语言学、文明史、统计学等，最后才是所有这些科学中最一般的社会学。这些学科中的一些分支直到最近才出现，而另一些分支最近随着更精细的分工或新的研究方法⑦的出现才真正走向繁荣。每个学科都从一个独特的视角来对待其主题，这些主题要么部分地涉及法学⑧的材料，要么与其密切相关，并相互作用。

法律科学必须与这些科学维持密切联系，否则将无法回应生活的需要，并变得越来越落后。其他社会科学的迅速发展使得那些往日被普遍认可的理论变成谬误。例如，如果龙勃罗梭（Lombroso）关于天生犯罪人的假设得到证实，或者在统计结果表明犯

---

* 德语原文表述为"国家学、伦理学、国民经济学、逻辑学、个体和民族心理学"。——中译者

⑦ 我提醒诸位注意比较语言研究、土地分配研究，以及统计学方法等研究方法。

⑧ 私有财产法和国民经济学会处理相同的现象；同样，国家法（Staatsrecht）也在研究对象上与国家学、政治学（Politik）相同。

罪的频率和性质取决于某些环境条件的情况下,是否还能将犯罪本质*完全建立在个人意志自由的信念基础上?⑨ 难道这些情形不会同时影响法院和立法机关吗?法律科学就是要不断吸收其他科学领域的研究成果,适用关于社会现象间联系的新的真理,以及充分运用在其他科学中已得到清晰阐释的概念。这些预备性的工作,某种程度上由这些社会科学自己来完成。法律在那些社会科学涉及的事实领域占据了很大的空间,所以那些社会科学也需要从自身独特的视角来观察法律,并以之检验自身的方法和结论。

不过,这些科学只在最一般的层面对法律进行研究,它们和法律人并没有共同的出发点或共识。在法律的创制过程中,它们最多只是参与一些法律制度和原则的创制;法律的适用、立法的技术是法学的独有领域,自然从未被这些其他科学所涉及。因此,这些科学仍然徘徊于法律科学的大门外。法学必须不断推进自身的工作,以便将这些科学的成果引入法律适用中。

这一要求迄今没有以自觉的方式被满足。的确,比较常见的是,基于法律与其他社会现象之间实际存在的联系,即使涉及法律适用时,过往的法学也积极地接触其他科学。⑩ 但如今的法学对现行法的检验却并非如此。实践法律人通常只想到将那些时间和空间上疏离的法律部门相互比较,而几乎从没考虑过其他社

---

* 德语原文表述为"刑事罪责"(strafwürdige Verschulden)。——中译者
⑨ 从1902年德国法学家大会的争辩和建议中就可以看出,这些新观点对刑法学派产生了多么深远的影响。
⑩ 习惯法盛行的情形通常会导致历史研究被最大程度地涉及,在这一情形下,立法和司法并没有得到很严格的区分。

会科学的观点或结果。而对于法学来说必不可少的是，它不能仅限于了解干巴巴的法律条文，还要去掌握其发展、心理学特征，尤其是它们与社会反应的问题息息相关的功能。⑪ 因为如果不了解社会生活诸方面间的联系，就不可能理解任一方面。⑫

可以肯定的是，上文所说的"引入"（transference）要比比较法学复杂得多，因为在这里我们并非在比较（现象的）相似性和差异性，而是在显然相当异质的现象之间寻找隐藏的联系。

然而，在一些特定的共同观念和传统方法之中，存在着有意向法律适用中引入新观点的主要障碍，法律人对它们的性质其实也一知半解。这些观念和方法在法律还维持独立且作为若干通行观念的结晶的时候就悄然发芽，它们本能地依附聚合，构成了法律思维自成一套的特征。一定程度上它们是建立在法律思想的特殊对象之上的，是历史发展过程的产物。然而，它们在一定程度上只不过是长期无人管束的思想残留，像流通货币一样被习惯性地递转，无人检视或审查。这使得法学家诞生了某种自给自足的感觉，不断增长的深入研究的欲望被抑制，而法律思维则轻易地满足于相当粗陋的进步。当有人作出表面解读时，质疑的想法就停止了。根据孔德（Comte）的说法，这是一门科学发展到形而上学阶段所共有的特征。

这些研究的目的是给法律科学特有的那些模糊隐晦的思域

---

⑪ 举个例子，在共同法中，正如之前在德国的某些地区，妇女被允许不适用《费勒亚努姆元老院决议》（Vellejanum Senatusconsultum）——根据这一元老院决议，妇女不能作为担保人。当考虑到这一最初旨在使妇女受益的强制性条款，由于信贷制度的发展转变为对她们进行交易的能力的讨人厌的阻碍，上述允许不适用这一条款的理由就更加明显了。在禁止收取利息方面也存在类似的情形。

⑫ Roscher, *Volkswirtschaft*, section 18.

一点启发。

I. 法律思维的性质和特征

§2. 通行理解

大学法律学习的公然目的不是对法律或多或少的广泛了解，而是对法律思维的训练。法律人对任何原理的重视程度都不及这一命题：法律科学不仅仅是那些制定法知识。确实，尤其是在好奇的外行人面前，法律人可以充满自豪地回忆起那个法律知识（notitia legis）仍然是法律行家的秘密学问的时代。在实践中，如果一位法律人想反驳某些论断，又不能径直援引制定法，他便总是试图证明这种断言违背了法律思维。法律思维，有时亦称严格法律思维，应该作为工具和当然预设伴随法律研习者左右。

那么，什么是法律思维？它的原理和性质是什么？它如何区分于通常的非法律的思维？它是逻辑的一种独特亚种（尽管表面上看似乎不太可能），又或者只是一种专门适应于法律材料的方法？[13] 对于这些问题，最清晰不过的结论是，法律思维是得出大量推论和判决、提供论据和定纷止争的方法。法律人得出的逻辑推论的力量在于，它能（像某些人说的那样）将"刽子手的斧头落在

---

[13] 纯粹"方法"的重要意义在于，它总是以或公开或隐秘的形式从它的对象中提取那些将被适用的规则。方法并不是一种纯粹形式的思维法则。通过研究对象来实现的方法选择，本身就是在对对象的性质发表意见（甚至某种程度上是先人为主的意见）。例如，就对语言法则以及国民经济等情形的研究而言，根据人们选择的历史的、统计的、有机的或其他的方法，人们会立即展露出他在方法选择中所抱持的对这些对象的不同观点，并据此得出不同的结论。

某人的头上",或将"某个人投进监狱",而如果这些推论与法律思维相一致的话,它们便是合乎逻辑的。

关于法律思维的性质的通行理解,在两个极端之间摇摆不定。有时,在谈到法律人和他们的技艺时,人们会想到冷酷、算计、严厉、强硬等词汇。这与法的外表及其好战的对外功能相一致。借用赫伯特·斯宾塞(Herbert Spencer)的表达,法律人和士兵一样是社会有机体的表皮组织。法官则在旧德国法中被刻画为"矗立于人前的怒狮"。这些都体现了刑法和军事法(ius militans)的观念。

同时,当可以更为深入地进入法律思维的世界时,就会发现一个最普遍也最经常碰到的观念。法律人在这另一极端上被赋予了伟大却相当不切实际的智慧。他们可能因灵活、敏锐、一丝不苟的特征而被人想起,这种看法主要出于私法经验。无数关于法律人地位的古谚中,我们可以找到民众对那些共同法的"枉法者"(perverter of justice)[14]充满敌意的表达。即使到了今天,人们也对法律把戏(legal tricks)、制定法条文的操纵者(manipulators of statutory provisions)、"弹性条款"(India rubber provision)这类事物有模糊的畏惧情绪。毫无疑问,这主要归咎于外行的公众对法律思维的无知以及法律思维本身的弊端。耶林曾在《法学中的戏谑与认真》(*Scherz und Ernst in der Jurisprudenz*)一书中,用幽默的语气对这些弊端加以嘲讽。然而,真理的内核就潜藏在广为传播的通行观点中。与逻辑学和数学相似,法学是一门形式科学;这意味着法学仅在于阐释人类思维的形式,而至少很大程度上不具有

---

[14] *Jurista nequista, Juristen böse Christen*, etc.

对象性(即不与一些外部的对象或现象相关联)。然而,与逻辑学和数学不同的是,法学也声称它具有现实性,即它确实提供了对实在事物的知识。在这种情况下,把法学称为形式科学会带来一种来自辩证法的指责,一些思想家(如菲尔坎特[Vierkandt])一向擅于进行这种指责。

§3. 法学的预设

除后文将谈到的解释理论以外,法学并不主张其方法的一般性和普遍认可性。但它却坚持某些预设(或理想)合乎其规范性。其中一种预设是没有偏好、偏私或偏见;另一种预设是安定性或连贯性(以使得判决能够被预见)*。

因此,如耶林说:

> 法律的心灵状态(state of mind)乃在于其不可动摇的安定感(an immovable sense of security)。如果正义自己能从天堂降诸凡尘,就会拿起笔,镌刻明确、精准且详细的法律,使应用法律成为简单的概念计算公式,那么司法就不用思考任何东西了。

(法律思维的)第三种预设出现得很晚,不过如今却开始频繁表露:法律思维会使自己适应实践需要;它是实际的,且如果必要,它敢于违背逻辑。这与第二种预设相冲突,但法律人并不打

---

* 德语原文表述是"另一种预设是安定性(判决的可预测性,连贯性)",在这里和后文中,区分不同的语境将 certainty 译为"安定性"或"确定性",其中安定性包括了确定性和"现行法的实际执行"两部分。——中译者

算放弃任何一个预设,更不欲通过划定这两个原则的影响范围而将二者区隔开来,从而解决冲突。

上述法律思维的理想(或预设)对于研究其特征来说十分重要,因为它们似乎指出了这种思维的基本特征,并展现了我们研究这些特征的应然方向。正是从这个角度出发,本文拟先简要探讨上文述及的前两个预设。第三个我们不会单独探讨,因为它与确定性预设紧密联系在一起,并具有无穷的复杂性(与整个社会利益彼此混杂)。

§4. 法律人的无偏私性

每一种情绪,无论是心理学家所说的"积极亢进",还是"消极衰弱",都为意识活动的范围设定了限制。它倾向于是一种不合理的、联想的(即由外部因素决定的)或冲动的心理活动,而不是一种谨慎考虑逻辑范畴(尤其是因果律)的思维形式(用冯特[Wundt]的术语来说,是一种统觉[apperceptive thinking])。简单地说,每一种情绪都削弱了智识看到真相的能力,使之部分地陷入盲区。冷静(passionless absence of emotion)是一切旨在认识外部事实的科学思维的前提。

我们之所以很早便对法律人提出这一要求,是因为法官比任何其他思考者都更容易暴露在情绪影响下。他必须在针锋相对的当事方斗争中得出结论。尽管在其他科学中,意志冲突是一种恼人的干扰,但它们在法学中却是其保有核心功能的天然环境。此外,法律思维的结果(即判决)也足具实践重要性,这些判决时刻都牵动着活生生的人。在法律思维领域,由情绪导致的错误最经常且最容易被感知到。正因如此,我们才要在法学中反复强调"情感上无偏私"这一预设。

根据通行的心理学知识,这个预设包含最广义的对个人冲动的摒弃(涉及对当事方的特殊偏好)以及程序法认可的回避基础上的法官或陪审员对个人利益、血缘关系等的隔断(绝不就此类关系给予特殊照顾)。然而,现代社会科学表明,除了这种个人情绪的影响外,还有许多社会情绪对我们看待和评判其他人的方式产生决定性影响。这种社会感情可能具有国家的、政治的、职业的或宗教的特性,可能是由阶级、职业或其他产生团体感的情况产生的;也可能基于道德倾向、历史传统、继承的价值判断等。由于这些感觉具有更强的稳定性和一般性,它们通常不以激进情绪的形式进入,或一般而言根本不进入个人意识,而仅保持在个人意识的边界(threshold)处。同样,或者也正是出于这个原因,它们会以一种在无偏见的观察者看来相当明显的方式,去模糊思维和判决的逻辑性。大量的例子能够说明,研究者是不够客观也难以无偏见的,如果某人有意去使自己没有偏见,以使自己在社会趋势中不被说服、不偏不倚,那么借鉴一下斯宾塞的"社会学研究"[15]就明白了。斯宾塞的理论将使我们了解到,我们的世界观、我们的整个思维方式,是如何被一系列的交错缠结的"倾向之网"所括揽的,在它们的影响下,那些热忱的真理追求者面对同样的

---

[15] 我情不自禁地回忆起尼采的中肯表述,我们绝不会对自己的概念和构想漠不关心,相反,我们喜爱并不断地唤起它们。我们对他人则有一种尽可能地要去排除的厌恶,甚至可能想到一些概念,比如死亡和疾病。一个赌徒总能根据数学计算得出比实际上要更大的获胜概率,因为他在意识中不断地呼唤他们。这就是彩票、抽奖和诸如此类的东西为什么如此有利可图的原因。

现象时可能会产生完全不同的判断。一般来说那些向心理学靠拢的现代逻辑学(见冯特、埃德曼[Erdmann]、西格瓦特[Sigwart]等人)的著作能很好地解释这些因素在无意中对思维的影响。

在此,出现了一个我们只有继续推进研究才能回答的问题:排除偏见的要求是否意味着法官的法律推理必须摆脱所有这些社会情绪的影响？我们必须可悲地,以不是在说反话的形式接受"实现正义,哪怕山崩地裂"(pereat mundus, fiat justitia)这个说法吗？法官真的应该遵守斯宾诺莎的要求,永远不责怪或赞扬任何人类事物,而只需去理解它们吗？他必须净化他除了逻辑推理之外的一切思想,摆脱所有可能扰乱他逻辑的个人及社会的感觉吗？这种"净化"适用于所有人吗？它曾经存在过吗？

§5. 法的安定性

法的安定性有两个方面,正如其不安定性亦有两个方面。第一个方面首先涉及现行法的实际执行,以及较少的有意违法行为。这在东方智者的描绘中是一个理想的法律状态,"一位雍容华贵的美丽女士可以独自在全国各地旅行"。法的这种安定性在整个中世纪的欧洲都极为少见。在一定程度上,法律必须始终服从于现实情况,否则它不能被视为真实的或实在的法律。在一个社会中(不只针对外国人),如果抢劫是一种普遍风俗的话,显然财产的概念很难得到发展,更遑论侵犯财产权。正如俄罗斯谚语所说,尽管所有人都偷东西,但没有人是小偷。至少在某种程度上,法律规范能够被视为社会发展中事实上的自然法则,也即"应当"必须与"是"在某种程度上相一致。⑯ 但这种一致性的程度是变化的。它将随着国家力量的增强而上升,因为国家代表着全体国民的团结感。事实上,国家在这一意义上几乎完全实现了法律安定性:公开的武力对立几乎完全被压制,(国家)现在的斗争需要针对的对立形式更难驾驭,如贪腐、盗窃、包庇、法律程序滥用以及玩忽职守。

在法的安定性问题上,另一个方面则指向获知法律本身的巨大困难。例如,在继受罗马法之后,人们会根据对罗马法的理解来思考德国的情况,致使后者陷入法律混乱。只有法律科学的完善才能够消除这种不安定性。上文提到的法律思维中的安定性预设仅与这一方面有关,即每当发生意志冲突时,能够清楚地回答"什么是合乎法律的事物"这一问题。在最高程度上,安定性的这一方面要求法律思维的所有结果——法院判决——都是统一和可预测(甚至是可计算)的。

现在我们把这种安定性预设称为法律思维的根本特征,是否合适呢?这是法律思维所具有的精确性的具体形式吗?尽管我完全认可我们在安定性方面取得的进展,但为了不陷入反科学的另一个极端,恐怕答案必然是否定的。⑰ 我可以举出一些作为上述观点之基础的类似观点。虽然德意志帝国民法的编纂工作正

---

⑯ Bierling, *Kritik der juristischen Grandbegriffe*, vol. 2, sects. 250, 257, and excursus B, p. 353. 比尔林与上述观点有部分分歧。他反对齐特尔曼在其作品《错误和法律行为》(*Irrtum und Rechtsgeschäft*)中对自然法则和法律规范的比较。齐特尔曼认为,自然法则与法律规范的区别在于,前者具有绝对普遍性,它不能容忍任何例外,因此被认为是对象本身的性质;而法律或道德规范是来自某些第三方力量(如上帝或国家)的外部命令。Comp. Wundt, in the introduction to his *Ethik*.

⑰ 有些人甚至谈到了司法适用中的风气。

在进行中,但一些具有最高学识和官方地位的学者偶尔会主张并期望,法院在实践中弥补该法典草案的一些缺陷。这显然设定了一个前提,即法院能够以某种方式解释制定法或其他规则,而不违反其法律义务,且尤其不违背法律思维的要求。

冯·谢伊(von Schey)认为法学将找到一种方法或手段重视经济考量,而不像《德国民法典》中那样对物权作纯粹抽象化处理[18];德恩堡(Dernburg)向法院建议,通过适用留置权(lien)的方式,在某些请求特定工资的案件中弥补有关规定的"不予补偿"的缺陷;埃克斯纳(Exner)在关于奥地利《抵押法》(*Hypothekenrecht*)[19]的论文中认为,当抵押被撤销时,货物混同会带来不公平的结果,法院需要找到相应的解决办法来消弭不公平之处。这些期待隐含着一种假定:法律思维具有相当程度的弹性。一些颇具分量(但却分散)的观点也能体现实践中的法律制度所具有的这种假定。民事诉讼制度(特别是在奥地利,诉讼费用并不取决于案件实质结果)显然是基于"通常每一方都确信自己是对的"这样一种假定来设计的[20]:因为如果涉及故意的不法行为,就不仅需要宣布不法行为不法并提供救济,作恶的人也必须受到惩罚。

在辩护制度中,这个问题更加明确。在刑事诉讼中,公诉人要求(法庭)对犯罪嫌疑人处以刑罚,而辩护人通常会得出结论认为,事实可能是无可争议的,需要作出无罪判决。那么,如果正确的法律思维总是必须从特定的事实状态得出确切的结论,就必须

---

[18] 该观点见于冯·谢伊1902年2月5日在维也纳法律学会发表的论文。
[19] 第90条。
[20] 这意味着,当事人可以从同样的事实中推论出完全相反的权利。在这方面,我们必须排除下面这些情形,即事实本身是不确定的,只是在审判过程中被确定下来而已。

将某一方归为不道德。因为,控方和辩方中将必然有一方是无知者或歪曲法律者。

同样,理论与法院实践之间的不可磨灭的对立也表明了法律思维的弹性。在这场斗争中,法院被赋予无视法学家权威的权力[21],而法学家则可回以著作进行论战。同样,有许多科学的争议显然不能通过简单的交换理由来解决。[22] 我们将在后面表明,人们将事实查明当作法律思维中的很大一部分,从而展示这种不确定性是如何被部分掩盖的。可以肯定,这并不能消除(法的)不确定性的系数,但出于体面(decorum)的缘故,这一系数将被移至一个不那么直接地被感知为法律人缺陷的地方。如果法律人想毫不遮掩地看到此种不确定性,他就必须了解终审法院作出判决的推测过程。而终审法院会直接使用下级法院发现的事实,且通常只有一个任务:针对这些事实的法律适用究竟是什么?*

如果一个普通人在法律纠纷中得不到明确的答复,或得到了几个相互矛盾的意见,他可能会惊讶、恼怒。基于他的想法,给出确切的答案就是法律人的价值。法律人已经习惯了这种情况,但通常他不会就此种不确定性进行辩解。这种争论往往被归咎于制定法起草时的疏忽。这种说法有时能说通,但远远不能涵盖整个法律不确定性领域。除此之外,法律人往往缺乏统一观点,且他们沉溺于强调个案的困难。这解释了时常出现的那些抱怨的

---

[21] 法院并不考虑法学家的意见。与此相比,法院高度重视医学方面的专业鉴定意见。

[22] 人们尝试向不同的法律人呈送案件中的科学争议,以征询他们的观点,例如耶林的《不附判决之民法案例》(*Zivilrechtsfälle ohne Entscheidungen*)一书中体现的那些争议。

* 德语原文表述为"法的发现"(die Findung des Rechts)。——中译者

原因,这些抱怨认为学术课程不可能培养实践的法律人。㉓ 年轻的法律人通常对制定法适用中的最大困难毫无准备。他们带着一身勇气胆识离开法学院,对自己解决问题的能力充满信心,通过缓慢的经验积累才认识到这些问题,才逐渐摆脱智力上的自负和轻率。㉔ 然而,我将不会多做建议。现在可以得出以下结论:

第二种理想,即法的安定性,亦不能为这些预设特性的存否提供任何辩护。㉕ 在此,有必要展开一些实证研究,来探明这种不确定性的原因何在,如何以及在何种程度上能减轻不确定。

II. 通行解释理论:对其主要学说的批判理解

§6. 概况与主要缺陷

在私法学中,出现了一种与法律思维理论相近的研究法律解释的学说,即法律诠释学(legal hermeneutics)。法律诠释学并不构成法律思维领域的全部内容,它不包括立法技术,不包括后文所称的"投射"(projection)现象(即将事实投射到概念之上),也不包括事实发现与解释之间的界限。

然而,除了它内容的局限性外,法律诠释学建构于一个基本错误之上,因而几乎抵消了自身的全部价值:指导法律解释或法律适用的一众命题,并没有被视为自然规律,而是被理解为规定

㉓ 以及某些改革项目,如在大学中设立法律实践课程。
㉔ 对此,可参见耶林在《法学中的戏谑与认真》一书中对他的过往法律学习经历进行的自我讽刺。
㉕ 人们更倾向于认为,这种典范的产生是因为该特征目前并未呈现。

(directions)，也即法律规则。

在这种现象中，法律人经常被意志表达(如规范或规定)所支配，并且法律人所习得的偏好揭示出，他们倾向于从目的(或规范)视角看待事物，但这不是简单地承认存在本身，并追随支配这些存在的自然法则，而主要是想对这些存在进行调整、规制。很明显，解释学说的出发点是错误的，它不能产生与现实世界相对应的结果。因为调整法律解释的规则本身不是法律，也不是立法意志的结果。立法者可以令行禁止，并以恰当的、便于理解的方式来表述他的命令。如果一项命令由于被误解或类似原因而致无效，立法者可以用不同的方式通过新的命令进行补充。而通过制定规则来提高人们对他命令的理解程度，通过专断的规则来调节和改进解释，使其他人在精神上接受他使用的表达和意义——这样的做法不在立法者的权限范围内。除制定法律规则外，立法者实际上什么也做不了。理解法律的方式受一般社会、心理、逻辑、语言或其他自然法则的支配。[26]

支配解释的法则是自然法则，而非法律规范。是否有人设想过，一项法规作如下规定："在适用制定法时，对该法的理解不得与上下文中的具体意义和立法者的明确意图不一致。"(《奥地利普通民法典》第6条)这种规定确实适于避免误解吗，确实能够影响到法律解释吗？一项法律规定了某种东西，这样就足够了[27]，明确规定遵守该法律是无用的；只要立法机关以可理解的方式表达

---

[26] 翁格尔在他的《奥地利法律体系》(System des österreichischen Rechts)一书的序言中中肯地说道："理解法典的关键并不在法典本身，而一定在别处。"
[27] 当然，这种情形可能有其他的心理学的意义，如对规范的再一次强调。

他的意图就足够了,增加用以理解该表达的规则是多余的。㉘

然而,这一条文必须受到非常重要的限制。解释规则的形式之下往往隐藏着一个新的法律规定,实则是以新条文的形式对旧条文进行的真正解释。㉙ 耶林在《罗马法的精神》中把法律概念称为法律规则的结晶,借此便很容易理解前述的观点。在立法技术的某一发展阶段,法律通常会摆脱其作为直接命令的"命令形式",而代之以抽象概念形式来推断直接命令。因此这些法律规则规定了概念的内容㉚,并使得这些概念在效果上相较于新的直接命令具有相同或更大的效果,再以纯粹解释的外观来装饰这一过程。㉛ 解释科学(the science of interpretation)绝不能允许自己被这一(过程)所迷惑。立法者可以根据自己的喜好来为命令选择任何解释形式,但无论法律规则伪装成何种形式,法学的任务都在于对它们进行揭露和阐释。也仅在这里,我们才能发现真正的解释规则,进而才能使制定法规范得到实际的适用。

解释理论常见于私法和刑法,偶尔也见于程序法㉜,通常只局

㉘ 事实上,这种做法也正从现代的制定法中消失。

㉙ 立法者能否命令某一制定法通过(或不通过)类比来得到适用,这绝不是无关紧要的。然而,这一命令是尚未包含在制定法的其他规定中的新的意志内容,也即它实际上不是一项解释规则,而是一项新的规定。例如这样的解释规则,"存疑时作出不利国库的决定"(in dubio contra fiscum)或"存疑时作出有利于自由的决定"(quotiens dubia interpretation libertatis est, secundum libertatem respondendum erit)。

㉚ See Thöl, *Einleitung in das deutsche Privatrecht*, section 33. Comp. also Bierling, *Zur Kritik juristischer Grandbegriffe*, vol. 2, section 13; Merkel's article in Holzendorffs' *Enzyklopädie der Rechtswissenschaften*.

㉛ 例如,如果一部制定法规定:"父母必须为每个子女留足特留份"(《奥地利普通民法典》第763条),并进而规定:"子女包括收养的子女",后一句规定在形式上具有"阐明概念的条文"的形式(也即一个解释性规则),但在内容上却是一项新的法律规定,将特留份权扩张到被收养的子女上。

㉜ Anton Menger, *Der Österreichische Zivilprozess*.

限于对制定法规则(进行解释)。在这种情况下,考虑到制定法(内容上的)的贫乏,解释理论会回溯到共同法*,并以《民法大全》(Corpus Juris)为依据。这包括但不限于下述问题:例外条款是否可以类推适用[33];逻辑性的解释是否可能超出一个词的可能含义[34];是否"法律的理由消失,法律本身亦消灭"(cessante ratione cessat lex ipsa)。而罗马法学家或共同法学家在这类问题上一直足具权威性。基于这一原因,法律诠释学的相关工作往往充满拉丁语句和罗马术语,而在体系性作品中,关于这一主题的章节往往比较简短,难堪一用。无论我们如何认可共同法学家的技艺和直觉,必须承认的是,他们不了解我们目前在社会领域中借助统计学、经济学等方面的研究所获得的认识。因此,当我们发现了一些共同法格言时,我们不可避免地要对它加以独立的实证调查。诚然,这些共同法学家往往能够在具体和特定案件上作出卓越的裁判;然而他们所适用的解释规则(根据其性质来说本应是一般的),却往往只基于个案场景得出,只是一种针对具体和特定案件剪裁而来的片面的概括。

这就是共同法的解释规则充满矛盾的原因。[35] 如果某人想要使法律规则免于被曲解的话,就会说:"当言辞并无含糊之处时,

---

* 这里存在英译本表述与德语原文表述之间的差别,德语原文为 das gemeine Recht, 而英译本译为 the Civil Law。根据语境, the Civil Law 可指民法、罗马市民法、欧洲大陆法系, das gemeine Recht 则来自中世纪的共同法(ius commune)概念,其内涵与 the Civil Law 截然不同。因此后文都译为"共同法"。——中译者

[33] Quod contra juris rationem receptum est, non est producendum ad consequentias.

[34] Unger's *System*, chapter 3, section 3, par. 2; and note 33. 翁格尔在此不同意舒曼(Schomann)的观点。

[35] 因此,格奥尔格·弗伦策尔(*Recht and Rechtsätze*, Leipzig 1892, p. 40)说,为了从一个模棱两可的制定法规定中获取一个明确的规则,我们总是能进行不止一种的合理操作,进而法院必须从中选择一个。

意思之追问不被允许。"*或者,在适用遗嘱时,"除非立遗嘱人有明确相反的意图,否则就应按通常意义去解释遗嘱中的词句"(non aliter a significatione verborum recedere oportet, quam si manifestum est aliud sensisse testatorem)。

但也有说法认为,"即使大部分法律文字都会产生这种理解,而立法者的心思却另有所图"**。"因为言说者的想法比言语更重要。"(Nam prior atque potentior est quam vox, mens dicentis) "毫无疑问,接受了律法之言的人,是在违背律法的意志而将他托付于律法。"***

如果一个人打算不加区别地适用一条规则,就会说,"法律不区分,也不由我们区分"(lege non distinguente nec nostrum est distinguere),或"因此,没有必要调查已确立的原因"****。

但是,如果正义感拒绝严格适用规则,人们会说:

"在所有事情上,严格适用法律的主要原因都是公平公正。"(Placuit in omnibus rebus praecipuam esse justitiae aequitatisque㊱ quam stricti juris rationem.)或者那句著名的法谚——"法

---

* Paulus l. 25 § 1 D. de leg III: cum in verbis nulla ambiguitas est, non debet admitti voluntatis quaestio.
  英译本引注有误,此处使用德语原文脚注。——中译者
** L. 13 § 2 D de excup. 27: sed et si maxime verba legis hunc habent intellectum, tamen mens legislatores aliud vult.
  英译版未标明出处,本脚注根据德语版补充。——中译者
*** l. 7 § 2 de supell. 33. 10: non dubium est in legem committere eum, qui verba legis amplexus, contra legis nititur voluntatem.
  英译版未标明出处,本脚注根据德语版补充。——中译者
**** l. 21 de legibus D 1, 2: et ideo rationes eorum, quae constituuntur inquiri non oportet.
  英译版未标明出处,本脚注根据德语版补充。——中译者
㊱ "aequitas"是指公平考虑个案差异。

律的理由消失,法律本身亦消灭。"

如果一个人希望将一条规则限定于其最初的适用范围,就会说"在规则无例外的情况下,例外证明了规则的存在"(exceptio firmat regulam in casibus non exceptis)。或更具体地说——所谓的反面论证,"当法律沉迷于过去时,它就变成了未来"(cum lex in praeteritum quid indulget, in futurum vetat);但如果你想扩张这条规则的适用,一个简单的回答是:"一个人的立场并不排斥另一个人的立场。相同的理由,则适用相同的法律。"(Unius positio non est exclusio alterius. ratio ubi eadem convenit, idem juris est.)㊲

十分有趣的是,就像那些评注和体系性作品㊳所作出的努力一般,只有通过无数次地限缩和增加限制条款,才可以将这些交织缠结的语句牢牢限定住。

§7. (根据通行理论)对解释活动之结果的分类

罗马法的解释理论将确定法律规则的含义(目的、内容、意志、意图[mens]、真义[sententia]等)作为其目标。它尤其关注于制定法条文的"含义"(sense)和"语词"(text)之间的关系。这种关系是变化的,根据从语词中获得的含义以及这种含义所产生的阶段变化,我们得到了众所周知的梯度表(scale),如下:

1. "扩张解释"(interpretatio extensiva),含义比语词更广。

㊲ 《特蕾西亚法典》§ V, 86:"法律理由相同之处,法律也必然相同。"(Ubi eadem legis ratio, ibieadem dispositio)

德语原文表述略有差异:"事物性质(Beschaffenheit)相同之处,法律也必然相同"。——中译者

㊳ 参见翁格尔《奥地利法律体系》一书中关于解释理论的章节。

2. "广义解释"(interpretatio lata),语词是模棱两可的,可以在更广的含义上来理解。

3. "宣告解释"(interpretatio declarativa),语词和含义都是十分明确的。

4. "严格解释"(interpretatio stricta),语词含糊不清,在狭义上来解释其含义。

5. "限缩解释"(interpretatio restrictiva),含义比语词范围要窄。

上述五种解释构成了"广义上的宣告解释"。

除上述五种之外,有些人在其中添加了含义与语词不同的情形(interpretatio obrogans,勘误性解释);反对者则否认这一添加的适当性。我认为这种情形不过是1和5的混合罢了。

上表应补充的是:(1)应被视为第一种解释的"类比";(2)应被视为最后一种解释的"规范冲突之解决"。(在可能的扩张解释以外)当含义不足以包含特定的事实状态,但却仍需适用之时,类比便出现了。规范冲突解决则在于,(在对所涉制定法规定的可能的限缩解释之外)某一特定的事实状态可能有两个相互矛盾的"含义"。这两类情形的补充,并不单单考虑文本和含义间的关系,更能考虑到事实状态和含义间的关系。正因如此,这二者往往也会引起最顽固的争论,下文将进一步论及。

通过补入类比和规范冲突之解决,(就像对其的逻辑考察所展现的那样)这7种根据解释结果来划分的解释方式详尽无遗,涵盖了整个领域。因为从最广义的不充分情形(即文本的含义不足够)到最狭义的过度包含情形(即始终给案件事实的适用提供

超过一种的适用可能),它都能以最贴切的含义来贯穿所有中间部分(intermediate steps)。㊴

§8. 对上述分类的批判

首先,上述分类利用事物可识别的特性作为其分类依据以便于施行。但一个纯粹"观念上的"(ideological)分类在形而上学层面是极不合理的,它并不能决定一个事物属于某类还是另一类,因而至少应从实践和准确的科学中被驱逐出去。

即使这一简单要求,上述的七种解释方法也未必能完全满足它。让我们试着用这个分类来对接一下现实世界。

令人惊讶的是那些手册声称,各个解释方法之间严格区分,如类比解释和扩张解释是"严格不同"或不能混淆的。但这些解释方法却就为他们所拣选的例子的归属争论不休。例如,萨维

㊴ 令人惊讶的是,一些法学教师在法律解释活动之外又单列出一种活动,并称之为"制定法内容的特别发展",但却没有说明为什么将从制定法条文中识别出法的统一思维操作一分为二。此外,这种"制定法内容的发展"是通过提供一些推理形式来极其简短(乃至是简陋地)被处理的。(Unger System des allgem. österr. Privatrechts §13 lit. B)这些推理形式所包括的内容如下:
1. 参照手段所表现出的目的来推论。
2. 举重以明轻。
3. 举轻以明重。

也许还包括禁止欺诈的规定?
有争议的是,"反面推理"是否应被算作发展或解释。但是,解释和发展这两种活动之间的界限却并不明确,因此不应采用。它能追溯到这样一种情况,即对解释过程的某些准确但完全独立的观察,不适合上述模式的任何分支,这部分是因为该模式内容空洞,部分则因为该模式完全不可行。因此,他们将这些难以归人上述模式的困境一一收集起来,提出了一个新的类别,并且将这个类别命名为"发展"。然而,当一位法学家认为,根据法律规则,某一主体有权从某一泉眼中取水,因此他必然有权走近该泉眼(这是上述的"参照手段所表现出的目的来推论"的方法),但我们很难理解,这种看法为什么是所谓的"发展",而不是一种扩张解释。而解释与诸种逻辑考量之间存在着原则上的差别。

尼⑩给出了一个"宣告解释"的例子,制定法要求证人出庭以证明某交易有效,但没有提及证人数量。翁格尔⑪还有托尔⑫都分别反对他,认为在这种情况下,所需证人人数无法用科学确定,而要依赖于对立法意志的填补,如通过类比方法进行填补。《奥地利普通民法典》第150条⑬中的"父亲"一词被普法夫和克兰茨＊(Pfaff-Krainz)⑭理解为包含"母亲"。他将这种思维当作扩张解释的一个例子。但一定有很多人会反对,并认为这属于纯粹的类比。

要完全理解这种争论的意义,就必须记得,解释方法最初所选的案例都十分典型,都能最明显地表现出自身清晰特征。现在,如果连这样的例子都存疑的话,上述的划分依据将同样值得怀疑。普法夫和霍夫曼＊＊(Pfaff-Hoffmann)在他们的评注中也提出了⑮扩张解释和纯粹类比之间的无差异性;事实上,这些作者揭示出了传统解释学说的许多缺陷。

尽管如此,从整体上看,法律思维的结果包含在文义中的那

---

⑩ *System des heutigen römischen Rechts*. 韦尔希特(Wächter)持相同看法。

⑪ *System*, §10, note. 31.

⑫ *Einleitung in das deutsche Privatrecht*.

⑬ 该条文规定:"如果给子女留有遗产的父亲在生前未清偿债务,那么该父亲的债权人在执行时不能以损害对子女的抚养为代价,因为该父亲仍应承担抚养子女的责任。"(对该条文的解释)正如在普法夫和克兰茨的表述以及最高法院的判决中所展现的那样(*The Supreme Court of January* 28 1884 G. U. 9853 and March 7 1865 G. U. 2132)。

＊ 指利奥波德·普法夫(Leopold Pfaff)和约瑟夫·克兰茨(Josef Krainz),两位学者合著有《奥地利普通民法典体系》一书。——中译者

⑭ *System des Privatrechts*, §13, note 21.

＊＊ 指利奥波德·普法夫(Leopold Pfaff)和弗兰茨·霍夫曼(Franz Hofmann),两位学者对《奥地利普通民法典》所作的评注成书于1877年。——中译者

⑮ Ad §§6 and 7 bGb.

些情况之间可能确实存在清晰界线。㊻ 与之相对,七分的传统分法在二分的范围(指扩张和类比)内同样是可行的。由此,下一节中对该论点的全面探讨十分令人期待。

然而总的来说,即使某人可以完成七分法项下的解释活动,也不证明该解释具有合理性。我们当然有可能根据颜色对所有动物进行分类,或者根据大小对所有植物进行分类,但没有人会想这样做。每一个解释类型都必须除可行外,也要能如俗话所说——有所成效(productive),否则该类型就是对"解释材料"的无意义分割。"有成效"意味着某一解释类型有可能与重要的特定观念相关联。从法学上讲,每个解释类型都必须受制于一个独特规则。

从这一思路出发,事实上人们过去曾作出各种不同的关于创建这些规则的探索,如限缩解释何时发生,何时应采语词的广义或狭义。例如应严格解释修正案㊼;当特定当事人的支配地位在具体情形中有缺陷时,应对授予其利益的法条进行限缩解释㊽;要对特权(special privileges)进行最广义(有的人也说应最狭义)的解释㊾;对在公职人员(officer)面前作出的意思表示(declaration)

㊻ 或者,用常用的术语来表达的话,广义解释、宣告解释以及严格解释的情形。

㊼ "对法律修正之处应该严格解释。"(correctoriae leges sunt stricte interpretandae)

㊽ 某些制度是为某些人的利益而设,在与这些制度相关的情况下,我们不希望发现他们的利益受到损害(Codex de legibus, 1, 14: Quod favore quorandam constitutum est, quibusdam casibus ad laesionem eorum nolumus inventum videri)。普法夫和霍夫曼仍然承认这一规则。

㊾ 我们必须充分解读皇帝的善行,因为它源自他神圣的仁慈(Corpus iuris. Tib. de auctoritate 1, 4: Beneficium imperatoris, quod i divino scilicet eius indulgentia proficiscitur, quam plenissime interpretari debemus.),《特蕾西亚法典》§ V 90 与之恰恰相反,该条规定:"任何特权都应得到最精确的解释,而不应被解释得比明文规定更广泛或更宽泛。"

这里的"特权"一词,德文本表述为"授权证书"(Verleihungsurkunde)。——中译者的解释要比对私下作出的更宽泛[50];对单个法条既不得作扩张解释,也不得进行类比适用。(关于这最后一条规则:单个法条不得进行类比扩张[51],有人肯定地认为这些规则缺乏有力、有启发性的说服力,并不该获得法官的确信。)这些规则仍会在教科书的头几章被提及,但在后来的更多论述中被束之高阁。这些解释规则在实践中被提及时,最多只是作为表面事由,而在其背后,则是人们大相径庭的(有意或无意的)真正原因。规则本身实际上已经渐为明日黄花。

有时立法和法律科学也尝试着,以文本和含义之间的关系为基础,建立一种细致的用法区分,可见于无数扩张或限缩解释(或其他解释)*的禁令。特别被用于禁止某项特殊情形下的自由解释或严格解释。[52]事实证明,这些禁令也不切实际,难以执行,已经处于被普遍抛弃的状态。[53]

§9. (根据通行理论)对解释活动之方法的分类

前述的分类是对法律思维的结果的划分,着眼于文本与含义的关系。它是从(那些致力于)体系化的理论家的角度进行分类

---

[50] Avenarius, Interpretationum libri V., book 2, chap. 30. 判决中的解释比合同中的解释更广泛(In judiciis latior sit interpretatio quam in contractibus)。

[51] 耶林认为,"这一规则没有任何成效"。Jhering, *Geist des römischen Rechts*, §4, note. 18.

* 英译本中的"liberal"和"strict"对应于德语原本中的"ausdehnend"和"einschränkend",分别译为"扩张的"和"限缩的"。——中译者

[52] 例如,《特蕾西亚法典》§V81 al 2 规定:任何人不得以制定法文本和含义之间的差异为借口来扩张或限缩其适用范围。在《奥地利普通民法典》第771条中也有一些相关的踪迹,其规定提到"在语词和制定法的含义中"。

[53] 刑法中只要涉及构成要件与刑罚的适用,就明确地拒绝类推;往往是用过度投射来代替类推,例如,当奥地利的高利贷法被废除时,以前构成高利贷的事实被认定为欺诈。

的。从实践法律人的角度来看,解释结果并不是一个既存的已完成的东西,而是需要他去获取的东西。因此同样考虑到文本与含义的关系,我们将把对结果的划分转化为对方法的划分。随后,我们通常将之分为"语法"解释和"逻辑"解释,前者试图考虑文本的语言或语词;后者则关注于不同的手段。这种方法分类的基本思想与上述结果分类相同:是根据同一功能的不同形式来展现的两个等式,因此必然彼此紧密依赖。语法解释方法与逻辑解释方法对比得越独立、越丰富、越果断,我们就越有理由将文本的字面含义所包含的结果与其所不包含的结果区别开来。对分类的合理性进行检验的最佳方法恰在于其发生学上的差别,也即各种分支的不同起源。正因为"从基因上"去看待语词与其含义的关系可以分出两种方法,不得不说前述七分法在现实中除了分成两类之外也并无其他。如果我们更进一步地分析语法解释和逻辑解释的核心,就会发现,从逻辑上来看,这种解释划分完全基于语言因素的重要性,且仅此而已。这仅仅谈到了"语法"解释。* 另一种解释(逻辑解释)实际上根本没有意义,它的存在只是为了补足分类,通过站在语法解释的对立面,它其实根本没有任何实证价值。至少在科学活动中,我们应当看到逻辑的价值,逻辑并不是实证的、代表任何一种价值的知识,也不构成某一特定方法的性质。语法解释同样需要合乎逻辑。

逻辑解释的模糊性、空洞性已被普遍承认,虽然有的人仅将这一缺陷视为术语上的缺陷,有的人认为"合逻辑的"这一表达过

---

* 德语原文表述为"这仅仅意味着,我们可以将语法解释强调为一种特殊的、相对独立的解释方法"。——中译者

于模糊,但还没有人找到更恰当的表达。当然,不得不承认的是:我们并不是为一个确定的构想来寻找合适的表达,在该二分法下没有什么构想是确定的,因此人们必须找到其他看似全包的指称,像"合逻辑的""哲学的"以及托尔所说的"法学的"解释。

萨维尼是第一个用某种明确的东西来代替这些模糊性表达的人。[54] 他强调了解释中的语言因素、体系因素和历史因素,由此得出了语法、体系和历史的解释方法。由于意识到还可能有其他解释方法,他保留了"逻辑"解释的概念作为第四类解释方法。这种四分法清楚地展现出解释中的三个重要因素:语言因素;将所有法律材料回溯为一个统一的、无矛盾的意志的倾向;保守主义因素[55]。萨维尼的阐述已经成为解释学说中的固定部分,尽管他最杰出的学生们并不认可他的分类。他们并非认为其四分是错误的,而是认为四分法无法做到详尽无遗,[56]解释中还存在其他因素,也即他们所坚称的被破坏的"匀称感"(sense of symmetry)。可是在自然科学中,是否有人会仅因一个新的真理没有完全穷尽该主题的探讨而否认它呢?

然而,萨维尼本人并没有完全意识到他的四分法之价值。例如在对有缺漏制定法的解释方法的讨论中,他放弃了自己的分类,并提出了以下方法:

---

[54] *System des heutigen römischen Rechts*, vol. i, pp. 212 seq.

[55] 萨维尼称之为"历史要素",尽管他一再强调这一要素(的重要性),但他的界定太狭隘了。作为法学家,他执着于规则本身,他把解释中的历史要素完全定义为考虑一定的情形,该情形会通过法律规则虑及待解释之制定法所在时代的法律关系。然而,保守因素仍然会涉及一些其他现象。Comp. chapter iv, last section, infra.

"保守主义因素"德语原文表述为"时间上的连贯性因素"。——中译者

[56] 例如,Thöl. *Einleitung in das deutsche Privatrecht*, §59, note. 2。

1. 立法的内在连贯性(intrinsic consistency)。
2. 制定法与其理由的关系。
3. 通过解释获取的内容的内在(?)*价值。

第一种方法相当于体系因素。第三个也即最后一个,缺乏科学上的明确性。第二种我们必须稍作叙述。

§10. 法律理由

法律理由(Reason/ratio of the law)是在私法中产生的解释理论的基石。借此,基于解释结果的差异区分出的两种解释方法会引起如下问题:这种分法的合理性何在,两种解释方法在何种情形下可得适用。显然,语法解释的合理性全赖于文本自身。但是,由一般语言规则得出含义之后,又该如何证成对它的背离? 更何况,通过何种权利,我们才能用类比来解决那些文本所没有涵盖的情形? 对这些问题的通常回答是,合理性来源于制定法**的"理由"。为涵盖类比问题须详加探究这一概念。"法律理由"(ratio legis)的范围非常广,整个类比也仅仅是它的一部分。虽然这一理论现在仍试图在适用中寻找确定边界,但在实践中,法律人却并不承认"逻辑"解释的任何适用限制。于是任何人欲偏离制定法文义时,他都可以引用"法律理由"来证成之。因此,在有所保留的情况下,人们仍可以将"法律理由"的概念视为与"逻辑"解

---

  * 问号出自原文,表明作者对所引述内容的质疑。后文句子中出现的此类问号,也是这个道理,故不重复释明。——中译者

  ** 英文的"law"一词不能充分展现德语中"Gesetz"[制定法]和"Recht"[法]的内涵上的区别,因此翻译时根据德语表述区分"制定法"和"法"。——中译者

释相关的概念。(57) 因此,“法律理由”的概念与“逻辑解释”一样是一般的且不明确的。对此,这一概念的德语表达——“Grund” des Gesetzes[制定法的“理由”]没有真正地流行开,同样是因为相较于多义的拉丁词 ratio,德语表达更简洁、更确定——它非常明确地指向制定法的历史原因,而拉丁表达中可以存在多种不同的考量。*

立法的传统理论**本身区分了“法律理由”这个词的几种不同含义,在根据历史学的区分中,将外部动机(occasio legis)与某个更深层的原因——立法-政治理由(也即“法律理由”)——相互区分开。在以经验事实阐释为对象的历史科学(58)中,“动机”(occasion)和“原因”(cause)的二分是穷尽式的,这种分法详尽地涵盖了与某事件构成因果的全部过程。所有过程要么是原因,要么是动机,没有第三种可能。事实上只要正确把握了现实,就无需设想第三种可能。较独特的是,(不考虑法律科学表面上的纯实在倾向)对法律科学的目的论性质而言,还存在更需强调的第三种法律理由。因为前两者可能价值相对次要。而第三种则为类比提供了阐明和有所承托的机会。和立法-政治原因一样,根据相应的学说,制定法的动机对于证立类比的目的而言乃是无关紧要的。(59) 法理(ratio iuris)并未事先包含在既存有效之规则的材

(57) 过去的理论往往会如此定义:例如,埃克哈特(Eckhart)在《法律诠释学》(*Hermeneutica juris*)一书的第 33 部分(§ XXXIII)这样提到:“辩证-逻辑解释与法律理由有关。”(Dialectica [-logical] interpretatio in eruenda legis ratione versatur)

* 从“对此,这一概念的德语表达……”到本段结束内容为英译本删节内容。——中译者

** 德语表述是“解释学说”(Auslegungslehre).——中译者

(58) 它在历史哲学中是不同的。

(59) Unger, *System* § 10; similarly Thöl, *Einleitung in das deutsche Privatrecht*.

料中,而是有待法律人的发现。它是那种更高的法律规则、更高的一般原则(principium generale)。就此,既存的法律规则不过是"该种更高原则"的产物,或其逻辑演绎的结果。

法学教师确信,通过归纳和抽象的逻辑操作,可以以一种科学的精确性,从既存的法律规则中揭示出那些尚未被发现的初始原则(original principle)。然后,同样地以合乎逻辑的演绎方法,不仅可以返回到开始时的既存的制定法规则,还可以获得一些具有同等价值的其他规则。[60] 这一过程绝对不会失去严格的逻辑性和准确的科学性。因此得到的新规则可以被重述为实在法(立法者意图制定的法律),等同于我们开始推演时既存的那些制定法规则。通过这种方式,人们进一步断言,我们能够利用新发现的规则来填补法律中的漏洞,由此类比的使用得以阐明。[61] 那么立刻会有人问,如果类比就能表明立法者的意图,而扩张解释所获得的含义并未包含在立法者的语词中,那么(经常被强调的)类比和扩张解释的区别究竟是什么?我在上文中已经强调了在这方面存在的混乱,并且也强调了普法夫和霍夫曼进行了详细研究后

---

[60] Comp. Thöl, *Einleitung in das deutsche Privatrecht*, §55. 托尔认为,法律科学的任务在于找出没有明确表达(或者缺少)的法律条文。也就是说,通过抽象来发现原则,而(缺失的)法律条文乃该原则之结果,反之,我们也可以通过演绎推论(从前提中提取结果)来将这一原则具体化。因此,当相应案件提交至法院时,法学可以预先给法官的判决提供他所需要的内容,也即法律条文的适用。随后,在其书第64节,托尔把类比定义为"原则的发现和适用",而原则的适用是从一条规则的基本原则中进行逻辑演绎,它纯粹是前提和结论的关系。

[61] 翁格尔在谈到《奥地利普通民法典》第7条和自然法时,对这种方法深信不疑:"永远不会出现必须重新适用自然法的情形。因为类比完全足以按照现行法的精神来解决每一个问题。"然而,他在下一章(见其书159页)中却断言,对于国际私法问题,仅有民法典是不够的。他说:"这一领域中存在许多重要问题,但是它们的解决办法在法典中语焉不详……因此,按照国际法理论所承认的方法来解决这些问题必须得到允许。"然而,尽管他做了一番解释的尝试,但仍没有提供相应的正确性标准。

的那种妥协。他却并未就“法律理由”学说(62)以及通行的解释理论得出任何结果,因为他在阐明解释行为时,仍然坚持经院式的与建构性的逻辑(63)方法。“法律理由”学说在这种方法下只能沦为理解类比的不可替代的权宜之计。* 这一点见诸下述三个基本命题:

1. 所有的法都是实在的(基于立法者的意志)。法学只研究实在法。

2. 实在法存在漏洞,即缺少立法者的意志。

3. 漏洞并非无法可用(the absence of law),而是需要(基于实在法的)填补。(64)

我现在仅简单指出这一未决矛盾,为了不涉及我们后面要讨论的内容,我此刻不会对“‘法律理由’为类比提供严格的逻辑证成”这一假设的正确性多作质疑。我仅举一个例子来反驳:翁格尔(65)用于阐明“法律理由”之功能的案例。

《奥地利普通民法典》第 1109 条的最后一句话规定了承租人返还租赁物的义务:“承租人不得以抵销权的抗辩或在先所有权

(62) 普法夫和霍夫曼将“法理”定义为“摒弃了历史根源之偶然性的法律条文”。

(63) 对这一点的阐释将放在本文第 3 部分(法律思维的范围)。这种逻辑把概念看作是空间中被严格限制的形体,就像几何图形那样,进而产生了对法律漏洞的构想,此种漏洞必须通过特别的方法来填补。

* 德语原版对这一句有补充:“而忽视了内在矛盾。”——中译者

(64) Comp. Menger, *System des österreichischen Zivilprozesses*, §8. 门格尔在他自己的解释理论中,试图通过将解释分为历史(或语言学)解释和实践解释来克服这一矛盾。只有前者是对这种事物的查明,也即那些立法者在法律条文中已经和想要表达的东西,后者则超越了这一主题,试图找到那些立法者本有的意志,也即,当他想要规制眼下的案件时,他会如何回答这一问题:立法者本来会在制定法中说些什么?虽然实践解释和历史解释之间的区别无疑是正确的,但无可置疑的是,对上面那个问题的回答早已超越了实在法(也即实践解释远远超出了实在法)。

(65) *System*, §10, note. 21.

的抗辩而拒绝返还租赁物。"翁格尔主张，作为该条文最后一句之基础的原则或"法律理由"在于，合同履行应合乎诚实信用（bona fides），即"基于诚实信用（缔结）之物不得落入不义之境"（quod bonae fidei est ad perfidiam non est trahendum）。于是，该条文的最后一句也应类推适用于所有租赁合同以外的有返还具体物品之合同义务的情形。

然而，《奥地利普通民法典》明确规定了抵销制度。众所周知的是，这一制度也有其"较高原则"或"法律理由"——"欺诈所得必当返还"（dolo facit qui petit quod redditurus est）。现在，是否在翁格尔所提及的，而制定法又未加以规制的情形之外，通过同样的逻辑证立，可以用抵销制度的"法理"来取代第1109条的"法理"？以翁格尔描述的逻辑方式，我们可得出的结论恰恰相反。我并不质疑翁格尔判断的正确性，而是不认同他所主张的"严格的逻辑结果"的"幌子"。观察上述例子就会发现，通过引用"法律理由"概念并不能保证获得裁判结果。*

在所有情形中，"法律理由"不过是把为其他的动机或动因所驱策的法律思维当作表面理据的形式罢了。"法律理由"根本不是类推适用某法律规则的理由，而仅仅是一种借助于"法律理由"的不确定性或弹性，来充当逻辑上的表面理据的方便工具。这种手段往往可以免于去揭示那些与事实状态相关的法律内容的信念的真正理由。

除了这种可能被称为"正式的"通过"法律理由"来阐明类比

---

* 德语表述要更形象一些："法律理由"概念并不具有使得判决的天平偏向一边的证立力量。——中译者

的做法外，我们有时还会发现关于类比阐明的其他尝试。例如，人们可能听过“法律的有机本质”，或者“内在的连贯性”，它不一定合乎逻辑，但一定是“有机的”。(66) 因为法律被视为一个有机组织体，它的组成部分拥有内在的脉络，具有生机勃勃的动力。该有机体拥有一种生长的力量，能够进行自我填补而使自身发展成一个圆满且完整的整体。(67)

这种比喻解读只是一种想象，在下列事实下无法使任何人满意：社会科学中所谓的有机或生物的比喻方法，基于将“法律、语言、社会”与动物或植物有机体所作的比较，只不过是一系列的比喻。它只适于成为一种直观描述，而不能澄清自身内容。也即，这纯粹是一种描述方法，而不是一种研究方法。

通行解释理论的不足最明显体现于在阐明类比时的无力和诸多尝试固有的不连贯之处。在其他领域，因为它们都基于（同样的）“一般理由”，只是采用的形式不同，通行解释理论因而亦不否认此种缺陷的存在。如上文所暗示的那样，主要原因在于，解释理论所使用的过时逻辑手段的不充分性使它无力去涵盖所有实践现象。以形象的方式来说的话，这些实践现象充盈着生机勃勃的生活之流，展现着充分的智识自由。解释理论是有意识地理解法律思维之特征的主要尝试，但当它在与现实生活不一致的土壤上运行时，就会被曲解和贬损。法学的任何一个分支都不会像法律诠释学那样容易被遗忘，任何规则都不会像解释规则那样受到如此多的怀疑和不信任。

---

(66) Savigny, *System des heutigen römischen Rechts*, § 46.

(67) Unger, *System*, § 10.

§11. 法律思维理论的必要性

这种主流的不信任观点的一个表达在于,普法夫和霍夫曼在他们(透彻且璀璨的)关于解释理论的一章(68)的开头提到这么一句话(也可能出现得更早(69)):“法律解释是一门艺术,而不是一门科学;它不是一门知识,而是一种技能;它是不可习得的。”紧接着,普法夫和霍夫曼几乎抛弃了所有的解释规则。

这一主张意味着,(其言下的)法学不再尝试去理解法律,而法学却常处理关于法律的现象,并且受到法律的约束。* 如果像上面这句话所写的那样去理解它的话,这还意味着对法学科学性的背弃,支持该主张的人很可能都没预见到这一结果。

人们需要试着去回想下,我们究竟是怎么理解解释的?它被用于那些在制定法中彼此紧密排列的语词,是对制定法文本的精神上的接受、对隐藏在语词背后的思想进行重构的这样一整个精神活动(mental activity)。如果没有这种活动,制定法不过是一堆散漫语词的无意义集合,就像儿童眼中的康德著作一般。总体而言,对这种精神活动的大量运用,旨在在语词的混乱外寻找一个完全自由且不受任何约束,仿若诗人的艺术般有序的概念有序排列。普法夫和霍夫曼在他们的主张中从未考虑过这些诗人也会遵守的规则。这种进行自由塑造的精神活动是直觉性的,不为任何规则所约束。就像想象力之于画家那样,法律人的唯一指引是法律技艺。然而,这种技艺本身是不可解释的,它的结论不能被

(68) *Kommentar zum Allgemeinen Bürgerlichen Gesetzbuch*, sections 6 and 7.

(69) Savigny, *System*, § 32.

* 德语原文表述为:“这一主张意味着对法学的失望,然而,作为一门关于制定法的科学,法学致力于研究制定法,并且受到制定法的约束。”——中译者

客观标准所揽括和预见,如同一个给定主题的未来的诗歌。如果一切就像上文所说的这样的话,那么法学何以成为认识真理的科学呢?

究竟怎么会有这样一门法学,可以对解释的结果、判决、学说观点进行正确性(也即真理符合性)评价呢?哪怕法院实践和学术作品的结论在细节上有许多不同,它也能使得它们总体上朝着一个单一、明确的方向发展吗?此外,立法又是如何可能的呢?

如果所有的解释,事实上都仅是一种艺术活动,那么没有人能预见到任何有意义且有效的制定法,人们所做的不过是盲目的追寻。从细节上来看可能确实如此,但立法活动存在并能够产生效果这一事实证明,人们对制定法的意义理解——至少在主要和最普遍的效果上——是可以预见和认可的。毫无疑问,主张解释完全是一门艺术的命题并不准确,这种主张与其本来目的相去甚远,而只能被视为一种对当下泛滥的理性主义的反应。而后者产出的解释规则,在来源上一般只流于法律现象的表面。

就像一切现象一样,解释活动或法律思维都服从于相应的法则。它们拥有稳定的规律,这同时也成为它们的特征。无论这些规则是(迄今一直在实践中存在的)制定法规则还是自然法则,无论它们仅是逻辑的还是又包含了心理的,无论未来的法学的任务究竟涉不涉及对制定法的探索,都是无关紧要的。因为,在我们的科学兴趣中,对此种规律性或特征的认识必然主张自身不独为法律科学的一部分,而是关于法律科学的知识的一部分。

不过研究方法必须是实证主义的,它必须研究法院实践和其他地方展示出的实际的制定法适用,及法律适用与制定法之间的关系。它绝不能一开始就从某些公开或隐蔽的偏见中试图为法律思维创造先验规则。这些规则的发现（能够为法律思维的单个结果进行正确性检验）确实是解释学说的目标之一，且也是它永远不会完全实现的最终目标。只有通过实证工作收集到足够的材料，充分揭示出法律思维的性质，人们才能进而展开对这一目标的追寻。

III. 法律思维的范围，尤其是与解释的关系

§12. 原则上的边界确定

因为制定法在某种程度上就是社会发展的自然法则，[70]所以对它的认识必须结合对那些反映人类思想和行动的自然法则的认识。但是否真的存在这样的自然法则，这是一个问题，千百年来无数先贤以不同的形式致力于回答这一问题。如果人的行为全然为因果关系所决定，那么我们会看到，自由的概念便被终结了，在这一概念中，人的能力通过自发的意志行为，成为一系列具有因果联系的现象的首要原因。自由和因果关系这两种世界观之间的斗争十分古老，其中一部分体现为犯罪学中决定论和非决定论的著名论争。迄今为止，在这场斗争中，"自由"概念一直在"丢疆弃土"。[71]

自从黑格尔创立历史哲学以来，许多不同的科学（如艺术史、统计学、民族心理学，特别是社会学）一直努力将法律规则引入到

---

[70] 参加前述第2部分第6小节。
[71] 在一个神话思维盛行的时代，所有的自然事件（现在则为因果关系所"统治"）都被认为是一股无限制的力量（或者有无限力量的生物）的活动。

社会事件的概念中*；这些学科的最终目的是认识那些支配人类生活的法则。到目前为止，实现这一目的仍遥遥无期。当自然现象的法则试图在不改变其形态的前提下转用于精神生活之上时，它必须进行最纯粹的抽象一般化，才不至于与现实情形相矛盾。[72] 当这些社会科学掌握了因果联系在精神现象中应用的特殊形式后，通过运用目的、动机、预设、推断、习惯等概念，这些学科取得了颇具价值的成就。对社会学法则的研究之所以受到阻碍，不仅在于其所展现出的精神和社会事件的无限复杂性，而且在于那些支配这些事件的法则的特殊性。[73] 萌芽期的科学的法律研究，尚缺乏其他社会科学的有效帮助，同时也不能满足于自身模糊的一般化，而必须详细说明那些具体人类行为的特定规范。但法学不能直接正确地从被调整的事实中科学地获得法律规则，因为实际上（或至少在很高的合乎实际的程度上）这些法律规则与得出规则的事实乃是内在的，如同身体的行动规律[74]那样；而非一种外在的对事实的

---

* 德语原文表述为"将合法则性（Gesetzmäßigkeit）也视为其所涉及社会现象的一部分"。——中译者

[72] 例如，斯宾塞在宇宙、有机和社会事件中发现的关于区分和整合现象的学说；或谢弗莱将有机现象的术语用于社会现象之上的无用隐喻（*Bau und Leben des Sozialen Körpers*）。

[73] 因此，冯特提出了一个引人注目的观点，即物质和能量的恒常性原则不适用于精神现象。即使是一个简单的句子，也不仅仅是构成它的单词的总和。在这一情形下，关键的毋宁是发展原则。

[74] 对于这一表述，可见于翁格尔对所谓"实在事物的本质"的阐述："人们必须揭示并科学地认识该种法律规则，在此，事实状态中隐含的法律规则是与法律关系同时产生的，就像是自然法则对自然现象的统摄那样。"此外，托尔说："法律科学以同样的方式，从事实基础、事物本质、关系的性质、制度性质、构成要件性质，以及一些实际情况中发现法律规则。这些实际情况包括特别的意志、目的和利益方的做法，它们不是单个主体的具体意志（目的或做法），而是社会全体的一般意志；因此，这就与事物本质有了类似的效果。"Unger, *System*, §10, i. f. Thöl, *Handelsrecht*, §15; see also *Einleitung in das deutsche Privatrecht*, §57. Similarly Dernburg, Pandekten, §38.

束缚。

每当有人（例如所有的自然法学者）试图这么做（从事实中直接提取法律规则）时，他们便会立即陷入迷失。由此获得的理论和法律原则*（theoretical and legal principles）经受不了现实生活的考验，一旦现实与这种法律思维的结果不一致，就会很容易出错。为了与现实生活保持联系，法律思维不得不从一开始就进行自我限定，几乎可以说是实现了自我切割（mutilate）。名义上，它自我限定于那些被制定出的有文字表达的法律命题**（legal propositions）的适用中，而发现和制定适当规则的活动被法律思维拒之门外，因为它们不是科学，或至少不是法律科学的一部分，应当被转交给广大民众（的习惯法）或组织化的国家来关注。[75] 没有法律人会反对法律规则由没有任何法律素养的人（例如代议机关）制定或废除。[76] 因为人们知道，国家权力的很大一部分都要归功于法理念（idea of law）本身。制定法的诞生并非随意，而是通过对社会中权力的实际关联的缜密观察和逻辑分析而衍生出来的。但法学并不打算染指这一领域，而是决定将其部分交予其他科学，部分交予立法者的直觉以及政治家。法律人仅将制定法视为其开展活动的前提。

这种实践演变给法律和法学研究带来了重要后果。法不再

---

* 德语原文表述为"教义和法律条文"。——中译者
** 德语原文表述为"法律条文"。——中译者
[75] 我恳请各位不要把这里的说法当成一种历史表述。我在这里所要强调的要素，不是时间上的次序要素，而是建立在社会根据上的要素。所要描述的这一过程的一个方面体现在，法律的认知手段的不充分性。从国家的角度来看，有其他甚至更重要的理由坚持法理念，以便在那些命令中增添上法理念的心理力量。
[76] 一些不熟悉法学的自我限定的外行人甚至也无动于衷。因此，我在本文中强调了许多对法律人而言不言自明的观点。

是一种根植于社会生活的现象,而被降格为一个纯粹的命令。国家开始将许多在法固有意义之外的东西强加给法,有些甚至仅关涉财政或行政内容。[77] 此后,法学走下了它引以为傲的高位(eminence)。从乌尔比安的界定中我们可以解读出它彼时的"荣光":"法学是神事和人事的知识,是关于正义与不正义的科学。"(Divinarum atque humanarum rerum notitia, justiatque injusti scientia.)而后,它失去了独立性,就像地表上的众多国度那样,崩解为许多不同的部分。它(在名义上也)不再是一门社会科学,而是一门顺从的、服从命令的科学。法律人已经成为一些精于顺从的艺术家,能够识别出那些立法者意志表达的"细微阴影"并予以遵从。问题是,法律人是否就只能这样了?(我们应该补充说,正因此,东边不亮西边亮,法律思维获得了一个方便的起点,并且法律安定性一节中提到的两个方面都更容易实现了。[78])

在此,我们必须立即纠正上文所述对法律思维的范围限制。并非所有在法律规则之外的考虑都是不符合法律思维的。立法技术是一种辅助立法者将意志表达转化为适当模式的辅助性科学(auxiliary science),是规则事后适用重要的先手工作,也应当被算作法律科学的一部分。事实上(立法者)在起草新法规也时常会请教法律人。但除了立法技术阶段外,"法律思维"在从被规定的事实中直接提取法律的其他方面没有任何额外的涉足;原则上,它只限于根据已经制定的法律正确地涵摄事实。因此至少在原则上,事实发现必须与法律思维区分开来;前者不被视为司法

---

[77] 例如,经过海关时支付一定数额的关税的法律规定,是否与"必须归还所借物品"的规则相同?

[78] 参见上文第五节(§5法的安定性)。

活动，而仅是一项本身并不具有司法属性的初步工作。⁷⁹

根据法律人的普遍观念，严格意义上的司法活动，其一，无非是通过逻辑操作，从制定法条文中获得尽可能完整、一致的概念网络；其二，在这一概念网络下将待决事实涵摄进来。我们由此得到一个三段论，大前提是相关制定法规则，小前提是事实陈述，结论则是判决结果。⁸⁰ 亟待克服的主要困难在于法律规则的多重性，以及在类比情形中法律规则的缺乏。克服这些困难的方法在于，正确地解释那些作为制定法条文之基的立法者意志。

§13. 关于法律思维之范围的一些实证现象

对于前述的限定，现实中的态度是怎样的呢？*

有这么一类法院，我们称之为三审法院，它并不从事事实的查明。例如，在奥地利的民事诉讼中，最高法院的裁判所依据的是两个下级法院认定的事实（除非事实明显与案卷相矛盾）。它本身的职能是纠正某些可能的程序错误，并重新核查判决中的错误。除很容易识别的前述情形之外，其他情形中最高法院仅专注于对下级法院判决中的法律思维进行重新核查。按照上一节阐述的原则，这意味着对法律规则的解释，对立法者意志的重构，必

---

⁷⁹ 从程序制度的某些特点来看，这是对这一问题的共同理解，例如试图将法律和事实问题完全分开，把解决事实问题的任务留给外行人。

⁸⁰ Unger, System, §1 Note.4. 所有判决都是将一个具体的法律关系涵摄于明确的法律规则下得出的。加雷斯博士认为："孩子的思想，不外乎是在他所知道的少数几个概念中的某一个之下对每一种特定现象的编排和从属。而将某种状态的事实定义为'愤怒'或'租赁'的法学家做的也是完全相同的事情。因此，所有的思维都是涵摄式的，而最顶层的思维是将所有可被思考之物涵摄在'绝对'这一概念之下。" Dr. Karl Gareis, *Enzyklopädie and Methodologie der Rechtswissenschaft*, §2 p.4.

* 英译本删去了本句。——中译者

要时可能会用到类比。

值得深思的是,那些限定了最高法院之职能的制定法本身[81]并没有使用如"解释""法律发展""类比"这些理论术语,而是使用了一个显然更不明确的表述:"对法律问题的考量"*(consideration of questions of law),好像觉得上述理论术语的含义过于狭隘。

审视奥地利最高法院的裁判报告之后,我们会感到更加疑惑。只在一部分裁判中,法院才会通过历史研究、体系关联、语言探究或其他用于重构立法者意志的适当手段来探知法律规则的含义(就共同法中的私法部分而言,习惯法没有效力)。在很大一部分裁判及对应说理中,我们可以发现完全不同的思维方向。我们将进一步描述这一情形,并将最高法院于此的思维操作凸显出来。可以看到,最高法院通常会自信作出下列陈述,如某人"必然知晓"某些情况;或"明知"他的财物的不合法性;"他的行为是恶意的";他这一行为是过失行为;他的行为是恣意/欺诈/违背善良风俗的行为;合同中显而易见的当事人意图是如何如何的;等等。我们在上一节所进行的限定在这里似乎被完全抛弃。

因知晓或不知晓某一情况而未能给予适当的注意而构成过错、因是否知晓某一情况而形成的善意或恶意、欺诈、当事人意图等,虽然都是心理的(或内部的)事实,但也是不折不扣的纯粹事实。[82] 对它们的发现肯定不是对立法者意志的重构,也不是(法律)解释。那么,当最高法院认定这些事实时,是否超越了它的法

---

[81] Austrian Code of Civil Procedure, §503, line 4.
* 德语原文表述为"法律评价"(rechtliche Beurteilung)。——中译者
[82] Comp. *Thöl*, note 76 supra.

定权限？或者说，这种发现也是"对法律问题的考量"或法律思维的一部分？在刑法中我们更严格地坚持上述现象的事实属性。是否因此，可以认为法律思维的界限是摇摆不定的？是否要将事实与法律的界限，涵摄的大前提与小前提之间的界限抹除掉？

通过认识实践中的另一制度或许可以辅证——由专家* 提出的证据。将专家证人的职能和法官的职能区分开来是极其困难、近乎不可能的，就像"是"与"应当"的相互紧密交织那样。当一个专家证人被问及一个如安全预防措施的技术性设备的缺陷，他的鉴定意见会涉及该设备本应如何被制造。于是在这个"本应"上，技术合目的性与某种形式的社会应然如此混杂，难以分开。正因如此，每一次诉讼都会有无数关于鉴定人是否侵占了法院或陪审团职能的争论。

无论如何，这都表明了一个结论，即查明立法者意志绝不是法律思维的全部。

§14. 附论（一些关于逻辑的补充）

上文已经展现出各种关于法律思维主流观点的错误，个中充斥着较早的、经院式的逻辑。我们将在这里稍作展开。

较早的逻辑形式主要来源于（与经验科学形成对比的）思辨科学（speculative science），主要特点如下：

1. 素材获取不获自经验，而是要么仅来自思维活动创造，要么至少来自最大程度的抽象回溯得来的最简单的组件。

---

* 德语原文表述为"鉴定人"（Sachverständige）。英文本分别翻译为"expert""witness""expert witness"，这里尊重英文表述。——中译者

2. 所有特征被考虑到之后,相关概念和想法得到了精确界定,且不会遇到任何不确定或干扰性的东西(在数学中尤为明显)。(83)

因此这类科学的素材有最简洁的属性。(84) 这也解释了数学思维的完全准确和精确统一。数学的概念(不考虑高等数学的特定终极观念的话)被精确到最细微处。在现实生活中,可能没有人能找出圆、椭圆还是不规则线的各种各样的形状。而对于数学家来说,过渡形状并不存在,他会认为它们就是纯粹的圆或椭圆,每个概念都能与它们的相邻概念明确区分。

较早的逻辑主要像数学那样将所有的人类概念都构想为边界确定的概念,并偏好用几何图形(如圆)之类的形式阐释这些概念。它的主要任务在于,以几何式的空间关系为模板来获得一定的最终形式*。其中一种是支配着解释理论的"涵摄"(subsumption)。"涵摄"的性质是,小前提的素材是包含在大前提中的,因此大前提的属性会被归于小前提上。在法学中,大前提的属性在于,制定法是对大前提的主体的命令。这种涵摄乃是"旧逻辑"的

---

(83) 如一条线,无论画得多么精细,除了长度外一定有宽度。数学家完全无视这一事实,认为一条线只有一个维度,即长度。

(84) 所有研究科学的百科全书或哲学的人都非常熟悉这个说法,但对那些将中学数学当作极复杂和困难的学科的人来说,即便是简单的命题也需要进行阐明。后一个事实因而也就变成了,人类的思想,即使是相对简单的现象,也必须与"极复杂的事物"相处。为了理解简单的数学是多么必要,必须将它与属于该科学的一切现象进行比较,就像物理学一样。倒出一杯水无疑是一种非常简单的物理现象,但世界上没有数学家能够计算出各种水滴会落在哪里和如何落下。从理论上讲,找到一个分析公式代表某些实际对象(比如人类表情)的形式存在一定的可能,然而,制定这样一个公式时,最伟大数学家的技能都会黯然失色。比物理和化学现象更复杂的是生物学现象,但最复杂的是心理和社会现象。如果我们在这个列表中将天文学加在数学和物理之间,我们就得到了著名的孔德的学科阶梯。

* 德语原文表述为"建构不同的推理形式"。——中译者

生命,借助这种推理方式,每一个概念都根据一个被构想的、通过抽象化消除其对象之个体属性而获取的图式,来获取其性质,该性质下的每一个新对象物都合乎该图式。

以这种方式,旧的逻辑建立了一套牢固联系的内部无矛盾的思想整体,但同时,这对经验科学却没有丝毫用处。没有学者,也没有任何人会(严格)按照如芭芭拉式三段论或类似这样的逻辑形式来调整思维。这不仅非常愚笨,而且在大多数情况下毫无效果;它将只流于循环重复和累赘遁词,也无法处理活生生的思想的无限多样性。

逻辑学需要改革。过去的几十年里,埃德曼、西格瓦特和冯特等人致力于为单个科学创造作为最高方法的逻辑。这场运动虽远未结束,但也已经揭示出了重要的真理。(85)

1. 首先,我们的逻辑思维(即智力)与其他心理现象(如意志、感觉、记忆等)之间并不存在一个像中国长城那样的明显分界。相反,心理现象不断对逻辑思维发挥影响,它不会完全破坏这种思维的逻辑性*,而主要在概念的形成中发挥作用。

冯特认为,"意志的协作"是逻辑思维的特征。他认为,如果没有意志的影响,我们的概念构想只会消极地作为一种无意识的思想或联想而运转。在思维中,意志以一种内在的意志行为的形式发挥效用。冯特将这种意志行为称为"统觉"(apperception),

---

(85) 对这一问题的下述阐明,我主要遵照了冯特的说法。但是这些阐明,就像这整个附论的内容一样,没有十足的精确性。它不是为专业逻辑学家或心理学家写的,而是以一种通俗的、非常简化的形式展开的。尽管如此,我相信我已经相当准确地揭示了旧的和新的想法之间的区别。

* 德语原文表述为:"借此,这种思维并不会立即丧失其逻辑性。"——中译者

一般也表述为"自发的注意"(voluntary attention)*。当这种内在的意志行为进入思维时,就会出现一系列活跃的意识状态。意识状态要么只表现为想象(如意志运行不规则),要么将逻辑思维视为其特征:将诸多单个构想及其相互关系联合或综合为一个新构想。新构想受到获取"有现实关联的知识"这种倾向的引导。在这种知识获取中,构想联合最重要的产物就是概念。

显然,冯特实际上使"意志"成为所有逻辑思维的基础,这也解释了情感对思维的影响。尽管反对者拒绝把情感看作是未充分发展的、难以有效的意志行为。

2. 关于"概念"性质的新构想。

概念是如何形成的? 每一新的构想会与先前的作为记忆残存而存在的构想产生共鸣,从而持续地产生许多类由记忆之线连接的构想,其中最重要的一类是概念。

这一过程主要是联想性的,不过"统觉"的参与也是重要影响因素。"概念"在我们各种意识状态中非常重要,在整个构想集中通常是最明显、具有主导性且十分典型的,因而被选为整个综合活动之产物(构想集合)的代表。在意识之中,概念涉及整个集合时往往单独出现,此时,其余的意识部分则晦暗不明。因此如冯特所言,不存在一个概念的构想涵盖其逻辑上的全部内容。[86] 一个"概念"不是一种(抽象的)图式,因为一个纯粹图式化的构想是不可能的。无法去构想一个既不是等腰,也不是不等腰的三角

---

* 德语表述仅为 Aufmerksamkeit,即"注意"。可能英译者认为此处作者有强调主体的意味,因此加上了 voluntary。故在翻译上亦采英译,表述为"自发的注意"。——中译者

[86] Wandt, *Logik*, p. 217.

形;或既不是等角的,也不是不等角的或直角的,这样的三角形图式是不可能的。一种确定的构想总会彰显其功能,会代表综合活动的整个产物,并且其主要内容通过联想、记忆等心理层面的手段与其他构想相连接。概念的具体或抽象取决于其代表符号(语词或图像)与余下的概念内容的距离近远,也取决于这种构想是否与那种标记或图像相联系。通常,"语词"在意识之前成为概念形成的独特构想符号。我们引用埃德曼发表在《逻辑》上的论文[87],"意识中不存在的语词构想在言语联系中进行再创造"。这涉及旧的逻辑科学所不熟悉的另一命题。

3. 语言对思维的影响。语言和以语言展现的概念体系,不仅是我们思维的工具,也是使我们的思维进入定轨的引导。我在此只是顺便提及这一点,因为借此我们的逻辑思维的一些其他影响通过社会因素而变得更可解释。西格瓦特指出[88],在所有新对象中,我们总是最容易注意到那些与我们熟悉的图式一致的东西。我们总是将既存的图像套在新对象上,从而无法注意到事物中新的和与众不同的东西。这里,西格瓦特使用了术语"图式",但前述的句子可以证明,"图式"概念并未与一种(边界确定的)几何图形之图景相连接:"在思维的自然过程中,所有的语词都致力于去扩展疆域。它们的边界不定,并且随时准备接受相关的新构想。"[89]

---

[87] Erdmann, *Logik*, vol. i, §8.
[88] *Logik*, §7.
[89] Comp. Tertullianus(L 27 de legibus D. I, 2):始终有必要相信这是在法律范围内的,因此它们也可能属于那些人和那些有时会相似的情况(Semper hoc legibus inesse credi oportet, ut ad eas quoque personas et eas res pertineant, quae quandoque similes erunt)。

§15. 将上述原则运用于法律概念[90]:投射

如果试图在上述观察基础上为"概念"找到最合适的图像阐释,我绝不会选择几何图形。相反,它可以让我想起一张轮廓模糊且渐趋消失的照片。这张照片乍一看似乎相当清晰和确切,因为我们的眼睛仅仅看向图片的中心。但当我们着手去确定照片的边界时,我们会发现,事情并非如我们先前所观察的那样,我们并不能确定照片的边界以及背景。同样,经验科学中的每一个概念,在其核心构想的旁边都总是有一个逐渐消失的过渡区。过渡区随概念的不同也会变得时宽时窄。

这种过渡区域无法被任何(哪怕是繁琐的)定义所消除。因为定义本身也不过是更多概念的(表述)方式罢了。这种不确定性的最终原因在于表面简单的现象本身的复杂性。因此,某一单个现象可能缺少某种或某些特征,[91]但不能断言,该现象因此是概念之外的,而另一现象尽管缺失某种特征,可能仍然在该概念范围内。我们不能将"现象的绝对等同性"作为某一现象属于某一概念的条件。

---

[90] 就这一表达,也可参见保罗·埃尔茨巴赫(Paul Eltzbacher)的作品。Comp. Paul Eltzbacher, *Über Rechtsbegriffe*, Berlin 1899, p. 16, 23, 33.

[91] 举个例子就会更清楚地表明这一点。"发现"这个概念是多么地简单、统一和易于理解! 耶林讲述了以下情况:A、B 和 C 正在一条小溪边散步,A 看到对岸的地上有一个钱包,他告诉了他的同伴。B 向 C 的狗吹了个口哨,唤使它去对岸叼回钱包。当这条狗正准备带着钱包游回来时,在对岸散步的 D,放出了自己的狗来抢钱包,并最终拿到了钱包。那么,谁是发现者? 回答这一问题的困难在于,"发现"这一概念具有诸多特征。这一概念呈现在我们眼前的是一个统一整体,统一于这个概念的中心点。这四个情形中任一个都必然不能完全符合上述概念的中心点,而只能落入"发现"概念的边缘地带。Jhering, *Zivilrechtsfälle ohne Entscheidungen*, p. 103.

因此,随着前述的学科阶梯*的上升,(概念边界的)不确定性的平均程度也稳步上升。随着素材的抽象性和简洁性不断降低,具体性和复杂性不断增加。低层级的数学中并不存在过渡区域;而在社会科学中,许多概念(例如几乎所有的伦理概念,如美德、良善),当你仔细思考,都仅表现为隐隐约约的感觉。

没有人能比法律人对此有更深刻的认识。乍看之下,概念是清楚且明确的,使人忘记在使用时因模糊而可能产生的重重困难。就比如,谁会怀疑"人"这一概念呢?然而即便如此,法学也不会放弃对这一概念进行更精确的界定必要。然而,法律必须确立一些规则,规定胚胎何时开始成为人类,在哪一确切时刻可以确定一个人已经死亡,流产的胎儿究竟是天生的"怪物"还是"人",以及这里所谓的"怪物"究竟又是什么,等等。

如果一个人必须付一百美元**,那么他所负担的行为责任毫无疑问。然而,如果他拿出一百美元的银行票证要求兑换现金,他又是否有权如此?或者他邮寄 90 美元,收件人是否需要负担服务费用,能否收到 90 美元?如果债务人是他的债权人的亲密朋友,他在对方不在时把 90 美元放在债权人办公桌的抽屉里,并上锁,是否算偿还债务?再有,债务人可以依法通知他的债权人主张返还偿还的借款吗?如果不能,通常,法律是否对政府,或银行为债务人时有例外?当我们谈论"支付 90 美元"时,我们并不会意识到任何这些问题,因为我们的意识集中在"支付 90 美元"

---

* 参见孔德的学科阶梯:数学(最底层)—天文学—物理学—化学—生物学—社会学(最顶层)。——中译者

** 德语表述是"K",即克朗,这里是英译者做的灵活调整。——中译者

概念的核心特征上——比方说两个人的形象:其中一个人正在交出 90 美元。(92)

在所有这些以及类似的问题中,虽然法律思维总是会作出一个判断,但没有人会主张道,这种判断来自(使得争议事件为所涉概念所包含的)涵摄,或者该事件已经包含在概念的原始内容中。相反,当我们考察这些概念时,我们从来没有考虑过这些边界情形,而只考虑过典型情形。只有在这种情形下,我们才能说这些典型情形为那个概念所包含。但是,原始的概念只是一条凝结而成的线,那些新的、相类的但不一样的现象被凝结在这条线上。将那些概念适用于边界情形的过程,并不是对概念分析(观察并分析)的过程,而是一个综合(synthesis)的过程,将原始概念与新现象相连接,从而拓宽概念的范围。

我们还需要探究的问题是,新现象和原始概念在这一凝结过程中如何结合。我只能说,在每一次综合的过程中,二者的结合可能是一种经验或一种感觉状态。(93) 借此,这一概念被构想出的核心形象(central image)可能与它原先没有包含的大量现象相联。通过相应的经验事实和感觉方向(currents of feeling),通过超越原始(概念)界限的那些细微的、不显眼的逐级变化,核心构想逐渐蔓延开来。

这一现象在法律思维中尤为引人注目,因为一方面这种思维特别需要精确性,另一方面,这种思维指向一种设定标准的倾向。

(92) 我有意选择了两个涉及相对简单的(物理)现象和具体概念的例子,其不确定范围是相对较窄的。而如果选取像“商人”或“文件”这样的概念,概念的不确定范围就将变得更广。

(93) 康德的著名问题(即先天综合判断是否可能)必然会得到否定回答。

我将这一现象称为(概念的)"投射"。借此,制定法中的某个概念进入到现实世界中——我将其置于涵摄和类比之间。在我的阐释中,投射的性质将变得更加清晰,它尤其通过将事实与法律概念相联结来服务于法律思维,从而使法律思维变得更可掌握。在此,(从它的效果的角度出发)我暂时将"投射"定义如下:制定法中的概念在不改变自身的前提下,对其开始未包含的现象的适用,或至少该现象不是概念原本就理证地包含(或构想)的部分。

有几个例子可以对此予以说明。1700年通过的一项法律规定对"靠机器动力运转"(run by machine power)的磨坊征税。尽管在1700年除了由风或水驱动的机器,人们不可能知道其他机器动力,但只要该制定法仍然有效,它就可以毋庸置疑地适用于蒸汽或电动磨坊。因此,适用它既不是涵摄问题,也不是类比问题,[94]因为我们不需要改变"机器动力"(machine power)概念的性质就可以将其应用于蒸汽磨坊。在此,新现象最初并没有包含在旧概念中,但我们可以立即、直接、没有阻碍地适用这一概念,我们将前者作为一个组成部分整合进后者中,从而将旧概念投射到新现象上。我认为,这里概念与现象的联结其实是一种经济学的及物理的数据*(data),并且此种考量已经在"机械的"这一日常语言的含义中找到了入口。

再举一个例子。当只有硬币在某国流通的时候,一项法令规定伪造货币将受到惩罚。后来,该国也开始使用纸币。毫无疑问,伪造纸币也将受到惩罚。在缺乏更好的范畴的情况下,耶林

---

[94] 因此,我们应该毫不犹豫地以这种方式适用制定法,即使这个18世纪的法律中包含着禁止类推的规定。

* 德语原文表述是"考量"(Erwägung)。——中译者

将这个例子当作一种类比。(95) 然而,如果这是一个类比的例子的话,那么下列情形也都是类比:在银币中添加黄金;向已经流通一种纸币的市场发行另一种纸币。并且,当采用一种全新的货币形式时,例如在奥地利用克朗代替弗罗林(florin),本来制定法可能会因它所涉及的对象已不复存在而丧失效力。然而实际上并没有人会这样想。在这里,"货币"的概念也被投射到新的货币形式上,没有人会认为,制定法存在待填补的漏洞。

在上面给出的两个例子中,投射可以很明显地与涵摄区分开来;因为在此,涵摄似乎明显成为一种历史的不合时宜。但通常情况并非如此,法律思维会利用一些技艺性的方法,限缩投射并尽可能扩张涵摄的范围,从而尽可能完整地塑造制定法的原初含义(意志),甚至以牺牲事实真相为代价。

显然,立法者在界定"欺诈"(fraud)时,仅能想到欺诈行为的一小部分,从而将其界定为:(骗子)利用其狡诈的头脑所计划之行为。不过这一概念也拥有很大的不确定空间。但我们甚至很难就此划定一个精确的边界。

如上所述,投射是可以随着"联结方式"之力量的变化而变化的。众所周知,在(奥地利)未禁止高利贷的时期,欺诈概念经常被投射到"放高利贷行为"(usury)上。考虑到高利贷本来不会受到惩罚,因此基于经济损失和道德愤慨形成上述"联结"。当对高利贷的处罚重新实行时,这种投射做法也就不再可行了。

维也纳的出租马车夫(cabmen)过去常常因"高速驾驶"而被

(95) Savigny, *Geist des römischen Rechts*, § 3, note. 6.

刑事法院制裁。⁹⁶ 当有轨电车和汽车流行开来时，上述情形也便不复存在了。考虑到车辆速度的加快，（法院）不再将几十年来一直得到认可的速度要求投射于"高速驾驶"的概念之下。但相关法条中的"高速驾驶"概念根本没有任何改变，而根据刑法制定者当初的观点，现在的车速无疑都构成刑法中的"高速驾驶"。

同一个概念可能同时被以不同的方式投射。"武器"的概念或表达实际上只有单一含义。然而，在《奥地利刑法典》第158条中，在抗拒"进一步投射"的潮流影响，以及决斗犯罪中的荣誉观念下，武器仅被理解为那些军事武器＊（如火器、军刀）。而《刑法》暴乱罪（the crime of rioting）⁹⁷中的武器概念则会投射到完全不同的工具上，如棍、棒、镰刀。尽管立法者在使用武器一词时仅想到了这一概念的核心意涵，即那些军事武器。正因如此，投射并不总能与涵摄、类比明显区分开来。这三种活动相互交错地波动。投射逐渐延伸，温和而几乎难以察觉地演变为类比，差异只是程度上的。我们只能重述前面的话，即法律思维中并不存在跳跃或不连续之处。因此，用扩展后的投射遮盖真正的类比，或至少创造出边界情形是可能的。例如，将《奥地利刑法典》⁹⁸中对铁路的保护扩展到对铁路的电报线路＊＊的保护（拉马什认为⁹⁹这属于刑法上的"扩张解释"），或将最近常常提到的白奴贸易（white

---

⁹⁶ 我从埃尔博格博士（Dr. Elbogen）最近的一次公开演讲中听来了这个有趣的例子。

＊ 德语原文表述是："真正的"武器（die eigentlichen Waffen）。——中译者

⁹⁷ § 83 StGb.

⁹⁸ § 85 lit. e StG.

＊＊ 这里存在表述差异，英译本是 telegraph lines（电报机线路），德语原文是 Telegraphen（电报机）。

⁹⁹ Lammasch, Österreichisches Strafrecht, § 2.

slave trade)涵摄到"绑架"概念之下*⁽¹⁰⁰⁾,这些看法究竟应该归于何处,殊值疑问。

基于前述内容,我认为,现在可以通过类比定义进一步为"投射"划定边界。类比的意涵在于,仅当我们感到,必须改变概念的支配性构想(即核心构想、代表性的构想、概念核)才能将这一概念与所涉现象直接联结时,对一概念的类比适用才能得以实现。

在这一节的内容里,我认为已经考虑到了法律规则和法律概念会涉及的许多复杂问题和讨论。

§16. 立法者

通过提出"投射"的概念,我的目的不仅在于从通常意义上对法律解释重新分类,也在于展现出为法律思维提供广阔领域的正当性,以容纳那些曾长期被忽视的想法和精神活动。⁽¹⁰¹⁾ 上一节所提到的各种推理和考量,既不涉及对事实的查明,也不欲揭示法律规定的其他含义,而是以多样化的方式处理明确的单个事实和一种根本不会被误解的法律含义,最终在事实与尚未构想到此类事实的概念之间建立联系,这便是投射。

从一般意义上说,简单地揭示法律规则中已经包含的内容

---

* 这里英译者进行了例子调整,德语原文表述是:将贩卖妇女行为"涵摄"到绑架行为之下。

⑽ Lammasch, *Österreichisches Strafrecht*, §47.

⑾ Comp. Gareis, *Encyklopädie der Rechtswissenschaft*, §13. 法律适用活动是一种旨在将事实涵摄于法律规则之下的活动。

解释的功能,[102]而投射则声称其获得的结果是新的,且并未为立法者所构想到。

可以想见的是,一个忽视这些现象的理论将难以为继,除非能够以隐蔽形式,以不精确性和较大的变动性为矛盾情形提供容身之所。而发现这个变动性并不难。

姑且不论那些被视为反常现象的类比活动,法律思维的唯一目的被设定为:查明立法者的意志、意思或意图。现在的问题是,谁是立法者?谁的意志构成了法学的唯一素材?倘若他是实际存在的,也即倘若应是一种经验性存在,那么他如何才能适于实证科学?

我不考虑所有那些认为制定法约束力的最终根据在于上帝的意志、人民意志、普遍同意(common consent)的法哲学理论,[103]而仅使自己关注于实践的、精确的法学。

那么,这位"立法者"究竟是谁?*

正如宪法所教授的那样,君主制国家的立法者是王公贵族,共和国的立法者则是人民代表,那么,确实如此吗?但可以看出

---

[102] 托尔自己的正义感不可能不明白现实情况。并且,他始终执着于强调解释结果的"新"。然而,他不知道如何将这一点与他解释理论的其他观点调和起来,并最终变得矛盾起来。"解释必然始终(?)产生新的规则。因为由解释获得的规则在此之前并不存在。同时,这一规则仍是制定法规则,因为它在制定法的语词中有着深层次的基础。进而,法律科学就将自己限定于,找到制定法的预期内容。"(这并不是什么新鲜事!)"解释总是可接受且颇具创造性的。"Comp. Thöl, *Einleitung in das deutsche Privatrecht*, §58. 也可参见普法夫和豪夫曼的观点:"如果我们盘点一下自己的法律确信,我们中的许多人会惊讶于他们所接受的原则的数量——他们无法在制定法中找到这些原则所对应的条文。"Comp. Pfaff-Hoffmann, *Kommentar*, p. 199.

[103] 比尔林在他的《法律基本概念批判》(*Zur Kritik juristischer Grundbegriffe*)一书中集中体现了这些理论。他认为,法律的构成要素在于,受法律约束的人不断将某原则接受为其社会生活的规范。

* 这一句在德语原文中是独立成段的,而英文本则将其置于上一段的末尾。考虑到内容上的独立性,中译本亦将此句独立成段。——中译者

的是,现代国家的"王公贵族"必须是一名专业的法律人,至少要熟悉所有那些以其名义颁行的制定法及条例(ordinances)的标题和大概内容。可是,只是从外观上看到帝国法律公报(Reichsgesetzblatt)那大部头的汇编,人们便会放弃上述想法。

这个问题很长一段时间以来一直被回避:(法律人)大胆地将"立法者意志"与"制定法意志"相等同,[104]将自己主要限于对制定法意志的发现[105],而作为一个人的立法者却从未被虑及。而后,历史法学派通过对历史因素的强调而崭露头角。此外,宪法和其他方面的改革,要求公开此前从未被发布过的立法准备材料:立法资料、委员会会议报告、议会咨询报告、原始的制定法草案,等等。最终,法学要去研究这个神秘的立法者的意识内容(即其意志),并使之现实化且可把握。很明显,立法者就是起草者,以及他们的合作者与助手,也即所有那些参与制定法起草和编审的人。"立法者意志必然与法律起草者的意思相同"。因此,"编审了票据法和商法的委员会的意志",也应被视为立法者的意志。[106]

不过要注意!这个看似不言而喻的、为一些法律人热烈响应的结论在大多数情况下常遭受怀疑,甚至遭到公开反对。人们拒绝将立法者意志实体化,反对关于他们的研究对象(即立法者)的任何具体描述。甚至还有人针锋相对地认为:立法者根本不是具

---

[104] 除非一个人以神话的方式将制定法人格化,否则这就意味着,在制定法中表达出的意志,与一个具体的人没有任何关系。"在诠释学中,作者所要表达的含义与言语本身的含义没有区别,被视为是相同的。"(in Hermeneuticis sensus auctoris a sensu orationis non discrepat sed pro eodem habetur) Comp. Eckhard, *Hermeneuticae juris libri duo*, §IV. Note.

[105] Thibaut, *Theorie der logischen Auslegung*, §29."实践中的法律人仅将逻辑地解释制定法,发现(制定法)含义的资料来自制定法本身。(毕竟)仅这一条法律才是已经颁布的实在法。"参见翁格尔的评论:"蒂堡理论中的自我设限当然只是一个原则而已。"

[106] Goldschmidt, *Handbuch*, vol. i, §§310 seq.

体的这个或者那个意思,其"意志"不过就是制定法而已,而法律人也仅需关注制定法。

因此哈恩说[107],"制定法并不在于立法者追求什么,而在于立法者通过其有意宣告了什么"。詹卡在他的刑法作品中,则更简洁地断言道[108],"解释必然涉及制定法和立法表述,而不涉及对背后的立法者意志或观点的揭示。如果立法者想要表达与其文本不同的东西,或者他想要表达在文本中没有表达出来的东西,即使这种偏离能够被一些不相干的证据证明,但通常,只有被表达的文本才能以其被表达的形式发挥影响"。在这些极端说法之间,出现了各种不同的略带细微差别的中间意见。普法夫和霍夫曼在他们的评注中列了一整个观点梯度表,从西本哈尔(Siebenhaar)到托尔、翁格尔、哈恩、门格尔(Menger)、普法夫和霍夫曼,再到戈尔德施密特。这涉及关于委员会报告的影响的著名论辩,我并不意在讨论它。

根据我所捍卫的实证研究原则,可以确定这样一个事实,即在如此根本的问题上,杰出的法律人之间存在着持续的分歧,他们的观点绝非出于表面功夫和无知,但仅通过他们的表达本身并不足以平息这场争论。这种分歧的存在本身就证明,任何极端说法都不符合社会权力关系,因此都是不正确的。在我看来,这一争论似乎表达了一种往往被误解的事实(对此,我们将在下一章进行充分讨论),关于法律规则含义的法律真理会部分地与历史真理相同,但绝不总是相同;当然也可能完全不同,因为那些错误

---

[107] *Kommentar zum Handelsgesetzbuch*, vol. i, § § 48 seq.
[108] Janka, *Österr. Strafrecht*, § 23.

的或夸大的法律史研究也会同等地损害其结果的权威性(或生动的说服力),而这种权威性往往得益于其实证性。正是因为这一点,法学在这里有一个防止干瘪如尘的知识产出的自动装置,使得权威性得以遍及那些被获取的解释结果。由此,法律的命令得以与其他的观点相区分并在生活中得到贯彻。对制定法背后的内容(即背景)研究是有限度的,法院愿意去承认什么,便是对这一限度的一个较好的测验。[109]

在上述争论中,这一过程展现得尤为清楚。冯·哈恩男爵和索南费尔斯(Sonnenfels)于1803年出版的文章被1852年《刑法典》的起草者海耶(Hye)吸纳为《刑法典》的一条法律规定。如果有充分证据证明前述二者将一特定的(但不能从制定法中推断出的)含义与前述法律规定相连接,这又有什么用呢? 对法官而言,他们的观点不可能像明确规定的制定法那样具有权威性。法官会觉得,他可以无视这种观点,他会首先问自己是否有必要考虑,以免违反制定法。历史证据并不能真正排除制定法含义的不确定性,它只是改变了它的形式。

德恩堡在他的《学说汇纂法》中建议学生熟悉各种罗马法学家的性格特点,因为借此能够避免许多误解。[110] 显然,他一定是想到了《民法大全》中各部分的风格和表达方式,因为阿尔费努斯·瓦鲁斯(Alfenus Varus)的性情闲适冷静,而拉贝奥则充满官僚气。

---

[109] 然而,就与教义史研究相对的人物历史研究而言,这种情况并不多。因此有些人(即奥夫纳)抱怨道,司法实践无视了不久前公布的委员会起草的《奥地利普通民法典》的讨论记录。而每个法官则会都会主张道:立法者对这些讨论记录保持了长达数十年的缄默,这似乎表明他们自己并不想要法官受此记录的指引,而只是要法律适用仅限于制定法本身。Ofner in *Juristische Blätter*, July 27, 1902.

[110] Dernburg, *Pandektenrecht*, §36.

人们很难去想象,诉讼两造能借此支持其权利主张。当然,对这种论据除了报以宽容的微笑以外是无解的。

总而言之,被追寻的"立法者"概念仍然隐于黑暗之中,尽管有些人自认为已经找到它。法律人每时每刻都在(想办法)查明他的意志、他的意图、他的理由,但他们实际上并不能描绘出这一概念的真实的、可把握的本质内容。⑪ 事实是,"立法者"概念不可能被揭示。而且,正是这种神秘的不确定性,在保证法学仅作为一门查明立法者意志的科学的同时,不至于与生活发生明显的冲突。立法者根本就不是真正的存在物,人们不妨这般描述法律思维的大部分特点:法律思维的目标是探索法律人将自己归于"立法者"意愿之下的这种习惯的性质。

我将一些通过前面的论述得出的(几乎已经不言而喻的)真理,总结如下:

法律思维的功能绝不会因为探究一种曾经实际存在的意志(立法者意志)而穷尽。立法者从未预料到,法律人必须处理大量饱受指责的事实和事实组合,而且这些事实及组合也不能简单地涵摄进他所表述的概念中。⑫ "立法者意志"将只在广泛的生活

---

⑪ 法学家眼中的"立法者的意志"与空间或时间上实际存在的东西并不存在太多共同点,这表明,在一段时间内,人们并不惮于将整个习惯法建立在"立法者意志"这一基础上。最近的理论才刚刚开始对这种荒谬的做法表达担忧。我们所讨论的稍微超出了这些。相反的驳论参见弗伦策尔的作品,他甚至用习惯法来解释成文法的力量。Frenzel, *Recht and Rechtssätze*, Leipzig, 1902, §77 and elsewhere.

⑫ 同样也不能简单用"演绎"(deduction)来涵盖。就目前而言,乃至在后文中,我们仍将忽略法律规则的多样性。

德语原文表述为"同样也不能简单地用建构(Konstruktion)来表述",德文表述中的"建构"是19世纪法律体系的科学化追求中的一步,系指法律人将现象回归到基本概念之中去理解,进而将现象置于概念体系中(参见卜元石:《法教义学的显性化与作为方法的法教义学》,载《南大法学》2020年第1期)。而涵摄仅指将小前提归入大前提之中的演绎式逻辑推论。建构与涵摄并非同义,由此可知,英译者的表述并不恰当。——中译者

领域中阐明要点。而这些要点也绝不能仅通过逻辑操作(法理发现、涵摄等)以变戏法般的方式被扩展开来。[13] 概念核心只能发挥吸引或聚合的作用。要想将过渡区域的事实投射入概念中,必须借助其他的手段,而立法意志帮不上忙(如果这种意志意味着某些实证的东西的话)。

对类比的运用并不是一种反常现象(anomalous),只是需要用一种特殊且不同的方式来阐明。它只不过是投射的自然延伸,一般是通过不知不觉的逐渐变化来进行的。它与投射只有程度之差,而无种类之别。投射所发挥的力量究竟是什么,我仍未述及,在此仅简短地提一点:查明事实和查明法律规则(也即实然领域和应然领域)是不能严格区分的。尤其在对所谓"心理事实"的查明中,有相当大一部分属于法律思维的领域。

IV. 法学的主要方法

§17. 概况

对立法者意志的查明并不总是意味着对一个具体的人的意志的查明,这一情形进而影响到对查明立法者意志之方法的塑造。

这些方法的核心在于,对事实的实际脉络进行观察和逻辑考量。然而,如果更进一步观察的话,我们会发现,也存在着拓展立

---

[13] 立法技术不容许(法律起草者)以过于抽象的形式来表达立法者意志。除了其在适用上的不确定性之外,司法实践也会将这些条文当作理论化的语句,并在此基础上拒绝服从这些条文。法律条文必须切实可行。Comp. Jhering, *Geist des römischen Recht*.

法者意志的倾向,其希望法律人能在法学所要求的情形内(包括所有的未来情形以及事实组合),获取立法者的意志。我认为,这一倾向的一般且持续不变的意志方向(directions of will)在于,其有时会引导我们从头脑中排除掉该情事不存在之可能性,进而去假定被意指之情事的实际存在。因此,此种倾向影响着我们的思维结论以至于逐渐偏离了现实。我们需要去检验,在法律思维方法之中,这样的影响是否是可证明的。

通过在我可能称为"原则"(principle)的地方使用"倾向"一词,我用动态的或心理学的观点取代了纯粹逻辑的观点。因此,我会获得前者相比于后者而言的所有在展现社会关系方面的优势。这一特别的术语"倾向"使我们注意到这一事实,即为这一倾向所包含的意志方向不必然在所有情形中具体化,而可能被其他更强的考量和倾向所压制。同时,为增进理解而对这一意志方向进行的精确界定,也不是绝对必要的。

在已经为法律人所关注且自觉实践的三种解释方法中,即语言或语法解释、体系解释和历史解释,我们将仅考虑后两者。

当然,解释中最重要的部分便是根据语法规则来确定文本中语词的含义,因此最重要的解释方法无疑是语法解释,该方法也被托尔所强调。[114] 法律人通过其他方法获得的所有信息,只是对关于制定法的知识的相对不重要的添附(addition)。法律人通过阅读文本来获得这些(关于制定法的)知识。我只需要使(人们)回忆起其曾感受到那种不确定性,如果某人只依靠一些梗概*

---

[114] Comp. Jhering, *Zweck im Recht*, vol. 2, p. 15.
* 德语原文表述为"体系性的阐释"(systematische Darstellung)。——中译者

(synopsis)来了解制定法,而不去阅读文本本身,便会充分感受到这种不确定性。另外应当强调的是,语法解释的重要性也与为制定法所分享的权威有关系。尽可能严格遵守制定法的语词,是充分尊重权威的证据。

然而,对语法或语言学方法的考量将在目前的论述中被省略,因为如果虑及影响语言用法的各种各样的外在影响,我们的探究会变得极为复杂。通常而言,语言用法仅建构了形式,于此,各种各样的倾向才找到了进入法律思维的入口,其中的一些倾向我们将会在后文部分提及。还有一点应当提及,通过这一无疑的规则——一个语词通常仅在其完整含义中被理解,语法解释存在这样一种倾向,即为立法者意志扩出了一个尽可能宽的范围。

在法律思维中,除了语言学要素外,最重要的是体系要素,其次是历史要素。后两种方法的通常评价往往相反。对这一次序的辩护将在后文述及。

§18. 统一性倾向

解释中的体系要素在于,通过将某一条文与其他具相似特征或涉及同一主题(subject-matter)的条文进行比较,来发现该条文之含义。* 它预设了法律规则或法律概念的多样性。顺便提一下,法律规则的多样性还导致了法律思维中的其他现象。举例来讲,问题所涉之诸多条文的含义将被视为是已经确定的,并且在确定的复杂事实陈述之中,仅涉及查明这些法条之间的交错关

---

* 德语原文表述与英译本有所不同:"体系要素在于,通过一规则与相邻或相关联的规则间的联系(Zusammenhalt)来探明制定法条文之含义。"——中译者

联。我们将这一思维运作称为"法学建构"(juridical construction)。有时,一特定的事实陈述直接为一个法律规则所规制,并且同样的结果可能通过"解释"(construe)其他法律规则来获得。[115]在这些案件中,"建构"就是对解释的正确性的检验。*

在对适当规则的发现和对这些规则的建构中,我们能看到法律适用的所有实践难题的根源。现在,毫无疑问的是,通过诸多规则的联系,规则之真正意志得以展现,该意志为诸规则所包含但并不显见于其中的某一个规则之上。

但在这里真正令我们感兴趣的是,想要尽可能去探明立法者意志的法律思维,有时则是通过从整个法律规则中"建构"一个单一的、和谐的立法者意图的倾向。通过以此种方式来使用体系方法,法律人经常完全忽视各种经验事实。没有法律人看起来会在根据其他制定法来解释或建构一个制定法的情形中犹豫,即使这些制定法(条文)被完全不同的人在不同的时期分别适用,并且在这样做的时候,他甚至从不要求表面上证明颁布该制定法的立法者曾在他的脑海中考虑过其他制定法。相反,它是被假设的,并且只有诉诸更大的力量才能推翻这一假设,即当立法者颁布了模棱两可的规则时,他在考虑之前就已使得所有其他法律规则生效,以至于每一其他条款的最深奥和隐秘的含义能因为所涉之制定法的建构而被"唤醒"。因此,"立法者"被展现为这样一个人,其在法律规则的巨大多样性面前仍持续不断地维持一个和谐的

---

[115] 对于这种建构之瘾,耶林如此揶揄道,建构通常与此相联系,即人们经常习惯于将法律和法律制度构想为能从中作出判决的实体。

* 德语原文表述为:"建构"就是解释中的体系要素的另一面和正确性检验。——中译者

统一性和连贯。统一性倾向并不存在一个相应的现实,这一点可以通过一个例子来阐释。

1896年的《奥地利个人税法》(以下简称为"《个人税法》"),除了别的方面之外,在其第83条中,向"作为股份公司的企业"征收更高比率的从业税(occupation tax)。这当然意味着,股份公司(这一概念)属于企业。对于任何知道企业和股份公司是什么的人来说,这一概念都是完全清楚的,当然,这里也存在没有人能第一时间想到的过渡或模糊地带。有时,一个经营一家工厂的股份公司破产了。破产管理人拒绝支付提高税率部分的税,因为该工厂现在是一个作为破产财团(bankrupt estate)的企业,而不再是股份公司的企业。这一问题现在来到法庭之上,并且法官判决破产管理人有责任支付税金。⑩ 让我们来看一下这些从头到尾都立基于体系解释的论据。首先,法官通过结合1868年《破产法》中的大量条款,建立或"建构"了并未为该法所明确包含的规则——"通过破产宣告,债务人/破产宣告人仅被剥夺其处分权的一部分,且仅在破产程序期间内被剥夺"。除此之外,在破产程序期间之前或之后,他对其所拥有的财产都保留了所有的权利。法官进一步认为:"于是,结果是,一个破产(程序)中的作为股份公司的企业仍旧是一个(《个人税法》上的)'作为股份公司的企业',并且必须因此被视为那些为《个人税法》第83条的从业税的提升税率所规制的对象。"

此种推论被认为是有说服力的。实际上1896年颁布《个人

---

⑩ 应注意到的是,除了这里讨论的理由外,这项判决还包含其他若干理由。然而,这一事实并不影响我们的阐述,因为其目的根本不是要质疑高等行政法院1901年12月30日作出的判决的正确性,而是要研究其说理的方式。

税法》的立法者脑海里有无1868年《破产法》的诸多条款以及为法官的独创之思所建构的规则，或这一立法者是否有任何对《破产法》的完整知识，这些问题从来都不会被提起，也没有任何法律人会对遗漏这一问题而有所指摘。然而，当欲探求的《个人税法》第83条的含义应当是一个实际的、真实的含义的时候，对上述问题的查明和断言便成了这一推论的必然前提。但是，追求统一性倾向的法律思维跳过了这一初步假设，直接将前提与结论连接了起来。然而，在同样的观点里，我们可以发现证据证明，上面所描述的过程绝不是一个理所当然的过程，且与之不同的过程在逻辑上是可能的，有时也是会被采用的。《个人税法》第119条规定："当一个企业进入清算阶段，此种行为并不被解释为企业的终止，除非与此同时其商业业务也完全不再进行了。"对此，破产程序中的破产管理人反对法官将第119条适用于这一案件。因为，借助体系性要素，根据《商法典》第133条，清算仅在破产以外才能进行。清算和破产是不同的，甚至是相斥的，这就导致第119条并不能适用于这一案件。针对这一论据，法院*答复道，"原告**忽视了这一事实，即《个人税法》并不意图将自身与作为特定法律术语的'清算'概念相连接……其应对的乃是一个经济学概念"，因此第119条完全适用于这一破产案件。

这一例子对于下述的说明乃是富有启发性的，当某人提出此种经验事实之时，即像此处所进行的这样，对法律中概念间的体系性的相互作用进行人为的扩张，他也会面临两个乃至更多的有

---

*　　德语原文表述为"最高行政法院"（Verwaltungsgerichtshof）。——中译者
**　　德语原文表述为"抗告人"（Beschwerdeführer）。——中译者

相等说服力的观点可能彼此针锋相对的风险。这些形式相同的思路,一方面为破产管理人所主张去寻求法官的支持,另一方面也被法院用来去拒斥破产管理人。法庭也可以仅仅说:"《个人税法》第119条中的'清算'概念是一个法律专业术语。""清算"概念的准确含义必须根据《商法典》之规定来进行解释,后者认为,清算并不包括破产。然而,事实上,当《个人税法》在第83条提及"股份公司的企业"的时候,它所思虑的乃是一个经济学术语,而不是一个法律专业术语,而且日常经验也告诉我们,即使不是在法律上,而是在经济上,一个破产的作为股份公司的企业是代表债权人,而不是代表股份公司去继续经营的。

§19. 保守倾向

毫无疑问,为了理解某一规范的真正意图和逻辑内容,人们会通过研究其历史来收集许多新的、现实的材料。通过这么做,在规则之中,他要么会识别出彼时之情形或理论的延续,如通过还原为起草、创制和编纂;要么会识别出由立法者所决定着的、有意的针对现行法的反对。在上述之任一情形下,人们都可以获得将单个事实涵摄于实际的、真实的立法者意志之下的连接点。当然,当问题涉及新现象或立法前并未出现的社会情形时,历史解释方法会归于失败。然而,在此边界之内,历史解释方法能就探究实际的意志内容发挥不可估量的作用,此种意志内容是以法律规则为基础而存在的。

要对制定法的目的进行探索,(我们)首先想起的方法便是,对那些参与立法之人的意图或目的进行直接探究。这也许是历史解释方法的个体或个人方面。然而,法学反对这一个人方面,这明显表明,对经验的、历史的现实的探求并非一种为历史方法所支配并塑造的唯一力量。

历史解释方法的社会方面被证明是更站得住脚的,通过研究法律原则的起源*,它取得了极大的成功。通过展示法律规则是怎样发展的,也即主要通过将现行法律与其先前规定进行对比,这一进路致力于阐明法律规则的含义。然后,法律思维所固有的另一种倾向——保守倾向——便浮现出来。关于本部分开篇所提及的两种可能性,即新规则与先前规定是相反的,以及新规则是先前规定的延续,历史解释方法将后者预设为当然的、常见的情形,进而,第一种可能性是一种必须被证明的例外情形。探究制定法含义的历史方法设定了这一前提(并借此获得了极大成效),其通常不宣告立法者的另一个实际的意志是可证明的,而强调,只有他们的意志表达才是要去解释的,此种意志表达体现在对现存情形(迄今的时间、社会力量关系等)的维持上。[⑪] 我们如此熟悉这一预设,以至于难以想象其他的推进路径;并且事实上,它通常(尽管绝不是总是)与真实的、历史的事件经过是一致的。当然例外也是存在的,例如,统治者为法国大革命或其他革命运动所鼓舞。统治者的命令应被以一种指向实现新观点的视角来解释,而不是为了延续现存情形而历史地解释,尽管那个实际作为其理由的历史内容应当是决定性的。但待发现其意志的那个立法者根本不是一个真实的人,并且总是被构想为保守的。假设

---

* 德语原文表述为"作为一种教义-历史的方面"。——中译者
[⑪] 法学家通常会提到法律情形,借此,他总是倾向于观察规则,而非事实。然而,这太狭隘了。Comp. supra, note 55.

一直都在于,在立法者并没有清楚表达改变现存情形的决定之时,其意志总是被构想为意在维持现存情形。当人们考虑到法律生活与国家之间的紧密联系时,这种说法是十分明确的。像每一个庞大的组织一样,国家在本质上只能是保守的。[118]

法律技艺(juridical tact)的很大一部分在于,直觉上维护现有社会情形的倾向。此种对惯例(old tradition)带来最少震动的解释最好用一种古老的表述——有根据的推定(fundatam intentionem)——来称呼。无论谁试图通过推论和法律"构造"来引起社会力量的现有关系之转变,也无论它看起来多么有说服力,他都并没有以一个法律人的方式在思考。1884年5月9日,在德国帝国议会会议期间,为了就其社会改革获得议会的多数票,俾斯麦试图从确定的法律规定中证明,早在《普鲁士民法典》中就已对劳动权进行了法律保护。我们很难去指责说,俾斯麦的做法是不合逻辑的;但相当明确的是,他并没有进行法律推理。在许多为俾斯麦的"解释"所催生的巨大变革中都能发现非法律的因素。

在不犯逻辑错误的情况下,我们可能以一种非常相似的方式去解释《奥地利定居法》[119],以使得在团体成员中产生一种利益共同体。有的人可能会说:作为"必要的维持",团体有义务去供养那些难以自足的成员,根据现代卫生学原则,这意味着所有维持身体、心理健康的必要之物。从逻辑的立场来看,这一原则几乎不是可争辩的。从这一原则中,有的人会推导出共同体的责任,即在适当情形下,将贫弱的成员送到疗养地或疗养浴场,以使他

---

[118] Comp. Spencer, *Introduction to Sociology*, passim.
[119] *Austrian Settlement Act of Dec.* 3, 1863, §§ 22, 24, 25, 26.

们获得充足的营养供给等。很明显,这并非法律上的结论。在给富裕人口施加巨大负担的必要性方面,这一推理缺乏法律特征。

再一次地,在一些情形中,如果有的人认为,根据"无义务为不可能之事"(impossibilium est nulla obligatio)原则,债务人的贫穷乃是免除其全部或一定时期内的义务履行的理由,这可能并非不合逻辑的,但一定是非法律的。

然而,在主流观点中,就法律思维中的历史考量的价值而言,法律人毕竟不能总是通过向后看来发现法律事实,聚焦于法律思维中的保守倾向并不是那么必要。即便不考虑那些持续增长的大量新现象,历史方法所固有之倾向通常也会被其他的倾向所压制。与之相反的观点则具有这一预设,即一个国家或至少一个司法制度的发展乃是静止的,其灵魂是无条件服从于传统的。与历史研究相联系的回溯会指向人类的(甚至太过人为的)、先于每个制定法的活动,这种回溯会填充(法律规则的)内容。但是这些回溯也会部分地剥夺那些内容的光环。这一光环在于其明确的命令,并使它与其他的(无论多么明智的)生活规则区分开来,并且使其在每一个良好公民、国民、法官、公职人员的眼中都是最高权威的表达,超越所有的批判和论辩。

因此,总是存在这样一个临界点,超过这一临界点之后,那些考虑过去情形对某一法律规则所作之解释,也就不再具有法律规则的权威性力量。在探索法律真理的过程中,这一隐于法律规定背后的临界点应该在多大程度上被考虑,依赖于对"敬畏传统"(reverence for tradition)之要求的普遍感觉以及国家发展的速度,且从来都不是漫无边际的。我们已经讲过,考虑到与其相联系的权威性力量的缺损,历史解释的个体或个人倾向仅在很有限的程度上才可适用。这一影响同样适用于对原则历史的探究之中,只不过程度要小很多。对此,一个明显的特征在于,理论和司法实践对这一方法的乐意程度(readiness)并不相同。相对而言,法官很少会自觉使用这一方法。历史方法的主要领域在理论著作。

很明显,这是因为法官对(通过赋予判决以历史理由所得的)权威之缺损更敏感。这一点如何帮助法官为其判决确立基础呢?法官如何能对其判决进行严格且全面的批判呢,就像翁格尔在其作品《奥地利私法体系》针对《奥地利普通民法典》所作的批评那样。例如,通过历史研究,翁格尔证明道,《奥地利普通民法典》中所规定的"时效"[120]概念不过是许多法律制度——诉讼时效(limitation of actions)、自由时效取得(usucapio libertatis)、地役权的放弃(non-user of servitudes)、取得时效(adverse possession)等——的任意糅合,它们并未通过任何逻辑关联被联结。这些都立基于对罗马法中的"时效"(praescriptio)一词的错误理解。因此,翁格尔当然地主张,要将每一个不同的规定限定在其历史的归属领域中来理解,从而进行专门化和差异化处理。无论翁格尔的批判如何被广泛接受,即便是接受这些批判的法官也会避免在其观点中增添历史论据。因为,他一旦将有效的制定法描述为充满错误和肤浅认识的事物,那么他势必也会潜在地危害到其自身判决的权威性。因此,他会尽可能地偏向其他论据,如体系方法所贡献的论据。

有意识的历史研究的主要领域在于理论,而其对法律实践的

---

[120] *OBGB* §1451; Unger, *System des österreichischen Privatrechts*, §104.

影响常常是间接的。然而,在司法实践中,法律思维所固有的保守倾向的确也从不惶于展示自己,不过其形式与那些有意识的历史研究并不相同。例如,在坚持权威和先例方面,它是如此明显。[122]

V. 投射的主要材料

§20. 概况

投射不只在于查明立法者意志,还包括更多内涵。法律概念只不过是聚合点和出发点,借此,(那些并未为概念所构想到)新现象(即过渡现象)需被另外加进来。即便在层级更高的手段(即类比)那里也是如此。那么这种(现象与概念间的)联系是通过何种方式造就的呢?我们以什么为投射活动的根据,来决定过渡现象应与一个或另一个临近的概念相结合呢?很明显,这一根据并未存在于立法者意志之中;投射的人为性暗示着,他们要么在经验中,要么在一些情绪的冲动中才能被找到,此种冲动诈使我们考虑到某种联系的存在或使我们愿意去抛弃这些联系。所有这些此前都被暗示过,但除此之外,这一问题仍未得到有效的公开回应,即投射所要处理的主要材料是什么。现在,这一问题重新来到我们面前。

我必须承认,本文只能对这一问题作一不完美的回应。(对这一问题)提供一个完整的回应,逻辑地理解投射、类比的运作方

---

[122] Comp. Thöl, *Einleitung in das deutsche Privatrecht*, §54, and Handelsrecht, §14.

式,并对此二者进行相互限定,这是法律思维学说的诸终极目标之一。这一目标预设了一系列实证工作去进行描绘和比较,而这些工作由于法律活动的多样性要远远超出本文的范围。因此,我将限于一般地指明社会现象的主要领域,而投射的主要对象在很大程度上是由这些社会现象引出的;并且我将限于探索一些最佳的界定方式,借此,这些现象进入法律思维并影响其结果。由此,此种影响的可能性与存在将会被阐明,法律思维的独特特征亦将被更清晰地确定。

在这么做的过程中,我会(像前文中做的那样)保持一种动态的阐述方法和术语表(nomenclature)来展现主题。也即,相较于方法、前提或其他类似者,我会更多地提及力量、影响(如伦理影响)等词汇,因为前者的(逻辑)术语离开了逻辑定义和相互限定是难以想象的,而这些定义和限定在某些情形中乃是不成熟的。此种简化处理对我而言是更可辩护的,因为即便在那些明显地追求逻辑精确性的法律思维方法中,也即体系和历史方法中,也存在这样一种意志倾向,倾向于把它们推到对法律真理的纯粹逻辑认知之外,至少在某种程度上,使它们表现为具有目的性的特征。

§21. 法律思维与伦理影响的关系

法学主要是一门规范性或目的论的科学。[22] 法学家不得不回答的问题,并非"法学是什么",而是"法学应当是什么"。尽管在解释性科学中,思维过程的正确性依赖于事实检验,但所有的规范性科学却缺乏任何相应的正确性标准。

---

[22] Comp. however, supra, section 2 and 12.

从"某事确实发生"的事实中,完全不能推导出"某事应当发生"。"某事是否应当发生"这一问题,主要取决于要求(也即指向这一要求的意志)的强度。在法律中,同样的问题则取决于为一些法律命题*所共享的权威以及这些命题所具有的将生活现象归属于其下的力量。在个体生活中,此种要求(或意志倾向)具有一种冲动或决定的形式,但是当它变得普遍且持续时,则应当称之为一种评价原则(a principle of valuation)。虽然对物理学家、植物学家、天文学家而言,所有的现象都具有同样的价值,以至于他们绝不能幻想着将一者凌驾于他者之上,但在其他科学中,社会意志的力量带来了一种对现象进行评价的持续过程,以至于某一现象可能优于被以某种或其他方式否拒的其他现象。这些评价已经被加工成许多不同的价值判断体系,如道德、风俗、风尚、礼仪、交往方式、骑士荣誉(chivalric honor)等。这些价值判断组成了我们思维的很大一部分。在语言的影响下,它们大多几乎是自动生成的。特定的词语,除了其逻辑内容外,还暗示着它们代表一组现象的力量,某种欣赏或贬抑的价值赋予它们一种独特的色彩。它们含义的这一部分也会反映在它们的逻辑内容之上。根据我们对特定评价的敏感性,我们仍然会感到同样的现象是合功用**(utility)或不合功用的,可能会觉得这是经济、自尊、坚定、合理的利己主义、对某人荣誉的必要保护、方式的简单性,或与之相对,吝啬、骄傲、固执、剥削、复仇欲、无礼等。在没有意识到我们适用某一重要术语时,我们会借助特定的任意性、意志倾向来确定(这

---

*　德语原文表述为"法律条文"(Rechtssatz)。——中译者
**　德语原文表述为"合目的的"(zweckmäßig)。——中译者

一术语),而非仅仅依靠我们的理解能力(来确定),由此,我们很可能从相同的事实中得出完全对立的结论。

纷杂的、不同种类的价值判断体系很大程度上受法律价值判断体系的影响,尽管它绝非是由其决定的。[123] 被制定出的法律规则可能独立于其他的价值判断体系而得以适用,但其却不大可能独立于这一环境,即像其他群体那样,该环境乃是意志的产物,并意在影响意志,就像这一事实所表达的那样,它必须使用语言——于斯,许多语词在不改变其适当的逻辑重要性的情形下,仍可能根据以弦外之音的形式陪同其社会评价以许多不同的方式得到适用。如果我们考虑到,在这些价值判断体系之中,有一些在起源上与法律相同,并且与法律在性质上是如此相似以至于我们不可能去严格区分两者,那么上述的(独立于环境)的不可能性便更强烈了。就此,道德所提供的价值判断尤其如此。

尽管就现代意识而言,法律命令、道德、风俗之间的区别乃是熟悉的,但这一区别绝非一开始就是这样的。在古希腊,这三者仍是一体的。ἄδικος、δίκαιος这两个词能够平等地指涉三者。δίκαιος则指正义的人,他的生活合乎道德与风俗的要求。渐渐地,一个更具强制性的生活规范从这一包罗万象的风俗概念中分离出来。这便是法律,它越来越多地扩张其利益范围(就像在现代,它已经扩展到对劳动的规制),而风俗则越来越多地仅仅限于精神利益。

我们发现在古罗马就已出现明确限定的二分。法律价值判断体系(ius、fas)与其他体系严格明确地区分开来。而风俗(cus-

---

[123] Comp. Frenzel, *Recht and Rechtsätze*, Leipzig 1892, page 77.

tom)和道德(moral),以及一部分的习惯法,仍然是难以区分的,皆为"风俗"(mos)一词所涵盖。目前所采用的三分是近代文明的产物,其区分出道德、法律和与道德无涉的风俗。[124]

这些价值判断体系的相互影响乃是它们有密切关联的起源的结果。在发现一个统一的判准以使得法律规则与道德(或其他方面的)原则相区分这方面,(我们)已经做出了许多不错的尝试,并且还将继续进行尝试。但是,因为三者(即法律、道德、习俗)的实质内容在很大程度上是相同的,所以不可能以实质或内容这样的标准作为基础。甚至形式特征也难以作为区分的标志;也即,法律规则往往是带有强制性力量或"绝对的义务性力量"的。因为,即便是道德规则,假如它们涉及外部关系(external relations)[125],也经常为十分强大的社会压力所保护着,而有时,一些法律(如国际法以及很大一部分的宪法)却缺乏强制力。相似地,至少有一些道德诫命(commandment),如爱父母的诫命,也像"必须纳税"的法律命令一样是"绝对义务的"。故而,我们常常很难将某一规则明确划归为法律或道德。例如,翁格尔否认,从家庭关系中产生的对人权拥有法律特征,进而他在其著作中将这一权利降级为道德。[126] 此外,我们也很难将"接受礼物而不进行回馈的收礼人的义务"视为一种纯粹的道德,但在一些关系到礼物的撤回案件中,则成其为一种法律义务。在此种性质的情形中,我们可以在法律思维的投射过程中很容易地去解释并期待伦理影响的

---

[124] See Jhering, *Zweck im Recht*; Wandt, *Ethik*, part i, ch. 3.
[125] Gareis, *Encyklopädie*, §5. 他探讨了法律和道德之间的界限,并认为前者作用于外部关系,而后者作用于精神状态或内部关系。
[126] *System*, §60.

效果。这样的考量很可能给思想指明方向,尽管我们不可能像一些专业的伦理学教师那样,要求在解释法律时,赋予道德考量决定性地位。⑫

事实上,这种影响是很容易被阐明的。⑬ 例如,1852年《奥地利刑法》第54条中所称的"特别减刑权"(extraordinary mitigation)最初实际上只针对特别情况。然而,其适用已然是如此普遍,以至于制定法范围内的量刑反倒成了例外情形。我们道德观念的缓和增加了减刑的重要性。作为结果,相较于1803年的法律⑭,1852年的法律中所涉的概念要被"投射"得更远。

这儿还有一个更具体的例子:下暴雨期间,A在B的门廊中躲雨直到雨停,虽然B一直在要求A离开。我们应当尽可能不考虑B(可能)的侵权之诉,因为其所诉的"侵权行为"缺少一些对其构成而言必要的元素——如进入门廊行为的"不法性"。我们应当意识到,毫无疑问,这种判断的有效动机之一在于,我们反对B的不合理的苛刻态度。当然,当我们这样想,A为了躲雨闯入了B的私人住宅,并且无视B的命令,不愿意离开B的住宅。这个住宅的所有人当然也就是那个门廊的所有人,但我

---

⑫ Thus Wandt, *Ethik*, part iii, chapter 4. 法律的目的必须被视为伦理的目的。虽然(人们)在制定具体规则时不习惯这样直接地表达,但这一预设却为规则间接地表达为,法律中的意志绝不可与一般道德规范相冲突,这一预设对于每个法律解释活动而言都被承认为是普遍有效的。萨维尼认为,作为法律之任务的法律意志必然要实现基督教伦理对人的规定。Comp. Savigny, *System des heutigen römischen Rechts*, §15.

⑬ 我在这里并不是指将一套伦理原则或其中的一部分公开和有意识地接受到法典中的情形,比如当法典本身指示法官在某种程度上根据善良风俗或类似的东西作出判决时。就此而言可以参见斯泰因巴赫的观点,他认为道德对法律适用仅具有消极影响,也即当法律被要求为道德所不赞成的行为辩护时,道德会排斥法律的强制手段。Steinbach, *Moral als Schranke des Rechtserwerbs und der Rechtsausübung*.

⑭ OSG §54.

们会更倾向于去支持 B 的诉请。因为现在其他的道德动机需要被权衡,即某人住宅之免受打扰的宁静所具有的价值高位性。鉴于此,我们倾向于谴责 A,因为 A 只不过是为了不被雨水打湿,便选择不尊重 B 的权利。我们态度的改变并未预设着,我们能完全意识到起作用的道德力量;在我们的法律思维中,关于依从道德考量,我们也仅以这样的方式投射一些概念,如 B 行为的不法性*。

我们的伦理意愿(ethical volition)会插入一个独立的中间前提,该前提对于我们的结论而言乃是必要的,因为从一个道德立场来看,我们将会坚持此种前提。这种前提往往被视为不言而喻的前提,而非为我们所有意追求。在普法夫和克兰茨的作品(即《奥地利私法体系》一书)[130]中,他从《奥地利普通民法典》第 166 条中推断,非婚生子女有权去请求他们的父母支付抚养费,那么婚生子女当然也有权去请求他们的父母支付抚养费,尽管并没有任何法规明确规定了这一权利。[131] 普法夫和克兰茨将这种形式的推理称为"举轻以明重"。然而,"非婚生子女"的概念与"婚生子女"的概念二者并非是"子女"概念的完整周延。事实上,二者间并不存在一种量上的关系,即两者都不能称为"轻"或者"重"。上文的推断之所以可能,[132]是因为插入了一个隐藏的前提,即"婚生子女不应当拥有比非婚生子女更少的权利"。这一前提根源于

---

* 德语原文表述为"A 的行为的武断"(Eigenmacht)。——中译者
[130] *System des österreichischen Privatrechts*, §13, note.6.
[131] 在《奥地利普通民法典》第 1220 条也没有发现这样的明示条款,该条款并没有被普法夫和克兰茨提及。
[132] 普法夫和克兰茨将这一结论归因于法律技艺的效果。

婚姻制度的道德优越性。因此，上述结论之说服力绝不在于逻辑，而在于我们意志倾向的力量，此种力量赋予婚姻比婚外性关系更高的价值。

除了这些道德价值判断以外，我们也可以观察到其他种类的价值判断，尽管它们相较而言要弱一些。例如，将任何的某个人称为"告密者"（informer）都毫无疑问会被当作一种诽谤。想要单从法律中就证明这一点的正当性，几乎是不可能的。所谓"告密"不过是在适当权威面前揭发其所观察到的可疑或不法事实的活动。从法律视角来看，这一行为是非常值得赞赏的，甚至在一些案件中，这种行为是被明确要求的。那么，为什么我们在"告密者"这个称号上，会投射出"诽谤"（slander）的概念，或者任何包含在"毁损名誉"（defamation of character）定义中的概念呢？我们可以在历来对告密行为的否定中发现这一中间前提，这可能会涉及基于古代的谄媚行为（sycophancy）的价值判断，后者与（重视）骑士荣誉的社会价值判断体系相对立。也许，如果这种社会价值判断改变了，那么这种特殊的"投射"将会被淘汰，尽管制定法的规定可能保持不变。

§22. 法律思维与经济现象的关系

法律与经济生活的现象间存在一种特定的关系。乍一看，后者不过是法律所调整并规制的一种被动的、具从属性的主题。法律人通常认为，如交换、购买、货币、贸易、资本，这些在法律中常见的经济现象往往为法律所随意支配，没有其本质性的活动。法律决定了货币是什么，购买或交换的方式是什么，以及如何从事贸易,等等。现代社会科学证明[133],经济现象对我们的法律观的依赖性事实上仅被限定在一定程度内。然而,在所有其他情形中,这种说法是虚假的,而其相反的观点才是对的。经济因素在极大程度上是最强有力的因素。法律常常(唯物主义学派则认为是"一直")不过是一种制裁,以及社会的一定经济结构(即生产条件)的表达。即使所有规制这些活动的法律都突然被废止了,交换、购买、贸易、货币流通也不会止步于一种与当下情形相似的形式。法学也意识到,即使是那些乍一看与经济事务毫无关系的法律规则,也隐藏着一个由全部或部分民众的某些经济利益(也即法益)构成的核心。[134] 这种利益可能经常呈现出难以识别的形状,但法律规则从这种利益的价值和重要性中获得生命。在法律规则的形成过程(adopting)中,我们往往会追求此种联系,但当要适用某一规则时,这种联系就被忽视了。看起来毫无疑问的是,经济条件也强烈地影响着制定法的解释。特别是有一种与前文已经讨论过的趋势类似的趋势,即保持经济力量关系不变,以抵制不必要的变化。因此,投射被尽可能地保持在社会经济结构所划定的范围内。

这一倾向已在一些制定法规则中得到部分承认,如《奥地利

---

[133] 以前完全没有意识到法律与社会生活其他方面之间的任何联系,参见伏尔泰的《论形而上学》(1786年版,第32卷,第68页)一书中的这句话:"但最重要的是,一旦法律确立,就必须予以执行。因此,在纸牌游戏中有这样或那样的规则是没有后果的;但是,如果我们不严格遵守我们商定的任意规则,我们就不能玩哪怕一分钟。"对此,伏尔泰的编辑提出了这样一个从自然法则中得出的论点:"相反,我们认为,法律中几乎不应该有任何武断的东西。我们有充分的理性了解人的法律。"Voltaire, Traité de métaphysique, 1786 ed. Of works, vol. 32, p. 68.

[134] 例如,格言"对法律的不知会产生有害的后果"(ignorantia iuris nocet),即不知法律的人应承担其后果;或者诉讼法上的当事人参与原则。Comp. A. Menger, *Das bürgerliche Recht und die besitzlosen Klassen*.

普通民法典》第915条第1行。这一倾向也是作为"安全阀概念"(safety-valve concept)的原因(causa)概念的灵魂所在,这将在后文述及。这一倾向也可能被证明存在于其他地方,尽管它通常以一种不同寻常的方式隐藏起来了。让我们通过更多的例子来了解一下吧:

《奥地利普通民法典》第1161条[135]规定:"除紧急情况外,接受预定的工人或承包人不得将被要求完成的工作委托给其他人,即使在紧急情况下,他仍要为在选择其他人时的过错负责。"从其主要含义上来看,这一规定与现代社会的经济结构并不相容。它忽视了经济企业(如工厂)的整体性,并阻碍了这些企业与第三方的经济往来,从而使经济劳动分工的优点沦为泡影。在实践中,这一不利情形已经被意识到,并且这一条文的含义也被尽可能地限缩了。特别是,它以如下方式被解释,即承包人的辅助人(如工人、技工、帮手)与承包人并无任何差异,就制定法的含义而言,他们并不被视为"其他人",辅助人的行为"在法律上应被视为承包人的行为,只要这些行为与该笔交易有关"。这是合理的,因为参与交易的企业(或承包人)乃是作为一个整体存在的。[136] 人们几乎不能否认,这不是这条规定的自然意义,也不是它的历史意义;如果《奥地利普通民法典》的作者真的想到了这些区别,并打算对此加以区分,他们无疑会以某种方式指出这一事实。然而,这个例子清楚地表明,"解释"是如何适应由社会的经济结构所划定的界限的。这也表明,造成上述限缩的真正原因在于这种适应

---

[135] *OBGB* §1161.

[136] See Stubenrauch, *Kommentar* zu §1161; §1313 *BGB*.

(adaptation)，而不是对立法者的某些实证意图的识别。

根据斯图本劳赫对《民法典》第440条的评注，[137]该条文并没有假定，当不动产的购买者进行财产让与登记时，他可以不清楚该不动产的在先让与情形。这一主张仍然普遍存在争议。毫无疑问且超越所有既有争论的是，在某些地区的实践中，尤其是加利西亚地区，存在着就历史而言的最可理解的对立观点，并与斯图本劳赫的观点针锋相对。这是为何呢？因为在这些地区，不动产登记状态十分混乱，登记簿上的土地状态常常不能与实际的经济上的土地状态相对应，[138]另外，从经济的角度来看，此种矛盾之处也会导致无根据的倒卖。对这些情况的生动认识和防止这种倒卖的意图，显然足以使斯图本劳赫的说法变得完全行不通。[139]

根据奥地利最高法院的判决，[140]如果出租人为保障他于房屋中动产上的留置权，阻止承租人将他自己的家具搬出房屋，出租人没有侵犯承租人对出租房屋的自由使用；即便未到交租期限，也是如此，因为出租人享有留置权，而他的行为并非非法。的确，这个判决走得相当远，但它仍可能会被普遍地视为良善之法；因为在通常情况下，过早地搬走家具可能只是为了骗走出租人的租金而已。然而，如果我们设想，一个农场的出租人阻止他的佃户出售农作物并为此目的将这些农作物挪走，我们无疑会反对他的

---

[137] See Stubenrauch, *Kommentar zu* §440. 这一节写道：如果所有人将同一个不动产出让给两个人，在先请求登记者获得该不动产。

[138] 许多实际上已分割的土地的所有者仅仅被登记为更大的未分割土地的共同所有人。

[139] 在这种形式下，该规则将首先登记的人当作诚实的人。然而，这是一种乞题（petitio principii），因为下述问题仍然待定，究竟是第一个（实际上拥有的）人，还是在后的（登记的）人拥有更优位的权利，以及何者违法损害了另一个人的权益。

[140] Gerichts-Urteil 459, neue Folge, Jan. 3. 1899.

做法,尽管《民法典》第1101条所规定的同种类的质权在这里也适用。然而,此种区别在经济关系中才能发现。在租佃制中,通常情况下,承租人会从出售农作物的收益中支付租金。法庭会避免侵扰到一个经济过程的通常情形。现在,对这一案件的不同处理是"非法"一词的不同投射的表现。毫无疑问,在农场的出租人的情况下,我们应该(尽力)发现这种侵扰承租人的必要性,就像我们在商店出租人的情况下应该看到的那样,他应该想着阻止承租人出售他的货物。

非常有趣的是,关于远距购买时货物瑕疵的买方义务的商法典原则,位于商业中心的法院要比位于农村地区的法院执行得更严格一些。

一个土地所有者向Z地的信贷机构申请了一笔2万克朗的贷款,以6%的利率抵押他的农场,为期三年,之后这一贷款申请被接受了。与此同时,目前的利率下降了,他在其他地方成功地以5%的利率获得了本金。他立即通知信贷机构说不再需要这笔贷款,并且与银行解除了合同。管理者回应道,他已负有以6%的利率贷款的义务。我们可以设想,关于这一纠纷的判决将依赖于,(1)这笔贷款的"明显的目的"在拟定合同之时根据周围情势(clausula de rebus sic stantibus)的变化是否能够实现;(2)或者一般来说,这种申请对于发放贷款而言,意义几何?另外,影响到判决的一个重要因素是,我们关于信贷机构概念的经济性质的理解。我们越是关注它提供信贷和降低信贷成本的经济功能,我们就越会倾向于反对强迫任何人接受贷款的企图。那么,我们将认为,双方的目的是让土地所有者有机会方便且低成本地获得资本，而在情况发生变化之后，这一目的就无法再实现了。然而，从私有制经济的角度看，越是把信用机构看作是一个以谋取私利为目的的法人，我们就越倾向于作出相反的判断；如果让道德考量发挥影响的话，我们就更应作出相反的判断，比如说，此处不是信贷机构，而是一位没有交易经验的女人，她十分高兴地接受了土地所有者的邀约，因为这样她就不用再为她的资产寻找投资去向。

然而，该形式方法将会在这一投射过程中被发现，也即在确定当事人意志的过程中，将"初步协议的目的"（purpose of the preliminary agreement）投射到那些经济考量之上。借此，经济考量或相关的价值判断便悄悄混进我们的判断中，虽然我们永远都不会意识到这些理由的存在。

这里还有另外一点值得一提。在上文中，我们已经提及法律与国家组织之间的密切联系。法律规则以国家的名义被创制；进而，国家通过其机关来适用法律。这是它们之间的相互关系，并且我们也难以设想下述做法，即由于创制上的缺陷，进而有必要以损害国家切身利益的方式来适用某一法律规则。然而，考虑到逻辑演绎可能会忽视这一危险，这一情形便相当容易发生了。相反，即使没有这方面的明确规定，似乎在每一个被创制的法律规则中都有一个内在的假设，即它不会损害国家本身。事实上，我们能发现，即便是在最不需要忧惧这一危险发生的私法中，在国家中生活*的条件也要被考虑到。[⑭]

---

*　德语原文表述为"国家的共同生活"（das staatliche Zusammenleben）。——中译者

[⑭]　Comp. Decision of Jan. 4, 1899 (G. U. 446, new series). 针对国家的强制执行是不被允许的，因为在法定的14天期限内国家不会就其债务进行支付。

§23. 将法律思维之总体材料划分为事实与规范时,投射材料之定位

一些非常简单的真理,构成了上文之观察的核心。[142] 法律思维不只要查明法律规则所表达的实际意志,以及在这种意志下将事实涵摄进意志之下,还在于通过投射和类比的方式,进一步根据伦理的、经济的、国家的或其他一般的社会现象(简言之,即整个社会构造)[143]来细分规则中的事实。因此,同样的法律规则,在没有改变其形式效力或其逻辑内容的情况下,当社会结构发生变化时,可能会被投射得更远些,而不会与我们的法感(sense of justice)相冲突。

此种运转于社会构造之上的影响可能以多种方式来展现:借助言语的细微差别、借助看似不言自明因而往往无法被意识到的中间前提、借助价值判断和意志倾向,等等。最后,这种影响是通过发现内部事实而产生的,对此,后文将详述之。

如果让一个具有杰出的逻辑和法律天赋但对我们的文化并不熟悉的人,比方说一个中国人,根据我们的法律作出判断,那将是一个非常有启发性的实验。那些被作出的惊人的判决会构成下述说法的"明显证据"(demonstratio ad oculos),于斯,法官的关于社会生活的主观判断构成了其判决的第三个要素,其余两个要素分别是法律规则的逻辑内容和待涵摄的各种事实。我提及第三个要素是为了表明,我认为投射的主要材料既不是事实也不是

---

[142] 不应该忽视这些真理的效力范围,尤其是在下文安全阀一节进行的限缩之下的效力范围,否则这句话就太言过其实了。

[143] 如果要将这一动态的思考方法进行形象化的阐释,我可能会说:它在一端是法律条文的权威,另一端则是这些社会力量的最小阻力的直线上移动。

规则。这些主要材料并非是法律规则,这一点看起来是不证自明的。对这些材料进行适当的(而不仅仅是逻辑完整的)划分,不仅具有体系上的重要性;还实际上提供了使我们的前面的阐述免于崩溃的基石。

之所以如此,是因为如果我们仅仅在法官的头脑中将伦理、经济和其他的构想表现为关于特定事实的知识(也可以说是为法官所注意到的事实),或者只是经验,然后我们便难以就投射和涵摄进行区分。投射中最显著的情形是,同一个法律规则有时会投射在某一事实状态上,有时却不能。对此,或许可以尝试着这样解释:每一个待理解的事实都与整个余下的事实世界相联系。如果这一事实环境发生了变动,如社会经济条件或伦理态度发生了变动,那么表面上相同的事实(如一个行为或事物)也会变得不同,因为现在它与周围环境的关系变得完全不同了。因此,不需要借助于某些特殊的概念,比如投射,此时可以进行涵摄的事实完全有可能于彼时不能被涵摄。在得出一般结论之前,让我们看一些例子来说明这种理解主题的方式。

如果因为某位租客的朋友粗鲁对待了房东,房东便禁止这位朋友进入该房屋。租客应该服从这一禁令吗?[144] 对此,任何一个法律人都会持明确的否定答案。耶林进一步问道:"就此而言,第三方是什么样的人并没有任何区别吗? 比方说,那是一位放荡的女性*。"现在某位法律人可能稍微更倾向于支持房东。他可能会考虑到,如果允许这个女人频繁出入其房屋,那么这可能会搞臭

---

[144] Jhering, *Jurisprudenz des täglichen Lebens*, p. 33.
* 德语原文表述更为直白,是"邋遢的妓女"(liederliche Dirnen)。——中译者

他房子的名声;房东可能因此而蒙受损失,此时,租客对该房屋的使用变成了一种滥用,进一步违反了租赁合同的真实意图。

如果这一论证思路应当得到法庭的充分认可,那么根据这里被辩护的观点,它应当是这样一种情形,借此,法官的伦理观念使其就一特定事实作出不同的评价,并因此而查明构成当事人意图的特定内部事实。然后,有的人可能会提出反对意见,并认为,作为法官裁判基础的理由,也即有害的滥用,不过是为法院所熟悉的对显明事实的纯粹查明罢了。如果我们假设承租人试图反驳上述的事实查明之下的"真理"(撇开从经济方面考虑的例子可能出现的任何困难不谈),那么这就会立即表明,这不是对该问题的正确看法。假设他可能这样证明,即他所在的城镇的人们对这些伦理观点——与妓女发生性关系——相当迟钝且没有任何良心上的不安,而房东不仅不会受到损害,而且还能从他的房屋中获得更高的租金。毫无疑问,彼时法庭便会拒绝认可这些证据,即便这些证据与事实是更一致的。之所以拒绝认可,是因为法官的裁判理由不仅仅是一种事实发现,更是法官的道德意愿、伦理价值观(的展现),而租客所提供的上述证据不仅是对一个特定事实的反驳,而且也暗示了一种对盛行的道德要求的反叛,而法院有责任去捍卫这些道德要求。当然,法庭也不会收到支持或反对这一主张的证据,即指控原告为告密者确实会降低原告在其同伴中的声望。在社会上盛行的关于名誉的观念只是假定情况就是这样,当一个人成为告密者时,他的名誉会受到损害,这不仅是一个事实,也是一个道德要求。

在一些情形中,如上文所提到非婚生子女的例子,[145]如果将其放在事实问题的形式之下,那么便不可能再展现道德考量的影响了。这一条规则会单纯地变成一种"规范"或意志表达。

(相较于道德影响)经济影响与纯粹的事实有更紧密的关联,也因此使得我们更难以区分二者。法院会将许多经济生活中的现象视为与其精神运作无关的事实。情况的确如此,例如,在每个具体情形下,构成事实状态的所有经济现象,无外乎贷款、付款等现象。然而,迄今为止,由于这些现象具有更普遍的社会性质,是社会经济结构的一部分,我们目前所考虑的也只限于这一类经济现象。在这些(作为事实的)经济现象中,我们发现它们大部分与伦理现象、意志因素、价值判断因素相混合,尽管这种混合程度远低于道德现象中的混合程度。究其原因,应该是人们不愿失去那些事实上构成我们社会生活之基础的东西。除非法官发现自己不得不这样做,否则他会犹豫是否通过他的判决在这一基础上带来重大的变化。简言之,其原因主要在于法律思维的保守倾向。

尽管一些国家的土地以某种或其他方式被支配,但某人并不能主张道,这些土地应当以其他方式被支配。法官将尽可能地倾向于维持现有的状况;他认为这种情况比任何变化都重要。

所有的洗浴场所或工厂都配备了某种安全设备,但有一个场所没有这种设备,据此,我们不能得出结论去指明何者应被追求;然而,对此将有一种倾向,使其负担一个配备安保设施的义务,如不履行就构成事故中的过失。

---

[145] § 21 supra.

一笔抵押债务通常与抵押房产的价值有一种经济关系(例如,贷款通常与土地价值成比例,并从收益中得到偿还),上述事实仅具有单纯的事实属性,其并不涉及"应当为何"这一立场。然而,法庭倾向于去维持这一关系,并且,基于此目的,法庭认为,即使没有明确的法律规定,抵押权也包括(抵押物)被烧毁后所产生的保险金。[146]

贷款时,抵押权人常常会考虑到房产的价值,在此存在一个在先的抵押贷款,就此这一房产的价值在于偿付在先贷款后的剩余的价值,埃克斯纳在其作品中认为,[147]在后的抵押贷款持有人并不拥有权利,而只拥有一个后于在先抵押贷款得到偿付的可能性。从这一立场出发,他得出了许多涉及抵押贷款领域之法律问题的推论。其论据的基础和说服力仅仅在于,其对特定经济过程的考量,以及作者维持此种经济过程的完整性要求。

然而,用于投射的经济材料不能被视为显明的事实,除了这些材料与意志因素的相互联系这一原因之外,还有更多的其他理由。但不管怎样,这些意志因素往往是相当薄弱的。这些经济材料几乎总是隐藏在价值判断的形式之下,而这些价值判断的起源并没有被意识到。又或者,这些材料往往以一种不证自明的形式来充当中间前提。因此,这些材料通常并未明确地出现在法官的观点之中。

此外,这些材料往往具有某种普遍性,其确定性程度远低于已确立的事实的概念所涉及的确定性程度。一般而言,它

---

[146] Stubenrauch, *Kommentar* zu §457 *OBGB*, §633 ibid. note.3, and citations.
[147] *Hypothekenrecht*, §90.

们是对观点的表达,而不是对事实的查明。据此,每级法院都将独立检验这些观点的存在(假如它们为判决理由所直接包含的话)和效果。事实上,检验这些观点乃是终审法院的职责的一部分。

由此,本节标题所揭示的问题以及上文第 13 节所提及的问题将被回答如下:在法律人所适用的准则和事实之间,并不存在一个明确划定的边界。在为司法所关注的纯粹事实之内,从显明事实的观点出发,我们产生了关于一般事件的看法或意见。这些事实或多或少是明确的,或多或少地弥漫着将之认定为事实的意志。其次,我们又碰到一些事件,这些事件的实在性是我们从社会观点出发所假定的,因此我们不得不假定它们是真实的;或者我们发现事实的存在是不言而喻的,因为我们是这样假定它们的。最终,我们有纯粹的"规范"或规则,规定某些事实应当结论性地被假定。这些决定了我们的判断,而不管这样规定或假定的事实是否真的存在。

对纯粹的"规范"(法律规则)的识别(即解释与相应的考量),以及对整个过渡空间的识别与评价(这一领域是由事实和假定概念混合而成,就像法律人对社会世界所形成的观念一样),都是达致"法律判断"(legal judgement)之过程的一部分,或说是法律思维的一部分。[149] 如果终审法院的观点中所表达的大部分观念既不是对法律规则之逻辑内容的解释,也不是对事实的宣告,那么它们便都属于这一过渡空间。

---

[149] 此外,还包括一些其他的内容,如纯逻辑推论(例如建构、计算)、某些自由裁量条款,也部分地包括内部事实的查明。关于内部事实查明,见后文第 25 节。

VI. 一些特殊的主题

§24. 对例外法律规则的类推

一直阅读到此处的读者很可能会不言而喻地得出结论,认为我将得出一个解释规则,该规则是迄今为止建立的充满生命力的规则。

"例外规则不能被扩展到其原初含义之外",或如耶林所言,其不能被当作一个生产性原则来使用(用简单的术语表达的话,即不能被类推适用)。将例外规则类推适用的做法,是无法自证其合理性的。至少,正如人们常说的那样,它并不是一种必要的推理形式。如果某一法律规则与许多其他规则不相一致,并且据其逻辑性质被认定为一个例外规则,那么很可能,我们所称的(它的)引力范围(sphere of attraction)或投射范围,也要相应地更窄一些;但就其自身,它可能会在其原初逻辑内容之外被适用。根据我们的实证主义观点,可以发现,"我们之所以相信即使是例外规则也可以通过类推加以扩展"的最重要的原因是,这么做就是事实上的做法*。

让我们来看一些例子。《奥地利普通民法典》第367条和456条规定,即使卖方没有权利或只是实际所有人的受托人,买方仍能以善意行为取得(被售卖之)动产的所有权(或其上的质权)。这是一般原则(物权绝对性)的例外,抑或是这一见于《奥地利普通民法典》第442条的原则(即"任何人一般不得将大于其所享有的权利让与他人")的例外。但这一条文并未涵盖下面的情形,即

---

* 德语原文表述为"此举合乎事实且并不会产生矛盾"。——中译者

质权人就为债务人或者第三人所质押的动产受偿,债务人或者第三人在不通知(质权人)的情形下将该动产出售。当这些情形后来被发现的时候,善意购买人的权利必然劣后于质权人的权利吗? 我们认为,对此可能应持否定回答,并且借此我们也应当通过类比来扩展上述特殊规定(指第367和456条)。[149]

第87条中关于法院司法管辖权的规定,在属地管辖的特殊情形之中进行了大量列举,如矿井所有者、工厂,以及其他在主要机构所在地之外有诸多特殊或分支机构的情形,那么涉及分支机构的行为就由分支机构所在地法院管辖。这一规定与一般规则相抵触,后者规定,诉讼应在被告住所地提起。因此,上述规定便是一个特殊规则,法律自身也称之为特殊管辖权。最高法院的意见和司法部的声明(a decree of the Minister of Justice)拓展了第87条的影响,借此,虽然某企业仅有一个分支机构,但是分支机构所在地并非是企业住所地。对此,司法部之观点对第87条的规定做了类推处理,并将之拓展到该情形之上。

与之相似,当翁格尔[150],以及普法夫和霍夫曼[151]将《奥地利普通民法典》第726条[152]的规定拓展到这一情形之上,即因为法定继

---

[149] 这也是斯图本劳赫的观点,他提到了一个不言自明的类比(或者,他也称之为由多到少的推论[conclusio a majori ad minus])。Comp. Kommentar §466 al. 9. 有一些最高法院的判决用到了这一方法(例如 G. U. new series, 835),也有一些恰与之相反。

[150] *Erbrecht*, §25, note. 3.

[151] *Kommentar*, II, p. 671.

[152] 该规定的意思是,如果剩余的受遗赠人拒绝接受,而法定继承人或被分配人放弃,受遗赠人将按比例接受遗产。这是关于遗产分割的一般规则(第760条)和严格区分受遗赠人和剩余的受遗赠人的一个例外规定。

德语原文与英译文表述有出入,德文本脚注表述如下——"该条文是关于:当遗嘱继承人拒绝继承而法定继承人亦拒绝继承遗产时,受遗赠人根据(受遗赠的比例)被看作继承人。这是相对第760条中的规则(落空遗产分配原则)以及严格区分继承人和受遗赠人的规则的非常特殊的例外。"——中译者

承人不能继承或并不存在,所以该遗产并不能被继承,这也是一种就例外规则所作的类推行为。

在货物销售合同中关于货币支付的情形中,一般原则规定,卖方有瑕疵担保义务(参见《奥地利民法典》第922条)。对此,在法院所进行的强制拍卖(execution)情形中,第278条关于涉及拍卖之行为的规定构成了一个特殊的例外。但是,最高法院通过法院指令将这一例外拓展到自由交易的情形中。[153]

尽管如此,我们必须承认,总的来说,我们很少将例外规则类推适用,因此,在这里所引用并讨论的解释规则通常是有说服力的。然而,之所以如此,理由并不在于这些规则如人们常说的那样构成了逻辑的必要形式,而是因为在大多数情形中,投射材料、影响规则适用的社会力量(如价值判断等)绝大多数都是就一般原则而言的。对此,可以举一个经济生活中的例子:契约自由是财产法的基本原则,它适应了当下盛行的私有经济制度。因此,占统治地位的利益群体坚持并促进了根据这一原则对所有非现成案件进行调整。如果构成一般规则之例外的高利贷概念被从信用交易拓展到其他的商业交易上,如销售契约、关于报酬的契约等,那么试想一下,这将会在社会构造中产生多么巨大的变革啊![154] 换言之,借此,如果法院(同时)也愿意自行纠正与这类合同有关的"过度"要求的话。解释的原则不能容纳这些巨大变动的产生。基于此,法律人将不得不继续但谨慎地类推适用例外规则。对这种类推的禁止,一方面并非一种逻辑必然性,另一方面

---

[153] Opinion relating to section 278 of the Act relating to Executions.

[154] 门格尔在其著作中特别强调了这一点。Menger, *Das bürgerliche Recht and die besitzlosen Klassen*.

也并非不能容忍例外的法律特性的要求。[155]

§25. 对所谓内部事实(尤其是当事人意图)的查明

在私法中,对当事人意图(或意志)的查明起着几乎统治性的作用。当事人所具有的意志或意图,以及为作出适当决定所必需的其他内部事实,原则上是每一案件的事实状态的一部分。毫无疑问,这种说法的正确性能为绝大多数的情形所印证。例如,在刑事审判中"主观"和"客观"事实,分别对应被告人的外在行为和内部事实,如他的主观恶意,这些都是证明的对象。

同时,我们已经借此表明,尤其在民事诉讼中,查明精神事实(尤其是当事人意图)被最高法院视为一种法律活动。我们现在就这一点冒昧地作一些观察,然而,这还远远不能穷尽这个无限复杂的问题。

首先,关于查明当事人意图,我们经过仔细考察会发现,有一种现象与我们在寻求"立法者意志"时所观察到的现象相似,但后者相较而言在程度上要轻得多,因为对当事人意图的查明具有较大的不确定性。

关于当事人意图的查明,从一开始就存在两个互相竞争的理论,二者之间难分伯仲。一个是表达意图理论(theory of expressed intention,也称"表示说"),强调当事人实际作出的客观存在的宣告。另一个是真实意图理论(theory of real intention,也称"意思说"),它寻求隐

---

[155] 依赖于上述解释规则的效力,维也纳法院拒绝将《责任法》(仅涉及蒸汽火车的情形)扩大到电力火车的情形上。此种做法与共同的正义感并不相符。因此,应尽快放弃法院的这种观点,因为实际上(我们)能通过非常复杂的弯路(参见下一部分——对所谓内部事实的查明)来成功地实现责任法在实践中的类推适用。

藏在当事人宣告背后的,那个以此种宣告为后果的实际心理过程。

然而,最奇特的是立法对这一理论之争的处理方式。这一问题似乎可以通过一条单独的制定法条文来回应;但是,立法者并没有明确地接受其中此种或彼种观点,而是在这件事上什么也没有做,或者就像在《奥地利普通民法典》中一样,在一堆复杂的附带条款(proviso)中不断地左右摇摆、迂回曲折。举例而言,《商法典》第278条接受了真实意图理论;但紧接着,第279条为了确定作为(act)或不作为(omission)的含义,要求法官根据现有的习惯和风俗,也去考虑到这种作为或不作为行为本身所带有的含义。这是对第278条规定的真实意图理论进行的一个非常重要的限制,当然我们很难去看清全部的后果。

刚刚颁行的《德国民法典》第133条规定:"在解释意思表示时,必须探究真意,而不得拘泥于词句的字面意义。"然而,第157条又规定:"合同必须照顾交易习惯,以诚实信用所要求的方式予以解释。"这就使得宣告的客观含义变得重要,并且这一客观含义并不总是等同于"真实意图"。

从这个理论和立法的情形,我们可以得出如下结论,确定当事人意图的过程,就像发现立法者意图那样(尽管程度较轻),如果它要回应真实生活的需要,那么它就务必要保持一定程度的模糊性和余地。⑭ 因此,我们并不将自己限于去发现一些私人所具有的实际意图,而是超出这一意图去确定其作为、表示或不作为

---

⑭ 其原因在于,(既有观点)在形式上否定规则和事实之间存在过渡领域,以及将法律思维的整个过程表述为将既定立法者意志适用于既定事实之上的涵摄。然而,被排除的过渡领域是确实存在的,所以既有观点必须通过人为地扩大另外两个领域的范围来掩盖这一过渡领域的存在。

的客观含义;也正因如此,它与立法者意图的情形是相同的。为了解释这一含义,有必要厘清各种各样的意见、观察和价值判断。此种精神运作乃是"法律发现"(finding of the law)的一部分。因此,它也成为法律思维的一部分,与查明"立法者意图"一样受到(法律思维的)影响。它所处理的材料也与"投射"(之材料)类似。对于所谓的对当事人意图进行探究的社会方面,这些法律规定不完整地谈到了惯例、诚实信用、商业风俗等。在确定合同的含义时,我们可以看到一种明显的倾向,即尽可能地假定双方都是依良好道德行事的诚信之人。当一方或双方当事人,事实上,将一些潜在的含义归附于某一宣告,以此来获取更具优势的地位或进行经济欺诈等,这种实际意图不能被适用,即使在进行法律意图的解释时,它们不会被当作"明显的当事人意志",从而会尽可能地为法院所忽视。同时,根据制定法之规定,以及法官的整个社会价值观,法官会决定什么是当事人潜在的意图,怎么才构成欺诈,等等。

即便一个人具有明确的、事实上的意识内容,法律思维也能发挥其区分功能,从而将这些内容划分为与法律相关的和与法律无关的。这种区分涉及相关的意识内容的统一性和相互联系,而不再是一个纯粹的事实查明。当我们在某一情形中区分不重要的动机和"真实的"意图内容时,便能明显看出前述区分不仅仅是一个查明事实活动。⑮ 例如,为赌博目的而提供的贷款是可诉的

---

⑮ 德恩堡认为,这其中的决定性因素是交易观念,或至少是一种社会因素。德恩堡在他的《潘德克顿教科书》第94节中说:促成交易的初步意向被称作动机,其实现对于交易来说并不是必要的(乌尔策尔:为什么?)。……对当事人来说,必要的是在通常的交易流程中要合乎交易观念。同样地,在第102节中,他又提到,现代的法学认为,如果根据类似情况下主流的交易认知,倘若没有把某些属性错误地加之于某物之上,该物会被归类为另一种物品,那么这种关于物品属性的错误是本质性的。

吗？这取决于，我们是否仅将放贷的"原因"当作一个给予贷款的意图，而不将之视为一个不重要的动机，借此乃包含了贷方的其他意识（即他知道，这笔钱会被借款人用于非法的赌博活动）；或我们是否将上述"知道"当作"使赌博变得可能的意图"，并因此将其视为（贷款）交易的一个组成部分。很明显，这里存在一种模糊性，而此种对意识过程的人为划分，在现实中乃是法官自由裁量（或价值判断）的结果。

通过观察法官一番努力所觅得的精神事实，我们有时会发现，相较于从外部实际发现的内容，法官会将他自己的想法更多地带到精神事实中。[139] 这表明，相较于单纯的事实查明，他确实也额外做了一些与之不同的事情。让我们再看一个例子吧！某人被指控亵渎神明。如果法官试图去考察《奥地利刑法典》第122条可否适用于此，那么他必须明白，被告心中对神是否有一神论、多神论或泛神论的观念，他的意图究竟是徒然的诅咒，还是对上帝观念的诋毁，抑或是对他人宗教感情的伤害，等等。可能在一番摸索之后，"渎神者"自己都仍不清楚这些概念或说法，然而法官却不得不基于这些可能去作出决定。

一些民事实践中的案例可能使这一问题更加清楚。一个下层社会的年轻姑娘和一个职员订了婚。为了组建一个家庭，她把

---

[139] 这构成了长期以来公认的不确定性的很大一部分。Averanius, Interpretationum libri V. Liber I. Cap. XXXIII. 在探索中，渴望找出即将发生的事情（In exploranda voluntate id quod verisimile est sequimur）。不确定性的其他原因在于，过错概念很可能会介入到我们对内部事实的查明中来。人们几乎总是把他知道和他应该知道等同起来。那么，为什么他应该知道呢（Comp. infra, section 27）？此外，在许多情况下，有必要区分查明内部事实和纯粹的查明事实，因为制定法本身经常对某些事实的存在——如沉默和个别的意思表示等——进行许多或真或假的猜测。那些非强制性的制定法亦然。如上所述，这些材料会无限地结合在一起。

自己的积蓄都给了他,然后他们一起做生意。但之后生意惨淡,他们的婚约也因此被取消了。现在,这个女孩起诉他的前未婚夫,并诉请他归还积蓄,对方辩称,这笔钱已经在两人合伙做生意时被用光了。

现在,法官试图查明,这笔钱是否为一笔贷款;还是说被当作二者的婚姻财产,抑或是原告基于委托的意思将这笔钱交给被告(因此原告应独立承担责任);又或者说这笔钱是一种对有限合伙关系的投资;以及任何其他可能存在的可能。法官必须回答所有这些问题,尽管当事人双方在交出这笔钱时的意图可能(乃至确实)并不是绝对确定的。彼时,他们心中所想,可能不过是对对方的爱慕和相互信任,以及对未来婚姻的憧憬,因此将钱放在谁的口袋里便也无所谓了。总之,这两个年轻人的所想所愿并没有按照罗马法的形式进行。因此,法官也不能将这些事实涵摄进罗马法的任一形式中,进而他不能将法律规则适用于这一案件之上,直到他通过适用他自己对社会生活的态度(如他的商业经验、道德判断等),并根据当事人意图重塑了事实,借此,他最终得到了一个事实状态,并能够将之涵摄到既有的交易类型(categories of bussiness)之中。

人们经常会注意到,为法官所决定的"所谓"当事人的既定意志往往在当事人的头脑中并不实际存在。一些人打趣道,当一个法律人说,某一事物乃是某人的明显意图,那么这个"明显"意味着这个人实际上并不是这么想的。在《法学中的戏谑与认真》一书中,耶林就其年轻时身为法官所作出的某个判决进行了调侃。他曾主张,某一当事人的占有意图(animus possidendi)应当像其他事实那样得到证明。但是,耶林并没有从其阐述中得出任何一般结论。

舒洛斯曼在其关于契约的著作⑮中宣称,所有的默示合同都只是法律上的拟制(fiction),并认为"这个概念没有任何意义,只是在某些情况下,法院将不得不作出裁判,就好像存在一个真实的合同"。这可能是一种夸张的概括,但它也包含了一个应该被揭示出来的真理之核。

§26."安全阀概念"

对于一法律体系的所有制度、概念,乃至所有部分,投射并不以同样的方式运转于其上。在本文第15节(即"将上述原则适用于法律概念;投射")我们已经发现,这些方式之所以不同,在于概念的模糊性和过渡区域,后者紧紧围绕着概念核心,并且立于概念的一般性和现象的复杂性之间。这一过渡区在社会现象的情形中尤为明显。然而,并不是所有的法律规则都包含直接指向社会现象的法律概念。⑯

大多数的概念在限定法条中待处理的材料时仅能发挥辅助性的功能,除此之外,(基于一种与投射的过程密不可分的不确定性)也存在一个最高的立法技术原理,即必须试着尽可能少地涉

---

⑮ Schlossmann, *Vertrag*, Leipzig, 1876.
⑯ 或者其他复杂的现象。那些以社会现象为材料的概念往往极具不确定性。此外,尽管作为一种一般规则的一般概念往往与法律的本质相符,许多概念也缺乏必要的一般性。有时,法律条文也会缺乏一般性;如某些涉及特权的条文、国家法的某些条文等;它们往往涉及特定对象,因此会相应地使用特定的概念。当然也就没有投射的余地了。

及这些一般概念。[161]当然,基于事物的本质,我们不能完全避免使用这些一般概念。有的人试图通过将制定法的材料划分为大量特殊的、狭义的概念,进而来克服由这些一般概念所产生的不确定性。这将使制定法变成一种"决疑式的"制定法。然而,众所周知的是,任何决疑论(casuistry),无论多么详尽,都不可能恰当地反映生活现象的多样性;将不断指涉新的、无法解决的(事实)组合,引起人们的注意。在这一过程中,类比和投射都是不可避免的;前者在适用上的扩张往往以后者为代价。但这么做并没有什么好处,因为存在许多特殊规定,找到一个类比将变得越来越困难。此外,当你把大量相互联系的规则层叠时,就增加了记住它们之间的相互关系的难度,从而使找到合适的规则和"建构"的工作(如前述第 18 部分所说的那样)变得更加不确定。[162]一个决疑式的法律体系被恰当地与中文的书写方式相比较,这种书写方式跟我们的书写方式相比要少了些实用性。为了补充决疑式的法律条文,(我们)仍然需要一个由一般规则组成的体系。

借助数量有限的相关概念,这些概念将直接指涉无拘无束的社会生活现象,每一个较大的法律体系都旨在通过对概念的相互

---

[161] 这种倾向的外在语言风格往往表现为制定法中的词汇贫乏和对单个语词与习语的不断重复。为避免适用上的不确定性,制定法不得在(概念的)表达和名称上不断变换,如不得对其提出文体学和美感上的要求。因此,翁格尔在其著作中(*Erbrecht*, §5, note.4)批评了《奥地利普通民法典》第 540 至 547 条中为了语音上的和谐而变化表达方式的做法。

[162] 由于制定法的多样性和复杂性,每当试图为一组关于成文法所创设的关系和权利找到一个共同的术语时,就可以观察到内在的投射现象。"官员"这个概念虽然不是一种自由社会生活中的现象,而是指法律条文在某些人身上所创造的某种特质,但它具有相当广泛的不确定性和投射空间。最近,法院在一起涉及损害名誉的案件中,法官就把"官员"概念投射到了维也纳有轨电车售票员身上。

组合和编排来实现其目的。而在那些将无拘无束的社会生活现象当作其材料的地方,将不再以一种直接的方式生成更高阶秩序的规则和概念。这些规则或概念的直接材料是初阶秩序(primary order)的规则或为这些规则所包含(或如耶林所称之表达[163]——沉淀)的概念。"物权法"概念的直接内容是由后述的一系列概念所组成的,如所有权、地役权、质权等;而质权的材料则进一步涉及动产、债权、履行、让与等概念。我们必须不断缩小(这些概念的)范围,才会得到那些初阶秩序的术语和概念,[164]其内容并非由法律所限定,而是对一些未(为法律所)规制之社会生活现象的直接表达。例如在"物"这一概念中:如果该概念已经被法律所明确限定,那么其初阶概念便是被用来在法律中界定"物"的那些概念。在技术上日臻完善的法律体系中,更高层次的秩序的规则和概念具有明确的形式,并且可以很容易地分解为初阶秩序中的概念,而这些(高位阶的)概念是通过有意识地结合(初阶秩序的概念)而产生的。借此,这一更高的体系得以建构或解构。因此,举例而言,关于抵押的公式(formula hypothecaria)几乎形成了抵押概念的精确的、数学式的定义。

用这种方法,我们也准确了知道了"盗窃"的内涵,出于获益目的,未经占有人同意,而从某动产之占有人处拿走该动产。乍一看,至少"占有"概念应无疑义。我们都知道,它意指某人对某物以支配意思(animo domini)所进行的实际的支配。只要我们继

---

[163] Com. above, §6.
[164] 埃尔茨巴赫在谈到这一点时,错误地否认了诸如物或取回等概念与诸如质权或地役权等法律观念之间的一切区别。Eltzbacher, *Über Rechtsbegriffe*, Berlin, 1899, pp. 23 and 33.

续在这一范围(即高位阶的概念)内活动,就不需要考虑初阶秩序中的概念的可适用性,法律人的主要任务和困难首先仅在于,去发现立法者通过其表达的诸多概念所欲展现的意图,换言之,去发现规则的真正含义与正确解释。其次,在发现可适用之规则的过程中,换言之,在了解制定法内容的过程中,他可能会面临一些困难。但到目前为止,投射的特殊困难却几乎没怎么体现出来。[165]

当我们关注于初阶秩序上的概念之后,投射的困难便出现了,并且这一困难被迫进入到未为法律所规制的社会生活现象层面,例如,我们会去思考,某一现象是否构成了"获益"(advantage)"实际的支配"(actual power of disposal)或"支配意思"。

借此,对法律规则的真实、实际含义的探究,通常仅能提供一些不充分的暗示。进而,投射便开始发挥作用,并且我们必然会为社会潮流、语言用法、不同的价值判断、意见等所指引;因为在这里,我们发现了大量的边界情形和过渡现象。古老的格言便得到了证实:"任何一个定义都是危险的,因为它无法涵盖所有的内容,所以均显得不够全面。"(Omnis definitio periculosa est, parum enim ut subverti non possit.)就此,我们甚至必须承认,尼佩尔(Nippel)的近乎幼稚的评论同样具有一定的意义,他说道:通过使用那些与立法者之表达相异的语词,没有人能更好地表达出立法者的思想。我们在这里所遭遇的不确定性并不能通过立法技术来排除。我们所能做的仅在于,通过将投射限定于几个含义较宽泛的概念,致力于去限制不确定性,借此以维护其他概念的逻辑性、独立性。对于任何法律大厦而言,不管它被建构得多么牢固,

---

[165] Cf. note 165 supra.

都必须将根基建立在不断变动的社会生活的表面上。因此,它需要一些装置(appliance)来部分地适应社会生活的变动,以更好地规制社会生活。

制定法有意不去限定一些法律制度的某个方面,以将之留给社会影响的不确定性来发挥作用,这种做法并不总是会招致叹惋。上溯至罗马人的做法,任何对"迟延"(mora*)(关于它的效果有不同的原则)的界定都被有意地回避掉了。[166] 相似的方式也见诸《德国民法典》,《德国民法典》中有大量的关于"私法行为"(legal transaction)**的规则,但是"私法行为"的一般定义却被有意回避了,进而,司法实践便对这一概念进行独立的塑造,以支撑起那些零散的相关规则。[167]

无论如何,不管是出于有意还是直觉,每一个法律体系都包含着一些只有通过投射才能被识别的概念。*** 我将这些概念命名为"安全阀概念",因为它们与安全阀所发挥的作用类似。在每一部部门法典、每一部公共服务规制法、每一部警察条例中,你都能发现这样的规定。**** 在德国,它们一般被当作"弹性条款"。

---

* 英译本表述为"more",德语原文表述为"mora"。后者为正确表述,"mora"系拉丁语中的"迟延"。——中译者

[166] l. 32 pr. de usuris 22, 1.

** 德文表述为 Rechtsgeschaft,国内民法学者通常译为"法律行为",但存在争议。在此,中译者并不打算涉足这场争议。从法理学的一般理论属性的角度来看,私法与公法对于"法律行为"概念有共同需求,因此将其译为"私法行为"。——中译者

[167] 数学家可能会用一个包含两个变量的等式($y = Fx$)来描述这一情形。

*** 此处英译本省去了一句话:其功能在于,为那些未能预料到的事情设立一个范畴,并赋予法律一定的柔和性(Anschmiegsamkeit)和适应性。——中译者

**** 德语原文用词与英译本不同。德语原文表述为:在每一部(官员)服务条例(Dienstpragmatik)、每一部纪律法(Disziplinargesetz)、每一部警察刑事法典(Polizeistrafgesetzbuch)中,你都能发现这些规定。——中译者

即便是在私法中,[168]数不尽的人才也在数世纪中致力于关注那些不明确的概念。安全阀概念是很有必要的,有几个这样的概念可以进一步说明。

§27. "安全阀概念"(续)

1. 过错(过失)。这是一个遍及私法的非常宽泛的概念。我们在任何时候都能碰到它。某一案件的胜诉与否几乎总是取决于关于这一概念的一系列问题。当然,没有人能够作出有利于过错方当事人的决定。即便财产法或继承法支持了过错方的行为,法官仍时常倾向于给过错方施加赔偿或恢复的要求,从而使其彼时之胜利化为乌有。

对于"过错"的两个主要划分,即故意(dolus)和过失(culpa),我在这里仅讨论后者。它被分别描述为"有过错的疏忽";或"缺少适当注意"[169];或"缺少一般程度上的注意"[170];或"恰当运用理智之缺失"[171];或"适当之谨慎、关照、积极行为的缺乏"[172]。

因此,其定义是多种多样的。众所周知,不同程度的过失是有区别的,如轻微过失和重大过失;(如下文所述)它取决于,这种过失是因任何一个普通人顾虑不周所致,抑或说这种顾虑周全的程度仅是对善良家父(prudent head of a household)的要求。现在,

---

[168] 一般来说,建构的难度按这个顺序递减:继承法、物法、债法;而投射的难度则逐级递增。继承法是财产法的上层结构,是建构的典型领域,而侵权法则是投射的主要领域。

[169] *BGB*, §1294.

[170] *BGB*, §1297.

[171] Dernburg, *Pandekten*, §86.

[172] Unger, *System*, §§101, 102.

让我们根据这一概念对生活现象所发挥的功能,而非它与其他法律概念的关系来分析这一概念。

首先,我们可以注意到这个概念的反历史性质。过失方是否应承担责任,必须始终按照当今时代的观念来决定,而绝不要按照立法者在制定法律时对它的可能看法来决定。因为楼梯处缺少灯光,租客受了伤并起诉房东;或某人因为浴室装置不合适,起诉了浴室的管理者;或管理人由于疏忽,未能使该建筑免于火灾,进而被起诉。被告会提供他们能找到的任何抗辩理由,但他们不会说——当1811年《民法典》开始生效时,没有人费心给楼梯安装灯具;浴室里的设备当时也都使用无虞;或者善良家父也绝不会在那时候给楼梯安装灯具,或为建筑投保。当提及这些善良家父的做法时,声称如此行为和立法者所设想的一样;并且,"过失"这个词也不应获得与立法者所设定之内容不同的意涵,这些都不是很好的抗辩。对这样的抗辩,我们只能报以体面的微笑。

但是,试想被告采用了一个不同的(抗辩)路径。他提供了证据证明,善良家父(或我们所说的一般水平的普通人)(有时或通常)不会在楼梯间安装灯光;或者,他提出了这一事实问题,即一个普通人以其寻常的注意是否会去安装灯光或给房子投保;进而,他提供了统计学家或心理学家提供的专家意见来证明上述事实,其所涉的事实问题便具有了统计学或心理学的性质。但是,法庭也可能会去拒绝这些证据。

对于"何谓过失"这一问题的回答,绝不应仅限于立法者的那些想法,就像历史研究所展示的那样。作为我们的模型的善良家父或普通人并不是一个实际存在的、可以通过统计学或其他方法发现的常人(average person);那些(持心理学观点的)作者所期望展示的"行动的通常且均度的意志能量"不应当被如此理解,它们甚至不是用心理学方法可以证明的事实。从"过失"这一概念中,我们不能领会到某种确定的行为方式。为了描述这一概念所包含的行为方式;为了研究法律所设定的这一模型,即具有"善良家父的谨慎"(diligens pater familias)这一特质的模型;为了评估一般注意是否足以引起特定行为——所有这些做法并不是对事实的查明,而是对事实的法律评价的一部分。就此,这些问题亦而被最高法院所考量。因此,在这些情形中,法律之于事实的适用并不关注立法者给"过失"赋予了何种含义。(探讨立法者所赋予之含义的)做法在某种程度是不可能的且起效甚微。因此,不如说(此种适用)涉及,法官借助在日常生活中所具有的伦理、经济、社会等价值观念,对事实的法律评价。此种评价的过程也被动地受到所有因素的影响,且此过程会同等地关涉到法官(及其头脑中的价值判断、意志倾向)所拥有的关于世界的经验和知识。

正是这些意志倾向切实地影响到"善良家父"概念[173],借此,法官亦假设"善良家父"实际具有此种倾向,尽管他只是尽可能地将自己的假设适应于现实生活中遇到的情况。由此,"过失"概念被投射到特定的行为方式之上。

从上述所描述的过程可知,该过程并不直接指向对立法者意图的探究,也并非是一种类比。同时,这一过程也并未与制定法的目的相矛盾。借助"过失"概念,能将大量的、混乱的不可预见

---

[173] 因此《德国民法典》在界定"过失"概念时,放弃使用善良家父或任何相似类型的定义,而是相当一般地从社会方面来界定过失,过失的人是指,那些忽视了交往中需要注意之事物的人。

的行为安置到其法律评价之中。[114] 在更高的意义上，人们最终会将投射追溯到立法者的意志。借助这一逻辑形式，通过合理地使用"过失"概念，人们可以在整个行为规则中，区分出法律的和非法律的部分。例如，当汽车保有量增加时，靠左侧行车的习惯便产生了。当两辆货车或自行车相撞时，人们会立即倾向于认定靠右行驶的一方为过失方，尽管靠左行驶的习惯不过是车主联盟(the League of Wheelmen)的倡议而已。事实上，尽管靠左行的规则并非为法律所创制，但它仍然借助"过失"概念获得了强制性。

在社会价值判断的影响下，投射会发生改变。对此，"过失"概念亦能提供一些不错的例子来佐证。

《奥地利普通民法典》第1315条将"雇员致损所引起的雇主责任"限定于"雇主的选任过失"。随着工业和运输业的发展，大量的机械摩托为雇主所用，由此也带来了巨大的危险和不断发生的事故，这些使得第1315条的规定(就被伤害的个人而言)变得极度严苛，在经济上也变得对社会不利。因此，企业便承担了转嫁这些事故之经济后果的压力，因为这些企业更有能力去荷载这一负担，即在更大程度上使企业承担(赔偿)责任或(强制其)为雇员购买保险，等等。在涉及铁路责任和雇员保险的法律制定和许多亟待进一步改革的领域以及法律专题讨论中，这一趋势尤为明显。

---

[114] 只有在采用这种形式的情况下，制定法才能适当地使法官在具体案件中负有义务去发现法律，并在他声明真伪不明(sibi non liquere)时，判定其违反不得拒绝裁判的义务。因此，值得注意的是，《法国民法典》第4条规定：以制定法有漏洞、含混不清或不完整为借口拒绝作出裁判的法官，可能会以拒绝司法裁判罪被追诉。

现在,如果我们进一步思考法院的判决,会很明显地发现,这些法院不断且更为严格地强调(雇主的)谨慎勤勉义务,并且更多地倾向于去发现雇主的过失。首先,关于雇主选任过失的责任原则在涉及公司*(corporation)的案件中瓦解了,而大多数企业都属于公司的范畴。在1866年,[175]一个针对轮船公司的诉讼被驳回,因为在该案中,尽管事后该船长由于违规超速而致使船舶倾覆,但雇主在选择船长的时候恰当地尽到了注意义务,因此雇主不存在过失。稍晚一点,我们发现这样的论点——雇员过失的情况不能证明雇主没有按照第1315条的要求审慎挑选他——在许多情况下几乎不能适用。[176]但渐渐地,根据《奥地利普通民法典》的许多规定,这一原则——"雇主仅因其选任过失才对雇员致损承担责任"——便被整个抛弃了;在这里,我们便对下述这个更合理的论证再熟悉不过了:一个法人只能通过其雇员来行为,所以我们不可能在雇员行为和公司行为之间进行区分;因此公司必须对其雇员的所有行为承担责任,雇员的行为就是公司行为。[177]

这一原则的发展并未止步于此。尤其在涉及有轨电车的案件中,这很容易让人拿它和蒸汽机车作比较,尽管最近的法律对铁路责任作了扩张,但先前的制定法条文却是令人非常不满意的。在每一个案件中,法院都不得不去确定过失的含义。因此,就《奥地利普通民法典》所规定的"缺乏一般技能所要求的审慎"

---

* 德语原文表述为"法人"(juristische Personen)。——中译者

[175] G. U. 2746.

[176] 直到1899年才作出这样的判决。铁路交叉口的看守人没有放下栏杆就离开了他的岗位。法院认为,这一行为足以表明该男子虽然通过了考核,但仍不能胜任临时看守人的工作。Comp. Entsch. ex 1899, G. U. (n. F.) 691.

[177] Comp. Entsch. ex 1899, G. U. (n. F.) 691.

这一语句而言,[178]许多铁路的电气设备(如停车位置的安排、切换装置等等)都是有缺陷的,[179]尽管他们为公共权威所检验、为高水准的专家所架设。有时,我们甚至会发现这样一种论据,即维持一个对公众造成如此巨大危险的设施,其本身就是一种过失,进而该设施之所有者要对由此造成的所有伤害承担责任。如果这一论证被普遍接受,那么对铁路之责任的扩张便不那么必要了。不考虑上述最后提及的后果的话,已然描绘出的发展进程表明,借助作为安全阀概念的"过失"概念,社会影响找到了进入法律内部的入口。

2. "过错"这一概念有时构成了许多其他的基础概念的隐藏元素,如"诚实""善意"。其中,"诚实"概念在占有学说、物权取得以及"注意"概念中都作用甚巨。

并非只有那些实际上了解某些应当阻止其取得或占有某些个人财产及不动产的情况的人,才会涉及"不诚实"或"不具有善意"、"应当知道"的人[180]——正如《民法典》所强调的——因过失而不知道的情形也一样。无论出现上述概念中的哪一种情形,"过错"概念的不确定性系数或投射可能性也出现在这些概念中;这是很常见的情况,因为这两个选择通常被同等对待。[181]

---

[178] *BGB*, §§ 1297, 1299.
[179] 维也纳的居民可能还记得那几次令人痛苦的突然发生的事故。人们普遍认为,由十年前在地面上架设的电线和电话线引起的事故的原因在于,国有电话公司和有轨电车公司的过失。
[180] 如《奥地利商法典》第 25 条的末句。
[181] 参见前注 160。由于篇幅的原因,我不想额外探究这些安全阀概念的功能,而只打算给出一些简短的提示。

3. 法律和法律人要不断地面对"肇因"（cause）*概念。在不具体探讨这一概念的做法之下，我仅强调这一众所周知的事实：法律中的肇因并不是一组在逻辑上必然引起特定事件的事实；相反地，即便在缺少特定在先事件的情况下，某一（在后）事件并不会发生，我们也不能断言，该（在后）事件在法律上必然是这样一个在先事件的结果。两事件之间是否存在法律上相关的因果关系，必须由法官根据具体案件作出裁判，借此他以其自由裁量权进入到一个宽广领域内。如果他也将不发生理解为肇因的话，如不作为行为，这一领域甚至会变得更广。通过此种方式，他甚至会创设或废止一些前人未曾预料到的义务。

4. 与私法行为和解除**（rescission）有重要联系的"原因"（causa）概念，就其法律效果（不是其纯粹的形式逻辑意涵）而言，并不具有被精确定义的可能。例如，恐怕没有人能够穷举所有的法律上的"返还不当得利之诉"（condictio sine causa）情形。维持既有经济力量关系的倾向，以及防止一方因另一方的损失来获得没有根据的收益的倾向塑造了这一概念的本质和主要功能。然而，在这一概念的投射过程中，伦理、经济等考量也发挥着影响。例如，如果某人基于错误的认识，相信教会法的"要么结婚，要么赠与"（aut duc aut dota）原则仍然有效，将婚姻财产（marriage portion）交给了一位被他诱骗的女性，那么事后，他不能因为这是一笔"无根据的收益"来通过诉讼去要回这些财产。顺带说一句，即

---

* 该词的德语原文表述为"Verursachung"，故在翻译上选择"肇因"，也因此与下文的"causa"有意区分开来。——中译者

** 德语原文表述为"返还请求"（Rückforderung）。——中译者

便这一错误乃是一种法律错误*,也不会影响到其被驳回的结果。

5. 所有的私法体系都包含这样的制度或概念,其特殊目的在于认定那些直接违背道德的合同或其他法律关系的效力上的瑕疵,例如罗马法上的"欺诈抗辩"(exceptio doli)和"不法约因"(turpis causa)**,以及《奥地利普通民法典》中的合同的"违法性"概念。[182] 在这一方向上,新的《德国民法典》走的比谁都远。它的整个债法都为"诚实信用"概念所辖制。《德国民法典》甚至明文提及,可以通过道德考量对严格法律推理之结果进行修正。著名的第826条甚至允许对那些以违反善良风俗(good morals)的方式对他人造成损害的人提起诉讼,尽管他们是在行使自己的权利。

6. 现在,让我来举一个刑法中的例子。过去几年间,我们经常能从报纸上读到这类案件,法院驳回了那些针对盗窃食物(尤其是面包)的穷人的指控。但早些年,这种驳回指控的情形从未发生并见报,似乎是新的(旨在改变社会政治潮流的)价值判断在刑事实践中找到了入口。在该盗窃食物的案件中,作为入口存在的乃是安全阀概念——"必要性"(necessity)***。该概念相对应的投射则认为,饥饿是偷窃一条面包的充分理由。将这一投射再向外扩张一点,以尽可能地将"盗取少量的钱来缓解某人之生活必需"的情形也包含在内,这种做法在逻辑上并不是不可能的。因此,投射的边界乃是可变动的。

---

* 法律错误(error iuris)是指,由于对法律无知而产生的错误。——中译者

** 不法约因是指,(违背风俗习惯的或不能作为诉讼根据的)不道德的约因。——中译者

[182] 人们已经不考虑这一初始观点了,即《奥地利普通民法典》第878条仅使那些违反制定法的合同归于无效。

*** 德语原文表述为"紧急状态"(Notstand)。——中译者

VII. 结论

§28. 作为社会需求之表达的通行解释理论

我们很容易会对前面的阐述产生完全错误的理解。对此,可以进行一些不那么有力的尝试,将其引入到(为几个世纪以来的用法所束缚的)法律适用的理论和术语中,推展一场具有划时代意义的革新。这种傲慢的做法和我的想法相去甚远。我们每个人都很熟悉这种乌托邦式的设想,即那些在岁月的洪流下得以维持自身并且找到其实践适用的思想体系可能不过是一些能被某种"发现"清除的迷途和误解。

通行解释理论仅在于认识个案事实(或情形)和制定法规则,而忽视了投射现象,以及投射现象所栖身的伦理、经济、国家等的观点、价值判断、潮流以及它们所展现的形式中的过渡领域。对该解释理论而言,整个法律活动的任务仅在于,发现法条正确的、真正的含义,并将个案事实直接涵摄于这一含义之下。与这些观点相应的法律术语,在几个世纪以来早已为人们所习惯(尽管有的人已经认识到这一解释理论的缺陷),并仍然牢牢占据支配地位。因此,从实证主义的研究原则出发,我们必须仅将这一解释理论视作一个需要去澄清和回溯其原因的社会和历史事实,而不是对改革工程的对立面,以免它阻碍我们去尽可能地认识这些事实的特征。

然而,所有上述内容都不能阻止我们去意识到这些事实的特征。本作品已经指明了部分特征,我们现在要试着指出这些特征与通行理论的和谐之处,尽管现代法学具有表面上的纯粹实证性,但通行理论仍部分地与事物真正的、经验的、可证明的现实性相协调。除了满足纯粹科学的好奇心之外,这么做的目的还在于,激活那种论证并对上述不精确性的必要性辩护。众所周知,相较于理解答案,领会现象中的问题要更难一些。这也是法律思维所面临的情形。从开始专业学习的第一天起,法律人便要时刻面对带有权威性的通行解释理论;并且更重要的是,在处理具体案件时,他经常遇到与这一理论相对应的习语和思维方式;进而,由于长期的习惯,那种作为一切探究和自觉理解之根源的好奇心就完全消失了。对确定性的习惯和感觉(也即至少在法律人圈子里,他做事的方式不会被质疑)使他忘记去追问,在此种表达(也即立法者意图、"法理"等表达)的背后究竟实际存在着什么,以及他所得出的许多大胆的结论和推论究竟与哪些逻辑原则相对应。他很快就不假思索地相信他们的"真理",尤其是因为此种表达和思维方式与那些案件中最典型的表达和思维方式完全一致。因此,它们的问题与其说是缺乏内在的真实性,不如说是它们具有不完全性,以及它们忽视了重要的过渡地带。现在,在我们理解了法律思维的不精确性之后,仍需回答的是,为什么这些不精确的表达、习语和思维方式能够广泛应用于法学之中?

通过观察,我们认为回答问题要比提出这一问题简单一些。答案能够在对整个欧洲的司法机关的心理学研究中发现。

当受伤害的一方起诉到法院的时候,他就已经考虑到了这一做法的原因,即为何法官有责任介入到其案件中。该原因既非法官的经济优势,也非伦理原则或其他相似事物。当然,他也不会从法官的个人理解和经验中寻找答案,尽管这些理解和经验或许可以为双方据持不下的意志冲突找到一些头绪。一个欧洲的法官并不是东方圣贤,因此也不能依靠他自己的更高的智慧来为当事人指明正确的方向。当这群人(即当事人和法官)聚集在一起的时候,他们所仰赖的唯一权威,只能是具体化于被违背的法律中的国家意志。如果法官对规则中的国家意志有所质疑,那么他便难以再去据此作出判决了。假设法官作出如下判决:我们并不确定立法者关于这一概念究竟是怎么想的,或他是否能够预想到这一情形;但是一方面适用法律条文,另一方面依赖于传统、共同体的经济需要、道德感、通行习惯等等,我们在本案中作出了这样的判决。一个这样的决定根本就不是一个法律判决。当事人会简单地回应道,法官作出的决定与他们的诉请毫不相干。诚然,有些人争辩道,对法律评价(和道德评价)的真实过程具有的更清晰的构想,以及社会力量对法律评价的影响,会破坏判决的权威性。[183] 解释理论的不精确性或许可以证明这些说法。

是社会需求,而非对事物的真实情形的实证认识,造就了传统的法律思维形式(以及相应的理论)。

此种社会需求需要每一个判决都通过严格的逻辑演绎和涵摄而具有"法律规则之必要结论"的外观。它并不认为国家命令和那些其他要素在帮助我们得出结论方面有任何差别。即使是类比也得披上"'潜在的'法律规则之逻辑结论"的伪装。正是为了最大限度地满足这种社会需求,"立法者意志"被褫夺了一切现

---

[183] Comp. Merkel, in *Holtzendorfsche Enzyklopädie der Rechtswissenschaft*, §14. 默克尔(Merkel)在此与基尔希曼(Kirchmann)和雷(Rée)的观点进行了争论。

实性,对当事人意图的探查也远远超出了可能认识的范围。

§29. 法律事实

因此,我们已经谈到了法律思维的另一个特性。它必然在形式上显得合乎逻辑且十分完整,尽管事实上并非如此。这是由法律人的一种偏好所导致的,也即高估认识制定法内容及事实时的明确性程度。

关于构成某一案件的实际"发生的事情"(res gestae),尤其是外部事实,我们意识到,长久以来,相较于完全的明确性,法律思维仅要求了较低程度的或然性。对于法律思维的所有其他部分而言,同样如此。一个法律人的睿智尤其体现于他对(判决所立基的)恰当事实的发现上。对于这些事实的适用和互相联结,法律思维必须是大胆的,而非保持谨慎或精确。社会需要引发了为证明而对证据进行猜测的逻辑上的自欺欺人的行为;由此产生的推论在逻辑上并不完全令人信服,甚至会把更大的或然性展现为确定性。

现在不应否认的是,其他的科学(如自然科学,乃至数学)也并不能获得确定性,而只能与或然性为伴,因此,或然性并不仅仅是法律思维的特性。在其他科学中,或然性因素、错误的可能性从未缺席;不确定的前提会将不确定性带到其所推导的结论之中。然而,法律人却被要求去忽视这一点,因为一个判决不能建立在关于法律内容和事实的假设的基础上。[184] 观察这些特别的关

---

[184] 现实中,有些制度将会考虑到查明事实中的不确定性,例如疑罪从无、考虑(证据的)不确定程度来定罪量刑等。而由于这些制度与(所谓的)法律思维的要求背道而驰,因此必须被否弃。

系如何产生一种特别的风格和表达方式,是非常有趣的。

判决的语言或法律论证很少是简单且朴素的。对事实的查明也经常是长篇累牍、絮语赘言,而不是直接的断言。正如下文所述一般,习语在法学中茁壮成长,且成为法律人的特殊财产:如"我们必须将之视为一种规定""这一断言并不合理""它看起来毫无根据""我们不能公正地质疑这一点""这一结论是正当的"等。这些习语服务于,某一假设的或然性的真实程度与为法律目的所要求的程度之间的间隔,以尽可能隐秘地达致合逻辑的裁判。通常,他们设定一个使用假设的义务来代替直接的断言,后来,这一次要因素就被径直跳过了。实践法律人的培训的很大一部分即在于去熟悉这些习语和思维过程。

那么,法律事实究竟意味着什么呢?因为没有人会否认这一点,即根据某一法律规则得出的多个判决,实际上都不是该条文的严格逻辑结论,其中某一个判决可能是错误的,而其他的判决则是正确的。

每时每刻都有法律事实被发现,其特性在于,尽管实证主义倾向在法学中占到支配地位,但法律事实并不必然与历史的、心理的或任何其他类型的经验事实相一致。法律事实是许多种因素导致的结果。在这些因素中,包含在法律中的命令是最重要的部分,但绝不是唯一的因素。此外,由于将这些因素一一列举并付诸实践是不可能的,法律事实经常必须在不丧失其形式性的前提下,服务于较大的社会或然性。当然,上述命题并不能被视为一个法律事实的判断标准,但是它可以被用来证明,只有辩证法能够越过经验事实与法律事实之间的鸿沟,因此,很明显的是,修辞-辩证元素(rhetorical and dialectical element)本质上是为法律思维所固有的。[185] 然后，并未被假定的是，法律人也意识到了这种方法的特殊功能。正是这一自然性以及明显的不证自明性，使得那些不曾被考虑的元素具有了说服力（这些元素正是我们所说的投射的材料）。在可能处理某一案件的三级法院，以及为不同的判决而争辩的律师之间，每一方通常都笃信其论证是颠扑不破的。

另一方面，那些未被考虑到的元素（如道德趋势等）会产生潜意识的、难以有效把握的影响，从而很大程度上使得法律分歧争执不下，也使判决变得不确定且难以预测。

§30. 关于使法学与其他社会科学之关系更紧密的杂谈

到此，本研究的实质内容就已结束了，后文只涉及一些随意的观察。

我相当明白地意识到，"社会的"一词乃是非常模糊和不确定的，而当某个人言及社会的、经济的、伦理的等一系列在一定程度上相似的影响时，他并没有表达出什么独特的东西。但无论如何，我相信，仅仅去关注这些影响的实际存在并不是完全无用的。

总之，此种观点为法律社会学研究敞开了一片迄今仍发展不足的领域：对法律思维的第三个要素的实证研究，该要素在理解

---

[185] 1902年2月23日的《法学报》(Juristische Blätter)中的一篇文章提出了一个问题，一个普通合伙公司是否可以成为另一个普通合伙公司的成员？作者首先承认，《商法典》第85条只涉及自然人，因为这一问题植根于最近的经济发展状况，而《商法典》的立法者当时没有想到这一问题。接下来的唯一真实的推论便是：人们不需要在《商法典》中进一步地费力研究这一问题了。然而，法律人会尽可能地避免这个结论。因此，作者通过对《商法典》第111条"在其公司下"这一语词的借鉴，以一种相当复杂的方式解决了这个问题。然而，人们能够通过进一步的逻辑检验在他的论证中发现循环论证的身影，否则（他的论证）不可能成立。

制定法和查明纯粹事实之外发挥影响。在为这一问题所采用的诸多形式之中，我再次指出前文中[186]曾提到过的一个。

我们必须确定地假设如下，即如果法律人想以一种适当的方式完成其任务，那么就必须让他关于社会的感觉倾向（或意志倾向）发挥影响。通行的解释理论断然否拒这一观点（如果它不是简单地回避这个问题的话），通行理论认为，法官不过是一种贩卖判决的自动售货机，[187]且仅将解释规则视为一种规定。当然，我们不可能去向法官规定，何种感觉（或即便仅是何种社会价值判断）才能成为其判决的理由。

同时，存在一种宪法层面的努力，其尽可能地设定了法院的独立性，并使其远离商业生活的动荡，因为并非所有的影响都能与法律思维相协调，即使这种影响关乎社会的本质。现在，如果法官要做到没有偏见，是否意味着他要独立于一定的社会影响，但非全部的社会影响？那么问题在于，何种影响因此而被排除了？下述的例子可能使这一问题更具现实意义。

在行政法院最近宣判的一个案子中，原告诉称，某一特定的征税行为是无效的。该征税行为乃是根据《奥地利宪法》第 14 条作出的，该条文允许政府在某些紧急情况下，无需议会事先批准

---

[186] §4.

[187] 对于法律人的所有独立的意志倾向发生作用的活动，形式上的否认表明，即使是某些人们明确承认制定法规定的案件（如对赡养费的裁量），也不可避免地会涉及法律人的自由裁量行为。

此外，这种形式上的否认表现在以下几个方面：

1. 人们将所有此类案件都归于"衡平"这一名称之下，并且相信这些案件能够回溯到一个统一的原则。例如，普法夫和霍夫曼在他们的评注的第 208 页中，将衡平视为相对平等的建立。

2. 人们将衡平当作一种与真正的法律思维完全不同的东西来认识。

3. 人们将这种衡平视为罕有的例外要求，只有在制定法明确要求时才能发挥作用。

就可以征税。有人抱怨说,众议院在有意阻碍政府获得必要的资金。有人声称,授权采取这种行动的某些必要条件并不存在。主要的问题是法院是否完全被授权处理具有法律效力的执行命令(executive order)的有效性问题。根据宪法,不能质疑制定法之有效性的法院是否可以质疑该命令的有效性。这一问题在《宪法》中没有明确规定,因此,至少可以说,当1867年颁行宪法时,立法者们并没有想到这一点。

现在让我们假设一位立足于历史根据的法官倾向于支持原告。但与此同时,这位法官意识到,宣布紧急执行命令(executive emergency order)的无效将意味着司法裁判与国家存在的必要条件之间发生最严重的冲突,公共秩序将陷入混乱。在这种情况下,驳回起诉是不合法的吗?能够将上述驳回的动机添加到文书中当作理由吗,或者这是否显示了法官的偏见呢?如果国家机关对这种动机秘而不宣,这在社会层面可能吗?或者换句话说,将一国的共同生活条件有意识地考虑成制定法适用的原则,是否适当,如果是的话,在何种程度上恰当?

对这些乃至许多其他问题而言,答案不仅是从主观感觉中涌出的,而且要以可证明的方式与社会发展相协调。这一答案清晰地重铸了那些隐秘或无意识地发挥影响的价值判断和社会力量。在这一答案的范围内,对法学而言,(我们仍需要)一定的逻辑公式(logical formula),来填补关于法律不确定性的主要断裂处。然而,这一做法需留待未来的同仁加以回应。在某种程度上,无论何时制定一个新法条,都是对上述做法的实践,因为实际上每一个法律制度或条文都是一种尝试,其或多或少都能成功地去将社会潮流以逻辑形式表达出来。然而,这只能通过那些经常失败的、仅能以最低程度达成的持续不断的实验来非常不完全地实现。因为,立法活动首先是一个政治活动,其次才是一个科学工作。

当人们将能比现在更好地把握社会发展的过程、社会生活的许多特别现象的起源、联系和重要性的时候,无数汇入社会学洪流的科学大体上都会助力这一未来的实现。我要回到一开始的立场上:借助于其他科学的进步,法律科学也得以成就自身。

在私法中,法学要寻求对个体心理的更深刻和更精炼的认识,以期从中受益。这一观点,尽管经常被辩护,但却是错误的。我们在调查内部事实时会面临不确定性,此种不确定性的真正原因并不在于我们对心理数据的忽视,而是另有他物。恰恰相反,今日之法学所运用的心理学工具往往变化多端、细致精巧,以至过于精细,难堪一用。

无论一个人多么坚信,从法学与其他社会科学的联系中,将会获得丰硕的理论或实践成果,这一事业在早期阶段都将是十分棘手的。由于法学与其他学科之间的视角差异(前者是规范性的,后者是解释性的),(法律人)只能进行间接的成果引进,而不能进行直接的比照。此外,为何仅仅一小部分社会科学的学说才被用于有意嵌入到法律人的思考过程中,以满足法律人对确定性和精确性的需求呢?这很大程度上是因为那些社会科学仍处在发展状态(或有时仅处于胚胎阶段)。

尽管如此,人们仍能平静地预言道:即便在社会科学的目前阶段,法律人的视野也会随着对这些学科知识的进一步了解而被拓宽,并且他的社会价值观也会从他的(由于其地域和时间限制而缺乏必然性的)个人经验提升到更具普遍性和稳定性的层面。

尽管法律适用的统一性（就投射的材料而言），仅能从所有法律人的基本状况（如社会和经济地位、学业课程、履历）的大概的等同性中发现；但毫无疑问，法律适用仍会因上述说法而获得确定性和科学性。我将举一个例子来阐明这一一般命题。

A 与 B 缔结了契约，其中约定，A 应在 B 死亡之后担任其孩子的监护人，但 B 必须保留其遗产净年收入的 30% 作为 A 的佣金。那么这个契约是有效的吗？很多人可能会觉得，这一契约是有悖道德的，因为成为孤儿的监护人是公民的义务之一。另一些人则无此顾虑，认为契约有效。前者的评价具有典型的乡村、保守特性，而后者则透露出自由的、商业式的人生观。

然而，如果我们要科学地评价这一案件，那么我们应当从这一为伦理学所熟悉的事实开始。那种为这一交易所激起的不赞成之感，在历史上是这样产生的——一种先前无偿的、作为公共义务和荣誉的劳务降级为一种令人讨厌的有偿交易，而最初，只有那些最卑贱的工作才是要付给报酬的。[188] 然而，如果经济发展的进程指向了这一方向，最初的不赞成感将不足以阻止接连的发展，借此，那些并不卑贱的工作也获得了作为对价的报酬。因此，自然会产生这一问题，这种有偿交易行为现在是否已经普遍开来，还是处于上升或下降态势呢？有偿委任监护人，是否存在一定的经济前提？在对这些问题的思考中，我们可能获得某些要点，来评价上述契约与一般社会发展的协调性，进而去判断该契

---

[188] 参见罗马以及今日之法国的律师薪酬发展史。还可参见后述事实，更高形式的劳务的报酬（compensation）往往被命名为不同于"薪水"（ordinary wage）的"礼金""聘金"等（honorarium, salary, etc），这些特殊的名称涉及一些细微的价值差别，有时甚至能获得不同的法律评价。Comp. Wandt, Ethik.

约有效与否。

如果在法学与其他社会科学之间建立起更紧密的联系,那么毫无疑问,出于法律理论以及制定法律的立法技术需求,法律将会引入许多已经被科学研究过的概念。[109] 因此,那些为法律适用所信赖的概念便可能从所有其他科学的成果中受益。例如,尽管除了列举那些人们不能将其作为财产的物,如空气、阳光、自然状态的水等,罗马人从未界定过受财产权所辖制的诸多事物,而我们却可以很好地用经济学所阐释的"经济利益"概念来表述之。

然而,最重要的是,相较于学习法律史和比较法,通过学习社会学,法律人便不再是精于服从的艺术家。他们也不再仅把法律当作一种赤裸裸的命令,而是开始将其理解为一种社会现象。

古希腊罗马时代的法学家不仅要去认识制定法的语词,他们还要去理解那些制定法的含义和真实意义。作为一个现代法律人,我们应该做得更多:我们应掌握作为每一个法律制度之根基的知识,并且了解每种制度的社会功能。

这便是社会学法学的任务。

---

[109] 目前,恰相反的是,法学中存在着一种封闭倾向。这一倾向的特征之一在于,法律科学及其各个分支常常在不考虑语言用法或适用其他科学的情况下,独立地创建或剪裁那些用于把握其材料的概念。在绝大多数情况下,这一做法是可行的,这一点毋庸置疑。但是,它却有一些重要的缺点,这些缺点往往被忽视,以至于(法律人)经常以一种相当武断的方式操作语词的含义,从而去达到思想体系表面上的完整性。对法律人而言,语词的狭义和广义之间的区别是尤为特殊的,所以他们区分出"财产""信贷"等概念的法学含义和一般含义(或经济学含义)。同样地,商人概念的含义在商法、税法和营业法中都有所差别,"文书"(document)在私法中、费用法中以及在其他科学中的含义上是不同的。然而,现实生活只知道一种商人、财产,或文书;上述区别往往会毫无必要地切断法律与生活,乃至与其他科学之间的联系,也会给概念的投射增加许多困难。其他科学也会有类似的封闭倾向,从而与追求完整性的做法背道而驰。举例来说,如果政治经济学家直截了当地认识到以法律的形式出现的权力对经济利益的分配,他们就可以不用写很多关于资本利息的基础的冗长著作了。

第二部分
立法者的问题

法典编纂的科学方法

〔智利〕亚历山大·阿尔瓦雷斯①
（徐　辉译　吕思远校）

§1. 引言

I. 私法教育改革

　　§2. 现有教育体系的缺陷

　　§3. 法律史的学习

　　§4. 实在法的学习

　　§5. 私法解释

　　§6. 比较法学研究

　　§7. 法理学的真正基础和对象

II. 法典编纂的未来

　　§8. 未来法典编纂的奠基原则

　　§9. 未来法典编纂的指导理念

　　§10. 基本原则与指导理念变迁的根源

---

①　亚历山大·阿尔瓦雷斯（Alexandre Alvares），毕业于巴黎政治学院，巴黎大学法学博士，智利圣地亚哥大学比较民法学教授，智利驻巴黎大使馆参赞，1902年泛美大会副秘书长。Alvarez, Une nouvelle conception des études juridiques et de la codification du droit civil (Paris, 1904), pp. 1-2;147-232. 英译版的翻译者是雷顿·B. 雷吉斯特。——原书编者注

§11. 修订的方法

§1. 引言

政治科学与法律科学对民族国家的命运有着深远的影响,它们训练了统治阶级和被统治阶级。被统治阶级难道不是必定要通过选举,来参与国家事务的领导吗?难道他们的心态不是公众意见的一部分吗?

因而,从社会的角度来看,指明这些科学的研究方向是十分重要的。在这些主题之下的教育会产生各种可能的优点,它们应该被我们时代的需要与趋势所启发,因为每个社会科学都会顺应社会条件的改变而改变。这一点也是针对社会科学总体而言的。而私法的法典研究却属于其中的一个例外。我常常听闻,私法典并不先进,或者纵使它足够先进,我们也不能这么去打量它的进步,因为只要立法机关尚未作出修改,我们就必须按照原先的规定来适用它们。

在所有国家的法典中,法典中所包含的原则与法院(对原则的)适用之间、法院的适用与现代社会的社会需求之间的差别正在日渐扩大;有时甚至会阻碍正义的实现。立法者与法官的权威正在日渐下降,我们不应该对此感到困惑吗?

那这种情况与那些没有法典化的国家有差异吗?如果真有差异,我们是否应该谴责法典化呢?或者我们应该把这个归因到错误的解释方法和法典法适用上吗?难道这两个理由不一样正确吗?

在另一个地方,我们已经大致考察了19世纪社会的变迁②和它们在法律方面的影响(尽管已经有了法典)。这些转变已经赋予了法律关系不同于它们于《拿破仑法典》颁布时所具有的性质,法律关系变得更加多元、复杂,界限也不再分明;它们往往体现为国家化与社会化,并沾染了越来越多的公法色彩。③

虽然条文并未被改动,但是私法所经历的变革却是巨大的。它的界限、基本原则和支配性理念已经发生了改变;《拿破仑法典》中所包含的许多制度已然消失了,或者已经成为公法的一部分,或者成为特定行政行为的对象,而后者的基本原则和理念与《拿破仑法典》中所蕴含的完全不同。新制度已经被创设;那些部分属于主干的制度也在经历着部分改变,它现在既受制于当年影响着《拿破仑法典》的那些观念,又受制于后来的变革和随之产生的不同原则。达成一致的愿望因为各种不同的元素而破灭了,其中有些元素来自古时候的立法,有的则来源于新时代的成文法、习惯和法官造法。我们应该为如今那些重大的法律问题寻找新的解决之法,而非严

---

② 作者将这些社会转变简要地做了以下归纳:法律机关或它们的基本原则与支配性理念自《拿破仑法典》以来受到了以下三类影响:政治现实,经济现实和理论。政治影响是指国家主权的削弱和民主政府实力的增强;经济影响是指19世纪时工业的扩张,其改变了不动产与个人财产的相对重要性,使阶级意识开始产生;理论可以通过社会团结观念和民主理念来得以感知。Cf. Alvarez, *Une nouvelle conception des études juridiques et de la codification du droit civil*, Paris, 1904, pt. ii, chaps. v – x, pp. 111-146, translated in *Progress of Continental Law in the Nineteenth Century*, Boston, 1917, being vol. xi of the Continental Legal History Series. ——英译者注

③ 现实的社会情况与《拿破仑法典》的时代存在着差异,故而当然也和旧制度的社会情况有差异。尽管如此,就国家的重要性不断上升而言,当今社会正趋向于接近旧制度,这使得社会服从于类似旧秩序中的"警察管理"(police regulation)。结社频率的增加,尤其是工人阶级的结社——其本质和目的使它们非常类似于旧制度下的行会组织——则是另一个现今社会与旧制度的相似之处。

格恪守《拿破仑法典》所给出的那些方案。④

综上,可以得出以下三个结论:

1. 当立法者没有提供将法律与实践生活相链接的机制时,法学家、法院和新的立法在很大程度上实现了这种和谐。法典化因而并没有像大众想象的那样阻碍法律的发展。它仅仅是设置了一道障碍,隐藏了法律的发展。这一事实导致了法律与社会之间的不和谐。

2. 与众多杰出学者的信念相反,⑤这个问题并不仅仅是发现一种允许法律条文更有弹性的体系,以至于它可以满足生活中的新需求,还需要发现一种研究方法,学生可以通过它辨认法律制度中所发生的变化,概述它们真正的历史特点,然后再汇总客观的解释指南,以解决在未来可能出现的理论与实践问题。

3. 一种新的法典体系应有可能使得私法与社会中存在的变化保持一致。这样的体系不应像现有体系那样在发展的道路上设置障碍,甚至是磨灭发展。但它也得保障法律关系像《拿破仑法典》中的那般稳固。

I. 私法教育改革

§2. 现有教育体系的缺陷

私法教育必须迎来一个新的时代。未来的法学教育必须不

---

④ 法律所经历的间接变化被那些关注新的立法中新原则的重要性的人所忽略了。Cf. especially Leroy, *Le Code civil et le droit nouveau*, Paris, 1904.

⑤ Cf. the critique by Alvarez, translated in *Continental Legal History Series*, vol. xi (supra note 2).——原书编者注

同于以往。法学家、律师和法官必须准备好,以妥善解决社会中出现的日益复杂和多样化的问题,法学教育的改革是必需的,它的方向、趋势、方法必须被改变。

今天的教育有着以下三种缺陷:经验主义(empirical)、分散和不完整。

其经验主义的原因在于,一旦它脱离了现有成文法文本,它就会盲目追求形而上学和逻辑学的精神,而忽略生活之中存在的种种关联。

其分散的原因在于,它被划分为多门课程,彼此之间甚至相互对立,例如私法与公法之间。这样的方法阻碍了我们去获知法律体系的全貌和本质,更难以理解其内在性质。

其不完整通过以下几点得以体现:首先,学生在研究私法的各个部门时或多或少局限于对法律文本的一般性评注;他们注意到了法律留下的疑问以及诸事务所催生的新问题;这些问题的解决依靠的是传统的解释规则和法院所塑造的学说。作为一门科学,真正具有活力的和与时俱进的法学教育应立足于观察,但这一点却被人们完全忽视了。指导着法学教育的根本理念,它们的本质,经过社会事实直接和间接影响的或多或少的深刻转变,法律制度基于相同原因所产生的转变,法律制度同实践需求的衔接模式——所有的这一切都被抹除了。

在未来,详细的注释法学应该被抛弃,代替之以某些一般性原则,以便我们掌握所需观察的法律制度的性质。简而言之,法学教育必须被设置得更为实证和客观。

那么应该如何划分私法的学科以实现我们所欲求的目标呢?

新的教学基础和方法是什么呢？如果想要补救现在这不幸的局面，这些问题是我们必须要解决的困难。

1. 课程的安排

法律关系的定义不再像以前那般简单了，它们如今变得复杂且容易混淆，法律的所有部门（每个法律部门实际上是在处理法律关系的一部分）都应该被归入单一的主干（即实在法）中学习。在此通过一种普遍的方式来检验作为一个整体的法律关系的各个面向。例如，国内法或国际法、公法（如行政法）或私法（如民法）、经济法（商法、劳动法和产业法）或社会法。

接下来，必须由一般性特征入手来分开讲授那些在实在法课程中已经介绍过的主要制度，像家庭法、财产法、公司和社团法、一般契约法、雇佣契约法等。

而课程的第三步应该包含同一系列现象的全体法律部门，以避免迄今为止十分明显的一项缺陷，即把同类法律事实再作切割。通过这种方式，学生将在同一类别、延续数年的同一门课程中，或在由一定数量的老师（他们信奉相同的理念）所指导的课程中考察有着相同一般本质的所有现象：政治的、经济的或者社会的。而这些现象将被贯彻在了其表现的方方面面：在法学论文、法条或司法判决中，在真实的生活中和在必然性所创造的惯例之中。每个课程都应该强调法学与政治科学之间的相互依赖性，因为它们事实上归属于同一个一般系列。宪法学将作为我们从立法和实践中所观察的政治现象的一部分来被传授，并且它与行政法学中的特定部分相关联。而其他的行政法将被并入对实在法和特定制度的学习之中。经济事实将被当作一组事物来学习，学生应该将其与政治经济学与社会经济学密切联系起来,以探究法律制度的经济方面。只有这样他们才可能意识到每组现象的重要性、范围、对法律制度的影响和社会进化受到其影响而采取的方向。这样学习的结果会十分有益于法学的发展。

最后,应该学习法律史的本真方面和充分内涵。它应该包含罗马法律制度的历史和比较民事立法。⑥

2. 基础课程

在我们看来,以上所列举的课程中最为基础的就是法律史、实在法和比较民事立法学了。学生应全面地学习这些课程,并且采用一般社会科学所使用的方法,即观察法。

那么,为何我们认为这三门学科是法学教育的基础学科?观察法是否可以运用于它们之上?⑦

§3. 法律史的学习

因为法律史学习的对象和方法被误解了,所以法律史研究被长时间地忽略了。法律史研究并没有被赋予科学的以及实用的目的,而在过去则仅仅是为了满足好奇心。法律史将无法发现任何科学目的,因为人们认为旨在研究人类本质的法哲学才是真正

---

⑥ 为了保证最大化吸收所学,学生也应该做一些实践练习。但是应该从与现在完全不同的角度去理解这些练习。学生应该研究特定法律或制度的作用,它们的好坏,在其他国家中的规定和结果。他们应该有着起草法律中一般章节的相关经验,尤其要关注主题的界定和在其规定之中的形形色色的法益,以及立法者必须要克服的困难和相关事项的指导性观念。这类工作是充满吸引力的,并且通过这些工作学生渐渐地也能极大扩展他们的思维;他将感知得到法律关系本质的改变和依靠立法来规定和参与所有事情的不可能性。后者是在新的法律教育中需要得到确立的。

⑦ 在接下来的讨论中,我们仅仅涉及主要法律部门学习所需要的方法,而不考虑参照一般的方法论和历史批判主义,因为学生通过学习哲学和通过在法学院第一年的学习已经熟练掌握了这些。

的法律科学,更是立法灵感的来源。同时,法律史也没有直接的实用目的,因为它承认了法律制度是由立法者所创造的,尽管它们有着自己的历史,但法典化切断了这些制度与历史之间的联系,法律制度也就成为一个独立的存在。法律史的研究也就只能居于次要的地位了。因而对一个国家早期立法的研究所要遵循的方法,是符合上述观点的方法,即描述性的方法,要求按照时间顺序来详细描述一个国家的立法,而不追求批判性的思考。

在社会科学中引入归纳法的做法,摧毁了法学中的哲学-形而上学观念。自此,法律被视为社会事实的结果、社会的产物(也在社会中发展)。在不同的时代、不同的国家中,它们并不是相同的,且处于一种流动的状态之中。现今我们已经达成了共识——为了获取真正法律科学和法律哲学研究所需的大部分材料,我们必须研究法律史。

我们同样需要承认法律史学习有着根本的实践维度。如果我们意欲理解现存制度的本质和社会现象对其施加的影响,我们必须了解它们的过往。

1. 弗拉赫(Flach)的观念与方法

从科学和实践的观点来看,法律史学习是十分重要的。对此我们稍后会再次提及;在此刻,让我们思考什么样的方法可以帮助我们实现上述双重目标。

我们不必理睬现今盛行一时的两种趋势:社会学趋势和民族法学趋势,后者的代表人物是摩尔根(Morgan)、麦克伦南(MacLennan)、波斯特(Post)和莱图尔诺(Letourneau)。法兰西学院的杰出教授弗拉赫作为第一个证明和实践取得这些目的的适当方法的人而享有殊荣。他也是第一个反对从民族或描述的视角去研究制度史的双重错误的人。他非常清楚地指出,对某个国家历史的研究,至少不可脱离对文明一般历史的了解;同时,研究某个国家的制度史,不可不大体知道其他国家中相关制度的历史。

因而在他看来,法律史与比较法律史完全相同,他说:"如果不同的国家有着相同的祖先,即使经历了多年的分离,在他们的语言、传统和大众读物之中依然残留着同样的痕迹,那为何他们的法律之中就没有这样的源于古代的残存呢？相邻国家之间遭遇战争之后——互相征伐,并互有胜负——因商业、艺术和文学创作所形成的紧密联系而变得团结,我们可以否认这些国家会对彼此的法律产生深远的影响吗？"⑧

弗拉赫让我们理解了制度的生命,即制度的起源、发展、环境事实对其施加的影响以及这种影响的施加方式。他认为历史研究包括:"在分类、比较和证实它们时,逐个国家、逐个民族、逐个时代地对法律文本进行方法上的探究,同时要重视方法的批判性,由此我们可以通过分析来阐明众多的素材中的那些根本且基础的要点,并缓慢且小心翼翼地构建一个科学的综合。"⑨

2. 制度史

制度史的学习应该是完整的,它应该严格遵循归纳的方法。关于它的学习应该从罗马法律制度开始,然后是关于四个西方国

---

⑧ Flach, *Les Origines de l'ancienne France*, Paris, 1886, Introduction, no. vi.

⑨ "L'Enseignement de l'histoire des législations comparées au Collège de France", in *Revue Iinternationale de l'Enseignement*, vol. xxxv (1898), p. 310; cf. "Le Lévirat et les origines de la famille", from *Annales des Sciences Politiques* (May, 1900), pp. 3-7. 弗拉赫采纳了制度史和历史方法(in *Origines de l'ancienne France* [supra])的概念,并且在他的比较法学课程中(1879年起在法兰西学院开设)加以适用。

家所组成的族群的法律制度的总论课程:拉丁国家、盎格鲁-撒克逊国家、德意志国家和斯拉夫国家。

对整个主题的课程学习应该围绕着它的主线进行,由此才能体现所有国家中法律制度的一般特征,以及社会现象对于法律制度所施加的程度不同的影响。因此,制度史时代应该被追溯到更为久远的历史时期,而非现在。并且在这门课程中学生将检验这些时代的每个普遍现象的效果,如基督教、教会法、封建主义、世俗权力与教会权力之间的斗争、宗教改革和君主专制。唯有如此才能准确评估每个重大历史事件背后的影响力。尤其是封建主义,唯有通过比较不同国家的制度方能理解它。如此我们也就明白了为何一个特殊的现象在一个国家之中的感受与在其他国家中大相径庭的原因了;例如,为何法国和英国的法律是封建性的,而西班牙的法律则是宗教性的,甚至某些法典看起来像宗教文书一样。

随后,学生将考察每个时代的法律,但他们将着重考察自己国家所属的那个族群的制度史。其目的是解释制度的起源与转变,并揭示社会发展中社会环境的影响。因而学生首先要考察特定时代的社会环境,即各种形式的社会现象。而后,确定它们的强度与紧要性;最后他们将探究在它们的影响下不同的制度是如何产生和发展的。同时法学家和法官所适用的不同方法也将被强调,他们假装自己在解释法律,实则在或多或少适应于新的社会需求的方向下运用这些方法发展法律。

课程的最后阶段应该教授某些主要的法律制度,包括亲属法和财产法。其旨在根据一个严格历史主线描述这些制度(以及其他制度)的起源与发展,且较之总论课程中所提到的要详细得多。

3. 社会环境

关于社会环境及其对制度的影响的相关课程的学习是十分困难的。社会现象是高度复杂的,并且可能共同发挥着作用,故而不总是容易准确测算每个现象所施加的影响力强度。同时,某些现象可能不易被察觉,只有与其他因素一起才能相互发挥作用。尽管学习这些课程需要克服这些障碍,但这并非毫无可能。如果我们想一探到底,那肯定是很困难的。但是我们只是想描述其大概的主线和一般性特征,那其实并不困难。而一探到底的方式并不适合这门课程,除非这样做能带来真正的利益。

虽然按照我们的方法学习法律制度确实有困难,但由此我们将能正确地看待法律制度。它将阐明法律制度之间或强或弱的相互关系以及它们的根本要素与次要要素之间的可变性,前者会在漫长的时期中得以体现,而后者将会来得更加迅猛。由此,法律制度将不会表现为抽象的东西,更不会体现为不变的东西,与之相反,它们将被视为每个时代总体状况的产物。

§4. 实在法的学习

就像我们说的,实在法的学习是为了整体上大致把握所有的法律关系,而它们如今却被视为彼此分离的法律部门。对于掌握法律关系的真正本质与其经历过或正在经历的转变以及获取解决未来问题的客观方法而言,这样的学习是不可替代的。

首先,十分重要的是应该重构现有形式的法律关系(就像不断变化的文明对它们的影响),而后应该归纳出客观的解释方法。

1. 民事制度的重构

私法就像我们所提到的,与其他实在法部门交织在一起,时刻在经历着变化。事实上自《拿破仑法典》时代以来,很少有法律制度能保持不变,也很少有法律制度会销声匿迹。然而,几乎所有的法律制度都在字面或精神上保持着旧法的某些印记,并增添了许多其他新的且不可调和的印记。我们必须重构或者重新整合这些已经改变了的法律制度,以显示它们真正的方面。正在改变的因素应该被区分出来,以强调它的外在特征,而这些特征因为当前的法律教育体制的缺陷而没有得到彰显。经过重构的法律制度并不会像《拿破仑法典》对其所规定的那样具有清晰性、永久性和准确性。它们的类型看起来有些混合。但是这并非是解释活动和解释方法的缺陷,而是由立法所经历的变化带来的。

抛开上述第一原则不谈——即使那些最为固执于尊重法律文义的人,也不会否认这一原则——让我们考察一下法律重构是如何进行的。在法律重构的外衣之下,法官和法学教师并不能去随意修改法律制度的特征。换言之,我们必须找寻客观的原则和测试方法,以帮助法律解释更好地发挥作用。

2. 重构的方法

为了进行法律制度的重构,我们应该先通过总论,阐明隐藏在法典中的基本原则、驱使立法者开展工作的理念以及立法的分工。我们应该学习支配《拿破仑法典》的基本制度,它们十分重要,支配着整个私法体系,特别是法律人格、能力、财产和私法行为。

总论在私法的学习中可谓是重中之重,⑩私法的机制和真正范围都将通过总论加以确定。⑪（我们将在）《拿破仑法典》的内容之间建立起逻辑关联,而不是任由它像现在这般零零散散。这样的一种安排着实与《拿破仑法典》中的设置大相径庭,其优点在于教授学生了解特定主题之间的联系,但它们通常不会被放在一起考量,或者说只会被单独分析,其根源在于每个部分分属不同且独特的法律部门的信念。

因而,(学生们)将在一个一般性的逻辑综合中学习关于财产的所有内容。财产的不同形式和各自所属的法律部门将被阐明。我们下面将详略得当地分析财产的各个特别分支(工业财产、商业财产、文学财产和艺术财产等),并且最终也会涉及通常意义上的财产——动产与不动产。那些将他人财产当作对象的权利的民事⑫制度都将用同样的方式一同被教授,尽管当下的教学方法无视它们之间的自然联系,而选择逐一教授。

每个法律体系的学习应该先着眼于它所处的不同历史时期;但是解释其发展过程的任务应该留给法制史课程,因为这样做的目的仅仅在于理清这一制度在过去的重要性。下一步应该从立法机构和法院对制度的发展中推论制度的法学综合,进而限定制度的清晰边界。但是我们不必依靠这样的综合来预计所有可能

---

⑩ 德国法学家即使在有了新的民法典之后依然关注着总论研究,并在这方面做了诸多工作。但在法国如今只有一部相关作品。Capitant, *Introduction A l'tude du droit civil*, Paris, 2nd ed., 1904.

⑪ 这样就可以回答:如何才能最好地分配三年的本科课程? 其中的困难来自,在没有对所有其他部门法有个总体性了解的情况下学习具体法律制度是不可能的。如今的法国法学院正在思考由加松(Gasson)和维莱(Villey)向"最高公共教育委员会"提交的一项改革动议。

⑫ 民事的与商事的相对。——英译者注

遇到的困难，而所有运用这一方法的作者都犯下了这样的错误。

一个没有任何前见的综合并不会认同惹尼的批判，因为惹尼宣称在每个逻辑性的综合之中都有着这样的前提：所有实在法都是成文法。⑬ 这种方法就像刚刚解释的那样，事实上仅是将科学的统一性运用到法律上，并且只有通过它才能准确掌握制度、目的、范围以及它们之间关系的准确概念。

3. 新旧方法之比

我们刚刚所描述的那种体系并不是什么新奇的东西，它曾经被察哈里埃（Zachariae）所采纳，后来又为奥布里（Aubry）和劳（Rau）所继承，并被布夫诺尔（Bufnoir）发扬光大。⑭

但是这些作者都犯了这样的错误：没有提出上述法学的综合。他们将法律体系视作永恒不变的，而没有花时间去观察法律体系已经经历的和正在经历的持续变化。其实，恰是这些变化构成了法律体系非凡的生命力。正是在此处有着我们意欲引入法律学习的新要素。法学教育必须要抛弃关于经院式问题教条式的讨论，它们挤占了太多今天总论课程的时间了。这样的细节讨论应该是某些选修课中讨论的材料，只适合那些对这种类型学习感兴趣的学生。法学综合一旦得出结论，注意力必须转向社会现象直接或间接导致的变化之上，并探寻与某一法律体系相关的所有法律部门的方法与分歧点。只有这样我们才可一窥每个体系的真容。

---

⑬ Gény, *Méthode d'interprétation et sources en droit privé positif*, no. 25.
⑭ 奥布里和劳的体系因欠缺引论部分而受到批评，我们向智利大学法学院提交本文中构想的民法学习方案，这一方案被智利大学所接受。See Alvarez, *La Réforme des études juridiques et politiques*, (Spanish, Santiago, Chile, 1901), pp. 46-83.

当法律重构是观察的结果,且以社会科学为基础时,它才能获得真正的科学性,而不被指责为武断的或被认为是建立在建构者的主观想法上。毋庸置疑,这一重构当然带有个人色彩,但是对最为确定的法律规则的解释也要受制于个人考量吗?这样的重构并没有失去任何自身价值,因为它们的基础——塑造着它们的社会事实——是一个真实存在着的客观事实。那些认为此种方法创造了混淆,混合了太多不同的法律部门,而不愿在对法律体系的教授中采纳这种办法的,是歪曲了法律体系,并显现一种与它在现实中完全不同的样子。我们无需再去赘述这一观点:社会时刻处于流动之中,这些综合性学习必须不断被修正才能与时俱进。

这些法律重构对于法院而言有着重要的参考价值,并且法学家希望他们的使命是启迪法院,而不是陷入事后的争论之中。

4. 结论

我们的目的是为了将法学教育从细节、争论和三段论的牢笼中解救出来,并恢复作为社会科学的法学所具有的真正属性,这就需要对法律制度作出考察。这种考察不局限于特定的某个时期,例如当它们成为立法的主题时,而是要考察其全部的演变过程。我们明白这种演变是由文明发展所推动的,并且立法者并不能预见由那些日新月异的社会存在所提出的所有问题。法典也不能被视为对所有事物完整而终局的规定,而仅仅是反映了特定时期的需求。它们仅仅是观察不断变化的法律体系的一个出发点。

现在这些重构应该通过简要提及比较立法来完成,它将相同的法律制度在四个自然分类的族群国家中的一般特点归纳起来。作为总论课程的一部分,这个比较仅仅旨在强调法律体系的相对性(事实上它们在不同的时代和国家之中是不可能一样的),并且通过国外立法提供了一种立法指引。

最后,必须通过批判性方法来学习法律制度,运用政治、经济和社会科学,尤其是统计学,甚至运用法医学的资料。[15] 同时在一些特定事件上,特定群体的需求与目标应该被解释清楚,特别是社会主义者群体(socialist group)。因为他们的雄心旨在永恒而非一瞬;他们的力量每天都有增无减。[16]

§5. 私法解释

法官和法学家都认为,在法典化之后,他们所拥有的解释权再也不像从前(法国法早期和罗马法时期)那样了,他们相信自己的职责仅在忠实地适用法律文本,遇到新的问题时探寻立法者的意图,而不考虑能否将立法中已经规定的相同规制直接适用于新的情况上。但我们已经看到,在19世纪的进程之中,他们是如何在迷信法律文本的情况下,依然尝试(事实上也是在解释的外衣下小心翼翼地)通过一些方式使得成文法适应于实践的紧迫需求,如通过将法条解释得更为灵活,或者通过扩张法律的适用,抑或创造新的规范。并且最后我们也看到,一些现代法学家多么希望能将法典完全契合于新的社会需求。他们已经勇敢且创造性地提出了新的法律解释观念,借此法学家和法官们可以公开而直

---

[15] On marriage, cf. Brouardel, *Le Mariage*, Paris, 189D.

[16] Important from this point of view, Menger, *État socialiste*, French trans. by Milhaud, Paris, 1904.

率地去做他们曾经不敢做的事情。

在这些学者中,萨莱耶对这一新观念的考察最为透彻也最有新意,他努力发现这一新的解释方法之中的客观因素。在他的一篇论文中[17],他认为必须严格区分两个考虑因素:(1)将社会中客观需求转换成为一条法律规则的条件是否成熟;(2)要遵循一套方法来完成转化。他认为罗马法是实现上述两个因素的最好例子,过去如此,而今亦然。

1. 未来的解释的功能

我们认为,法律同实践之间的协调问题不能仅靠新的解释方法来解决。法典化并不能掩盖法律制度变迁的事实。因此,为了展现法律关系的本色,我们必须研究这些变迁。在研究这些制度的变迁、方法和演变方向之后,我们才能得出一个新的观念:首先是解释的目的,其次是如何达成目的而不会陷入主观主义之中。

第一个考虑因素我们在上文中已经讨论过了。现在必须着手考察第二个考虑因素。于此很自然会遇到两个问题:在未来我们会如何看待解释的功能?解释的方法是什么?

对于解释的功能,我们不可能像萨莱耶那样将罗马法学家的观点奉为圭臬,因为现在的政治和社会条件已经与罗马时期完全不同了。在罗马法时期,也即在《拿破仑法典》颁布之前,法律关系的本质已经在缓慢改变并且它们的变化相当一致,因而那个时期的法律解释的功能只有一个——使法律规范变得更加灵活。

---

[17] Saleilles, *La Réforme de la license en droit*, in Revue Internationale de l'Enseignement (Apr. 15, 1904), pp. 320-322.

于是,逻辑就成为唯一的工具;许多精妙构思通过它被创造出来,掩盖了其背后缓慢进行着的演化。

这个方法在今天已不起作用了。法律关系发生着日新月异的变化。它们不同于先前的法律关系。现在是转型时期,必然有着诸多困难与疑惑。解释的功能因而不是将完全不同于之前的情况涵摄于现存的法律规范之下,这些情况如果当年被立法者所预见,他们想必会创设完全不同的规则。如今法律解释的功能显然是:沿着社会现象所施加的方向去协助法律制度的演化,以与那种演化相协调的方式解决新案件。

因而解释的新观念不是武断的,它源于对社会事实及其法律关系的研究;源于社会生活本身,并且抛弃这种观念就是忽视了作为一个活生生的有机体的社会。

2. 未来的解释方法

在新的观念之下,新的解释方法应该是什么呢?基于我们前面对其功能的描述,现在的问题不再是如何通过或多或少精确的规则去限定解释,而是使之能够探寻特定法律制度发展的方向。前述重构法律制度的方法或许可以用到此处。

所有法律制度并不遵循相同的演化路线,我们必须首先意识到,并没有统一的法律解释方法存在(与现今的规则和普适的理念相反)。并且我们必须诉诸不同的规则,来适应法律关系演化中的不同阶段。因此在关于制度演化的总论课程中,我们必须去考虑那些在19世纪中几乎没有变化或者变化很少的情况;那些作为主干的改变了一部分但没有完全改变的情况;还有那些已经完全转变了的情况;最后则是那些源于《拿破仑法典》时代,如今却在性质上完全不同于彼时的制度。

四个制度类型之间的界限是十分模糊的,但这没有关系。我们所最需要了解的是它们演化的方向,由此我们能使法律解释与之相契合。

在第一类中,法律规则应该按照立法者过去所宣称的内容而得到适用。传统的法律解释方法应该被遵从,因为制度没有经历改变的事实已经足以清楚地表明:制度的规定无需改变,立法者过去所颁布的内容已经足够了。但即使是在这样的情况下,我们也不能认同那些错误的观念,即认为法律解释的目标是为了探求立法机关多年之前的意图。我们应该在对法律文本给予足够尊重的情况下,通过解释法律使其含义最大程度上与现今的社会需求相一致。

在第二类中,法律不应该再按照过去的规则或者先前立法机关的一般精神去解释,而是应该按照制度演变中所出现的新趋势去解释法律。这些趋势不难被发现,因为影响制度的事实已经很好地彰显了它们。例如,如今我们应该考虑如何使家长权和夫权更为契合自由、妻子和孩子的法律与经济独立性,因为这是现代社会演化的方向。为了可以清晰地了解一个制度的发展趋势,我们必须诉诸我们在现代法律中识别出来的一般性特点,因为它们描绘了制度进步的一般方向。我们必须关注关于特定主题的比较立法的研究结果,因为所有国家如今都面临着相似的现象,而各国的制度都用相同的方式去回应这种趋势。

雇佣合同是第三和第四类中最典型的例子。对于这一合同,法律关系应该根据其新特征和新目的去解释,而不是像现在的惯例一般去依据私法的一般性原则。⑱

3. 方法的客观性

法律解释的方法就像上文所描述的,并非是不变的或者如传统规则那般精确。但是它是可以让我们心满意足的,因为为了达致稳定与准确,我们势必要牺牲所欲实现的法律规则与社会现实之间的和谐。虽然这种方法较之传统方法没那么精确与清晰,但是在另一方面它却有着必然的客观性。它可以在阻止解释滥用的情况下,通过不断适应制度的常规发展,而为之后潜移默化的法律变迁留下足够的弹性空间。

无法否认的是,我们提出的方法并没被牢牢地锚定于法律领域中,它的唯一目的只是用个人所认为的公正与良善去替代《拿破仑法典》中的规范。正相反,就如我们所展现的,这一做法的理由在于,法律规范作为有生命的结构体是不断变化的,而解释方法的唯一目的就是在于遵循这些变化。因而,我们的解释方法的基础是客观的,其意在实现社会正义,同时不至于给法律关系带来任何不利影响。

§6. 比较法学研究

对外国制度的研究由来已久,18 世纪的哲学家早已致力于

---

⑱ 有个非常典型的例子,说明了采用其他而非我们所提倡的方法而造成的不便后果,它源于司法解释——最高上诉法院对 1890 年 12 月 27 日《补充民法》第 1780 条的法律的解释。该法的目的是防止雇员被雇主强制解雇。最高上诉法院很长一段时间没有受到这一目的的影响,而是根据民法的一般规则承认,作为对其店铺进行管理的一种措施,雇主可以违反该法的规则,剥夺雇员因未经通知就被解雇的要求赔偿的权利,因为当他进入商店工作,就被认为接受了这些条件。因此,最高法院就把契约法旧日的一般规则,用到了旨在限制契约自由的新原则上。

此,并且孟德斯鸠也在其作品中强调过这点。因此在法国大革命中诞生的公法就受到了比较法学的影响。

比较法学这一分支在19世纪受到了追捧,但是法制史当时吸引了所有人的兴趣,而比较法学则仅局限于东方文明。英国的梅因,法国的拉布莱(Laboulaye)、达雷斯特(Dareste)、吉德(Gide),德国的科勒、耶林、萨维尼,这些法学名家已经揭示了法律生活的新阶段,进而也是在时间和空间上离我们很遥远的文明社会的新阶段。在最近的25年中,比较法学的研究领域已经扩展到了如今的西方国家。学者在研究早期制度的历史和不同民族文明的制度史之外,还从事法律理念的比较研究,后者几乎在每个国家都有着很好的发展势头。[19]

1. 关于比较法学目标的不同意见

大家并没有对比较法学的目标达成一致,这就需要去考察关于目标的相互分歧的观点。[20]

这些不同的观点可以分为两类:一些人认为比较法学是技艺,另一些人认为比较法学是科学。

(1) 作为技艺的比较法学

该类中共有四种观点,对于其中一些人而言,比较法学的目标仅仅是促使人们熟悉外国法。因而它具有科学价值,并且在实

---

[19] 比较法总论方面的最早著作有下列文献。Gabba, *Introduction aux études de législation comparée*, Milan, 1862; Gumercindo de Azcárate, *Essai d'une introduction à l'étude de la législation comparée*, Madrid, 1874; De Filippis, *Cours complet de droit civil comparé*, Naples, 1881, 10 vols. 如下法文著作不应被归入比较法学的行列。Saint-Joseph, *Concordance entre les Codes civils étrangers et le Code Napoléon*, 2nd ed., 4 vols., 1856.

[20] 1900年在巴黎召开的比较立法学大会,努力在各法律部门间就此问题达成共识。比较民法学方面的与会者发言表明,大家在这件重要事情上莫衷一是。

践中有助于解决国际私法案件。

另一些人认为比较法学所起的作用仅仅是推动一国私法研究,并使其跟上现代潮流。这种观点曾经盛行于法国,当时法国刚刚引进了先进的比较私法选修课。

还有一些人认为比较法学是国内立法不可或缺的准备工作,它为立法机关指明了未来实施改革的可能道路。

我们已经有所提及第四个观点,[21]它由朗贝尔提出。[22] 根据他的观点,比较法学研究有着特殊的重要性,其旨在于不同法律体系中研究出比较的共同法(comparative common law),或者说是能适用于所有国家的法律。这就有着双重目的:首先,这样的共同法能持续作用于作为其来源的不同的法律体系,并通过启发法院和激励立法改革而成为解释的指南;其次,更为重要的是,其倾向于统一各国的私法,或者至少逐渐减少偶然的法律差异。

(2) 作为科学的比较法学

为了支持第二类中的各种观点,有三个名字必须被提及。

罗甘(Roguin)认为,比较法学是一门科学,其旨在成体系地研究和比对不同国家的法律,强调不同国家为了解决有组织社会中产生的不同问题而采纳的规则之间的异同。[23]

与之相对,塔尔德并没有从实践目标的角度看待这门科学。对他来说,比较法学的目标是科学的:是为了对形形色色的法律

---

[21] Alvarez, *Une nouvelle conception des études juridiques et de la législation comparée*, pp. 97-99.——英译者注

[22] Lambert, *La Fonction du droit civil comparé*, Paris, 1903, vol. i translated in part, ante in the present volume.

[23] Roguin, *Traité de droit civil comparé*; Le marriage, Paris, 1904, Preface.

体系作出真正的分类。在这种分类中所有的法律体系都能找到自己的位置,并且每个制度类型的演变都可通过这种分类得到追踪。他创造了一种类似于不同的人类知识领域分类——植物学、动物学、矿物学、人类学、语言学、宗教学等——的关于不同法律体系的分类,这种研究有利于社会学的发展。[24]

萨莱耶则认为,比较法学是一门兼具基础性和辅助性的科学。作为基础性科学,它的目标首先是为了从社会立场去研究不同的法律体系,也即观察它们的适用并比较其所获得的结果;它应该基于体系之间的根本相似点去比较从不同法律体系研究中得出的法律和惯例的一般原则。最后,作为结论,比较法学应该归纳其所研究的法律体系类型;其中的比较标准将作为一个目标,使得各国法律逐渐向其趋近,当然也需要尊重保留下来的传统形式和使之得以区分的历史差异。如此,比较法学为其研究的每个法律制度都提供了一个理想,而不管这个理想是否被引入。后面一个问题实际上组成了立法政策学的内容。作为一门辅助性科学,比较法学应该通过设定一个实证目标(对立法演进、法学理论、法律解释而言)来帮助国家法律的进步,由此法律将尽可能地接近于理想类型并使它们成为人类文明的共同法的材料。[25]

2. 这些观念的缺陷

为了体现我所认为的比较法研究应实现的目标,只需要批判

---

[24] Tarde, "Le Droit comparé et la sociologie", in *Bulletin de la Société de Législation Comparée* (1900), pp. 529-537.

[25] Saleilles, "Conception et objet de la science du droit comparé", contributed to the International Congress of Comparative Law of 1900, published in *Bulletin de la Société de Législation Comparée* (1900), pp. 383-405.

构成这门科学的不同观念即可。

关于将比较法学视为一种技艺的前三种观点,我们只需要提及朗贝尔卓绝的批判即可,他那引人深思的著作已在前文中引用过。[26]

但是朗贝尔的体系本身看起来与刚才所提及的那些他所驳斥的体系一样狭隘。他开篇提出了一个关于比较法学的很高调的观念,称它为科学[27];而在收篇之时通过将比较法学的功能限制在技艺之上,[28]即从所研究的不同法律体系中得出比较共同法或对所有国家而言的共同法。这样的概念并不新奇。萨莱耶也抱持着相同的观点,诚然他并不视其为比较立法学唯一的研究对象,而仅仅是次要目标。而这也使得他的理论更能经受他人的怀疑。[29] 至于朗贝尔的理论,就不怎么能让人接受,因为他限制了比较法学的目标。

此外,我们必须意识到法律的统一性将很难像朗贝尔所宣称的那样从比较法学研究中获得,而是源于其他更深层次的原因。[30]

---

[26] Lambert, "Introduction: La Fonction du droit civil compare", in *Études de droit commun législatif ou de droit civil comparé* (Paris, 1903), vol. I, pp. 8-107.

[27] Lambert, *Études de droit commun législatif ou de droit civil comparé*, p. 7.

[28] Lambert, *Études de droit commun législatif ou de droit civil comparé*, pp. 916-918, 922-924.

[29] Saleilles, "Conception et objet de la science du droit comparé", p. 397.

[30] 将来会有完全而绝对的统一吗?普遍认为这是不可能的,并且大多数作者认为这既是不可能的也是不可取的,因为(他们认为)这将威胁各国制度的原创性。与上述观点相反,一些人(特别是朗贝尔)——视比较立法学为一种对于实现统一性而言意义重大的方法——认为尽管立法的绝对统一性是可欲的,但却难以实现(Lambert, *Études de droit commun législatif ou de droit civil comparé*, pp. 907-908)。另外一些人(胡克[Huc]可以算其中之一,Huc, *Le Code civil italien et le Code Napoléon: études de législation compare*, 2nd. ed., Paris, 1898, vol. i, Preface)依然认为立法统一性是可欲的且可以实现,胡克认为《拿破仑法典》是实现这一目标的重要一步,并认为统一将在其他国家模仿《拿破仑法典》、国家协议中包含足够多的国家之时实现。 (转下页)

朗贝尔为比较共同法赋予的第二个目的恰如其分,即帮助推进各国的法律解释。但我们已经指出,这个目的是最需要考虑的因素之一,但这并不是唯一一个。

3. 真实的目的与方法

那么什么是比较法的目的呢？什么是它真正的方法呢？

其目的在于,在兼顾与之紧密相联的历史情况,以及从各种现象的前述整体研究中所得结果的前提下,展现真正的制度哲学,或者更好地去创造真正的法理学。这一科学将与过去乃至是今日的自然法或者法哲学的形而上学展现相同的目的与

(接上页)　我认为我们必须作出区分,血脉同源的各民族——尤其是拉丁国家——之间的法律统一,几乎已是既成事实,因为他们都在紧紧跟随着《拿破仑法典》。过去曾经在(世俗婚姻的)结婚和离婚方面的根本区别如今已经逐渐消失了。现在它们之间的分歧仅仅关乎细节,而非根本性的了。

不同国家族群之间的统一性将更难实现,因为在它们之间有着基于历史和国家特征而存在的巨大差异。然而说统一性根本不可能实现还太遥远了。现代社会演化的特点在于,现代社会偏离了它们的过去和它们的个性。所有国家受制于那些具有普遍性特征的新现象及其所产生的结果,对此我们努力在不同国家采取相同的方法,尽管各国之间的政治、社会和宗教制度差异极大。商法尤其如此。在这方面土耳其和日本也在借鉴西方国家的经验。这一现象也解释了研究比较法学的动力。各民族再次联系得更为紧密,法律关系通过这种方式,就像我们刚刚提及的,有了国际性特征,并且获得了一致地调整。私法在大的方向上开始与国际私法融合,或者说国际私法开始成为私法的一个新阶段,因为在未来国际私法必须承担给带有国际性色彩的法律关系提供一系列规则的任务。通过这种方式它将变成推动法律统一最为强大的实践动因。上述这两个情况趋向于消除国家法律的个人色彩,并摧毁这四个族群法律体系的全部特征。因此可以认为正如过去国家历史的特征——孤立——赋予了它们的立法独特而历史的特点,同样,如今它们所经历的相互融合和统一的现象,会趋向于有朝一日产生法律的统一性。

但是这并不等同于说在所有法律部门之中都会实现。但这种现象已经开始明显,并且将在未来于以下领域实现:那些社会现象居于统治地位的法律部门,国家之间"重新接近"在其中会走得更远——特别是在商法中,以及在民事领域,如财产法、责任法和其他事情。当然亲属法就不是如此,尽管如此在亲属法的某些问题上也能觉察统一的趋势,特别是在(世俗婚姻的)结婚、离婚等问题上。

《19世纪大陆法系的进展》一书的第3部分"法律的国际同化运动"(The Movement for International Assimilation of Law)探讨了这个问题。——原书编者注

功能。㉛

　　法学家们一致认为比较法学应该用观察法,但是在如何观察这件事上大家却意见不一。不幸的是,占据通说地位的观点所倾向的是《拿破仑法典》中所运用的教义主义(dogmatism)。而这种方法并不能保证能从比较法中获取其所有的优势。

　　我们认为,比较法学的真正方法是我们在制度史研究中所认可的方法,毕竟比较立法只是制度史研究的延续。㉜ 弗拉赫认识并强调了这一事实。他是第一个将这一方法运用到实践中的法学家,㉝自此以后,这一方法也被许多杰出的法学家所承认。㉞

　　比较法事实上必须与法制史紧密联系起来,比较法会在历史停止的地方继续研究。因而在比较法中(就如同在法制史中一样),我们应该观察和分析法律机构与国家的政治、经济、社会组织之间的关系,并考察其中的相互依赖性,这种相互依赖性是个具有建设性并十分吸引人的研究对象。而学习制度时,应该顾及其发展所处的环境,否则就谈不上理解,而我们的工作也就只能沦为学习或者工作的小把戏而已。例如除非我们明白大地产制(large landholdings)对英国、德国或俄国的国家和外交政策的影响,不然我们不可能理解这些国家的农业立法。

㉛ §7 将讨论这个问题。

㉜ 既然朗贝尔仅仅将比较法视为一种技艺,由此可见他虽然承认法制史是一门科学,但是他并不会接受它们使用相同的方法。Cf. Lambert, *Études de droit commun législatif ou de droit civil comparé*, pp. 913-926.

㉝ 他在比较民法课程中(包括财产法和亲属法)贯彻了这一方法,这门课他已在巴黎政治学院教了 25 年以上。

㉞ Bufnoir, *Bulletin de la Société de Législation Comparée* (1890), p. 66; Saleilles, "Conception et objet de la science du droit comparé", in *Bulletin de la Société de Législation Comparée* (1900), p. 395.

学习比较法和学习法制史一样,应该从前述四个族群国家的法律制度的基本原则入手。学生们将观察制度与其背后发展条件的关系;通过考察影响因素异同,观察每个族群国家所经历的变化;以及观察制定法和判例在这些因素的影响下发生了什么变化。这一一般性考察将为之后关于制度本质的学习打下良好的基础。在这之后,每个族群的法律制度都将被依次教授,且内容较之前将更为翔实,并且其制度和制度效果也会被比较。通过这种方式,为应对类似社会现象而产生的不同法律能否体现出统一的趋势,或者正相反,某些明显的分歧是否可以被人察觉? 在后者中我们将会追问为何存在这些分歧,而且只要其原因看起来并非毫无回旋余地,我们就会寻求已经达到或者看起来将被主要国家认可的体系。[35]

§7. 法理学的真正基础和对象

法理学至今都没有稳固的根基。这使得它备受批判。迄今为止它只有一个形而上学的框架,被称作自然法或法哲学。人们已经很明白,这一观念对于法典编纂的基本原则和支配性理念,对于法律解释,对于通常而言的法律精神产生了什么样的影响。

归纳法在自然科学中所带来的进步,也影响到了法学中的形而上学。曾经有人想通过自然科学的方法和发现(特别是生物学和人类学)去重建法理学;甚至还有人认为法律科学应该受到进化论的指引。这些趋势由一个尤其在意大利有着极大号召力的

---

[35] 这是我在博士论文中所欲追求的概念和方法,参见 *Influence des phénomènes politiques, économiques, et sociaux, sur l'organisation de la famille moderne*。1900 年以来我在智利大学教授比较民法学课程。

学派所提倡。㊱ 而这一学派所提出的结论缺乏明确性,因为它的基础并不是明确的。其他观点则偏向于将制度史当作构建法理学的唯一材料。但这一材料远远不够。

真正的法理学只有通过批判性地观察与时空关联的制度,以及事实对该制度的影响才能建立。只有通过这种方式,我们才能把握法律那正在发挥作用的原则,即制度的相互依赖性、制度的接续变迁、约束制度的因果关系、指引制度的原则。如此,法理学就将成为一门社会科学;因而它将不再像如今这样是法学的导论,它将会成为结论,因为其总结了全部岁月的法学成果。

从这个基础上演化的法理学(如果有人不喜欢这个名字,叫法制史或比较法学亦可)注定将取代自然法的地位,去发挥自然法在过去和当下所拥有的实践影响力。它将会是一门真正的哲学,因为它的目的是为了获取某些知识,它将使我们重新认识法律的哲学基础和目标,这一问题困扰了哲学家上百年。基础和目标看起来不再如形而上学法学家所认为的那样绝对和唯一,也不会如某些哲学家所认为的那样从教条中来,并摆脱了时间的束缚。㊲ 与之正相反,它们将表现出彻底的相对性,是这个时代的社会和政治因素的产物。拿破仑时代的法律的目标是捍卫自由与平等;这两个目标已经得到实现;社会条件已经改变了,因而法律的功能如今开始转向实现社会团结和建立人与人之间的友爱

㊱ Among them, Cimbali, *La nouvelle phase du droit civil*; D'Aguanno, *La Réforme intégrale de la législation civile*, especially chap. vi; Chironi, *Sociologie et droit civil*; Saint-Marc, "Droit et sociologie", in *Revue critique de legislation* (1888), p. 59.

㊲ Especially Fouillée, *L'Idée moderne du droit* (4th ed., Paris, 1897), bk. i, p. 1. translated in part in vol. vii of the present Series, *Modern French Legal Philosophy*. ——英译者注

情谊。

1. 作为一种理想的法理学

新的法理学将提供指引法律的真正理想。法律的形而上学和哲学研究令法理念(juridical ideal)这一概念声名狼藉,甚至"法哲学"这一表述已经沦为"不可能"与"荒诞"的同义词。新的法理学将具有不同的理想,它不再采纳那种终极而普遍立法的模式,而采用对那些从未听闻过它的国家而言,容易达成正义的理念,以及展现此种理念的制度。这将在这些国家之中引发一场支持适时改革的运动,这场运动比其他已经激起新的立法的现象更为强烈。由新的科学所创设的规范不再像之前那样抽象且绝对,而是实质且相对的,亦取决于时间和空间因素,并且在其被实现之后具有进一步完善的可能。

因此我们打算以新法理学为契机来复兴关于社会理想的科学,正如某些社会学家虽然意识到了这样的科学的需要,但却不知道如何创造它,并且他们就是这般称呼它的。[38]

2. 法理学与国际法

法理学的另外一个目标,就是突出法律关系的国际面向及其最好的规制方式,这一目标与前述目标联系密切。我们已经注意到法律关系正在变得国际化,并因此走向统一。这一事实催生了私法与国际法的新局面,从而使两者走向统一。法理学将指明具有国际特征的私法关系,并且人们将依照最适合国际私法的调整方式来引导它。

---

[38] Cf. Georges Renard, "La Méthode d'étude de la question sociale", in *Revue Socialiste* (Jan. 15, 1897); *Le Régime socialiste*, 4th ed. Paris, 1904, App.

显然，人们没有理由这样抗议：法官和法学家参与阐述国际私法的这一新局面，背离了他们的真正职责。较之通过解释法律文本来完成他们的任务，这样的方式并没有背离他们的任务。在这两种情况之下他们所发挥的职责取决于法律关系的本质。无论法院多么尊重法律文本，在处理国际私法冲突的过程中，即便没有明确的制定法指示，也依然要放弃属地法并赋予域外法以效力吗？在未来的国际私法规则中，这一趋势还会表现得更为明显。

因而对于国际私法新时期的发展和形成而言，法理学将会是它最为稳固的基础。

3. 法理学、立法和司法判决

法理学也将为立法者、法官和律师提供一个确定的指南。

立法者受到了法理学的启发，以了解其他地方所存在的立法及其利害得失。可以说，这是令所有国家的立法机关都能从中获益的先见之明。但这并不意味着立法者应该遵循那些关于立法类型的建议而不做丝毫改变。当他认为这是必要的或者在他国家的政治和社会条件尚不满足立法统一性要求时，他必须进一步改造建议下的立法类型。现代法理学给立法者提供了一套方法，以逐步实现他的社会理想，而不至于受到激进的干扰，它十分不同于之前的法理学，因为之前的法理学并不思考采取什么样的方式可以实现它的理想；这一方法也和革命有着很大的区别，因为革命只会使用暴力手段。

法官和律师同样也会因此受益，法理学会在本国法适用方面指导他们，无论本国法是借鉴于抑或效仿于他国的法律。在尚无本国法的情况下，新法理学依然有着自身的价值，它为法官造法奠定了基础并指明了发展的方向，就像我们看到的，法官造法是最为确定的来源，从中我们可以决定社会变化指引制度改革的方向。在法理学中，法官和律师将发现立法真正的精神，这也就是制度中所体现的新的一般趋势。如果我们能在旧制定法允许的情况下塑造法律解释的方向，这有助于去理解立法的精神。如此一来，法院将在充分占有事实的情况下，坚定地沿着法理学所设定的方向，在立法者所欲推行的改革中让他经受历练。

这些并不是新法理学所有的目的，其他的目的也同样重要。它们将绝对实证地塑造一个新的司法标准，从而有效避免那些典型的通行标准的形而上学属性。最后它们也将有助于社会学的发展。社会学至今依然被认为是经验的并且不能逃脱纯粹形而上学假定的影响，这主要因为法理学作为社会学牢靠的基础，还没有找到它真正的立足点。

II. 法典编纂的未来

§8. 未来法典编纂的奠基原则

在那些已经法典化的国家，我们应该从何处开展关于未来法典编纂问题的讨论呢？

在法国或事实上在所有法典化国家中，未来法典编纂的问题实际上就是在多大程度上修订《拿破仑法典》的问题，或者至多再兼顾探寻其内部占据主导地位的理念为何的问题。即便这么想，进行彻底修订的想法在意大利有着诸多拥护者，而在法国却应者寥寥。但这并不是说，法国人认为这个任务是全然不可能的，而是认为这一根据社会来调整法律的任务交由法院来完成更为合适；或者现今的《拿破仑法典》满足了实践需求，因而修订的唯一目的就是收录自《拿破仑法典》生效后通过的法令。[39]

我们相信，至今为止的研究已经足以否认这一观点。未来法典编纂的问题，实际上是一个很微妙的问题，并且这一问题的复杂性也依然困扰着我们。

那我们是不是要宣布法典化已经失败，并转而宣扬不曾有如此缺陷的英国体系呢？

我们肯定会被诱惑着去承认这种看法，因为法典化面对日渐相互依赖和流动的法律关系越来越束手无策。而事实上，这也是为何在行政法领域反对尝试法典化的重要原因。据说，行政法领域的法典化不仅不现实，甚至还会产生致命的缺陷，因为非法典化的行政法更易于兼顾公共利益（general utility）。这被称为衡平法，是对英国法律的模仿。[40] 更有甚者认为，没有法典化的话，法院更容易扩展、塑造，甚至是创造法律规则；正是这一事实促使法国最高行政法院（French Council of State）的决定被人们称为"准裁判官的"（quasi-praetorian）或者"半裁判官的"（semi-praetorian）。[41] 这些在行政法领域具有决定性的考量因素，在私法领域似乎也是如此。

---

[39] 后一观点是打算作为教科书的民法学新著的观点。Surville, *Éléments d'un cours de droit civil français*, Paris, 1904, vol. I, no. 78.

[40] Hauriou, *Précis de droit administratif*, 5th ed., Paris, 1903, pp. x – xi.

[41] Laferrière, *Traité de la juridiction administrative et du recours contentieux*, 2nd ed., Paris, 1896, vol. ii, p. 411.

但是这样的解决思路未免过于着急了。尽管法典化面临着各种缺点和困难,它仍拥有其他重要的优点,使其理应受到保留。因而对这个问题作出一个绝对的回应将是极端的。更可取的做法是,根据一些基本原则形成一套法典编纂机制,允许对实在法作出调整以适应社会变化而非反对或者掩饰,同时赋予法律制度以《拿破仑法典》时代的那种稳固性。

这将是我们的第一个问题;随后我们将讨论占主导地位的观念,它促生了新的法典化,以及启发了最易获得成功的方法。

1. 相关理论

很少有人提出这样的问题,未来法典化编纂应该采纳什么样的基本原则以避免现存体系的缺陷。然而这一问题实际上是最为重要的。为此我们必须用批判的目光逐一审视现今法典化的基本原则;如此我们才能判断何去何存。

根据我们现有的知识,关于未来法典编纂的基本原则,只有两个理论和两个事实作为我们现有研究的基础。两个事实分别是《西班牙民法典》和《德国民法典》。

(1) 我们需要考虑的第一个理论是法国学者提出的,之前我们已经给予了诸多关注。根据他们的观点,现有法典编纂的缺点完全在于,除了立法之外再无其他的法律渊源,特别是习惯和法官造法也被排除在外。法典编纂的基本原则因而应该被改变,使得这些事物能在未来成为一种法的渊源。

对于这一已经讨论过的理论显然没有必要赘述过多,我们想要指出,这些学者可能无意识地在经历一番波折之后又会回到早期法国法的道路上,或者回到英国法体制上,而我们应该避免这些缺陷。

（2）第二个理论由瑞士法学家罗甘提出，他主张直接跳出传统法典化基本原则的束缚。总而言之，他认为在立法和司法功能之间有着严格的界限。立法仅仅有权创制法律；法院所能做的仅仅是根据立法者的意图适用法律，而不顾及其他因素。

那么罗甘又如何使法律和社会保持和谐呢？他并不主张回归习惯，也不将逐步改进法律的任务交给法院和学者；他同样反对采纳那些因实践需要而不完备的法律规范。他认为："唯一可能且合理的方式，亦即看来没有任何弊端并能应对民法僵化风险的唯一方式，就是定期进行彻底的重新法典化。"[42]因此他提议宪法应该规定每25年总修订一次《民法典》，立法机关在法律上也应该有义务提交整部《民法典》以供讨论和再次学习。未必每次修订都要改变法律，只有在必要的时候这种改变才是明晰的。在临近25年的时候新版本的法律应该被颁行，通过这种方式，无论专业人士还是门外汉都能拥有一整套可供使用与参照的法律。这将引发彻底的立法更新。

总而言之，罗甘明确建议效仿俄国体系。[43] 他同样借鉴了1889年《西班牙民法典》的体系，我们在之后将提及这部法典。为完善其体系，他提议创设一个特别委员会来负责准备改革并将之提交给立法机关，因为只有立法机关才有权对这些草案进行表决。[44]

---

[42] Roguin, *Observations sur la codification des lois civiles*, Lausanne, 1896, pp. 77-98.

[43] Cf. Korkounov, *Cours de théorie générale du droit*, French trans. by Tchernoff, Paris, 1903.

[44] Roguin, op. cit. pp. 98-104.

罗甘并不赞同表述立法意图时的简明风格。正相反，他认为法律应该发展它们的主题；它们应该尽可能涵盖可能发生的所有问题，尽管这不应该阻碍对那些抽象规则的表述。因而立法者的工作成果必须是普遍而特别的。他所认为的进步在于增加法典条文，并将一般规则和特别规则结合起来。但是这样的方法与创造完美的法典，即"能解决一切问题的法典"，依然相距甚远。为了尽可能达致他的理想，罗甘认为在法典之外，正如我们刚才所指出的，"应该由立法机关表决通过一部官方的评注，与法典同时出台，并作为法典的一部分，拥有与法典相同的约束力"。法典评注应该交由立法委员会、执行委员会或者其他组织来完成。在法典评注之中应该有一份关于所用术语的附件，经过官方批准后与评注一同发布。罗甘引用了国际私法之中的一个先例，以支持他关于官方评注的理念：1869年法国和瑞士就管辖权和民事判决执行问题所签署的协定。这项协定将一份说明性的备忘录当作附件，而该附件与协定本身拥有同样的效力。[45]

罗甘总结了他的观点："法律应该就只是立法者的工作。它的目的在于解决立法者所能预见的所有困难。因而法律应该按照作者的意图来解释。它的形式必须是严密而清晰的，它的语言应该是精确且固定的。"[46]

罗甘的观点显然可以被简化为以下两条：通过定期修订使得《民法典》与社会需求保持一致，以及在任何场合都可以清楚地明白立法者的意图。因而依靠着法典和评注就可以回答所有问题；

---

[45] 他要是援引1883年3月20日《关于保护工业财产的协定》、1886年9月9日《关于保护文艺财产的协定（最终备忘录）》将更具有说服力。

[46] Roguin, *Observations sur la codification des lois civiles*, Lausanne, p. 133.

法官可能较之现有体系中的作用会更为机械化,因为在每件事情上他都会被限制,能做的只是适用立法者的意图而已。

罗甘的一个基本观点(即定期法典修订)是可接受,甚至是必要的。另外一个要求立法者参与到所有问题之中,无论是通过法律本身还是通过官方评注,这是无法接受,也是没有必要的,因为这与法律关系日渐增长的多样性和自然独立性并不相符。要求立法者就每个问题提出可能的结果,而要求法官不去创造任何东西,这违反了法律关系的本质。我们可以看到,法律关系要求立法者作出越来越多的弹性规定,这意味着法院必须拥有更广泛的权力以使法律适应社会环境。

2.《西班牙民法典》

让我们转向对事实的考察,首先来考察《西班牙民法典》。

《西班牙民法典》有三条附则规定,要求最高法院首席法官和上诉法院首席法官每年向司法部长提交一份报告,说明在适用该法方面明显存在的缺陷和困难;他们应该详细地指出所遇到的问题及其要点,以及可能带来疑问的条款和漏洞。司法部长被要求将这份报告连同当年的民事案件统计数据,一并转呈最高法典编纂委员会。该委员会将研判这些文件、最高法的审判,以及一些被认为可以引入西班牙的其他国家的进步举措,由此每十年制定它认为合适的改革方案,并提交给政府。

《西班牙民法典》所创设的机制在法典编纂方面着实前进了一大步。但这并不是西班牙的原创。早在 1855 年,《智利民法典》就已包含类似的条款,尽管不那么完备。《西班牙民法典》从早期西班牙法律中借鉴、完善并进一步发展了这种思想,即法官

如果遇到疑难情况,应该提请相关官员予以关注。㊼

3.《德国民法典》

尽管《德国民法典》代表着今天立法科学的最高水平,也注定会成为未来立法者的模版,但是其依然保有《拿破仑法典》的基本原则;事实上基本原则的问题在《德国民法典》起草的过程中并没有被给予足够的关注。

然而它的确包含着一些进步。在法的渊源的问题上,《德国民法典》对习惯的法律价值不置可否。它允许德国法律人去推断一般习惯或帝国习惯的存在,它们有着和成文法相同的约束力,因而可以补充、修改,甚至是消除成文法的效力。而在地方习惯方面,这一问题依然处于激烈讨论之中。㊽

《德国民法典》的法律技术和术语十分具有自己的特色,从解释的观点来看它们意义重大。事实上不仅其中带有教条式的观念被消除一尽,不仅没有一个观念不被囊括在法律公式之中,甚至有必要隐含地采用某个法律公式的地方——正如不得不采纳这个或那个具体解决方法的地方,它会专门宣称:这类理论没有

㊼ Cf. Alvarez, *Une nouvelle conception des études juridiques et de la codification du droit civil*, Paris, 1904, p. 56, note (1), translated in Continental Legal History Series, vol. xi. In general agreement with the Chilian Civil Code art. 5, should be mentioned the French Act of July 30, 1828, Dalloz, *Jurisprudence Générale*, 1828, iii, p. 3, art. 3: "Dans la session législative qui suit le référé, une loi interpretative est proposce aux chambres", in *Bulletin des lois*, no. 244, Law no. 8800. This Act was repealed by the Act of April 1, 1837, reported with the "exposé des motifs" in Dalloz, *Jurisprudence Générale*, 1837, iii, p. 152. Cf. also Uruguay, Civil Code, art. 14; Ecuador, Civil Code, art. 19 and Peru, Civil Code, art. ll. ——英译者注

㊽ Saleilles, *Introduction à l'étude du droit civil allemand*, Paris, 1904, no. ix; "Introduction" to the official French translation of the German Civil Code, published by the Comité de Législation Étrangère (Paris, 1904), vol. i, no. xvi; Gény, *Méthode d'interprétation et sources en droit privé positif*, pp. 384 seq.

法律约束力，仍然受制于法律思想的批判和摇摆。㊾ 德国立法者虽然避免将法学理论转变为立法，但是他们并没有限制法律定义。正相反，法律定义在《德国民法典》中数量巨大，这也构成了其最为显著的一个特色。这些定义并不旨在形成理论性的或者抽象的概念。他们仅限于指明立法者通篇所用的某种表达方式的具体精确的含义。㊿

《德国民法典》包含着许多规范法官权力的突出条款。法官没有像在其他国家那样被限制为仅仅能解释成文法。在一些特定案件和条件下，法官可以限制权利的行使和修改合同；在一些情况下，他同样拥有根据公平而非严格的强制性规定来解决案件的自由裁量权。这被人们正确地称之为，民法领域中法律的司法个别化（judicial individualization）的第一步。(51)

最后，就法律解释来说，虽然《德国民法典》拒绝明确采用任何体系，但从它的起草工作来看，其明显受到了前面提及的萨莱耶体系的影响，有两位法学家用心讨论了这一主题，得出了与上述相同的观点。(52)

总体上，《德国民法典》没有解决法典编纂的基本原则问题，由此来看它并不能作为未来立法的模板。《德国民法典》体现了进步；但是它恐怕很快就要变得落后了，并产生与法国法典编纂

㊾ Saleilles, *Introduction à l'étude du droit civil allemand*, p. 105; "Introduction" to French translation of German Civil Code, no. xxiv.

㊿ Saleilles, *Introduction à l'étude du droit civil allemand*, pp. 110 seq.; "Introduction" to French trans. of German Civil Code, no. xxiv; for the list of definitions and technical expressions, ibid, pp. xli - xliv.

(51) Saleilles, *Introduction à l'étude du droit civil allemand*, p. 118.

(52) 即赫尔德（Hölder）和埃利希。Cf. Saleilles, *Introduction à l'étude du droit civil allemand*, no. x.

相同的不便。

4. 基本原则的问题

因此我们必须比起从前更加清晰地表述未来法典编纂所应该采纳的原则问题。为了让法典具有迄今所示的那些优点，首先必须理清立法者准确的出发点。为了实现这个目标我们必须摆脱偏见，严肃地观察在19世纪时，哪些优点和缺点可以归因于现在法典编纂的基本原则，而哪些优点和缺点可以归因于流行的新立法原则。前文中我们已经考察了两者；我们认为所有的现代法律都源于新的支配性理念；并且它们的立足点与之前的已经截然不同；而且我们认为新的立法与旧的法典编纂之间的不和谐主要源于此。当我们带着取舍的目光再次审视法国法典编纂的主要原则时，我们必须首先决定成文法是否是调整法律关系的唯一渊源。

其实现如今这种通常的提问方式并不令人满意。真正的问题是，什么样的权威有能力创造法律？

在我们看来，将来仅由立法机关单独承担这一责任是不切实际的。法律关系的复杂性和流动性也在反对这样的想法。法律规则的发布机关应该在其详述法律时不受议会的阻碍，并顾及一切可以帮助新法律关系产生的力量。换言之，必须找到这样的体系，它并不会把制定法的效力赋予司法判决和习惯，但是会将它们和其他催生新法律关系产生的因素纳入考量。

现在想要达致上述目标，只有采用双重方法。首先，必须放弃那条至今依然影响深远且根深蒂固的原则，即立法职能与司法职能相分离的原则。司法权和立法权都必须被允许在一定范围内调整法律关系。此外应该规定特定社会组织有权采纳约束其所有成员行为的规则。这一原则将使民主理想渗透所有的生活事实和法律事实。

5. 司法机关及某些团体的立法权

法国大革命后,司法权与行政权分离的原因得到了大家的认可。这一原则巩固了新的政治体制,是政治自由的有效保障。到了孟德斯鸠写作的年代,拥有行政权的主权者会想尽办法扩展权力,直到滥用的地步。而在如今的共和制民主国家,这样的权力滥用不再被人所惧怕。同时,如果司法权被允许立法,将会出现公共职能之间的真正合作,而不是一个吸收另一个的情况。

值得一提的是,在德意志帝国,公法学家长期以来在拒绝分权原则一事上几乎没有任何争议。[53] 而相反的是,在法国该原则依然保有原来的权威,所有的法学家都对分权原则深信不疑,[54]甚至是直接照搬了孟德斯鸠的观点。[55] 尽管他们承认三项权力之间并不应该绝对地分立,只是它们的职能之间应该保持距离。

如果立法职能和司法职能绝对分立,它将不会是现在这样

---

[53] Laband, *Le Droit public de l'empire allemand*, French trans. by Gandilhon and Lacuire, Paris, 1901, vol. ii. p. 268. note 2; contra Mayer, *Le Droit administratif allemand*, French ed., Paris, 1903, vol. i, sec. ii, §6, pp. 83–101.

[54] Rossi, *Droit constitutionnel*, vol. iv, lesson 93; Jules Simon, *La Liberté politique*, chap. iii, no. 5; Aucoc, *Introduction à l'étude du droit administratif*, Paris, 1865, pp. 24–27; *Rapport sur le concours relatif à la séparation des pouvoirs*", from the report of the Académie des Sciences Morales et Politiques (Paris, 1879); Saint-Girons, *Essai sur la séparation des pouvoirs*; Fuzier-Herman, *La Séparation des pouvoirs*, Paris, 1880; Ducrocq, *Cours de droit administratif*, 7th ed., 1897, vol. I, nos. 7–54; Berthélemy, *Traité élémentaire de droit administratif*, 1902, vol. i, §1; Jacquelin, *La Juridiction administrative*, Paris, 1891, "Introduction" §§2–4; Roguin, *Observations sur la codification des lois civiles*, pp. 77–78.

[55] Contra and adopting other reasoning, Vareilles-Sommières, *Les principes fondamentaux du droit*, pp. 228–229.

了。司法机关像立法机关那样应该有权调整法律关系;法院应该有能力发布类似于早期法国议会的“一般命令”(56)那样的规则。这项职能将自然而然地移交给最高上诉法院,其迄今为止的目的仅在于确保不同法院解释的统一性。

该体系绝不是将司法判决,尤其是最高上诉法院的判决视为法的渊源。在这种情况下法官依然拘泥于法律文本,尽管他们在解释法律文本的时候,会或多或少使用间接方式使其适应于实践需要。正相反,我们的体制赋予了法官一个至高无上的权利,即在不提及任何制定法解释的情况下,创设有拘束力的法律规则。这样立法意见和司法意见就会和谐共处,而不会再出现不可调和的矛盾,因为在法院认为需要进行改革的时候,它会依法光明正大地这样做。

根据现实情况来看,这种解决方案是势在必行的。议会制倾向于让立法机关(直接)统治而非通过立法(来间接治理);这样立法机关就侵入了行政机关的领域。那么司法机关为什么就不能在合理的范围内替代立法机关呢?

有人会反对道,同一机关不应该同时掌握创制法律和适用法律的权力。但是为什么不呢?立法机关拥有特别的使命去适用法律,难道这点不是确确实实的吗?当立法机关行使制宪权,进而创制了宪法,它在扮演立法机关的时候就不用服从其创制的该部宪法了吗?行政首脑发布行政命令的方式不正是他和他的代表被要求执行的方式吗?既然颁布宪法和行政法令的权力正是

(56) *Arrêts de règlement*. Cf. Brissaud, *History of French Public Law*, p. 445. ——英译者注

随后加以适用的权力,为何不可认为制定法的情况同样如此呢?如果司法机关有权就私法问题创制规则,那么就可以避免法典编纂中的主要弊端。

那么这种权威的限制是什么呢?这就要宪法或者成文法去规定。然而我们可以就该问题提出一个规则。当立法者规定了私法法律关系,他的目的仅在于创制广泛而灵活的一般原则,余下的就由法院根据立法者所订立的原则去填充法律规范;因而立法者应该满足于指出那些可以建立法律关系的基础原则。随后司法机关就会根据社会的需要,以或多或少准确和具体的方式来调整这些问题。

至于授予特定社会组织立法权力的问题,法律应该决定哪些组织拥有立法权及这种立法权的性质。法律应该宣布那些规制特定团体的一般规则,进而由这些团体来确定一般规则适用的细节。这些团体应该被赋予权力去解决因它们所制定的规则而产生的冲突。关于赋予这些团体立法权的法律规范应该广泛公开,使得利益各方可以明悉这一规定。

以上的观念并没有什么新颖的,特定社会组织要求立法权力已经体现了上述趋势,一些工人组织在几个世纪之前就已经掌握了这一权力。[57]

6. 依据制度而非主题进行的法典编纂

其他应该直接放弃的基本原则是根据主题来编排民法典,也即把与该法典相关的一切事情都整合到这部法典之中。这将导致,同一制度有多少方面就有多少法典去规制它。因而,《法国民

---

[57] Jay, *La Protection légale des travailleurs*, Paris, 1904, p. 217.

法典》调整着财产的民事方面,商法典调整着财产的商事方面,同时《森林法典》调整着财产的农村方面,等等。通过这种方法,我们不可能掌握制度的本质和其所经历的变化。

未来法典编纂肯定不能根据主题来编排。原因就如上提及的,法律关系的多样性和复杂性反对这样的方法。未来的法典必须被限制于单一的制度;这也就是说,同一部法典应该调整关乎给定制度各个方面的一切事项。会有一部家庭法法典、财产法法典,其中会根据合理的分类将所有的财产分为商业财产、工业财产、农业财产等;还将会有一部公司法法典和一部社团法法典,还会有一部一般债法法典、一部关于特定种类契约的法典、一部劳动法典,等等。

对于该方法从法律本身、法律解释和其研究方面展现的优势,我们也不用再赘述了。

7. 其他基本原则

这里还有着其他基础,未来法典编纂也应该顾及。它们源于我们在当代法律关系中所发现的显著特征,即多元性、复杂性、灵活性、社会化和国际化趋势。

如果法典编纂要符合这些基础,就必须满足以下原则:

(1) 有鉴于法律关系的多元性,法律权威——一旦法官被赋予立法职能,他也会这样被思考——应该放弃以下观念:认为能够靠一部法典包含所有可预见的法律关系。他们事实上不应该在这些法律关系出现之前,将它们纳入法律的范围之内。

(2) 由社会的复杂性观之,法律原则应该用足够宽广的表述方式来表达,使之可以同样适用于公法、私法或者国际法。

（3）立法者不应自负地认为他可以很好地规制一切。在他的工作中，他必须始终留心他所规制的制度的流动性程度。如果某项制度的本质处于变化之中，他应该摸索前进，包括起草暂行法，在尽可能小的范围内实际立法，并且如果新法有效地达成了其目标，就满足于拓展新法的适用范围。

（4）应该对法律作出较为宽泛的理解，使之足够灵活，这样法院才能使法律适应所遇见的情况。

这一原则对于现代立法者而言并不少见，因为公法法规已经拥有这一特性，公法权威在适用公法时也享有很大的解释空间。宪法和行政法事实上对许多十分重要的东西都未作详细规定。通过这种方式他们自由改革而不用受到法律文本的阻碍。刑法和程序法所面临的情况也同样如此。今天的法官享有日渐增长的自由，其不仅体现在对犯罪的不同事实的认定上，也体现在适用法律方面。这样的例子随处可见，比如在减轻情节的认定上、刑罚的衡量、关于不确定宣判的理论和关于刑罚个别化的理论。最后，我们同样应该记得中世纪那套专断的"法定"证明规则早已声名狼藉了。

（5）法律应该被灵活地制定，此外法官还应该被赋予《德国民法典》所确立的三重权力。

（6）有鉴于法律关系日益社会化的现实，公布法律的权力机关应该确保法律的有效实施，特别是当法律直接影响公共利益的时候。它应该将监督工作交付给政府代表和相关利益群体。

8. 那些要否弃的原则

最后，我们必须考虑那些因为不适应现在的社会条件而应被立法者所舍弃的原则。

首先是法律适用范围与国界线相一致的原则,这一原则源于法国,最早是为了应对旧政府权力的滥用而设置的,而它在所有国家的法典编纂中都被夸大了。它应该被舍弃,特别是那些跨越多个地理区域的国家,例如拉丁美洲国家,其每个区域的社会需求都是不同的,因而每个规则都要做到因地制宜。特别是关于水权、乡村地役权,甚至一般土地权的规定。不仅需要制定特定的地方法律,或将某些地方排除适用,还需要允许当地法院在预先设定的权限内,为了所辖区域的利益采用特定措施。

其次,法律面前人人平等原则不适于再被视为一种法律原则,至少不是按照旧有方式来维持。这种改革已经完成了一部分,并取得了比之前者更为稳固的根基,特别是在劳动法领域。[58]

§9. 未来法典编纂的指导理念

那些想要改革法典的人,仅仅只看到了法典的内容问题。这方面存在着三种理论,其通常立足于经济和社会条件,这三种理论根据(其所阐明的)不同个性会受到不同因素的影响。

1. 社会主义者将通过家庭组织的深远变化和对财产权和继承权的压制来改革所有的法律关系。同一学派中一个较为不激进方式的代表是门格尔,他对《德国民法典》第一草案有所抨击。

---

[58] 1901年至1902年墨西哥城的第二次泛美会议上,与会者提交了关于国际私法法典化的动议。动议的撰写者是国际法委员会秘书,他有能力起草国际法委员会的报告。关于法典编纂理应采取的原则,他在动议中提出了本文这一节所表达的某些观念。泛美会议批准了所提交的法典化规划。Cf. *Actes et documents de la deuxième Conférence panaméricaine*, Mexico, 1902, pp. 302-307.

他的批判实际上是十分有益的,但是在部分方面有些夸张了——因为其目标无非是创设工人阶级的特权。[59] 另外为数众多的一些人要求许多专门的社会改革,并要按照他们特殊的性情(temperament),来满足现代社会的需求。这批人里值得一提的是意大利学派。[60]

2. 意大利学派已经吸引了大量的追随者。它主张通过实证科学的结果来改革法典,排除一切形而上学。立法者在研究法律的演进的时候,必须参照人类学和社会科学的发现,这些将使其了解法律现象的规律。他同时必须准确把握社会需要。该学派主张,只有所有的要素都准备就绪,才可能会产生"私法社会法典"(Social Code of Private Law)。

这种方法是十分模糊的;他们所提倡的改革要么是不能接受的,要么是太模糊以至于不必去过多讨论它们。[61]

3. 最后一个学派将未来立法立足于团结原则(principle of solidarity),该原则将统治私法,因为它是社会有机体的基础。这

---

[59] Menger, *Le droit au produit intkgral du travail*; "Du Réle social de la science du droit" in *Revue d'Economie Politique* (1896), pp. 62-86; and *L'État socialiste*, French trans. by Milhaud, Paris, 1904. 对门格尔学说的批判, cf. Nani, *Le Socialisme dans le Code civil*, Turin, 1892。

[60] Gianturco, *L'Individualisme et le socialisme dans le droit contractuel*; Salvioli, *Les Défauts sociaux du Code civil*; Polacco, *Fonctions sociales de la législation civile moderne*; Posada, "Le Droit et la question sociale", in *Revue Internationale de Sociologie*, Vol. vi, pp. 225-250.

[61] 关于这一学派及其改革参见下列文献。Cimbali, *L'Étude du droit civil dans les États modernes*, 1881, especially pt. i, chaps. ii, iii, iv, and pt. iii; D'Aguanno, *La Réforme intégrale de la législation civile*, especially chaps. ii, iv; Genèse et évolution du droit civil (Spanish ed.), chaps. iv, viii, xii, xvi, xx; Cogliolo, *La théorie de l'évolution darwiniste dans le droit privé*. 第二届刑事人类学大会的议题包括"人类学在立法和民法问题上的应用"(第12个议题)。菲奥雷蒂(Fioretti)汇报该议题的时候,明确承认人类学几乎不可能用于民法。cf. *Actes du deuxième Congrès international d'anthropologie criminelle*, Lyon, 1890。

个观点并不新颖。这一原则早就为19世纪上半叶的社会主义者和哲学家所提出,特别是傅立叶及其学派,他们认为团结原则是一条自然法则。这一原则在今天传播广泛,这要归功于道德理念的进步,即认为整体利益高于个人私利。但是当我们越来越同意法律应该坚持团结原则时,这个理念依然十分模糊,并且没有一个人可以清晰地指出该理念在何种意义上指导着立法者。许多人要求改革,但不能将之归于任何一派。[62] 许多人将他们的要求仅仅限于民商合一,因为他们想要废除商人拥有专门法律的特权。他们将《瑞士民法典》视为民商合一的先例,因为该法典适用于所有阶层,而不作任何区分。

(1)《德国民法典》引入的改革

现在将视角从理论转向现实,让我们考察已经进入现代法典的指导理念,特别是《德国民法典》中的指导理念。

《德国民法典》并没有遵循我们之前提及的任何一个体系。然而它抵制了作为其他法典基石的双重个人主义。首先它否认了孤立地看待每个人的那种个人主义。它花费大量篇幅来规定法人[63];法人的规定依赖于共同资金和资本的形成,并受制于社团团结的理念。此外,它同样通过采纳团结原则的四种法律表现中的两种,而背离了旧的个人主义。但它确实没有建立起互助原则,尽管它在主仆关系上涉及了互助原则;它也没有将责任拓展到过错之外。《德国民法典》在这方面没有任何进步;它恪守了传

---

[62] Batbie, a series of articles under title "Revision du code Napoléon", contributed to "Revue critique de législation et de jurisprudence", vol. xxviii, pp. 125-162, 308-364; vol. xxix, pp. 116-167; vol. xxx, pp. 50-64, 128-148, 213-231, 322-346, 402-436.

[63] Book I, title ii, arts. 21-90.

统的主观归责理论,而没有冒险建立客观社会风险规则。

然而它确实承认了团结原则中的两个方面,它的规则将社会利益置于个人利益之上;它特别采纳了"权利滥用"(sic utere tuo ut alienum non laedas)*的准则。《德国民法典》设置了一整章来对权利的行使作出限制,以及对自卫和自助行为作出调整。[64] 它接受了关于权利滥用的理论,[65]即"权利行使仅旨在引起他人的伤害,这是违法的"。通过这一规定,法官可以宣告那些超越了善良风俗、公平和对社会关系的理解的权利行使的无效或者非法。[66] 在某些特殊情况或者特定条件下,他还可以修改合同。

最后,为了防止家长权和夫权在形式权利和履行义务上的滥用,《德国民法典》创设了法院对家庭的延伸控制,即由司法人员行使的针对家庭事务的一种国家最高监护权。

从这些创新中,我们可以发现意思自治在《德国民法典》的作用迥然不同于《拿破仑法典》,以及那些明确以个人原则为基础的法典。《德国民法典》确实给意思自治预留了大量空间;但是这并不意味着《德国民法典》中的意思自治像其他法典的体系一样,即使与其他法律产生冲突都占据着优势地位。《德国民法典》中的大部分规则尽管不是绝对命令式的,也不想代表当事人的意图,而是旨在确立法律意志的至高无上地位。个体之间的合意都要根据那些法律应该遵循的政策来实现法律效果,也就是说,系乎

---

* 以不损害他人财产的方式使用自己的财产。——中译者

[64] Book I (General Principles), sec. vi.

[65] Art. 226.

[66] Saleilles, *Introduction à l'étude du droit civil allemand*, no. xi; and "Introduction" to French translation of German Civil Code, no. xviii; notes to arts. 226-231, vol. i, pp. 334-349.

等和社会公正所欲求的效果。这些后果诚然可以由双方的同意来排除适用;但是这样的排除必须是清晰而形式的,否则将推定适用法律。(67)

此外《德国民法典》让个人去执行法律,只要个人按其判断行使的权利在法律的限制范围之内。个人因而拥有了可以被视为自由裁量权的处置权。但是在同一时间,为了表明这一功能乃是法律的授予,而非来自个人主观权利,《德国民法典》也大大增加了法官享有自由裁量权的那些明示和暗示的情况,使他能够对每个案件都作出一个适当的决定,从而避免了规则僵硬的普遍性。

(2)《德国民法典》的局限

《德国民法典》接受了团结理念。但是并没有贯彻得十分深入;它在两方面确立了团结理念,而在另外两方面则放弃了它。

尽管《德国民法典》可能会因此招致批评,但是它不应该被指责在这条道路上走的还不够远。我们不应该忘记,如今的时代是一个充满危机和变动的时代,同时,经济的不断发展也深刻改变着我们的社会组织和司法组织。在这样的时期是不可能出现令人满意的立法的;但是我们必须为变动做好准备;必须调和激进意见和保守意见。《德国民法典》必须明白,它的主导性观点的广度和清晰性会受到其所在的转型时代的社会条件的影响。这是与《拿破仑法典》十分不同的时代,后者所处的时代则特别欢迎清晰的法典编纂。

尽管新的《德国民法典》没有充分接受法律中的团结原则,但

(67) Saleilles, *Introduction A l'itude du droit civil allemand*, no. vi, especially pp. 44, 45, 51.

它所规制的具体制度,特别是受财产法影响的制度却恰恰相反。在财产方面的改革与现代经济社会条件相一致。一切与义务[68]、权利,特别是与占有、与取得财产的方式和与他人财产相关的权利[69]都会被处理得契合社会的新需求。家属法[70]和继承法[71]也同样是如此。

然而我们也必须承认,在某些情况下德国立法者在决定问题时往往仅凭借过度的逻辑追求而一意孤行。并且在另外的一些情况中,立法者也没有勇气与源自罗马法的传统理论彻底决裂。[72]

§10. 基本原则与指导理念变迁的根源

值得一提的是,我们所宣告的基本原则和指导理念并不源于那些或多或少有些形而上学的理论与假定,而是来自对现代社会政治和经济条件的观察,以及这些条件给现代立法所施加的趋势。我们所观察的主要结果就是我们刚刚所强调的:因为现在的社会条件与《拿破仑法典》的时代已经大不相同,未来法典编纂的基本原则和指导理念自然也不相同。

1804年的条件正适合法典编纂。因为新的政治组织十分强大,并且工业革命尚没有开始,社会条件分外简明。问题仅仅在于调和当时并存的两种法律体系,并使之与新的政治社会秩序相

---

[68] Book II.
[69] Book III.
[70] Book IV.
[71] Book V. Cf. Saleilles, "Introduction" to French translation of German Civil Code, nos. xix – xxiii; "La Théorie possessoire du Code Civil allemand", from *Revue Critique de Législation et de Jurisprudence*, Paris, 1904.
[72] Saleilles, *Introduction à l'étude du droit civil allemand*, p. 119.

协调。当时的立法者并不需要去担心在未来法律该如何回应社会需求。他的目标仅仅是通过统一和简化法律来巩固新的社会秩序,因而他并不需要理会进化着的法律生活。所以他起草民法典的基础,就是统一和简化法律,使其变得清晰简洁。他的指导理念源于那散发出个人主义的气息的新的政治秩序。若按照这些原则来推理,那解释的所有功能就在于探求立法者的意图,并将《拿破仑法典》中的主要概念运用到现代问题的解决上。解释者的构想在于,新的问题在本质上与《拿破仑法典》所解决的问题是相同的。然而真相是在一个世纪之前立法者如果预见到了这些问题,他会用完全不同的方式去规制它。

现在的社会条件与1804年《拿破仑法典》制定之时已经截然不同。远远走出那个社会条件分外简明的时代以后,我们的时代正在经历开放的进步;我们的个人主义体制正在消失,继而出现的是一个新的社会秩序(即社会主义),其范围是不可知晓的。因而,如今立法者的工作和19世纪刚开始时的工作完全不同。问题已经不再是社会秩序的稳固和统一与强化法律规范。我们也不应该忽视下述事实:法律的加速进步最终将如今的秩序完全转变为另一个全然不同的秩序。事实上,这种进步必须成为一个新体制需要遵循的出发点,法典编纂必须从这一点出发奔向一个新的目标。

随着基本原则和法典编纂的指导理念的改变,法律解释也会经历相应的转变。在面对新问题时,法律解释不再如之前那样探求确定立法者的意图,从而忽视了问题的本质,而是要使得法律适应于新的法律关系,并与社会变迁施加给它们的性质保持一致。我们已经揭示,新的法典编纂应有什么样的基本原则来追求上述目的,也解释了为实现新的功能,法律解释应该考虑什么因素。我们也说过,德国立法者在这方面的表现并不符合现代角色,因而法国不应该在未来的法典修订中模仿它的邻居。

在衡量新民法典中的指导理念时,我们必须小心地思考自身所处时代的特点,并且避免将其中某些特点推向极端。

然而团结原则已经为社会变迁所彰显,于此我们必须比《德国民法典》走得更远。在《德国民法典》承认的两个方面接受团结原则是远远不够的,在互助观念中同样需要体现团结原则,特别是在主仆之间、同一组织的成员之间,以及一般而言有着相似利益的人们之间;并且依照团结原则将责任延伸到实际过错之外。简而言之,只要可能,就应该用义务来软化权利。

一般利益或者团体利益的观念——只要法律的目标在于让一定团体受益——必须获得相较于《德国民法典》的更大优先性,因为这种利益必须支配作为个体的个体利益。而团体利益并非不可定义,只要那些为捍卫该团体而创设的不同组织代表着团体利益。一般利益虽然有时候难以确定,但在多数情况中可以被准确定义,特别是在农业和工业事务方面。

这些观念应尽可能成为法典编纂的灵魂,赋予它新的生命,填补它的不足,并使之统一。只有通过这种方式,我们才能得到符合我们时代民主精神的法律制度。

关于引入新的法律规则并使之回应实践需求的这一情形,《德国民法典》和德国的一些单行法提供了顺利完成该任务的必需素材。

§11. 修订的方法

如何起草现代法律,特别是民法典,这一问题深深吸引了立法者和政治家。

理论和实例密不可分。在理论层面,为了弥补立法机关起草工作中的短板,我们发现有几个法国法学家提议在起草法律时要联合最高行政法院来进行。[73]

全面立法修订的倡导者贝特朗(Bertrand)[74],明确地重新采纳了罗西(Rossi)旧日的法律起草观念。按照他的观点,议会应该奠定法律修订的基础,然后转交行政机关准备立法草案。真正的起草工作将由行政机关任命的委员会来承担。委员会制定的草案将移交立法委员会审议,由起草者与立法委员会成员共同商议。[75]

罗甘提议设立一个专门委员会,其既有权利也有义务在立法前筹备必要的立法改革,并交由立法机关进行表决。依他所见,这样的委员会要么类似于法国的最高行政法院,要么更可取的是一个执行委员会(executive council),其权威直接源于国家宪法。它的职能将是调查和起草为立法机关的投票决议而准备的法律。他同样提议设立有着类似职能的常设委员会,其由议会两院的成员组成;或者建立一些超议会性质的常设委员会。它们的初始工作就是向议会提出未来立法将采纳的指导理念。议会将对这些

---

[73] Varagnac, "Le Conseil d'État et les projets de réformes", in *Revue des Deux-Mondes* (Sept. 15, 1892); Tarbouriech, "Du Conseil d'État comme organe législatif", in *Revue du Droit Public et de la Science Politique* (1894), vol. ii, pp. 272–285; Michon, *L'Initiative parlementaire et la réforme du travail législatif*, Paris, 1898; Charles Benoist, *La Réforme parlementaire*, Paris, 1902, Introduction, pp. xvi and xxxvii.

[74] 出席最高行政法院的检察官。

[75] Bertrand, "De la codification", an address made before the Court of Cassation at its opening session, Paris, 1888, pp. 30–31.

指导理念发表意见,然后根据它们来开展具体法律规范的制定工作。这一任务将交给适当的委员会,并将按照议会批准的理念执行。[76]

1.《西班牙民法典》与《德国民法典》的起草方法

将目光从理论转向法律起草的例子,我们发现如今各国法律起草工作与之前完全不同。特别是我们发现法律的社会特征很少是由议会所决定的;它们都由法律人和训练有素者组成的组织提前准备好,交由立法机关决议。在发展某些主题之前,这些组织会调查事实、相关规则的性质以及其他国家的类似立法;他们也会听取利益相关者的意见。

(1)《西班牙民法典》的法典编纂方法自成一格。议会在1888年5月11日下令,要求"编纂委员会"起草一部法典,特别是关于民法的一节,该委员会应以1851年起草的草案、比较法的数据以及立法机关在1888年的法律中规定的28个基础规定为素材。草案完成后,委员会应将其提交给立法机关,并接受具体的修改。《西班牙民法典》的体系看起来和由罗西提议、1888年又由贝特朗重申的编纂体制十分接近。

(2)《德国民法典》则运用了另外一种方法编纂,德国联邦参议院任命了一个五人筹备委员会,负责处理具体的筹备问题。首先他们需要解决的是材料编排问题和未来法典所涉及的范围,因为某些事项必须保留给地方(省)法律;接下来是准备工作所应该遵循的方法问题。

法典草案本身是由负责将其简化为具体形式的第一委员会

---

[76] Roguin, *Observations sur la codification des lois civiles*, pp. 100–104.

所编写的。然而草案的每个主要部分都有指定的起草者,其将就其编写的内容作报告,而其撰写的文本将成为委员会讨论的基础。联邦参议院任命了12名人员为这个委员会工作,他们不是官员就是教授。尤其那些被任命就其编写内容作报告的人,耗费了7年心血来完成这一工作。之后委员会的一体化工作启动,并持续了6年时光。这一草案后来被提交给帝国首相和联邦参议院,联邦参议院将会发布官方正式颁布,以便尽可能让大众知晓,并使之成为研究和批判的对象。这样草案就会被学术界和实务界所知晓、考察、讨论和批判,而他们的批判将使得立法机关的工作获益。

随后联邦参议院任命了一个新的委员会负责第二稿草案的准备工作。这一委员会由22名成员组成,这些成员不仅选自精研法律的人,而且多数选自国家的重大利益的代表,特别是土地所有者和工商领袖。此外还有一定数量的辅助人员。新的委员会采纳了关于第一稿草案的讨论作为其基础,并且新民法典的各部分一经制定就向公众公布。这样就可以在最终草案完成之前尽可能地听取批评意见。事实上委员会对第一稿草案进行了全面修订,并由此形成了第二稿草案。

这一草案经由帝国首相交由联邦参议院,而后由联邦参议院交给司法委员会,它会直接对草案进行审核,并对认为需要修改的地方进行修订。在司法委员会修改几次之后,草案将被交还给联邦参议院,它所得到的就是由第二委员会起草的并由司法委员会修改的定稿了。该草案将由帝国首相提交给帝国议会,帝国议会将对应该遵循的方法进行讨论,并任命一个代表所有政治党派的委员会。通过这个委员会，一些帝国议会酝酿已久的法律改革将会被提出。在全体委员会中，所有政党都要遵守其委员会代表讨论和通过的原则。全体委员会的讨论仅仅是针对某些具有社会和宗教性质的广泛问题。委员会讨论通过之后，草案将被提交给联邦参议院，并由其批准。[77]

2. 结论

从对法律机构演变的研究以及刚才提到的立法实例中，我们可以得出一些结论来说明未来法典编纂的最佳方法。

首先，筹备委员会应该从容地研究法典编纂的基本原则。然后，可设立一个常设编纂委员会，该委员会将按照通常的法律部门或具体的制度进行内部分工，这取决于法典编纂实施过程中所采纳的基础。委员会成员将由法学家和对特定法典化主题感兴趣的技术人员组成。如果委员会按照特定制度（正如我们所希望的）来分工，那么法典编纂每个部门所涉及的每种利益都应该在其中体现。

委员会各小组应该在各自领域内充分调查现行制度的缺陷，思考它们的权重，并听取接纳各种相关学科的结果。该小组应该调查，法典化在其他国家遇到了什么问题，以及引入我国的某一种或某几种法律制度所可能遭遇的阻力。他们应该听取那些特别社会团体的关于改革和改革方向的意见，因为它们的特别利益使得这些团体会支持或者反对法律改革。最后，他们要去确定，立法机关应该调整哪些事项，而法院和相关利益团体应该负责哪

---

[77] 关于更多细节参见下列文献。Saleilles, "Introduction à l'étude du droit civil allemand", no. iii; and "Introduction" to French translation of German Civil Code, nos. ix - xvi.

些事项。有时关于这些信息的获取是一件简单的事请,[73]特别是涉及社会学的部分,因为在几乎所有的国家部门中都设有常设的调查部门,尤其负责调查劳工事务并向政府报告其调查结果。

这些调查有了结论之后,就应该起草法律,并且这些调查结果应该广泛地告知公众,使之可以收集广泛的批评意见。在公布了一段时间之后,无论相关部门修订与否,都应该提交给立法机关,由代表所有党派的委员会来讨论。立法机关的权力应该仅仅限于批准或者否决整部草案。

在草案变成法典,或者即将变成法典之后,经过立法机关同意,委员会将继续调查研究;经过一定期间,例如5年或者10年,它将根据立法机关所允许的新法律原则,以及那些应当继续构成法院或授权经济团体之自主规定的原则,准备一份报告和草案。

3. 拉丁国家比较立法学大会

我们已经得出了关于新法典编纂应该采纳的基本原则和指

---

[73] 例如,笔者向1901年在智利圣地亚哥举办的第一届拉丁美洲医学大会提交了一篇论文,题为《医学法学和比较立法中的精神障碍》。笔者在那篇文章中指出了他认为智利法律所必需的改革,以使智利法律与医学和经济科学保持同步,并使它从比较立法中的工作受益。提议的改革是:1.“失智”(demencia)一词,其病理意义是有着局限的,应在《民法典》第一卷,标题xix中改为“精神错乱”(mental derangement),后者的含义应该更为笼统。2. 由于精神障碍而应该被判定为不具有法律行为能力的人中,不仅包括那些彻底精神错乱的人,而且还应当包含那些其能力受到充分干扰而使其无法照顾其财产的人。3.《民法典》应采纳1856年法律的规定,它与1832年法国关于疯人院病人的法律类似。4. 精神病患者不具有行为能力应该是相对的,而不是绝对的。这将使他们或他们的继承人能够单独提出他们的行为无效的抗辩;这将使他们有权批准其行为;而且还将使他们的行为在时效届满后不受指责。5. 聋哑人没有精神错乱,即使他不能通过书写来让别人理解自己,也不应该因法律的效力而丧失民事能力。6. 挥霍无度者的丧失能力应是相对的,仅限于其财产的转让行为;他应保留管理行为方面的全部能力。7. 心智不全者应该类似挥霍无度的人,经证实的酒鬼和酗酒者也是如此。8. 因疾病而不能管理其财产的个人,应根据其请求,将其财产置于监护人的监护之下。这种对财产的监护不会使他们丧失民事行为能力,但如果没有监护人的参与,他们就不能实施财物管理或转让行为。

导理念,以及法典编纂应遵循的方法的研究结论。

我们认为,法国应该承担《德国民法典》未竟的工作。如此它在这个世纪将延续其过去对法典编纂的影响力。但是这样的结果只有通过兴起卓有成效的学术运动才能达致。最高教育协会(Société d'Enseignement Supérieur)、立法研究会(Société d'Études Législatives)和比较立法学协会(Société de Législation Comparée),应该要求所有拉丁国家派遣代表参与大会。这一想法是可行的,南美洲国家已经召开了几次会议,欧洲的拉丁国家也不难做到这一点。在这次大会上,每个国家的代表将报告本国法律从法国借鉴的,但结果并不完全令人满意的法律制度的情况。他们将说明失败的原因,解释本土的制度以及引入新制度的原因和所获得的结果。每份报告的准备和讨论都将形成拉丁国家比较法研究方面的最佳作品。这也将证明大会的效果。这样的作品必定会采用汇编的方式,而不是像通常那样出自某个法学家之手。

并非只有作为一门科学的法学才能从这样一个大会的工作中获益;实务界也会从中获益。拉丁国家很可能会在大会上就所有拉丁国家之统一立法的一般原则达成共识,从而相对容易地获致和谐。国家的政治、经济和社会条件上的大同小异,也会使得他们达成这种统一。如果不可能对每一点都达成共识的话,至少可以达成某种相互理解,以减少或完全消除仅仅由于意外而产生的立法分歧,或制定国际私法的统一规则。这场大会的发现与决议,还有所有的准备工作,都将成为拉丁国家的法院的丰富信息来源,指出制度的当前变迁和进一步变迁的方向。这个大会上所有的科学成就都是不能否认的。它将标志着拉丁文化复兴的一个阶段,并引领整个法律进步的新时代。

于是,这正是我们想看到的推动未来法学研究的新动力,也是法律解释和未来法典编纂的新观念。

一旦落实了法学教育、法律解释和法典编纂这三重改革,法律至少将能表述那个时期的真正社会需求和它所渴望的正义理想。法律将获得道德上的认可,没有这些认可,规则就不可能真正有效。法律、正义和平等将最大限度地成为同义词。立法者、法学家和法官将各自贡献力量以实现私法的目标,也即调整个体之间的法律关系,使之与当前社会的物质需求和道德理念保持一致。

现代民法典的立法技术

〔法〕弗朗索瓦·惹尼①*

(罗可心 译 黄顺利 校)

§1. 立法技术的必要性

§2. 法律技术种类界定

§3. 狭义的立法技术

§4. 立法技术要素分类

§5. 法典编纂技术

§6.《拿破仑法典》的技术

§7.《法国民法典》技术的历史渊源

§8.《法国民法典》预备草案

§9. 1804 年《法国民法典》的特点

§10. 未来的立法技术

§11. 技术自觉的必要性

---

① 南锡大学教授,也是本书第一章的作者。本章译自惹尼收录于《〈法国民法典〉施行100周年纪念文集》("Le Code Civil, 1804—1904: livre du centenaire", in *Société d'Études Législatives*, Paris, 1904)的论文。译者为埃内斯特·布伦肯。——原书编者注

* 本章各节标题为英译者所加。为精简原文,英译者删除了大部分示例及脚注,如无说明,以下按英译本译出。此外,为尽可能呈现惹尼的术语体系,章的个别字句参考惹尼原文改译,必要时括注法语原文。——中译者

§12.《德国民法典》的技术

§13.《瑞士民法典》

§14. 两种类型的优点比较

§15. 结论

§1. 立法技术的必要性

显而易见的是,直到1896年《德国民法典》完工之后,全世界的法学家才清楚意识到,存在一种特殊的"立法技术",其中又产生许多特殊的问题。

诚然,立法者一向关注律令铸就的形式、律令选择的用词、条文排列的次序,简言之,大体一切适合于达到预期目的的手段和技巧(procédé)。并且在所有的法典编纂中,特别是在那些最晚近的、由此更易于分析的法典编纂中,首先是在我们的1804年《法国民法典》中,我们可以发现特定技术的影响。这种影响有时微乎其微,近乎无迹可寻;虽然如此,要想确保所有成文立法要求具有的实践效用,初级形式的技术不可或缺。然而,长期以来,直到近年,似乎人人还满足于不自觉地、纯本能地应用这种技术。而如果希望综合性立法具有安如磐石的基础,从任何角度看,这样的技术都难当重任。

甚至不能肯定,《德国民法典》的起草者不仅拥有一个有些模糊的理想,不仅仅是憧憬着一部适应当代文明需要的法典,而是心怀更远大的抱负。尽管如此,他们所采用的方法必须展示出一致性、同质性和准确性的品质。《德国民法典》的首批评注者不难指出,这部法典的独特之处在于确立且信守一种技术,因此即便不称其为典范,至少也可以将其作为今后所有理性编纂的法典的参考标准。无论是否对这一立法形式的优劣之处存有疑问,至少从对应的分析和批判中,人们必须得出这个无可争辩的结论:在法典编纂的每次尝试乃至分散的立法中,存在一个清晰可辨的要素,它关乎任务的计划和安排——不妨称之为"技术"。以在社会生活中维护所有的法(Droit)的价值为志业的法学家,必定也对这一要素兴趣盎然。

从这个足够简单、当代的判例(jurisprudence)*视为理所当然的命题出发,我试图发现存在于当下的这种技术的本质,尤其关注《法国民法典》所树立的辉煌不朽的范例对未来法国立法者产生的影响。

为了尽可能精确地达到这一目的,我将依次就如下主题进行展开:(1) 界定与立法技术相关的一般问题;(2) 回顾 1804 年《拿破仑法典》的问题解决方式;(3) 研究法典修订时这一解决方案可能纳入的新要素。

§2. 法律技术种类界定

立法技术的概念取决于一个更一般的概念,实际上,立法技术只是一个分支。这个更一般的概念早已得到萨维尼的细心关照;对于它在罗马法中的应用,耶林和屈克**曾有专门研究,前者

---

* 在 19 世纪下半叶之后的法国,"jurisprudence"一词通常指法院作品之整体,包含法院对法律的解释和适用;当然,在特定的场合,该词也表达传统含义"法学"。在本章中,英译者分别以 lawyers、the law、profession、jurisprudence、legal science、judicial decisions、courts、judicial development 对译这一术语,其中多有不妥。——中译者

** 爱德华·屈克(Édouard Cuq, 1850—1934),法国法学家,先后任教于波尔多法学院、巴黎法学院,著有《从奥古斯都到戴克里先时期的君主顾问委员会》《罗马人的法律制度》《巴比伦法、亚述法律和赫梯法律研究》。——中译者

是一贯的洋洋洒洒,而后者更为言简意赅。这一概念就是客观法的技术要素,亦即一般法律技术。

用最少的话和最不易引起争议的形式表达要旨,即这一概念是从对客观法自身目的的考察中推出的。此处所说的客观法,实质上是指人类在社会中遵从的实在守则。

为了在法律调整领域中规制人的外部行为,人们绝不能局限于通过观察和反思来认识社会生活的某些原则。以科学的方式完成这项任务,必须是将原则付诸实施,使原则适应于具体情况。为此需要一套实用的手段,或称之为职业工具,这就是法的技术。因此,除了实质要素之外,判例还包含形式要素;前者本质上是伦理的和社会学的,后者仅仅是实践中的权宜之计。或许在现实生活中并不总能轻易把二者分开,但人们至少在脑海中可以辨认出形式要素,因为它仅仅服务于按照自然与事实的要求实现规则的实际适用。

从这个广泛的意义上理解的技术,在法律有机体(organisme juridique)*中占据着重要的地位。人们可以对技术林林总总的应用进行系统排列,对应它们所归属的体系本身的各个层级。

首先,在实在法初始构建的基础本身,人们就与技术相遇。与原始社群并行或凌驾其上的国家,其建立、组织、运作方式,这一整套旨在有效精确地保证社会生活有序进行的形式手段——这些都是技术的作品。客观法的人定渊源(sources artifcielles)也是技术作品:(1)成文法。成文法具有严格的律令,不全以至笨

---

* 与19世纪的许多法学家一样,惹尼将法律体系视为一个有机体,也称其为"法律组织"(organisation juridique)。——中译者

拙地把握人的行为,而要将其铸入矫正其隐蔽形变的模具,使人循规蹈矩。(2)习惯。习惯本身也是技术作品,只要人们是为了保证习惯的效果,尝试固定其特征,将这些特征化简为范畴条件,尽管习惯的原始性质似乎与此抵触。(3)(学说上的或判例上的)参照(les autorités [doctrinales])。通过利用从传统、判决、实践中归纳的法律方案,这些学说上或判例上的参照有助于科学研究的简化,科学通过与生动的现实接触而保持可塑性。(4)法典编纂。通过清除所有与法典所涉主题相关的旧法,法典编纂为建构新的法律大厦开辟一块处女地,并且奠下基石。

在更高的层面上,技术在现行法的实施中发挥着作用。这类技术问题出现的领域包括:行政权以一定的程序确保法律之治;诉诸司法权,将案件起诉至法院,由法院以保障当事人权利的形式提供终局性的法律问题解决方案;以合法适当的方式提供诉讼外的法律意见,以使未来行为更易协调于法律规则,使法律规则更易实际生效。

当我们审视见于法学家自身作品的所谓实在法的内部塑造或内部续造(la formation et l'élaboration internes du Droit positif),我们再度于法律解释的万水千山之中找到了法律技术。技术倾向于发现法律制度运作的合适形式,化繁为简并分门别类,从而社会机体得以同化法律实质;技术帮助律令的根本进入人类生活的实际潮流;简言之,这一技术按照人的本性和事物的本质促成法的实效最大化。

这最后一种法的技术的应用,我想称之为"基本法律技术",它因独立于社会正式组织且涉及这门学科的核心思想而至为独特。并且,它事实上将所有其他技术囊括其中。基本法律技术至为清晰地展现了个案裁决(jurisprudence positive)的根本使命,那就是让法的规则富有生命力,使规则适于规制那些物理的、心理的、道德的、政治的、经济的现象,那些生活在社会之中的人的本性、倾向、需要以及利益冲突所表现的现象。现在,从这个意义上理解的法律技术,最常采用的技巧即指出种种社会现实所呈现的突出形式,并将这些形式按其逻辑范畴排列,以便借助于科学思维理解规则的真正含义。在法律理论的发展中,这种技巧的运用比比皆是:既见于一般理论,如家庭组织、所有权及其分解、继承制度、债的理论、集体权利或法人人格;又见于特殊理论,如住所、失踪、不动产权利的公示、动产占有的效果、役权的占有、准用益权。这个过程意味着先是对现实进行确认,接着是现实在理念中的表征,最后是以语词表达理念。最成功地运用"基本法律技术",莫过于在现实、理念、语词这三者之间实现一种完全对应,从而发展法的生命。而如果只处理理念本身,或是脱离所欲表达的现实孤立地看待语词,则会弄巧成拙,致使技术的运用偏离目标。就此人们不无兴味地注意到,由于语言是整个社会生活中最为典型的技术工具,法律技术在很大程度上注定成为用语(terminologie)问题。

另外,不言而喻,法的一般技术(甚于法律组织的其他要素)势必随着社会生活条件接踵而来的变化而发展变迁。例如,尽管借鉴了罗马法学家的工作,从中获得某些指引,显然我们的技术务必与时俱进地改良他们的技巧,甚至在某种程度上实现技巧的完全革新。比如说,经过一番考察,人们可以轻而易举地发现,现代法律组织并未彻底告别形式主义,那些不得不抛弃的形式在技术的历史演变过程中被取而代之,形式主义经历了本质变革,焕然一新——考虑到商业票据、记名证券、土地登记簿的例子。再者,整体以成文立法为基石的法的技术,不可能与彼时以习惯为主的法的技术别无二致。具体而言,法典编纂的引入很可能带来一套全新的原则,甚至这些技术上的变迁会依据法典编纂的种类而有所不同。尤其是,实际存在于现代国家的法典编纂所需要的技术,与那种适合于以优士丁尼《民法大全》为蓝本的实在法的技术,两者很可能大相径庭。

虽然这一切对法律技术的所有分支来说都是如此,但对立法技术而言尤其如是。我们现在必须转向讨论立法技术,界定其本质特征,追溯其构成要素,从而得以清楚理解问题所在。

§3. 狭义的立法技术

立法的技术本质上由一整套技巧构成;凭借这些技巧,现代实在法的主要渊源(即成文法),适应于发挥特定作用,也就是引导人类行为趋向一切法律组织的终极目标。实际上,立法者意在制定某些固定的、命令性的、绝对的规则,通过这些规则,立法者得以在相互冲突的人类利益之间划定明确的界限,从而确保社会生活发展的必要秩序。如上所述,这些规则的发明就其本身而言即构成法律技术的运用。然而,"立法"技术是指这些法律规则的塑造方式或续造方式,我们此处考虑的正是这种特殊意义的立法技术。根据当前工作的性质,尤其是根据当前工作是制定单行法还是通过一部完整的法典,立法技术包含一些明确的种类。于是,我们可以对分散立法的技术与法典编纂的技术予以区分。后者显现出许多令人瞩目的特质,比如涉及各部分的协调、现有条文的重铸,特别是涉及所谓的"立法更新"(novation législative),即部分废除现有条文所产生的问题。然而,在这些枝节之外,人们可以察觉一种理念,这种理念关乎成文法的一般技术,贯穿法律规则创设的全部任务。这种一般技术足够特别,可以成为单独研究的主题;尽管无需将区分法典编纂与一般立法的特定要素纳入这项研究,但以下顺带提及也未尝不可。

这一立法技术的细节被证明是无限丰富而驳杂的,但似乎所有这些技巧几乎都可以归并为两个系列的理念。

其中首先涉及立法权能够依此组织和运作的名目,立法权赖以协调于其适当目的的手段。因为仅宣称立法权必须为发现和认可那种适合于特定时代特定人群的实在法而设立,是无济于事的。人们必须为其安排必要的机制,使其得以颁布能够有效统治社会生活的律令。这尤其是一个宪法规定问题,宪法本质上必须规定相当多的技术内容。特别是当人们渴望通过所涉甚广的法律,以至进行真正的法典编纂时,普通的议会程序显得左支右绌。此时要采取一些额外的步骤,以加速立法进程而确保结果的同质性:对概述拟议立法的目的和范围的初步决议予以通过;由一些显赫人士在顾问的辅助下起草草案,或由少数特别专业的成员组成的议会外委员会完成这项工作;展开最低限度的讨论,对草案整体或草案的大部分予以通过;等等。简言之,我们发现这一法律分支的技巧独树一帜。这一系列的技巧,即构成(我提议称之为)成文立法技术"外部或有机的一面"。

然而，我们当前并非在考察立法技术本质上偶然、多变、任意的这一面。立法技术还有更为重要的"内部或实质的一面"，它涉及立法作品自身的内容，而不依赖立法机关的成立方式或工作方式。立法作品的确切内容，必须由科学（社会学）从一个伦理假设出发去发现；这一点撇开不谈，问题在于，这一技术应具有何种形式，以尽可能有效地覆盖并规制那些需要法律调整的法律关系。换言之，如何才能构建一部满足实际生活要求的法律或法典？

上述问题可以分解为大量单独的问题，而所有这些问题都基于一个不容置疑的真理：成文法是以语言（语词和语词组合）表达的人类思想，旨在令成文法的接收者重复成文法的颁布者曾进行的智力运动。在更宽泛的意义上，应该说立法是自成一类的文学作品，具有非常特定的目的。因此，没有人会不同意以下命题，即一部"好的法律"或一部"好的法典"，必须首先展现出每一部文学作品都应具有的品质，这些品质是针对智力与意志而非想象或感觉而言：统一、有序、精确、清晰。

然而，继续分析使成文法适应其作用的要素，似乎应同时考察立法所欲实现的目的和立法为该目的所采用的手段。这个略微复杂的问题有两个选项。法律是个人意志的产物，受限于个人狭隘的视野，因而单纯反映主观观念（subjective conception）？还是说，法律之中存在着集体生活的要素，或多或少地如实再现特定时代特定社会的存在方式，因而具有属于所有社会学实体（它们就根本而言是社会的）的动态性——这不是一目了然的事吗？不过，我并不认为二者之间存在不可逾越的鸿沟。这两种观点是从不同角度出发，就各自所理解的成文法而言是确切的。从深刻意义上说,即考虑到法律的内在本质与法律作为社会世界的要素,法律发端于集体生活,并不因为经过立法者的头脑而不再成为集体生活的一部分。立法者甚至不敢小觑其作品显著的社会学特征;他不能为所欲为,而是必须根据过去的经验,协调当下的需求,预见未来出现的新要求来建构其作品。可是,如果人们在法律中看到的是手段,人们借此给予人类行为所需要的精确而坚定的指引;如果人们认为法律不仅是一种社会现实的表达,还是旨在让人类活动适应既定目标的技巧;特别是当人们自问,何种形式的法律能够最佳地实现效果的确定,这种确定又首要地证法律作为一种实在法渊源的主张——那么,在我看来,我们不得不首先将法律视为意志确定的行为,通过赋予它的制裁手段,借助于人类的言语和语言所能配置的全部资源,倾向以最适当的方式将法律本身施加于其他意志。

不得不承认,当前在立法技术观念中占据主流的是后一种观点——一个纯社会学的法律概念。我声明,我不太明白,通过何种自我隐没的奇迹,有人能够要求立法者从自己作品中去除个性的必然烙印,成为社会这个分外模糊的集体实体绝对被动的解释者。此外,除非立法者以自己的个人意志熔铸社会意图,否则他无法对其进行界定。尽管存在各种拟制,法律文本的意义与含义,只要可以追溯,即完全来自这样的个人意志。毫无疑问的是,即使从这一观点出发,法律的作者当然也不能忘记,如果其条文无法适应社会的所有变迁、更张与发展,就无从规制复杂易变的集体生活。而由于立法者渴望(他必须渴望)法律取得立竿见影的效果,他也必须首先将精力用于最严谨地表达自己希望引致的约束对象的行动,同时尝试最大程度地确保他们的利益。只有将这些考量铭记于心,立法者才能确定成文法技术的要素。

§4. 立法技术要素分类

构成立法技术的各色要素,成百上千、五花八门,即便人们自觉将考察限于立法技术"内部或实质的一面",也无法呈上巨细无遗的描述。毋庸置疑,对于表明立法任务这方面的性质与重要性,一份纲要已绰绰有余。

1. 某些要素只跟综合性立法有关。首先,在确认涵盖整个法律生活领域的法律的必要性之后,有必要确定即将从事的工作的基本性质。只是合并、汇编已生效的法律规则,还是扬弃昔日实在法的全部或部分,进行真正的法典编纂? 无论如何,有必要划定待起草的法律整体的范围,然后将法律之整体划分为若干部分("法典"),这些部分必须方便进行再分。再就是,每个部分都必须安排在计划或体系之中,至于这些计划或体系的确立,人们可以各行其是,选择不同的路线。尤其在立法者将自己的工作限定于制定通常所称的民法典的情况下,最好选择一种切中目的的再分方式。法典整体或某些再分部分的编纂,可以是有意留下空白,也可以遵循尽可能就所涉及的法律领域无所不包的思想。如果是后者,立法者必须想方设法实现其所欲求的完整性,并通过从法律之整体或各个部分之中排除全部异质要素,保持作品的法律纯度。

2. 在法典编纂技术特有的这些问题(及相似问题)之外,存在精巧程度更胜一等的其他要素,它们构成立法技术真正的问题。上述问题解决之后,有必要确定合乎目的的具体立法方式时,这些要素就会出现在任何成文法的制定当中。这些为所有成文法共有的技术要素,似乎可以归入三个主要类别(它们的确定性依次提升):立法作品的总体特征,法律条文的内在属性(或"观念"),条文所载文本的风格和用语。

(1)法律的总体特征将主要由以下问题的答案确定:是只限于给出确切的命令,还是应该附上正式说明法律的理由的序言或评注?是应该一律给出直接的条文,还是应该增加文本间的参引?文本应以日常语言写就,还是应该采用科学而专业的表达?相比于某些立法思想的抽象或概括,具体的程式(formule)是否更为可取?

(2)最后提到的这个问题又引出了其他问题,这些问题更直接地涉及法律条文的内在属性。在这方面,必须首先确定:法律是否可以处理理论观念,还是应当只关注与实践行为有关的单纯的律令?其次,定义、分类等澄清法律条文所包含的思想的各种逻辑手段,应该在成文法中发挥什么作用?再次,法律条文应该是命令性的还是禁止性的,应该给予一项许可还是下达一项命令?最后,必须确定在何种程度上采用拟制、推定以及其他人工手段,以便在立法中置入可能被认为不宜直接表达的规则。

(3)技术问题最为明确的部分,是对起草法律文本所采用的立法风格(或措辞)和用语的考虑。因为立法者不仅要关注所有文风都产生的一般问题,在简洁与冗长之间,在凝练与拖沓之间,在浓缩思想却承受变得晦涩的风险与表达清晰却不可避免地有些啰唆之间,作出他的抉择。为了建构某些可以充分表达其意志的程式,立法者必须探寻最适合这样做的语言形式或文法形式。立法者很可能还会发现,律令要求具有与其性质(命令性、禁止性、许可性、辅助性)相符的句法,而不同的表达形式可能对某些错综复杂的问题(如举证责任)造成影响。

最重要的是,必须解决这个问题:是采用含糊不清、模棱两可的通俗语言即可,还是使用为此发明的专门用语?后者源自法律语言的传统储备,但着重于表达的清晰性和确定性,注意在一成不变的意义上使用大部分术语(terme),进而尽可能地防止解释的犹豫不决。

这些就是立法技术的大概,立法技术就此区别于我所说的基本法律技术。此外,基本法律技术必然会为立法技术所利用,比如在拟制和推定的使用中。此处的立法技术并不包括技术方法的某些特殊应用。例如,解释昔日法律的法律、废止旧法的法律以至过渡性立法,它们所应用的特殊技术,它们颁布的方式,等等。

§5. 法典编纂技术

尽管这些问题本身很少得到关注,然而那些致力于研究立法的一般技艺的思想家并未忽略这一主题。

但应该指出的是,这种所谓的立法技术理论变得越来越细致。处理这一主题的作者们起初对最一般的问题萌发兴趣,但后来逐渐开始考虑越来越多的具体细节。如此一来,人们看到培根和孟德斯鸠就这一主题发表了略为发散的意见,而边沁对法典编纂技术的方方面面以及立法形式的一般性质进行了相当透彻的晚些时候，在法国，鲁塞*以一种宽泛但不幸有些形而上学，有时过于浮夸的方式再次讨论了成典法律（lois codifiées）的编纂问题。鲁塞的观点具有严格的体系性，并且也许表达得有些过分自信。毫无疑问，由于他的作品具有明显的缺点，因此备受冷落；但他的作品也有优点，即指出了正确建构法律程式的可能作用，以及严格遵守专用词语的重要价值。尽管如此，今日最引人注目的这一问题以往并不广为人知，直到1896年《德国民法典》的批评者和评注者开始他们的工作。而对于这些人而言，立法技术问题似乎完全是法律程式拟定和构成语词选择的问题。

如上所述，成典法律的技术最一般的问题在今天似乎已经得到完满的解决；然而这远非理性讨论的成果，而是有赖于实践经验的总结。因此，我们面对的是一些既得的自然存在（donné）**，继续争论是徒劳无功的，我们需要做的反而是将它们作为新的研究的基础。

尤其是，人们不再怀疑大规模的法典编纂是否适当。这样的法典编纂推陈出新，将一国所有实在法分为若干部法典，清除这些法典中的法外要素，并由欧洲法学的传统明确每一部法典的特

---

*　古斯塔夫·鲁塞（Gustave Rousset, 1823—1908），法国法学家，曾任马赛初审法院法官，著有《〈拿破仑法典〉的批判性分析与重新起草》《新法律科学：法律的构思、起草与编纂所应遵循的原则、方法与程式》等。——中译者

**　英译者译为principle，未能体现这一概念的特殊性。在惹尼的文本中，donné（自然存在）和construit（人为建构）是一对极为重要的概念。在他看来，donné来自事物的本质，可以通过观察客观现实而被认识和被感知，与construit分别作为科学的要素与技术的产物共同构成法律有机体。实际上，惹尼认为donné多少对应自然法的基本概念，依然是实在法的重要基础，提供规则或原则。——中译者

征。这个传统意味着法典具有一种独特的形式,即拥有多个分部和再分,涵盖按数字顺序排列的基本条文(下设款、项)。整个法律体系的基础是民法典,它必然是一国立法的核心。此外,如今几乎没有人和边沁一样相信官方法律评注的效用,而几乎所有人都会同意培根的以下观点:法律仅应包含敕令,敕令不但是指命令性条文,而且是指所有让个人、官员和法官更容易理解实在法内容的条文;它们都应该以尽可能简洁而又清晰完整的形式完成。

由此,当代立法工作的总纲在某种程度上已经确立,而且"不得更改"。但在边界之内,存在完成各式各样的建构的空间。特别是从法国人的角度看,这些建构是立法技术问题生动鲜活的一部分。既有方案使得这些问题的性质发生转换,但并没有消除它们。人们可以认为编纂智慧和编纂应有形式的一般问题已经得到解决,然而,由于那些对原则证立贡献最大的法典已经颁行多年,一个迫在眉睫的问题横空出世。这就是法典修订的问题——我们的1804年《法国民法典》所面临的问题。这个问题提出了一些立法技术上的新困难。比如,这样的修订是零敲碎打还是通盘筹划,是推倒重建还是小修小补,应该依何种次序进行。不谈其他,对上述问题的任何研究都会重新激活有关民法典的计划或体系的讨论。

完全抛开法律的实质,只考虑最适应于当今时代的立法形式,最让人踌躇不决的问题包括:法律命令应该采用的形式、法典写就的笔调(科学或通俗)、最能恰当表达命令内容的程式、表达和合乎目的的用语的选择。

此外，人们很容易发觉，所有这些问题在很大程度上取决于成文法在整个当代实在法中的地位。根据人们是否认为成文法应该日益全面地支配和统摄整个领域，人们可能遵循以下两种倾向中的一种。用简短的话勾勒这两种倾向：要么是厉行一种尽可能明确地传达立法者命令的技术，要么是活用一种难以分离法律和法律生活其他要素的技术。

问题如此提出时，通过纯粹的理性思辨来深入讨论立法技术，将会一无所获；现在必须通过观察事实，特别是通过最近积累的经验，来澄清法典编纂的原则。

§6.《拿破仑法典》的技术

我们一看到共和历12年风月30日（公元1804年3月21日）最终通过的《法国民法典》，就会毫不犹豫地断言，这部法典的起草者几乎没有潜心思考并恒常应用一种技术。在我们的民法典中，人们未能发现这种自觉追求和清晰界定的立法方法；但是，人们会在那些自然、明晰、质朴的程式之中察觉某种自发应用的技术。它的起源可以追溯至古老的习惯汇编、前人的法律著作，特别是追溯至王室法令和大革命期间通过的法律。虽然这种技术历史悠久，但在法国现代的法律天才的雕琢之下，它变得真正新颖。诚然，在我们看来，这种技术并非尽善尽美，或者说有些落后——当然这并不是说晚近的法国立法作品已经胜过它，事实恰好相反——但这种技术已然经受住了实践经验的检验，并非没有成功。试图追溯其主要特征不会无功而返。

在这样做时，我成心忽略（在上述讨论中我称之为）民法典立法技术"外部或有机的一面",因为它取决于细节为人熟知的宪法机构。在此我只想回顾一下:草案首先是由政府任命的四位具有实践经验的起草者组成的委员会起草;再由资政院以勤勉、周密、审慎的方式修订文本,其中由资政院的立法部承担主要工作;而后由保民院进行审议,保民院起初仅提出了负面的批评,但后来通过其立法部转变为非正式的磋商机构;最后由立法院进行表决,立法院不能对草案进行修正。[②]

以下仅考察所有这些机构工作的结果,亦即立法技术(上文中我称之为)"内部或实质的一面"。我将探寻立法技术的历史渊源,还将追溯立法技术在准备工作中的成长,最后揭示立法技术在1804年《法国民法典》终稿中的呈现。

§7.《法国民法典》技术的历史渊源

众所周知,在君主制后期,特别是自路易十四以来,王室法令的形式因为明晰、准确、完整而一枝独秀。因此,一种适合法典编纂目的的立法风格得到预示,并在一定程度上得到酝酿。一方面,这些法令中最值得注意的是一些特别与民法相关的法令,它们试图以合乎理性和逻辑的次序规制所包含的诸多主题。另一方面,与大部分的习惯或更古老的法令相比,这些法令的文本彰显出一种努力,即极力掌握所针对的法律现实,以便对其严加管控。事实上,这些法令中的一些重要条文可以直接插入《法国民法典》的终稿之中。且不说这部法典的许多条文摘自1667年4

---

② 关于该法典的立法史,更全面的描述参见普拉尼奥教授为《欧陆法律史概览:事件、渊源、人物及运动》一书撰写的章节,该书为"大陆法史系列丛书"的第一卷。——英译本编辑

月的法令和1736年4月9日的宣言,它们经必要修正后置于"身份证书"这一编(尤其是《法国民法典》第40条、第41条、第43条、第46条、第52条、第57条、第79条、第81条);也不说1771年6月的诏书之中的若干条文,几乎原封不动地作为《法国民法典》第2194条至第2196条。尽人皆知,《法国民法典》关于以下问题的规定大部分都直接参照了之前的法令:关于生前赠与的形式及生前赠与不得撤销的规定,来自1731年2月的法令(《法国民法典》第931条、第932条、第934条、第935条、第937条、第939条、第941条至第946条、第960条至第966条、第1084条、第1086条、第1087条);关于遗嘱形式的规定,来自1735年8月的法令(《法国民法典》第968条至第980条);关于转交受赠与或受遗赠财产的规定,来自1747年8月的法令(《法国民法典》第1051至第1074条)。甚至可以看到,《法国民法典》几乎或完全一字不差地采纳了这些古老文本的某些条文(如《法国民法典》第931条、第944条至第946条、第960条至第966条、第976条至第979条)。这些文本的程式有些陈旧,虽然无损于它们的清晰性,但毕竟留有岁月的痕迹;相比之下,同一位立法者后来起草的那些文本,具有更为自然、更为自得的形式。

这种"现代的"立法形式由于概念简单、用语清晰而与众不同,并且似乎已经在大革命时期的法律之中得到了充分的发展。我不知道,如果仅仅将《法国民法典》视为一部立法作品,忽略它是一部法典的事实,它是否取得了可观的技术进步。有人甚至可以例举共和历7年雾月11日的法律,相较于《拿破仑法典》"优先权与抵押权"一编的对应条文,倒不如说这部法律在实质乃至于形式上要更好。换言之,现代法国法的立法技术,看似在《法国民法典》中登上顶峰,实际上可以由此追溯至大革命时期。

然而,在昔日的法案、习惯汇编、王室法令等之外,难道就不可能找到一种能够说明这种技术的同质性和恒常性的远见卓识吗?

的确,君主制的最后时期的某些法学家,特别是代表法国法学"古典精神"的多玛*、达盖索**和波蒂埃***,他们的作品不是没有为立法技术的诞生作出一份贡献,正是他们让法国在18世纪末终于获得了这种技术。《法国民法典》的作者们不仅在波蒂埃的杰作中找到了某些现成的文本,而且可以说,这位法学家清晰的行文,和他那毫不拖泥带水、摆脱行话堆砌的浅显易懂、简单明了的风格,在很大程度上进入了他们自己的作品之中。但我不认为,这种不可否认的文风上的影响,足以说明我们现代法律所具有的、特别是在《拿破仑法典》中呈现出的鲜明个性;文风本身的目的与所有确切的立法观念是格格不入的。

我宁可推测此处有哲学上的启发,并愿意认为其中特别有孟德斯鸠的非凡影响。因为《论法的精神》并不仅仅是根据一些原则来追溯实在立法根本的属性(这些原则在第1章第3节末尾以令人难忘的方式得到表述)。且不说孟德斯鸠展示了如何协调民事法律的繁简与各种政体的性质,或者如何衡量各种政体下立法原则的宽严(第6章第1节和第3节);他还专门用一节的篇幅,

---

* 让·多玛(Jean Domat, 1625—1696),法国法学家,著有《自然秩序中的民法》等。——中译者

** 亨利·弗朗索瓦·达盖索(Henri François d'Aguesseau,一译阿居瑟,1668—1751),法国政治家,曾任巴黎门总检察长和司法部长。——中译者

*** 罗伯特-约瑟夫·波蒂埃(Robert-Joseph Pothier, 1669—1772),法国法学家,著有《以新顺序重构优士丁尼的潘德克顿》《债论》等。——中译者

简洁但准确地论述了"制定法律时的注意事项"*（第 29 章第 16 节）。而且，这一节（也许不无一丝讽刺地）声称写给"凡是具有足够的才能为本国或他国制定法律的人"，也并不只是包含操作建议。孟德斯鸠（在这一节接近结尾处）还补充了若干评论，倾向于表明立法条文的形式与事物的本质之间存在联系，而法律首先要符合这一事项。当然，他主要是"对制定法律的方式给予一定程度的关注"，这是在讨论我们目前感兴趣的主题时不能忽略的一点。

省去具有启发性的丰富"示例"，引用孟德斯鸠本人的文字，这些立法技术上的箴言包括：

> 法律的文风应该简约。
> 法律的文风应该朴实，平铺直叙永远要比拐弯抹角好。
> 法律的用词要做到让所有的人都理解为相同的概念。
> 当事物的概念在法律中已经阐释清楚后，就不应再使用模糊不清的词语。
> 在法律中讲道理，应该从真实到真实，而不应该从真实到虚构，或是从虚构到真实。
> 法律不能让人难以捉摸，而应该能为普通人所理解。法律不是高深的逻辑艺术，而是一位家长的简单道理。
> 在一部法律中，例外、限制和修改如果都不是非有不可，那就最好统统不要。有了这一些，就会有另一些。

---

* 本节所引用的文本，译文参见孟德斯鸠：《论法的精神》（下卷），许明龙译，商务印书馆 2009 年版，第 620—623 页。——中译者

之后，当孟德斯鸠谈到，"如果想要证明一部法律确有道理，那就要让道理配得上这部法律"，他似乎意在表达一个一般的意见，即反对在立法文本中插入理由。

如果人们在更广泛的意义上使用"立法技术"一词，此处也可以引用这一句："在推断方面，法律胜过人。法官判案的依据如果是推断，判决就具有随意性，如果依据法律进行推断，法律就会给予法官一种恒定的规则。"

这些委实明智但有些笼统的指引，似乎就是《法国民法典》起草者所需要的全部。他们并不为一种立法技术费尽心思，为了展示这种理论考量在他们心中的无足轻重，只需要在《法国民法典》的各部草案之中寻找他们观点的蛛丝马迹。

§8.《法国民法典》预备草案

从大革命之初，人们就表露出制定一部法典的想法，意图让法国民法变得和谐统一。在1790年7月5日的会议上，制宪会议通过一项决议，宣布"民事法律将由立法者进行修订和改革，并将通过一部由简单、清晰、合宪的法律构成的一般法典"（比较《1791年宪法》第一编末尾；另见《1793年宪法》第85条）。任何一个革命会议都没有忽视这一主张，每个会议都通过设立专门负责立法起草的机关，来证实自己希望有条不紊地完成这项任务：制宪会议设有法学委员会，立法会议设有民事与刑事立法委员会，国民公会设有立法委员会。之后，五百人院设立了法律分类委员会（Commission de classification des lois），该委员会而后为立法部、民法典部和公安部所取代，同时元老院也设立了民法典部。但所有这些会议都为政务焦头烂额,以至于它们能做到的最好的事情,就是主要通过局部的改革来为自我设定的任务做准备。并且,对于这一过渡时期最重要的法律确切的起草方式,我们知之甚少,因此也无法明确地归纳立法者在工作中多少自觉采用的专业技巧。

然而,通过研究在国民公会、督政府和共和历8年临时执政委员会时期准备的民法典本身的草案,我们能够收集一些薄弱的证据。康巴塞雷斯(Cambacérès)陆续起草了三部完整的民法典草案,之后,雅克米诺(Jacqueminot)又起草了一个不完整的草案。这些草案形成的事实足以表明,当时人们对这样一部法典适当的范围已有相当了解,应当纳入其中的事项很容易与那些更适合在单行法中处理的问题区分开来。不仅如此,最初的尝试已经显示了未来工作的主要框架,并且似乎已经确立了民法典条文的一般次序。

除了这些总体印象,在康巴塞雷斯关于民法典草案的历次报告中,我们还发现若干更为特别的技术指引。在向国民公会说明他的第一个草案时,康巴塞雷斯坚持认为,法律的数量要少,律令要非常清晰;他还设想,这一双重"心愿"(desideratum)将通过"可以展开的原则*和不留问题的展开"得到满足。在向五百人院发表关于第三个草案的演讲时,他也重复提出这一点。他的想法似乎并非没有在法律分类委员会中引起反响。同时,康巴塞雷斯坚称,他希望从自己的工作中驱除体系精神,只遵循自然。因此在关于第二个草案的报告中,他将立法者的使命限制于"处置、安排和结合社会要素"。然而,如果研究康巴塞雷斯的草案,分析寓于文本

---

*　法语为 principes féconds,此处英译者译为 productive principles。包括孟德斯鸠在内的法学家相信可以从这种原则中推导出无穷的结论。——中译者

之中的生动技术,人们就会不由自主地得出这样的结论:他那自然而清晰的风格之下是一种鲜明的理论品格。这一点在他向国民公会提交的两个草案中尤为明显,尤其在第一个草案中表现得淋漓尽致,这部草案充斥着定义、法律条文的理由、条文适用的示例和其他学说上的论断,从而给人留下这样的印象:人们正在阅读一本删减为法律条款的学术专著。而在康巴塞雷斯起草的第三草案被宣读之后,这种印象就淡化了,实践意图在草案中变得更为突出,尽管人们并未就此观察到技术处理上的显著差异。五百人院所讨论的草稿没有对方法论上的考量作出任何补充,除了以下两点:整合各个部分,以及预先通过关乎新的民事立法基础的提纲。

就部分形式而言,雅克米诺的草案更切近地预示着未来的《法国民法典》,尽管它的起草并不像后者那样受到如此严格的控制。

但不久之后,共和历8年热月24日的决定启动了最后的起草,提出制定一项明确的计划,强调按照计划所确定的顺序推进终稿构成主题的起草工作。

共和历8年的草案,出自政府任命的委员会,因为具有说教性质、偏于哲学而非实践、包含有时相当抽象的定义和琐细的分类,不免让人想起康巴塞雷斯的草案。完整性似乎也是这一草案孜孜以求的,为了接近这一理想,草案的说明成倍增加,虽然可能问题的积极方案并未因此攀升。

尽管如此,在明智而具有古典风范的波塔利斯(Portalis)的笔下,在他概括草案倾向的《演讲》*之中,就技术价值而言,这一草

---

* 即1801年1月21日初次发表的《法典起草委员会在国会面前的关于民法典草案的演讲》。——中译者

案——意见有时相左的各位委员会成员无疑作出了必要的妥协——仍然脱颖而出。波塔利斯深受《论法的精神》的影响,但在适当的场合敢于更正其中不完整的观点。他小心翼翼,从不考虑极端的意见,甘愿居于思辨与实践之间,这正是法国人宝贵的思想品质。在这种立法理由书中,波塔利斯阐述了一些真理,它们的简单和不言自明令人印象深刻。在缺少非常明确的纲要和清晰的预定计划的情况下,这些真理足以为起草工作提供一般的指引,符合当下的基本需要,而又和未来不可避免的修改相适应。在指出过度简化法律的危险的同时,波塔利斯更坚持认为立法者不可能预见一切。可以说,他是根据以下几句话拟定方案的:"法律的天职在于宏观上固定法的一般准则,建立孳生结论的原则,而非追求面面俱到,陷入细枝末节……设想任何预见所有可能情形又只有少数公民可及的法律之整体,会是一个错误。"这篇著名的《演讲》的作者,主要的关切是清晰地区分法律的有限领域和另一个广袤的、近乎无限的领域,后者必须留待法学家耕耘,特别是留给成果丰硕、对制度的掌握细致入微、使原则适应于具体情状的判例。从这一切可以得出引人注目的结论:

> 正如法官有一门学问一样,立法者也有一门学问,两门学问并不相似。立法者的学问寻求在每个主题中找到最有利于共同善的原则;法官的学问则是以明智而理性的方式对私人争讼适用这些原则,使它们落到实处,令它们开枝散叶,将它们推而广之,探究法律的精神而非以词害意,不让自己暴露在一时沦为奴隶、一时成为叛逆的危险之中,服从但不盲从。

在第一部法律即《民法典》"序编"的两份立法理由书中,以及关于共和历12年风月30日通过的代表编纂告终的法律的演讲之中,波塔利斯以更概括的形式重申了这些基本考量。就技术方面而言,这些考量似乎是一个关键,一以贯之地主导整部作品的编纂。各个司法机关针对草案所提出的意见,似乎没有在编纂原则这一方面提出任何新奇的内容,尽管它们有时确实指出了起草的一些疏漏和偏差。就技术方面而言,它们仅仅是提出了一些让律令更加偏重于实践的修正。在关于第一部法律草案(未来的"序编")的激烈讨论中,保民院的演说家们就新作品的技术倾向交流了一些意见,这些意见本身很有趣;但很难相信,这些观点对工作进展的影响能与波塔利斯的威望比拟,它们往往是意气而非明见,通常为一种不切实际的激进主义所鼓舞,让人想起支配国民公会的精神。

总之,我们缺乏确切的证据,无法断定是谁在最大程度上对作品的最终形式负责。然而从资政院的会议记录中可以看出,受到批评的文本是如此频繁地被发回资政院立法部重新起草,而在没有关于该部门的任何书面证据的情况下,我斗胆猜测,或许在波塔利斯的主导之下,立法部比任何其他机关都更有可能使草案最后成型。

不论如何,最终由立法机关投票通过的《法国民法典》,整体上呈现出其特有的技术形式,即使并非前所未有,至少也是自出机杼。虽然不可能以现成的程序描述这种技术,但指出它最突出的几个特点是可行的。

§9. 1804年《法国民法典》的特点

为了说明这些特点,让我们看看由共和历12年风月30日的法律完结的作品本身。

首先,我不相信有人会否认法案——尽管它有一些细节上的不完善——具有完全适应其目的的文学性,否认它具有那些伟大而古典的特点:统一、简约、清晰。也没有人会不承认这部作品的优点,即尽管它是第一部,没有权威的模式可循,但它找到了现代法典的一般程式,与国家的政治统一相协调,同时适应现代文明的需求。依照共和历12年风月30日的法律,法国民法得到了适当的阐明,清除了几乎所有的杂质,各部法律合并为一个整体。缩编后的民法采用易于参照的卷、编、章、节、目的体例,基本条文序号相连,每一条都具有独立个性,本身就是完整的,文本间的参引相对较少。至于编章节的划分,也许与当今的科学理念相差甚远,也许很难在其中发现一个深思熟虑的"体系",但它至少有一项优势,就是将民法的主题分入大的、融贯的模块,以避免混杂、减少重复;通过在总体上令广大实务人士感到满意,它证立了自己。

关于1804年《法国民法典》的起草者工作的一般形式,可以说,他们空前成功地赋予法律文本单一而切实的命令形式,挣脱了所有单纯的理论考量。他们完全遵循里昂上诉法院在其反馈意见中所引用的洛皮塔尔(Michel de L'Hospital)的箴言——"法律发号施令,不为传道授业,无需循循善诱"。

当我们更仔细地审视《拿破仑法典》的"立法风格"时,我们首先留意到,这部法典在贫瘠的抽象和失当的决疑之间审慎地采取中间道路;在1794年的《普鲁士一般邦法》之中,这两种错误共同造成了古怪而混乱的结果,而 1811 年的《奥地利民法典》不过是略胜一筹,并未改弦易调。概括在 1804 年《法国民法典》中仍是罕见而审慎的——事实比理念更常见。人们可以发现,只有少数条文(如第 739 条和第 883 条)隐含拟制或学说观念,以间接地规定后果。律令顺其自然地解决那些发自内心的问题,从而法律制度几乎总是在实际运作中得到考虑,在最为突出的方面得到简单规定。总而言之,我们法典的起草者似乎是想解决他们在自己职业生涯中最常遇见的那些困难,想用尽可能让所有人都能理解的语言完成起草,而不企求作出完整的规定,去预防将来可能出现的任何差池。

此外,观察起草者们达到目标的各种手段也十分有趣。他们往往假设某项法律制度的性质为人所知,并局限于规定构成要件或例外情形以及所产生的法律效果。他们在必要时诉诸定义:有时,下定义是为了明确某些事实状况的法律性质;有时,这是为了明确某些具体规定;更普遍的情况是,定义仅为指导解释而存在。* 当有必要阐明一项制度的某些基本特征时,他们难得地保留一些理论定义。而当特定条文所规定的具体内容允许如此处理时,他们所给出的定义删繁就简甚至含而不露。在《法国民法典》中,有一处文本(第 686 条)完整地包含役权设定限制的法律理论,它明显是许可性的。另一处,两个简短而清晰的条文(第 913 条和第 920 条)相互补充,尽述我们的法关于特留份问题的重要思想。再有一处,在双重推定之下,起草者们对占有的实质和实际运作提出了最为精辟的见解(第 2230 条和第 2231 条,另见

---

* 此处以下英译者除删去大量示例之外,还省译了一些较为重要的内容,故参考法语原文译出。——中译者

第2234条)。还有一处,至为简单的程式为一系列的法律发展开辟了道路(第1119条和第1121条,最后是第1165条)。这一切都表明,对于用以实现效果的预定形式,起草者们并未有过任何的痛苦挣扎;但这种效果却几乎总是顺理成章地产生。归根结底,这不正是1804年《法国民法典》最显著的,也是最难铺陈的技术特点吗!没有先入的技巧,甚至没有任何为有理有据、有板有眼的起草所作的可见努力,仰仗其作者的游刃有余,这部法典成功以朴素而人文的语言包装最完满、最多产的法律理念,让自己既受到普通人的喜爱,又受到法律人(juriste)的欣赏。

但这种(万幸的)起草的简便必有相反的一面。它的瑕疵是用语的某种模糊性或时有发生的模棱两可,以至于缺失固定的指引,立法规定的外延时常飘忽不定。粗略研究上述各个预备草案(l'Avant-projet),我们不禁怀疑,起草者们从未纠结于某些原则,即自觉或执意选择近乎专业的表达方式。事实上,文本的各种修正,无论是就共和历8年的草案向司法机关征求的意见,还是出自资政院的讨论或与保民院的意见交换,似乎从未基于有意采用同质词汇以确保法典的融贯或其适用的准确的一般理念进行。假设这种理念构成更直白、更周详、更精细的起草的基础,会是过于轻率的;我们没有证据,但这项工作肯定经历了这样的过程:首先由共和历8年的委员会的成员完成初步起草,保民院的立法部在某种程度上也参与其中,然而资政院的立法部无疑居功至伟。

可以肯定的是,如果人们考察立法文本本身、着眼于其措辞的精确,这部法典的风格并未给人留下一种印象,即甘于使用将就的表达或任意的语词。人们会发现,立法者具有一种倾向,即避免使用一些可能唤起人们对可憎过去的记忆的表达——如"人役权""需役地""供役地"等——或提及行将废除的制度：剥夺继承权、地租。在立法者选择用语的进程中，我们也会发现本能遵循的某种自然逻辑。毫无疑问，也可以说非常幸运的是，《法国民法典》中大部分具有法律意义的表达已经有固定的传统含义，只要参考即可。少数表达，参考以前的用法可能会有一些疑问，但根据语境即可澄清其含义。……然而，这并不总是成功的，比如在关于时效中止的第 2257 条的解释中。有时，立法者认为适合通过法律定义来确定术语的含义——必须承认这并不总是以最准确的方式进行。

然而，与其说《法国民法典》的起草者们是经过推理得出这些确有价值的技术决定，不如说他们只是感觉到一种必要性；在此之外，他们缺少关于整体用语的一般观点和周全指引，导致他们的立法作品存在一些空白或晦涩之处，这对法典后来的解释有沉重的影响。……存在不少语词或表达不仅有专指，还有一种或多种其他含义，在这种情况下，法律程式往往无法让我们知道哪种含义是立法者意图表达的。……正如没有永久决定其所使用的语词的不变含义一样，法国立法者在更大程度上也没有给予人们查明其规定，甚至查明其所表达的法律定义的准确意义的手段。我无意在此对 1804 年《法国民法典》的措辞或用语进行哪怕是最概要的评判。这样一项工作——初步编制一份类似于格拉登维茨（Otto Gradenwitz）为 1896 年《德国民法典》编制的术语词汇表——可能会在某一天吸引一位勤勉的法学家。那将远远超出当前研究的界限。毋庸赘述，似乎任何对我们的主要民事立法足够熟悉的人,都会在内心承认,除了相对有限的已经接受或已经充分意识到而可以专门以适当的语言表达的概念,1804年《法国民法典》的起草者们并未成功克服共同理念的模糊性或使用通俗语言带来的不一致性,并未成功提取、抽离出许多概念,即便它们对法律机构的精巧运作来说是绝对必要的。

人们不难了解,这种技术的放任自流对法典的有效影响造成了严重后果,只要考虑到:一方面,在我们的《法国民法典》文本的解释上,出现了多少困难和语词上的争议;另一方面,对于存疑问题,往往不可能编制一份关于法律之程式的用语或语法结构的固定指引。

可是,是否可以就此得出,我们的《法国民法典》形式着实低劣?或者更宽泛地说,具有上述基本特点的《法国民法典》的技术,必须作为整体得到评价的实际价值是什么?这个问题仍然有待研究,而在着手解决这个问题时,就接近了研究主题中最具现实意义的部分。

§10. 未来的立法技术

忠于这项研究的批判性和实用性,我现在要提出的问题是:我们是否可以,以及从哪些方面改进自1804年《法国民法典》通过以来一直盛行的技术,鉴于立法创新(尤其在法国)具有现实必要性。《法国民法典》通过之后,后来的法国法律也尽可能地遵循这一技术,但从未认真予以完善,甚至经常将其遗忘或歪曲。

同样,在此我有意忽视所有纯粹的外部技术问题,它们取决于立法机关的构成和行动方式。我的研究严格局限于在法律规定的内容中实现的内部技术。

此外,我并不想争辩对我们的《法国民法典》进行整体重铸的时机,也不打算讨论应该采取的形式。对这一主题,我满足于评论如下:如果情况允许对我们的《法国民法典》进行全面的修订,这无疑意味着抛弃其中并非十分合理的安排,代之以一种更符合民法有机体系的分类;这种分类可以因地制宜,例如,相比较而言,最近的《瑞士民法典》草案更靠近于《德国民法典》这个说教色彩较浓的类型。然而,我想忽略那些只有在法典全面修订的情况下才会介入的要素,在更有可能发生的情况,亦即在我们的民事立法连续进行零星修订的情况下,考虑现代立法技术的重大问题。

§11. 技术自觉的必要性

然而,就1804年《法国民法典》以及上述技术而言,这个问题显得相当棘手。

首先,人们可能会质疑是否真的存在上文③定义的那种立法技术。因为首先要解决,对于立法者而言,自觉掌握一种决心信守的方法是否必要,甚至有所助益;又或者,立法者最好还是仅仅依靠本能的模糊提示或传统的含混指引,来采用最合乎目的的技巧。《拿破仑法典》很可能在这一点上让人彷徨。因为这部法典的起草者们,虽然几乎没有受累于对技术问题的认真考量,但仍然从自身和过去的经验出发,成功赋予他们的作品所有必不可少的要素,令法典成活乃至成功。尽管如此,我并不认为这个例子

---

③ 见第3节。

可以用来反驳一种深思熟虑的技术的优越性。一方面,1804年《法国民法典》的作者们,由于训练有素和生逢其时,在起草我们的民事法律时处于十分有利的境况。鉴于《法国民法典》的技术品质(至少在同一程度上)并未见于之后的法律,今天指望拥有同样好的条件,是妄自尊大。另一方面,更有可能的是,1804年《法国民法典》的起草者们可以通过更多地斟酌和更精细地发展其技术,在不损失任何基本优点的情况下,显著地改善其作品。无论如何,人们不能贸然采取矛盾的立场,盲目认为放任自流或无知无觉自有优势,又否认一种好的方法能够对自然品质有所增益。简言之,既然认真考虑这个问题没有坏处,那么它可能会带来一些好处的事实,就足以证明这种关注的合理性。

但是,这个似乎已经克服的困难,马上又以更尴尬的形式重现,我们刚才确立的观点受到了挑战。如果我们承认,自觉、审慎地应用一种技术是无可争辩的原则,那么,我们就不会因为这种自觉的斟酌,偏好自然、通俗、自发形成的作品甚于考究的、详尽的文本吗?换言之,我们是否被迫承认,用语的某种模糊性、起草的某种含糊其辞以及更为一般的自然、自发的形式,是成文法突出的优点,尽管它们似乎与技术的概念本身固有的生硬和造作势不两立?这就是问题的关键所在。此处,我们的《法国民法典》所提供的示例和经验成为最有力的论据。因为纵使同意1804年的法国立法者本来可以,甚至理应更多地斟酌其技术,许多人也可能认为,无论立法者对此给予何种程度的关注,人们很难要求他在这方面的努力获得更好的结果。实际上,人们承认,法国法在19世纪取得的最大进步,或至少是最受认可的进步,是通过对法典(特别是《法国民法典》)的解释取得的,并且主要是通过判例丰富而持续的影响实现的。然而,除非作为基础的成文立法疏密有致,具有灵活的安排和弹性的款项,至少没有严密、呆板、狭隘的技术作为一副僵硬的骨架,否则判例不可能缔造最杰出的作品和最独特的建构。事实上,在外国人看来,这是《法国民法典》的技术最显眼的优点。他们认为,得益于《法国民法典》的可塑性、不确定性以及坦率地说,不完备性,《法国民法典》为民法的独立发展开辟了道路;这种发展以最幸运的方式实现,有赖于判例循序渐进的不懈努力,尽管也许还有学说的遥相支持。

我不想掩饰,就我们的目的而言,这类观点给我们造成了困扰,甚至是真正的窘境。无论如何,这样的观点似乎足够严肃,以至于不容蔑视。我们反而必须真诚地、不抱偏见地尝试探寻,可以从这些考量中获得多少真理,收集哪些有用的信息。然而,即便如此,我们也必须注意不要夸大它们的重要性,不要在先地承认,这些考量足以使我们对用以实现更为精确的立法目标的技术手段的探索,变成无用功。那些费心对我们《法国民法典》发表高见的外国人不难指出,其技术的简便虽然可能有利于法国法的后续发展,但的确是一个弱点。他们还认为,如果不是立法者和负责将立法者的作品付诸实施的法律人阶层,拥有密切相似的法律目标,这一技术就不可能得到修正并转化为一个主要优势。

因此,从根本上说,我们的法自《法国民法典》生效之日起取得的进步,似乎主要归功于我们的司法机关的完善运作。这种尽善尽美,部分是由于我们的法官与生俱来的传统品质,部分是由于我们的法院组织,更准确地说,是由于最高法院在我们的司法系统中发挥了明确和决定性的作用。当然,我们的最高法院自成立以来,主要的工作是维护法律文本的完整性;但如果最高法院不能在可塑文本上工作——这种文本的必要解释为遍地开花、自动自发的司法建构留下余地——那么它似乎不可能产出如此丰硕的成果,尤其是进行新的造法。然而我相信,如果进行深入观察,人们不难发现,通过一场既有本能又有条理的运动,最高法院早期(始于19世纪的前三分之一时期的末尾)就在法律解释领域享有某种主权。在此,最高法院不过是秉持其使命完满、深刻的精神,并且得到平行的立法演进的支持。这种主权允许最高法院有效引导我们法国法的接连发展,无需任何形式上的考量,也不必屈服于法律文本的严密起草所产生的障碍。而我们还可以走得更远:没有证据能够绝对证明,名义上拥有一种更清晰的法律技术,我们的法律演进就不会以一种同样连续,也许更为规律的方式继续。

无论如何,我们的判例所取得的成果,当下已经明确地纳入法律之中。有一些迹象表明,我们正在接近这样一个节点,即法官的主观主义将不得不受到法律更精确的起草技巧的限制,尽管其程度有待确定。至少我认为所有人都会赞同,在这方面采取一条清晰的、符合当前社会条件要求的行动路线,是恰当的。因为当前比以往任何时期都更加需要法律关系的稳定与安全。着眼于未来,我们应当借助于当前具体的自然存在研究立法技术的问题,不舍弃我们《法国民法典》过去的有益经验。

欧洲最近的法典编纂现在展示了两种有趣的类型:1896年通过的《德国民法典》,以及1904年5月28日由联邦委员会公布的

《瑞士民法典》最新草案，后者是胡贝尔（Eugen Huber）教授在1900年完成的预备草案的直接产物。④ 不妨尽可能清楚地分析一下，这两部作品在哪些方面代表了不同的立法技术体系，而它们又因共同的灵感而统一。有朝一日，我们对法国的民事立法进行改革，就可以从这样的探索中获得对我们有用的信息。

§12.《德国民法典》的技术

《德国民法典》的内部立法技术，没有在最终文本的任何条文中实在地显露，也没有在任何官方文件中得到公开表示。人们只能从对法典的认真考察中了解这一技术，为此，将通过的法典与其第一草案进行比较，并首先确定法典的基本意义，会是卓有成效的。

1896年的德国立法者，意图在某些有意的和有限的保留下，建立一个完整的实在私法的立法体系。毫无疑问，通过删除第一草案的第2条，他们为作为新的法律的辅助运作的一般习惯法留下存在的空间。然而，根据最普遍的意见，这种习惯法在与法律相抵触或者作为其条文的补充时，都得到了承认，删除这一条无非是默认一种不可抗拒的社会力量，而立法者至多可以通过维护其作品的完整性，使习惯法趋于贫乏。同时，似乎可以肯定的是，尽管关乎类推的第一草案第1条被认为是无用的，甚至是危险的，但这一条文意图将德国民法未来的所有发展，寄托于新法典的解释上。简言之，1896年《德国民法典》的作者们，吸取1794年

---

④ 1907年《瑞士民法典》已由罗伯特·希克（Robert P. Shick）为美国律师协会的比较法局译为英文，1915年由波士顿图书公司出版。——英译本编辑

《普鲁士一般邦法》的教训,仔细地避免决疑论的应用,力争以一般规则涵盖所有法律承认的私人生活关系。这似乎是《德国民法典》技术的首要方向。其次,通过细致地比较第一草案和法典本身,可以看出,立法者意图从他们的作品中排除所有对原则、观念或学说建构的说明,以及纯粹的理论定义,从而局限于制定严格意义的实在条文,这些条文直接包含事实关系且让事实关系受制于必要的规定。最后,实现这一双重目标的手段已发展出一套匠心独运、令行禁止的机制,由程式、语法表达方式以及合乎目的的表达组成。这种机制构成了这部立法作品的技术。我将勾画这种技术的主要特点,而细节的阐明和大量的例证,我不得不请读者参考新法典的权威评注。

1. 虽然各个条文的语法结构并不绝对统一,但1896年的德国立法者努力直接或间接地从既定的同一事实状况中产生相同的法律后果,有时是通过新的条文,有时只是通过引用(后者在通过的法典中不像在第一草案中出现得那么多,但仍然相当频繁)。于是,即使是立法者的法律定义,通常也隐含在一项律令的要素之中。立法程式建立在经常再现的模式之上,但没有绝对的定式。

2. 不同的表达方式和遣词在大多数情况下,是为了简单和没有争议地表达每个条文的基本性质,即使不是不变的,也通常与法律规则的不同性质相对应,要么是命令性的和绝对的,要么只是处分性的,或者是解释性的。

3. 尽管举证责任通常可以由法律的一般程式确定,但根据主张法效果的人必须证明要件已经得到满足的原则,《德国民法典》

通过巧妙的程式组合,使这个具有重要实践意义的问题更加明确,这些程式倾向于一目了然地表明当事人在这方面各自的立场。

4.《德国民法典》是一个崭新的尝试,它发展了一种适应现代人对法律概念极端精确的要求的立法技术,引入了一套固定而严谨的用语。这部法典不仅通过真正的法律定义,赋予某些术语清晰的、不可变的含义(只要这种确定看来必不可少),还似乎赋予所使用的绝大部分法律表达某种专业词义,即使这一遣词来自于通俗语言——可以说,德国立法者希望为它们打上某种官方的烙印。不但如此,即使认为这种技术特征属于《德意志帝国民法典》所使用的全部(或几乎全部的)术语,也并不算牵强附会。对《德国民法典》的语言技术这一独特方面有过专门研究的法学家马丁·沃尔夫(Martin Wolff)断言⑤,这部法典事实上"谨慎地避免了对同一概念使用不同的词,或对不同概念使用相同的词"。因此,1896年《德国民法典》向我们展示了一种一丝不苟的尝试,即列举法律的语言,以期最大程度地保证人们期待成典立法带来的实际生活的安定。

如果补充一句,《德国民法典》令某些造法的技巧(如拟制和法律推定)焕发活力,并且也是通过合适的表达进行设计,那么,这就足以勾勒出《德国民法典》开创的立法技术。

耐人寻味的一点是,尽管立法者肯定不是自发或偶然地践行这种立法技术,但在一堆已公开的预备草案和其他与法典有关的文件中,并没有任何有形痕迹可以表明,其中存在一种合作或一

---

⑤ In Goldschmidt's *Zeitschrift*, vol. 51, p. 599.

份协议。这种完全同质化的结果,很可能是由《德国民法典》的起草方式产生的。而这种起草方式包括个人准备和有限的集体商谈,在法典制定时,得到最为审慎的决定和最有次序的遵循。似乎有充分的理由认为,这些技术最为别致的要素是建立并维持一种预先确定的措辞和用语,而这要归功于起草委员会和起草分委会的不懈活动。这两个机构类似于1800年至1804年期间的法国资政院立法部,它们与负责起草基本草案的前后两个委员会携手,确保《德国民法典》的最终文本获得形式上的统一、句法上的严谨和语言上的精确,这些特点组成了《德国民法典》的独特面貌。

最后应该指出,《德国民法典》彰显了一种努力:它幸运地剥离了第一草案某种狭隘的学说特征,变得更加生动、实用且广泛地适应社会需要。同时,立法者也并未放弃一个奢望,仍然意图将私人法律生活的关系完全而确定地纳入其程式。可以肯定的是,德国立法者有时甚至是经常给予法官进行自由评价(libre appréciation)的空间。然而,这种自由评价必须由考究的程式指引,恰如其分地进行;这些程式本身就构成《德国民法典》技术的巧计。总而言之,在我们看来,1896年《德国民法典》是一部严格奉行规则主义的作品:偏于概括甚至是抽象;条文具有严格的逻辑结构;受到敏锐洞察的启发;句法具有同质性;用语严谨,近乎单调。《德国民法典》的技术作为一个整体,抛开它对解释的助益不谈,给人的印象是井然有序、一板一眼、首尾一贯。人们有时在感性上为之不安,但无碍于灵魂为其引诱。

§13.《瑞士民法典》

在这方面,一部别具一格的作品是新的《瑞士民法典》,其草案在 1904 年 5 月 28 日由联邦委员会的咨文公布为最终形式。

众所周知,这一草案直接来自于欧根·胡贝尔教授的预备草案,他的作品可以用几个词来形容:丰富、简单、通俗。联邦委员会提交的草案也具有同样的品质。在这一草案中,一些细节得到了明显的完善,特别是一些条文变得更加清晰和准确;但预备草案的总体特征得到了保留,特别是在主要的技术上。为了了解这一草案主要的技术特点,我们可以看看预备草案所附的立法理由书;1904 年 5 月 28 日的咨文提及了这些要点,但其本身对此几乎没有提出任何意见。

这位博学的预备草案的作者,在立法理由书的导言中的"草案的语言及其安排"这一标题之下,描述了他意图赋予法典的技术形式的大致外延。其中一些原则,让人想起德国立法者在 1896 年遵循的一般指引。他对立法与学说予以明确界分,自陈其意图是制定尽可能全面而综合的规则,而这些规则应让所有人都能理解。尽管如此,在就起草形式、篇幅、章节安排、参引、边题以及主题的排列次序等事项确定了一些一般律令之后,他表示意图采用"一种传统而或多或少有些深奥的语言"。在这一点上,他说得更明确,"只要语言的要求允许,我们总是试图用相同的术语来表达多次重复的概念。……我们也一直试图用同样的形式表达频繁再现的理念"。然后他补充道,这种方法可能导致法律条文具有单调的外观,"但这似乎比法律本身含义的不确定性所带来的危害要小"。

然而,这一本身在形式上较为温和的计划,仍然进一步和缓。立法理由书中指出,尽管在表达法律所包含的概念时,立法者注意用语的同质性,"但不能就此推出不同的程式必定总是呈现不同的意义"。预备草案的作者明确宣布,他为自己保留了"一定的自由度",并且他没有允诺"通过在多少有些相同的各个程式(如'可以'和'应当')之间作出选择,总是在强行法和任意法的具体规定之间作出区分"。除了这些重要保留之外(它们足以表明《瑞士民法典》草案并不打算像《德国民法典》那样,严格使用专业语言),立法理由书表明,立法者试图避免抽象,甚至是避免概括,只要原则会因此与其实际适用分离;要么是拒绝制定总则的理念,要么是赋予作品的指引性规则一种清晰的专业化特征。这一特点在1904年5月28日的联邦委员会咨文中得到了确认。

事实上,人们不禁注意到,《瑞士民法典》的第一草案(1900年)和第二草案(1904年),与1896年《德国民法典》在结构上存在突出的差异。同样的差异,虽然程度更小,但在有关民事能力的联邦法律(1881年6月22日)和有关债的联邦法律(1881年6月10日至14日)中,已经隐约可见。《德国民法典》牢牢把握所适用的各种事实状况,并在最微妙的差异中加以规制,在它们周围撒下了一张编织紧密的法条之网,这些条文互为补充、相互修改,并包含大量的例外、保留与缓和。《瑞士民法典》草案整体上满足于通过宽泛而弹性的程式,建立立法者给予私法制度的基本指引;它以简要的方式指示必要的和缓,但并不深入制度运作的细枝末节。立法理由书声称,草案最为独特的外部形式的特点之一是"所有的陈述都相当简短"。1904年的草案也许在某些方面将法律规定的外延勾勒得更为鲜明,但在任何重要方面都没有改变作品的整体风格。1904年5月28日的咨文合理地证明了这一事实,即草案并未"背离所有通俗立法的简约理念"。

这种别有深意的放弃,或者说这种新"风格"的技术,使《瑞士民法典》草案与那些决疑论的立法截然不同,使它看上去更像是一个法律指引的提要,而不是一套旨在规制所有法律关系的规定。这符合有关立法者与解释者各司其职的观念,这种观念是瑞士最近的联邦立法所特有的[6],预备草案的作者以瞩目的方式说明了这一点。

毫无疑问,预备草案的作者不假思索地将成文法置于实在法渊源之首,并承认成文法在法律调整领域中享有充分的主权。然而,他不允许自己对成文法完整性这一虚构抱有幻想,也不企图通过违背实际生活需要的人为手段来补充成文法的不足。相反,他坦率地承认所有成典立法的根本不足。他不但维护了联邦习惯的权威,而且肯定了法官填补漏洞的权力(这种法律中的空白往往是有意留下的)。这一出发点,在某种程度上与德国立法者的出发点相反,而在第一草案的第1条和第2条中得到表达,并且在1904年草案的第1条至第5条中纤毫毕现;这种张弛有度的立法技术,似乎是对事物之现实的一种致敬,是实现实在法终极目标的最佳手段。

此外,胡贝尔教授在立法理由书中也提到,他的预备草案没有通过明确的程式差异,区分命令性规则和其他法律条文。他

---

[6] 有趣的是,在瑞士,这种观念并非仅在现代得到发展,而是继承于传统。参见普芬宁格(Hans Felix Pfenninger)为《欧陆刑法史》(*A History of Continental Criminal Law*, Boston, 1916)一书撰写的章节"瑞士刑法"。——英译本编辑

说:"我们认为,如果立法者在这一点上完全剥夺判例的评价自由,恐怕是不利的。在法律存续期间,评价可能会根据文本的许可和公共道德的要求发生变化,如果以这样的方式制定法律,使法院不可能在不修改法律文本的情况下,紧紧跟随理念的演进,这会是一个错误。……当立法者意图赋予某个条文绝对的命令性时,他必须这么说。如果他没有这么说,那么,这个问题将根据时代的精神解决。"更一般地说,《瑞士民法典》草案的作者根据格外广泛的实在法观念认为,采用宽泛而弹性的框架,来包含那些似乎对法律的社会建构不可或缺的立法律令,是最适合于令成文法完成分内之事的技巧。

从这个角度看,可以说《瑞士民法典》草案几乎代表了一种适应当今需要的更完善的立法技术,而我们在《拿破仑法典》中已发现其萌芽。

然而,如果不考虑 1804 年《法国民法典》,那些"太古以来自然生长的法律",正如克罗姆(Carl Crome)所说[7],它们忽略了现代立法技艺的自觉技术——我们就会更加接近事实,局限于对当代模式进行比较。人们将看到,1888 年《德国民法典》草案、1900 年和 1904 年的《瑞士民法典》草案和 1896 年《德国民法典》,代表了许多不同类型的法典编纂。《德国民法典》第一草案和胡贝尔的预备草案是两个极端。前者代表了一种艰涩的、严密的、教义的技术,试图将实在法放在成文法的普罗克鲁斯特之床上;后者则代表了一种更灵活、更可塑、更弹性的技巧,一种更宽泛、更人文的方法,而且可以说,对立法能力表现出一丝不信任。

---

[7] In his *System des deutschen buirgerlichen Rechts*, vol. i, p. 88.

§14. 两种类型的优点比较

我们是否可以认为,正如一些人所主张的那样,最后一种类型宣告了未来的立法形式?最新发布的是《瑞士民法典》草案,但这一事实无疑不足以证明这一点,不能夸大几年时间的意义。即使这种年代差异更加可观,日期问题本身也不足以解决像我们最近面临的问题。此外,盲目追逐一种进化的诱惑可能很大,但在进化本身需要高明的指引时,这是一个谬误。然而有人断言,《瑞士民法典》草案开创的技术将在未来得到推广,因为它似乎比其他任何技术都更加符合"当今越发向整个私法渗透的社会运动"。但经过反思,我认为这恐怕是一个误导性的想法。因为即使承认,在某些必要的担保下,法的"社会化"(特别是民法的社会化)在不久的将来是不可避免的,我们也无法证明,相比于一部专制的、奉行规则主义的法典,一部疏密有致的法典更能够保证这种社会化的进行。一切都取决于人们对那些负责适用社会法律的人(特别是法官)怀有多大的信心。如果像干涉主义者一样,认为只有立法权才能充分摆脱陈旧的偏见,同时又足以遏制过分的个人主义,那么人们就会得出这样的结论:法典的规定越严密、越狭隘、越不可抗拒(如对工人的法律保护),人心所向的社会化就越可能实现。事实上,私法的根本趋势与技术问题毫无关联,后者只涉及私法的形式。立法技术有其独特的目标,那就是尽可能让适用这种技术的法律体系更加有效,无论这个体系是个人主义的还是社会的。但体系的内容本身不能决定其形式。

在试图找到一个合理的标准来确定体系的应有形式时,似乎可以从成文法作为揭示客观法的工具的作用中,得出唯一的一般理念，人们可以从中得出一个整体方向。与其他实在法渊源相比，以德国和瑞士的法典以及我们的1804年《法国民法典》为例：成文法是一种意志的表达，旨在通过语言的中介，以一种精确的方式规制人类在社会中的活动。问题是，成文法在何种程度上可以依靠自身的力量让自己得到实施，以保证主观权利的安全，同时又为根据社会目的的要求，通过其他的方式来创造或转化客观法留下空间。简言之，成文法本身可以做什么，又必须把什么留给社会生活？这是一个无限棘手的问题，甚至可能是一个无解的问题。因为我们可能不得不承认这样一个不容置疑的事实：法律并非万能，无论它在今天是多么完善，都不能满足明天的社会需要；但它仍然可以尝试或多或少地完全包容所有的社会关系，通过收紧或松开法条之网，限制或扩大留给习惯或法官自由评价的领域。现在看来，我们是否要就这些倾向中的一者或另一者作出决定，与其说是取决于固定的原则，不如说是采取一种权宜之计。这些考量可能包括：公众的倾向、司法机构的地位及由此激发的信心、人们从交易安全的角度出发对法律确定性的重视。这些考量因时而异、因地而异。无论如何，一位在特定时间为特定国家制定规则的立法者，能够对所有这些琐事进行评价。因此，立法者所要遵循的第一条指引也许是这样的：立法者必须根据这种评价的结果，尽可能准确地区分哪些事物可以进行严格地规定，因此适合用文本的细网捕捉；而哪些事物因为需要在执行中更为灵活地处理，而在很大程度上应该交由解释者自由判断。我们可以补充道，当代文明的一般条件似乎表明，在大多数情况下，需要通过相当严密的法律规则来提高法的固定性和精确性，因为文明国家的法律组织最迫切的要求就是确保各种利益的安全。

为了确认和展开这些模糊的想法,参考最新编纂的法典及其立法形式是很有价值的。不幸的是,这一信息来源让人失望;不仅是《瑞士民法典》(它[在本文写作时]还没有生效),甚至连《德国民法典》(它生效的时间还不够长)都不足以让人对当代立法的技术这样微妙而棘手的要素进行经验性归纳。

在缺乏真正的实践经验的情况下,我们至少可以参考一下有识之士的意见,他们对这两部作品所采用的专业技巧的优点进行了评判。

《瑞士民法典》预备草案朴素而完整的形式得到了普遍的赞赏。然而,那些更仔细地研究过草案的人不禁对技术的无力感到震惊,因为它在一个国家的民法典中,在这样一座实在法的基本大厦中,留下了如此多的空白和模糊。这种无力连一个刚接触预备草案的外国人都能快速地察觉。虽然乍看之下能够大体理解,但要以某种精确的方式参透法律体系的细节是很困难的,因为草案只是进行了大致的勾勒。为了实施这样一部法典,人们必须依靠国家司法部门或执行部门人员的睿智和技能,并假定可以通过不断的积累完成法的创造。可以肯定的是,当人们阅读1904年的联邦草案时,这种印象在某种程度上有所减轻。与胡贝尔的预备草案相比,这一文本在细节上的改进足以表明,这种立法形式如何适应于有条不紊的完善,以及这种完善如何实现。

在这一点上,1896年《德国民法典》作为范本登场;经过了解,这部法典在两个方面给人留下不同于瑞士草案的印象。一方面,人们需要再三反思和多番揣摩,才能参透这些得到反复权衡的条文的含义，它们由严格的逻辑链连接，相互限定或支持。如果我可以用我的个人经验作证，那么，对于试图解释《德国民法典》内容的法学教授而言，这种努力尤其显著：哪怕是最小的"项"，也需要可观的展开才能进行简单说明。另一方面，一旦掌握了法律规定的完整内容，人们会感到建立了一个非常坚实的基础，它几乎绝对地保证了实践活动的安全。让人遗憾的是，要想获得最后提到的这种优势，代价是连语言的生动也无法弥补的抽象化倾向，甚至可以说是一种未留给灵活的表达丝毫空间的学究气，以至于民众根本没有可能理解法律条文。在这方面，第一草案的主要缺陷仍然严重影响着《德国民法典》的终稿。这部法典的技术受到的一般批评，可以通过对上述意见以及以下补充来概括：《德国民法典》有时似乎超出了限制，这一点在它对不同类型（命令性、任意性）的法律律令进行分类和形式上的区分时尤其明显，在关于举证责任分配的强制而详尽的律令中更是如此。

所有这些考量都可以轻易地凝结为以下判断：最适应于当代的需要和追求的立法形式，能够通过（我们逐一分析的）两种类型的巧妙结合来构建。可以将《瑞士民法典》草案所具有的自然而灵活的框架作为基质，但内容应通过德国立法者迄今所采用的技巧得到明确。简言之，瑞士的技术正是我们1804年《法国民法典》的技术，只是经过与时俱进的改良和更好的斟酌；不妨承认，审慎地使用1896年《德国民法典》的主要手段，就足以保证我们法国的立法技术当下得到合理完善。1899年《突尼斯民商法典》（Code civil et commercial tunisien）预备草案的作者，博学而干练的桑蒂兰纳（M. D. Santillana）博士，似乎已经察觉到了这一点。在他复杂而杰出的作品中,通过与德国的理念接触,他成功地改进了我们法国法的程式,甚至还为伊斯兰法的原则留出位置。然而在我看来,不幸的是,尽管1896年《德国民法典》提供了可贵的范本,但他并未将这种专业技巧应用到极致。

§15. 结论

为了从我们的研究中得出更为完整而明确的结论,我们可以超越刚才所强调的分歧,而在早已确立的那些作为我们研究基础的原则外,增加一些新的指引。我们可以认为,这些新的指引为最近的法典编纂所一致接受,从而得到确立,而且从今往后似乎也应得到认真的遵守。

1. 当代的立法者应当保持警醒,避免认可理论性的理念,或站在学说观念的任何一边。立法者应局限于主要制定具有实际效果的条文。

2. 立法者应当避免(往往是)徒劳无益的抽象,但不必在某种程度的概括面前却步。甚至可以说,立法者的角色似乎让他在纯粹的决疑论面前改道,将具有共同特征的所有具体状况一览而尽。

3. 所以,只有在使用一种适合于时代精神和环境的清晰语言表达一种深刻的社会现实时,立法者的程式要追求语言的通俗性。

4. 法律定义不再由教义学上的准确性证立,而是由它们勾勒法律概念外延、精确表达法律条文意义的能力证立。英国的法律往往包含类似的定义,而我们法国的法律中,这样的定义虽然很少，但并非没有。这种做法应当在适当情形中推广。

5. 法律似乎可以利用合适的语法形式，区分不同性质的条文。如果可以保证更完满的效果，立法者就不能因为程式可能的单调而却步。然而，这些刻板的程式只适合于特征清晰的条文；如果可以根据具体情况进行多种评价，立法者就可以考虑摆脱这些程式的适用。

6. 立法技术的进一步发展，将主要体现在固定而精确的用语上。毫无疑问，关于这种固定性和精确性应达到何种程度的讨论仍然没有告终。然而，每当立法者想要给一个界定清晰的法律概念留下某种烙印，以便将它与其他概念分离时，立法者就必须为这个概念指定一个术语，然后始终使用这一术语指称概念。不难得出，这种技巧能够保证一种利益的确定性，这又涉及法律的解释；为了审慎地理解和坚定地适用法律，必须保证成文法——作为法律组织的技术要素——具有人们所期待的相应价值。

尽管存在这些指引，立法技术在细节上可以千变万化，由此不断取得进步。最重要的是，当代的立法者应该意识到完善立法技术是自身使命的一部分，并努力通过创立必要的机关完成这一使命。

当然，我不认为立法中的技术要素或"形式"要素，可以与本质是道德的和社会学的"基本"要素分庭抗礼。然而，在强调后者优先的同时，我已满足于指出，在对当代的民事立法进行任何评价或修订的尝试中，这些纯粹技术性的考量也占有一席之地。

立法起草中的科学方法

[美]恩斯特·弗罗因德①
(卢　岳译　徐子煜校)

§1. 导论

§2. 作为建构性因素的立法实践

§3. 美国立法中日益增长的行政参与

§4. 美国立法程序的瑕疵

§5. 英国私法法案立法

§6. 立法程序的完善

§7. 作为建构性因素的法学:科学工作

§8. 原始资料

§1. 导论

当我们认为立法学是服从于制衡原则的法学的一个分支时,我们主要想到的是我国宪法的教义。根据这些教义,法院对法律

---

①　恩斯特·弗罗因德(Ernst Freund),芝加哥大学法学教授,伊利诺伊州统一国家立法委员会成员,美国立法起草律师协会委员会成员,著有《警察权》(*The Police Power*)。
本文来自作者即将出版的作品《美国立法的标准》(*Standards of American Legislation*)。——原书编者注

是否符合教义进行判断，以确定它们的一致性。人们可能会承认，在正当程序的名义下，成文法制定中严重违反原则的行为将得到纠正。然而，很少有人认为司法制约不能产生适当的立法原则。为了宣布一条法规违宪，法院必须确信该法规低于可接受的最低标准；但是立法的标准化并不满足于勉强可以容忍的水平；立法标准化意味着对立法的实质和技术所能给予的最佳思维的应用。从事物的本性来看，它（立法思维）不能仅仅去否定，而必须在制定法律的过程中起作用。立法科学只能是建设性因素的产物，任何改进立法的努力都必须致力于发现这些因素中最好的和最实用的方面，并最大限度地发展它们的可能性。

§2. 作为建构性因素的立法实践

在立法完全不受法院控制的欧洲国家，法律的质量一般来说要比美国高。这无疑是所有有机会进行比较的人的判断。这种比较一般而言不考察法律的社会、经济或政治内容。也许有理由相信我们的选举法、已婚妇女法、少年法庭法，或者其他法律比法国或德国更先进，而我们的社会立法看起来是落后的，那也是出于一些与我们要讨论的问题无关的原因。我们也不应仅仅关注文体问题，即使我们给予它们应有的重视，它们毕竟是次要的考虑。但我们应该把立法的法律特征和技术特征作为比较标准，它们对于法律的运行和执行、公共权利和私人权利的保障以及特定法规的既定的法律原则和正义原则的协调有特殊的参考意义。欧洲立法在这些方面优于我们自己的立法，这是没有严重争议的，对于这种优越的原因也不可能有太多的疑问。

国外立法与我国立法的显著区别在于,在除美国以外的任何一种体系下,行政机关都拥有对立法倡议权的实际垄断。因此,起草法案成了对行政首脑负责的政府官员的事务,这些官员即使不是专门从事建设性的立法工作,也主要是参与其中。法德两国政府立法创举由来已久,政府成员提出法案的权利受到的限制几乎可以忽略不计。

行政机关的主动性之所以能产生较好的立法成果,主要有两个原因。一是职能专业化的必然结果是其标准的提高。起草人会为自己的事业感到自豪,久而久之就成为这方面的专家。这些起草人从经验中学习,自然就会形成习惯。当然,这是以他是永久官员为前提的。此外,他还将向他的上司负责,后者自然会对起草缺陷感到不满,因为这些缺陷会让他受到议会中不分党派的批评。在德国,他们利用最优秀的法律人才进入政府服务以准备立法项目,这些项目经常附有详尽的理由说明,其理由具有相当大的权威性。重要法案的草案几乎总是在提交立法机关之前很久就公布了,以便收到最广泛的批评,批评的结果往往是修改,有时是完全撤回。个人作者往往是未知的,并且政府的信誉位于作品的背后。

第二个原因是,当政府提出一个法案时,议会的论辩在某种程度上具有对抗程序的性质,或者说,至少有一个申请人和一个裁决者。政府首脑或其代表(在德国和法国,专家委员会出席议会,而在英格兰只有议会秘书发言——这就是英国论辩的缺点)需要回应批评,为这项法案辩护,法律的不完善或不公平将成为攻击的正当理由。受到批评的可能性确保了预先的适当重视。

与行政机关主动性同步的是提出法案数量的实际限制,因此每项法案的相对重要性增加,对其给予相应的关注就更多。遵守这种立法准备和程序正是较高的立法质量的原因。

科特尼·伊尔伯特(Courtenay Ilbert)爵士的著作《立法机制》(*Mechanics of Law Making*)(第4章)中论述了行政机关主动性和法案起草工作专业化之间的联系。直到1832年,甚至非常重要的法案都是由个人提起的。从那时起,主要的法案越来越多地起源于政府,准备的职责首先主要移交给内政大臣,然后移交给财政部。负责的大臣们觉得必须从一开始就指定专人负责这项工作。因此,我们发现从1837年起,这项工作开始由几个起草人负责,同时还有一个有趣的事实:从那时起该岗位一直有6名成员,伊尔伯特爵士自己成为议会财政部法律顾问(职务的名称),直到他成为下议院的职员。这表明,这项工作总是被视为党派中立的,并且作为终身工作而言对于有能力和杰出的人来说很有吸引力。其结果主要表现在立法形式的改进上,但如果对现代英国成文法进行详尽的对其必然因果的研究,那么可以说,在实体和行政规定的标准化方面也大有改进。如果仅仅通过少数人的努力和影响就已经有如此成效,那么我们能够很轻易地想到,经过法国和德国政府部门一个世纪的工作,由在各自领域中受过高度训练、完全是专家级别,并按照官方纪律和传统严格标准的人员进行的科学立法事业取得了多么大的成就。这种情况下的立法产物将在很大程度上与掌握在少数高级法官手中的英国集中制度下的司法产物一样高水准。

§3. 美国立法中日益增长的行政参与

目前,人们并不罕见地敦促给予行政官员出席国会会议和参加论辩的权利。赋予行政首脑提出法案的权利也不显得激进。根据宪法,他如今拥有提出立法建议的权利,并且作为一项权力,他没有理由不以法案的形式提出他的建议。赋予这项建议措施以议会法案的地位并不会使得这个法案成为政治问题进而损害它,我们甚至不需要宪法修正案,一条国会规则就足够了。事实上,行政首脑可以轻易找到几个议员去提出那些假称是由议员们提出、被称为行政法案的法案,而且这些法案已被议会规则正式承认[②];但如果这位行政首脑能正式成为这些法案的倡议者,那么这些法案的地位也会提高。亚拉巴马州宪法(art. 4, sec. 70)规定州长、审计员和检察长应在立法机关每次例会之前,拟备一份一般岁入法案,提交给立法机关参考,并由众议院参考或使用。这似乎给予提交的法案一个常规的议会地位,尽管不是优先地位。在目前实际可行的范围内,大幅限制议员提出法案的权利是不明智的,给予行政首脑的任何权限,都必须考虑其自身的可能性。即使在欧洲,政府也没有立法倡议的垄断权,其在实践中的垄断地位是其宪法关系的结果,而这种宪法关系在美国是不存在的。即使在我国情境下,行政机关最终在立法倡议中获得优势地位也不是不可能的。但这样的发展需要很长时间,也不会有强迫进行这种发展的想法。因此,我们不应在这方面限制立法原则。

---

② 7 Am. Pol. Sc. Review, 239.

§4. 美国立法程序的瑕疵

美国立法体制和程序的特点不利于法律的精致。每个成员都有权提出和使用法案。提出的法案实在太多了,很多法案根本没被认真考虑,这不可避免地影响了对立法准备工作的重视。法案的提出者承认"法案当然并不完美的"而只是一个能被接受的框架已经是司空见惯之事。我们一般不知道法案的起草者是谁,有时连倡议者是谁都不知道。许多法案是"根据要求"提出的,提出者不承担任何责任。事实上只有在少数情况下我们才能确定确立法案的责任,即使起草人为人所知,他也很少要求自己对损害法案或最终可能导致成文法在司法上无效的缺陷负责。

除了缺乏这种立法最初过程的责任之外,立法机关通过法案的过程几乎总是缺乏旨在发现和补救缺陷的对抗性程序这一要素。众议院的辩论自然几乎不涉及细节的讨论,这必须留给委员会讨论;委员会中经常会出现尖锐而有价值的批评,撇开行政参与的缺席不谈,这个阶段可能和欧洲议会中的委员会讨论一样处理得很好。但是,我们不能保证委员会中能产生明智的反对意见,如果没有这类反对意见的话,这种法案很容易出于礼貌或由于倡议者的善意而被采纳;这是因为所有议员都既是倡议者又是倡议的裁断者,如果议员彼此间不能相互通融,那才让人奇怪。不去明确分配各个机关相互之间的责任能够同时提高智慧和良知。立法机关的各种形式的组织的区分——两个由行政机关合作的机构——并不是用来区分职能的。立法机关的第二院只是重复第一院的工作,而这种重复当然可以用来发现和纠正缺陷。在欧洲国家,上议院不仅仅只是有不同的政治身份——对此,我们并不关心,除非保守主义更占优势将更有利于既得权利——但它通常由具有杰出的立法或司法经验、学习或业务能力的人组成,因此它特别适合处理技术问题。英国上议院在其政治权力被剥夺之后,主要已是一个修正机构,其辩论显示出高度的专业知识和批评能力。在美国,地方长官具有一定附带否决权的修正权,如果给予地方长官足够的时间,在法案颁布后和会议结束后对其采取行动,这种修正权可能进一步发展。但是,所有这些修正功能甚至无法纠正一个起草得很糟糕的法案,除非否决它。在许多方面,最初的准备工作必须贯彻制衡的状态。就对立法的影响而言,没有否决权的倡议权比没有倡议权的否决权更有价值。

即使立法机构没有责任不固定或不集中的缺点,我们仍然要注意,多年的经验不足以使立法机构在其主要存在的业务中产生明确和相当高水准的技艺。立法机构之间缺乏连续性和成员的频繁变动只是造成这种情况的部分原因,因为在不存在这些障碍的地方也有这种缺陷,而这些缺陷似乎是立法机构的通病。也许,对立法技术漠不关心的原因正在于政治利益的主导和政治传统的力量,这使得立法机构延续了一种不低不高的立法标准。一个庞大机构只会对至关重要的和符合人性的呼吁作出影响真实利益的反应,而立法原则缺乏能够引起立法机构反应的这些性质。然而,人们可以很容易地想象,一旦立法机构自己确立了高标准,即使是一个庞大的立法机构也会小心积极地维持这些标准。

§5. 英国私法法案立法

据我所知,议会机构自己制订了一种主要涉及遵守原则和维护权利的程序方法的实例,就只有英国的私法法案立法方法了。凡向议会申请授予地方政府权力、申请使用公路、申请行使征收权、申请公共工程、事业或服务的授权时,均可使用该条款。这一程序类似于司法程序,只是稍微多了一点自由裁量的空间,洛厄尔(Lowell)先生在他的著作《英格兰政府》(*Government of England*)(第19和20章)中对它进行了充分的描述,而细节则在梅(May)先生的《议会程序论》(*Treatise on Parliamentary Procedure*)中得到了充分的阐述。它的要点是:固定的申请形式、通知反对方、谨慎授予新权力、由官方专家审查计划以及定期进行听证会,所有这些都在一份详细的议事规则典章中列明。在美国,我们甚至还没有类似的特别立法。值得注意的是,英国的制度起源于上议院——一个常设机构,而且显然主要是由于一位多年担任负责私法法案的委员会主席的贵族的努力;这一制度的优越之处令下议院瞩目,从而下议院基本上采纳了其中一些程序。

在英国,私法法案程序赢得了所有外国学生的赞赏,尽管其巨额费用是一个严重的缺陷。但是,当一般而言考虑到它对立法的适用性时,它毕竟能呈现出一份专门文书。在英国通过特殊法案所做的事情在美国是根据一般性的成文法来做的,因此,我们几乎完全消除了特殊法案的立法机制,并且以一种简单得多的方式保证一般原则的实施。英国不愿通过一般法授予公用服务公司所要求的权力,因此被迫采用议会管理的方案。立法是为行政目的而使用的,它力求实现行政的统一性,而这主要是通过私法程序来实现的。乍一看,每一项计划都必须符合固有标准,并注意不得因疏忽而偏离标准;但新的条款不断涌现且日益普遍化,从而为新规范铺平了道路。因此,1898年的一份关于警察和卫生管理法案的特别报告③指出,当时经常在私法法案中引入的许多条款都被议会接受,现在是时候将这些条款纳入公法法案了。质言之,私法法案立法是一般立法的一种极好的预备工作,但当然不能认为私法法案立法只是达到这个目的的一种手段。我们的铁路和银行业的一般法案同样是在特殊法案的基础上发展起来的,但是废除特殊法案仍然是可取的和有利的。此外,当我们审视私法法案的议事规则,我们发现它没有涵盖立法的基本原则——这些原则由我们的法院作为宪法性限制来推行(非歧视原则、公共目的、补偿等),梅先生的这部著作中甚至不包含如财产、既得权利、损害或补偿内容等词汇。议事规则保障了程序上的安定,实质性原则则由习惯、传统和议会的保守主义意识来处理。即使程序安定,私法法案也只被视为倡议者和某些明确的特定利益群体的竞争问题;代表普通大众的局外人只有在相当大的限制之下才有"发言权";只有公共政府部门才有足够的通知和监督机会。1902年的一份报告指出,出于公众利益和经济利益的考虑,有必要对未被反对的法案进行审查,因为反对一项法案可能不符合任何个人的利益。④ 作为一种公众利益的保障,该制度没有得到充分的尝试,可以注意到,在英国,它从来没有适用于涉及公共政策事项的一般立法,甚至也没有适用于为改进法案的技术而保留的委员会审议阶段。总而言之,虽然英国的私法法案立法制度在目的上是有价值的,但美国的私法法案立法制度已经实现了其

---

③ *Commons Papers*, 1898, vol. 2, no. 291, p. 355.
④ *Commons' Papers*, 1902, vol. 7, no. 378, p. 322.

目的,它并不能满足一般立法的需要。

§6. 立法程序的完善

试图通过宪法强加新的程序要求来提高立法工作的质量,在任何情况下都可能是一个巨大的错误。目前的程序规则是由立法机构本身根据其假定的需要制定的;在宪法中设置这样一些程序规则并没有增加其效率,反而削弱了成文法效力的技术基础。并且,如果没有传统的支持,或者没有对其智慧和必要性的强有力的立法信念的支持,精心设计的保护措施也毫无用处。如果可以通过程序实现改进,也应通过自发的、灵活的地方性规则来实现。在法律提案阶段对提案进行适当要求可能会使得人们更加关心提案准备和确定责任;但这种方法的收获可能仅限于行文风格和形式方面。

1913年,一项非常值得注意的计划被递交给伊利诺伊州的立法机关,但最终未能成为法律。该法案提供了一个联合立法委员会的方案,这个委员会由州长、副州长、众议院议长、参议院和众议院的财政预算委员会主席、参议院和众议院的司法委员会主席,连同参议院其他五位议员和众议院其他五位议员组成。该委员会的目的是在立法会议之前拟订一项立法方案,其中载有关于委员会所调查问题的法案草案,委员会有权为此任命其成员或其他人组成一个专门的委员会,以研究特定问题和草案。由于缺少将这项方案实际运用的经验,我们都不能评判这样一项计划的价值或指出可能需要进行的修正,但值得注意的是,这项计划没有对立法机关施加任何压力,也没有造成新的宪法问题。

也许建立立法的建设性原则的最大希望在于进一步发展已经尝试过的计划,其中有四项值得特别注意:(1)由特别委员会准备法案;(2)授权行政委员会;(3)起草机构的组织工作;(4)常规条款的编纂。

(1)准备重要法案的立法委员会。修订和编纂法律的委员会在很久之前的美国立法中非常常见,但为特殊法案设立委员会的做法似乎是最近才出现的,而在英国,这种做法已经出现多年了。寻找英国自1830年以来的主要法规改革中有哪些是由皇家委员会制定的可能颇为有趣;在19世纪的美国,类似的调查只能得到很少的例子:从卡内基研究所的经济资料指数来看,无论是在纽约还是在马萨诸塞州,1900年以前的任何重要立法法案(已婚妇女、酒类、公共服务、投票改革)都没有委员会研究或报告。

委员会进行立法准备的最明显的例子是与工人补偿法有关的;对采矿法和工厂法以及土地所有权登记采用了相同方法,但这并不普遍。该委员会通常会举行公开听证会,以书面形式征求意见,亲自报告其他司法管辖区的类似法律规定,总结其结论并提交法案。其结果通常是经过深思熟虑和精心制定的法案。即使在这个问题非常有争议的地方,原始草案的一致性也确保了一个一致和协调的成文法。

(2)授权行政委员会。通常主张赋予工业委员会、公共服务委员会、卫生委员会、公务员委员会等制定规则的权力,主要是为了在制定或修改方面有更大的灵活性。也有许多反对这种做法的理由,因为任何一种不稳定的政策都是不可取的,而且权力是否可能以那种精神来行使是值得怀疑的。然而,这种权力的真正好处是,与立法机构相比,它们所属的机构往往受过更好的训练,更有见地,态度也更专业,而且不论是由成文法规定这些权力还是由普通法规定这些权力,这些权力在性质上更易于通过一般原则制约。这些机构更具有尊重先例的司法特性,因此其政策倾向于比立法机构的政策更少变化。这些因素将使制定规则比制定成文法更科学。在这个国家,规则制定机构的工作经验太少,无法保证得出有价值的结论;有待成文法确定的事项与有待管理的事项之间的确切界限尚未得到满意的解决,制定规则的程序性保障法案也尚未形成。联邦贸易委员会的程序方法颇为新颖,也许这些程序只是特别适合于它需要处理的微妙和有争议的问题,但它的工作同样受到关注,因为这或许可以成为拟立法权下放的一个宝贵先例,以便在由普通法类推产生的具体案例的基础上逐步发展规则。如果普通法的方法能够适用于成文法的发展,那就更好了。有很多理由相信,许多标准化阶段(财产税、评估方法、安全要求、分类)的质量通过一个行政委员会的不断思考和裁决,比通过立法汇编一些必然分散成许多个的法案更容易得到保证。换句话说,通过授权行使的立法权可以比直接行使更有效、更符合宪法的精神。这种考虑应当与立法权不可委托性的抽象理论相权衡。

(3)起草机构的组织工作。美国律师协会立法起草特别委员会在1913年提交的一份报告中对制定法规的准备阶段作了充分的描述。现在看来,除了提供参考资料外,至少有15个州在起草技术工作方面为立法者提供了一些协助。以下内容摘自1913年的报告:

立法参考服务实际上现已在几个州进行,现已表明它在收集、分类、摘要和索引方面是完全可行的,在立法会议之前,几乎涉及所有的主题的各种材料可能成为会议中实际立法的主题。在该组织运转良好的地方,这些材料不仅包括普通图书馆可能找到的书籍和小册子,而且还包括提交给各州立法机构的法案的副本和国内外制定的法律,以及与这些法律的实施或产生这些法律的必要条件有关的其他印刷材料。的确,在可能立法的大多数问题上,困难的不是找到材料,而是安排大量可用的材料,使其切实有效地得到利用。显而易见,这种服务很可能有作用,特别是在该服务直接有助于处理起草服务(下文即将解释这一服务)的情况下。由于我们的工业、社会和政府的行政问题日益复杂,如果要以合理明智的方式讨论与立法有关的问题,就必须系统地努力收集和安排与公众讨论的当前事项有关的资料——这些事项很可能成为立法评论的主题。提供这种服务的中央机构并不取代专门委员会或为调查特定问题和提出立法建议而设立的委员会。中央参考服务应协助这些机构以及立法机构的各个成员和其他需要有关立法主题的信息的人。

现有机构也表明,为相对更重要的法案提供专家起草服务,并在起草提出的所有法案方面提供一些协助,是有可能的。可以提供专家起草援助的法案数目似乎只是援助规模和适用数量的问题。因此,委员会认为,为立法机关建立一个常设机构是完全可行的,这些常设机构为所有提出的法案提供专家起草协助,并且敦促行业将其作为促成科学立法方法的最实际的手段,也就是说,起草法规的方法将确保①符合宪法要求;②法律规定充分符合法律目的;③与现行法律相协调;④保证确定性的情况下做到形式的最简化。

立法参考和立法起草这两个部门的组织以及它们之间的相互关系是决定设立该部门所取得的结果的实效的重要因素。从组织的角度来看,现有的机构可分为两类:一类是立法参考工作和法案起草由一个常设机构负责,如威斯康星州、印第安纳州和宾夕法尼亚州;另一类是立法参考工作由州图书馆或它的一个部门负责,起草工作由立法机构指定的人员在其直接制约下进行,如在纽约州、康涅狄格州和马萨诸塞州。该委员会认为他们还不能就这两种组织形式的相互而言的优点发表意见。然而,他们认为参考咨询服务应直接归入起草服务,除此之外,这两种服务的所有的组织问题、它们的实体位置以及为了除了起草法案外的其他目的所做的工作——例如,向立法者和其他人提供材料以供讨论未决事项或可能的立法——的关系,同样应遵循这一基本原则。在纽约,起草部门不设立参考咨询服务,立法机构的成员使用参考咨询服务的情况相对较少。同样,如果起草服务不去利用参考服务,起草服务就必然只限于形式上的小修小补。

当然,重要的是,以起草服务为职的议员、行政官员、委员会或团体应是通过立法形式来表达的政策的最终裁判。任何有权使用这项服务的人,无论他所期望通过的法案的实效如何,都有权享有这项服务。然而,如果起草工作不仅仅是纠正明显的笔误和形式错误,那么,负责参考工作的人能够通过查阅相关材料以便在需要时向立法倡议人提供其他州或国家处理同一问题的法规，或让他们注意参考服务所收集的任何其他材料，都是恰当而重要的工作。从理论上讲，立法机关的成员在起草法案时，如果参考机构和起草机构之间没有合作，可以先到参考机构获取资料，然后再到起草机构。但实际上，在绝大多数情况下，议员寻求的不是参考服务的帮助，而是起草服务的帮助。参考服务应使该议员拥有与该主题有关的所有关联事项。此外，起草者本人应该能够向提供参考服务的个人、团体或委员会就有关法案的细节提出有价值的问题。除非他自己对该主题事项颇为熟悉，否则他是做不到这一点的。如果起草者不能求助于希望立法能够和它处理的问题有实质联系的人，如果起草者不能就细节提出有价值的问题，他得到的援助就必然仅限于次要的、形式上的问题，导致起草服务只能起到最低限度的效果。在威斯康星州获得的有价值的结果源于多方面原因的结合，其中最重要的原因是该服务的著名负责人查尔斯·麦卡锡博士的人格和能力。而另一个原因是，这项起草服务已超越了单纯的形式，没有任何制约政策事项的企图，并且如果没有组织参考工作以协助起草服务，这些都不可能发生。

该委员会还认为，另一项基本的必要条件是，这两个服务的组织应确保其永久任职。为了它们发挥具有真正的价值，就必须使用这项服务，只有对服务人员的能力和公正性都有信心，才能做到这一点。在最有利的条件下，这种信心是缓慢增长的。这种服务的价值在不同的州有很大区别，要么有参考服务,要么有起草服务,或者两者都有。在使用已建立的服务方面,差异甚至更大。我们很高兴地看到,主任和首席助理的重新任命几乎都不会考虑政党因素。鉴于这一事实以及这项服务的两个分支所固有的必要性,在现在的情况下,在服务存在的几个州,人们对该组织的工作越来越有信心。

显然,一项如此有希望的实验值得鼓励,应该不遗余力地把这一运动引向科学路线。

(4)常规条款的编纂。对经常出现的条款和规定进行标准化处理的价值是毋庸置疑的,这些条款和规定往往是成文法的主要条款或附属条款。这种规范化有利于简化立法工作,避免重复立法和不一致的立法,使法律的执行更加完善平等。如果由单独的法案实施,在考察技术细节时会有更高程度的谨慎,而这在其他情况下几乎是不可能的。这是因为作为构成有争议的政策法规的一部分,附属条款往往被认为只是技术问题而逃避正当的审查。而单独法案的立法准备工作很可能由特别熟悉这一法案的主题或对这一主题感兴趣的法律人负责,这些法案将从他们的知识和经验中受益。

从诉诸法院帮助的角度出发,我们法典程序中的这种标准化制约了刑事和民事法规的实施;我们管理市镇法令运行的一般城市法令的条款中也有这种标准化,因为新的行政权力和救济办法的创立不是一项在授权范围内的规则;我们在解释法案中、在与行使土地征用权有关的法案中,在与公职人员、公共债券、公共服务有关的法案中，或许在其他的法案中都有标准化。因此，这种做法显然不是一种新的做法，但它能够得到更广泛的应用。

上文提及，美国律师协会委员会的报告提交了一份主题清单，认为在可行的情况下应将这些主题标准化，并建议编制一份包括说明和示范条款的起草手册。该律师协会授权委员会继续进行这项工作，而1914—1916年的报告中也有一些这样的手册。因此，人们起草了一项法令，规定了法规或法令通过的程序需要包括全体市民的投票。颁布这样一项法令可以在任何已采纳的法令中非常简单地规定，该法令在经过全体市民投票通过之前不得生效。显然，这种法规肯定是有益的，此前可取的立法一再因提交条款的缺陷而失败。

一系列这种"共同条款法"（clauses acts）的结果将是行政法重要部分的再编纂。它将使我们有机会系统地考虑法律人和立法者似乎都没有完全把握的某些立法阶段。1915年报告中关于处罚条款的讨论可以作为一个例子：在我们所有的法律文献中，没有任何关于这个反复出现的主题的类似讨论。在我们目前的立法实践中，这个问题是由起草者自行决定的，除非他提出一些极端的或不寻常的条款，否则他的建议只会引起最轻微的兴趣。

如果美国律师协会委员会成功地完成了手册概要或其中的大部分，该协会的认可将大大增加工作可能具有的内在价值。但是，必须注意的是，不要曲解这种认可的意义。因为根本来说，一个庞大的机构是不可能恰当地详细审查这样的工作的，它被迫在很大程度上依靠其信仰和信誉。然而，任何立法法案都不能避免审查，甚至避免不友好的批评。

有一个机构最适合提出这样的批评：美国统一州法律委员会（the National Conference of Commissioners on Uniform State Laws）。它对一项法案的认可几乎总是若干届年度会议的长期讨论的结果，价值很高。在这样一个机构中，当然会出现常设条款是否可能统一的问题。可能存在这样一种印象，即立法的附属部分很大程度上存在着地方特色。通过仔细检验，并使用更实际的措施尝试统一这些附属条款，我们可能会发现，这种印象是没有根据的。

共同条款法是通过整合入那些或明或暗提及它们的法规而运作的。它们的颁布并不能赋予自身强制性的特性；强制性只来源于立法机关在随后立法中的自发接受。立法机关可随时推翻这些条款，并在某一特定法案中插入不同的条款。这种废除也许甚至是由习惯造成的，如果可能的话，应该通过解释来避免。然而，鉴于这种不稳定的地位，一般附属法案将不得不以其本身的优点赢得支持。我们应该更加毫不迟疑地给它一个机会来证明它的优点，它的非强制性性质应该成为采用它的理由。

§7. 作为建构性因素的法学：科学工作

有些立法原则在运作上变化太大，无法通过编纂加以标准化；对于各项规定、利益的维护、既得权利的保障、适当区分（adequate differentiation）以及旨在以最少的摩擦和含糊的方式提供实质性条款的起草原则的相互关系来说，情况也是如此。即使可以作为规则来被制定，这些原则也只能在有限的范围内作为规则来被制定，它们的适用主要取决于训练和经验，它们的陈述只能以科学阐述的形式进行。

这种科学工作的前景是怎样的？当我们考虑到应用于法律问题的训练有素和系统化的思想的数量时，会发现应用于立法的建设性原则的比例很小。我指的是立法的法律原则，而不是社会、经济或政治原则；因为后者不属于法理学，而属于社会科学，社会科学在立法问题上已投入了充分适当的工作。为什么法律和社会科学会有这样的区别？因为前者必须满足职业需求，而后者不需要，或者只是在很小的程度上需要。实际上，所有的法律著作都是为了适应从业人员的需要而书写的，而使法的渊源易于获取的详尽机制也完全是为了满足这一目的而产生的。这是一个市场和供求关系的问题。这种影响延伸到了法学院校。它们是为培训实业者而建立的，法学生不关心类似于社会科学课堂上处理的问题。那些实际上或潜在的不适合司法或法庭讨论的主题，在法律指导中没有一席之地。因此，在国家、州和地方之间最有效和无阻力的立法权的分配问题不属于宪法学，而属于政治科学。这个问题在政治上和法律上的实际区别可能是合理的。然而，处理既得权利的最公平的方法、分类的实际基础、最适合授予立法权的主体，这些都不是政治问题，而是严格的立法问题，并且，只有受过法律训练的头脑才能适当地处理它们；然而，由于它们超出了司法认知范围，它们不被当作宪法的一部分，结果是它们没有得到任何解决。

这种情况并不完全是这个国家所特有的。自从罗马法学家建立他们的学派以来，除了自然法在大学中享有荣誉地位的时期，专业观点就一直主导着法律教学；专业观点在今天的德国法律教学中也占主导地位。然而，德国的情况与美国相比有两方面的不同。首先，在美国，现在的法律教学几乎完全集中在案例的基础上，作为对未来从业者的培训，这是一个优于德国体系的方法，但应尽可能地不从立法角度出发，因为判例法的理念趋近于法官法拥有最高发展程度的法律体系，并且很难期望超越这种体系；案例方法将培养普通法对立法的态度——将它视为非法律思维的劣等产物，应容忍并尽量减少其影响。与之相对，德国所有的法律——民事、刑事和程序法，都是由过去一两代人编纂的；有鉴于此，在教学中忽略法律的动力学和发生学方面是不可能的，并且在比较法典的规定与它们所取代的普通法学说时，立法必然为自己辩护。就公共立法而言，德国的法律课程包括一门课程（称为行政法），该课程审查整个成文法，这是一个我们忽略的领域。

其次，在德国，法学院校忽视立法并不意味着完全忽视立法，因为负责制定立法项目的政府部门，需要不断地思考立法原则。承担这项工作的行政人员是和大学教师一样训练有素、位高权重的法学家；他们占民法典委员的大多数，而初稿的"理由书"是他们工作的高科学质量的不朽丰碑。法典的准备工作为系统地说明私法立法的全部原则提供了机会。正如布莱克斯通的评注所证明的那样，系统的论述是大学教学的成果。但是，如果没有这样系统的论述，我们也许很难说一门已建立的科学很可能有一种强有力的、持续了很长时间的官方传统，可以坚定地、相当充分地支持某些原则，而这一点可以通过对英国、法国和德国的立法的研究得到充分证明。

我在我们的司法制度中发现了这样的传统，但这一传统却和成文法的准备工作没有联系,因此,这种取代立法科学的做法在美国失败了。现在成立的起草部门,如果能在有利的条件下工作,无论我们是否抱有期待,它们也不可能很快有足够的力量来弥补这一缺陷。

鉴于这些情况,我们必须期待美国法学院校对法学在立法或建设性方面的发展做出贡献。如果不开展特别课程来处理法律的这些方面,就很难期待这一工作有效推进;因为在教学中,司法的视角与立法的视角不能合二为一,后一视角必然居于次要地位,这将导致这一工作无法系统化;宪法目前的情况就证明了这种不相容。建设性视角自然地倾向于以最大的相对力量来主张自身。

从教学的角度看,立法课程的技术困难不可低估,而本文不想过多讨论这些困难。但是,除非能够克服这些问题,否则法学的科学性必定仍然是片面的和有缺陷的,一些最重要和有趣的立法问题将继续以潦草随意的方式得到处理,因为对它们进行系统的思考不关任何人的事。

§8. 原始资料

研究立法原则的资料不像研究普通法原则的资料那么简单。

作为立法历史的主要来源的制定法,除了每一卷的法律汇编外,都没有索引,这使追踪其发展变得格外费力;而具有特别的科学意义的立法阶段,往往仅仅是偶然出现在现有索引的某个大标题之下;因此,没有任何索引能说明禁酒令是否包含关于既得权利或补偿规定的豁免条款。故而,实际上不可能详尽地研究诸如授予或撤销许可的权力或刑法条款等问题。即使有可能整理所有的法律资料，也不值得为之应对如此多的麻烦，因为没有任何线索的条文是没有启发性的。我们如今已知道法律是如何被创制出来的，立法方法在美国立法史上的任何时间点都是一样的：历史上的一个有趣的或特别的规定条款，除了代表了起草者的意志以外，也许并没有代表任何别的什么东西，且常见的规定条款可能仅仅是习惯和先例。法定惯例仅在以下两种情况中有研究意义：其一，这一惯例是思想和讨论的主题；其二，它经过实际适用的检验；但在大多数情况下，这两点都没有历史记录。因此，对最完整的法律资料的收集活动可能是枯燥乏味的，并且可能难以获取有价值的数据。因此，出于实用目的，我们必须挑出一些典型的国家和时期的一些涉及公共利益的立法领域——如酒、铁路，或选举——的规则，尽管存在着这种限制，但我们却常常找不到这些规定的意义的线索。最近一段时期，各种机构在汇集有关某些主题的全部法律材料方面做了大量工作，如州际商务委员会有关铁路立法的工作、美国电报和电话公司有关电力立法的工作、公司事务专员有关税法的工作、农业部有关道路法和纯净食品法的工作等。但是这些收集工作所得出的图景是纯粹静态的，而且由于没有给出法规的日期，即使通过比较也无法了解法律的发展。立法的最具启发意义的阶段有时是通过修正案来发展，但没有什么比这更难以追溯的了。因此，总的来说，研究立法原则的原始材料是极其难以获得且缺乏启发性的。

次要的立法材料——论辩、报告、文件——在国会是足够的，而在大多数州是不足的。国会辩论有时能对立法的纯粹法律的方面提供有价值的见解,而——正如应该被预料到的那样——在其他方面提供的见解则不足。同样,委员会的报告也很少涉及法案的技术阶段,对宪法问题的讨论总是采取一般法律人的观点,摘录些法院的判决,而不提出对宪法原则的独立意见——这是司法观点占绝对支配地位的又一例证。

在美国,实际上没有任何与国会辩论或文件相对应的常规的系列出版物,只有一些零散的文件和报告,这些文件和报告现在已经被卡内基研究所编入索引(至少就它们包含的经济方面的材料而言),供几个州参考。委员会一般不提交印刷出来的报告,有关机构向它们提出的意见也没有以可查阅的形式保存。全美公民联合会、劳工立法协会等私人和半公共组织发行的小册子文献越来越多,公共事务信息服务处也常常会作出解释,这其中的大部分都可用于追溯立法的历史。

行政报告有时包含有关法规的运作和我们需要的法规变迁的宝贵信息,更常见的情况里它们只提供统计数字,其中的解释是敷衍的,或被官方的自满所玷污。更令人感兴趣的是各级官员(工厂检查员、税务专员等)的全国会议记录,只要它们被出版和保存——当然,情况并不总是如此。对经济和社会利益有关的法律的运作也经常成为科学协会论文集、期刊和专著的评论主题,特别是研究劳动立法的管理和执行的材料已经变得丰富起来,从这些出版物中可以获得很多具有法律价值的信息。在 50 人委员会主持下所作的关于酒类问题立法方面的报告是一个信息来源,但与其有关的例子太少了。总的来说,私人收集的资料比官方报告更有价值。

与美国相比,欧洲国家的次要立法材料对立法原则的研究具有很大的价值。由于公开的会议上的演讲主要是政治性的,所以我们对议会辩论所抱有的期望并不高;尤其是在德国,人们是"透过窗户"说这些话的,它们在法律上几乎没有任何价值。在英国人的辩论中,上议院的辩论比下议院的辩论产生了更多的结果;因为上议院都是行家,而在下议院,关于技术难度衡量的真正辩论发生在委员会,而这里的辩论并没有得到披露。法国的辩论似乎——至少在参议院,是一种高层次的辩论,它比许多专著更能使我们洞察法国的公法。

被称为"蓝皮书"的英国议会文件长期以来被认为是可资研究经济和社会历史的宝贵资源,它也可以收集大量有关行政和法律执行的资料。鉴于普通法本质上的相似性,这一材料对美国学生也具有指导意义,尽管在对于宪法和行政法的研究中,它几乎没有被利用。在非官方出版物中,《和平的正义》(Justice of the Peace)——一份英国地方法官使用的周刊——对研究立法的人来说可能比其他任何出版物都更有价值,因为它是唯一主要研究公共立法的出版物,其中法律观点明显占主导地位。但是,它不涉及非地方性的法规。

在德国由各立法机构出版或为其出版的出版物的内容大体上与"蓝皮书"相似;其重点在于政治、社会和经济问题,而不是法律问题。在重要的立法之前,通常有由各部官员准备的初步"纪要"(Denkschriften[备忘录],Motive[理由书])。尽管它们被印刷出来,但并不总是列在书业名录中,因此有时不易获得。在一项法令通过后,它很可能成为一篇详尽的评注的主体,在评注中,要摘录所有的准备材料。事实上,这种评注的作者常常是在制定法律方面负有主要责任的官员。通过这种方式往往能看到立法的最终成果的形成过程,并且我们有可能据之追溯立法的基本原则。对法规的后续操作和执行可以在行政报告中加以研究,其中一些报告,就像工厂检查员的报告一样,享有很高的权威。即使从德国的资料中,我们也可以得出对美国立法问题有价值的教训。

作为立法材料的法律报告。如果说我们缺乏像欧洲国家那样丰富的信息来源,那么也可以说我们会在公开的裁决的数量上超过他们。这些法律报告很可能会产生大量有关建设性立法原则的有价值的资料和材料,但它们没有为此目的而得到相应的索引或摘要;但被修订的成文法经常包含对每个特定章节都被讨论或被引用的案例的参考,在此基础上,可以获得有关成文法的司法处理的相当完整的观点。这不仅对解释的目的有价值,而且经常能提供有关一项法令的历史的第一手资料,并解释后来的修正案。一项法规经常成为诉讼的主要问题,表明它在其适用方面遇到了一些困难,并可能在后来提出可以避免这种困难的立法方法或原则。从这个角度看,也许可以选择一些案例,并使它们对普通法学说的研究逐渐发展到具有现在这样的优势。

术语对照表

a priori 先天
actio confessoria 确认役权之诉
adverse possession 取得时效
aequitas 衡平
aequum 公正
allgemeine Rechtslehre 一般法学说
Anfechtung 撤销
animo domini 支配意思
animus possidendi 占有意图
Apperzeption 统觉
arbitrium judicis 司法裁量
Ausführungsbestimmung 执行性规定
authentic interpretation 有权解释
autonomy of the individual will 个人意思自治
beherrschte Rechtssprechung 司法通说
Beschwerdeführer 抗告人
Betrug 欺诈
boycotts 联合抵制
burden of proof 举证责任
Carolina 加洛林纳刑法典
cartel 卡特尔

certainty 安定性
comitial assembly 民众大会
common law 共同法、普通法
condictio sine causa 返还不当得利之诉
Conseil d'Etat 资政院
constructive action 构成之诉
constructive fraud 推定欺诈
consuetudo curiae 法庭惯例
consuls 执政官
contingent counterclaim 可能之抵销
contra legem 违反法律
Corps législatif 立法院
Corpus Juris《民法大全》
Corpus Juris Canonici《教会法大全》
correct law 正确法
court of iustice 法院
court of law 普通法法院
culpa 过失
customary law 习惯法
declaratory interpretation 宣告性解释
demonstratio ad oculos 明显证据

dialecticism 辩证主义
Dialektik 辩证法
doctrine of the law of nature 自然法学说
dogmatism 教义主义
dolus 故意
Eigentumsrecht 所有权
emotionalism 情感主义
empirical 经验主义的
Entscheidung 判决,决定
equality 平等
equity 衡平、衡平法
Erklärungstheorie 表达意图理论,表示说
esprit de corps 集体精神
evolutionary pantheism 进化主义泛神论
ex officio 依职权
ex parte 缺席审判
ex professo 公开表示
exceptio doli 欺诈抗辩
extra-legislative law 立法外的法
Faust《浮士德》
Fiktion 拟制内容
filius familias 家子
formalism 形式主义
freedmen 被解放自由人
freedom of judicial decision 自由法律发现
gemeines Recht 共同法
Gesetzmäßigkeit 合法则性
glossator 注释法学者
good faith 诚实信用

good morals 善良风俗
habere licere 容许其占有
Handlung 作为,行为
herrschende Lehre 通说
historical school 历史学派
Historiosophie 历史哲学
Holy Spirit 圣灵
imperium 统治权
India rubber provisions/sections 弹性条款
in forointerno 内心法庭
interpose a demurrer 提出抗辩
interpretatio 解释
interpretatio declarativa 宣告解释
interpretatio extensiva 扩张解释
interpretatio jurisprudentium 法解释学
interpretatio lata 广义解释
interpretatio restrictiva 限缩解释
interpretatio stricta 严格解释
ipse dixit 亲口陈述
Judicature Act 司法组织法
judicial freedom of decision 自由法律发现
judicial law 法官法
judiciary interpretation 司法解释
judiciary rectification 司法矫正
judiciary stratification 司法固化
judiciary subordination 司法从属
Juristenrecht 法律人法
Juristentag 法学家协会
juristische Encyklopädie 法学百科全书

juristische Hermeneutik 法律诠释学
ius 法
ius civile 市民法
ius militans 军事法
ius non scriptum 不成文法
ius quod est 现存的法
l'organisme juridique 法律有机体
lacunae 漏洞
laissez faire régime 自由放任体制
large landholdings 大地产制
lawyers' law 法律人法、法学家法
legal custom 法律习惯
legal formalism 法律形式主义
legal hermencutics 法律诠释学
legal tact 法律智慧
leges barbarorum 蛮族法
leges regiae 君王法
legislative reference bureaus 立法审计局
legislative will 立法意志
lex 制定法
lex scipta 成文法
libre recherche 自由探究
limitation of actions 诉讼时效
literalism 文牍主义
living law 活法
local custom 地方习惯
logical exposition 逻辑解释
malum actionis 恶行
malum passionis 痛苦
Marbury v. Madison 马伯里诉麦迪逊案

Masseverwalter 破产管理人
modernism 现代主义
mores 风俗
Muller v. Oregon 穆勒诉俄勒冈州案
Napoleon's Code《拿破仑法典》
nature of things 事物本质
Naturgesetz 自然法则
Naturrecht 自然法
naturrechtliche Bewegung 自然法运动
nexum 债务口约
notitia legis 法律知识
obligatio naturalis 自然债务
obligation 法锁、债
obligatory 义务的
order of ideas 理念秩序
Pandects 潘德克顿体系
Pariser Kassationshof 巴黎最高法院
passive interpretation 被动解释
pater familias 家父
Pauline Action 保罗之诉
persona 人格
post-glossator 后注释法学者
praescriptio 时效
praeter legem 超越法律
praetor 裁判官
praetorian law 裁判官法
pragmatical exposition 实用解释
prevailing scientific doctrine 通说
principle of documentary execution 文书执行原则

principle of solidarity 团结原则
Privaterklärung 意思表示
Projektion 投射
prudentes 法学家
public conscience 公共良知
raison écrite 成文的理性
ratio legis 法律理由
realistic idealism 现实主义理念论
rechtliche Beurteilung 法律评价
Rechtsgeschäft 私法行为
Rechtssatz 法律条文
Reichsgericht 帝国法院
replica compensationis 抵销之答辩
Rezeption 继受
richtiges Recht 正确法
Sachverständige 鉴定人
Schöffe 陪审员
senate 元老院
senatusconsultum 元老院决议
servitutes 役权
Sicherheitsvorkehrung 安全预防措施
Sitte 风俗
Sittelichkeit 道德
social fact 社会事实
social utility 社会功利
sozial laws 社会法则
Staatsrecht 宪法,国家法
stability 稳定性
strafwürdige Verschulden 刑事罪责
stare decisis 遵循先例
supplying of omissions 漏洞填补
Taylor v. Place 泰勒诉普雷斯案
Tribunat 保民院
tribunes 护民官
Twelve Tables 十二表法
Unterlassung 不作为
Verjährung 时效
Verordnung 条例
Verursachung 肇因
Vormundschaft 监护
weighty reasons 重大事由
Weltanschauung 世界观
Willenstheorie 真实意图理论,意思说
written reason 成文的理性
Zweckmäßigkeit 合目的性

人名对照表

Adickes 阿迪克斯
Adler, Georg 阿德勒,格奥尔格
Albrecht 阿尔布莱希特
Alvarez, Alexandre 阿尔瓦雷斯,亚历山大
Ames, Samuel 埃姆斯,塞缪尔
Aquinas, Thomas 阿奎那,托马斯
Aristotle 亚里士多德
Arndts 阿恩茨
Aubry 奥布里
Austin 奥斯丁
Bacon 培根
Baer 贝尔
Bartsch 巴尔奇
Batbie 巴特比
Bähr 巴尔
Bekker 贝克尔
Bentham 边沁
Bergbohm, Karl 贝格伯姆,卡尔
Berolzheimer, Fritz 伯罗茨海默,弗里茨
Bertrand 贝特朗
Bierling 比尔林
Birrell 比勒尔

Blackstone 布莱克斯通
Boistel 博伊斯特尔
Bowen 鲍恩
Bozi 博齐
Bracton 布雷克顿
Brandeis 布兰代斯
Brie 布利
Bruncken, Ernest 布伦肯,埃内斯特
Brütt 布吕特
Bryce 布赖斯
Buckle 巴克尔
Bufnoir 布夫诺尔
Cambacérès 康巴塞雷斯
Campell 坎贝尔
Capito, Gaius Ateius 卡皮托,盖尤斯·阿泰乌斯
Celsus 杰尔苏
Cicero 西塞罗
Cohen 柯亨
Coke 科克
Comstock 科姆斯托克
Comte 孔德
Constant 康斯坦特

Cosack 科萨克
Crome, Carl 克罗姆,卡尔
Cromwell 克伦威尔
Cuq, Édouard 屈克,爱德华
Dahn 达恩
Danz 丹茨
Dareste 达雷斯特
de Maistre 德·梅斯特
de Vareilles-Sommières 德·瓦雷耶-索米埃
Dejoces 德约克斯
del Vecchio 德尔·维奇奥
Dernburg 德恩堡
Domat, Jean 多玛,让
Donnellus 多内鲁斯
Durfee 德菲
Düringer 杜林格
d'Aguesseau, Henri François 达盖索,亨利·弗朗索瓦
Eck 埃克
Eckhart 埃克哈特
Ehrlich, Eugen 埃利希,欧根
Elbogen 埃尔博格
Eldon 埃尔登
Ellenborough 埃伦伯勒
Eltzbacher, Paul 埃尔茨巴赫,保罗
Erdmann 埃德曼
Exner 埃克斯纳
Fioretti 菲奥雷蒂
Flach 弗拉赫
Flavius, Gnaeus 弗拉维斯,格涅乌斯
Fourier 傅立叶
France, Anatole 法朗士,阿纳托尔
Frenzel 弗伦策尔
Freund, Ernst 弗罗因德,恩斯特
Fuchs, Ernst 富克斯,恩斯特
Gareis, Karl 加雷斯,卡尔
Gasson 加松
Gerland, Heinrich 格兰,海因里希
Gény, François 惹尼,弗朗索瓦
Gide 吉德
Giovanni 乔瓦尼
Glaser 格拉泽
Gmelin, Johann Georg 格梅林,约翰·格奥尔格
Gmür 格米尔
Goldschmidt 戈尔德施密特
Gompers 冈珀斯
Gradenwitz, Otto 格拉登维茨,奥托
Gray 格雷
Gross, Hans 格罗斯,汉斯
Grotius 格劳秀斯
Hampden 汉普登
Harriman 哈里曼
Hatschek 哈切克
Heck, Philipp 黑克,菲利普
Hedemann 黑德曼
Hegel, Georg Wilhelm Friedrich 黑格尔,格奥尔格·威廉·弗里德里希
Hellwig 赫尔维希
Herder 赫德
Herodotus 希罗多德
Heusler 赫斯勒
Holland 霍兰德

Hölder 赫尔德
Huber, Eugen 胡贝尔, 欧根
Huc 胡克
Hughes 休斯
Hye 海耶
Ilbert, Courtenay 伊尔伯特, 科特尼
Jacqueminot 雅克米诺
Janka 詹卡
Javolenus, Priscus 雅沃莱努斯, 普里斯库斯
Jessel, George 杰塞尔, 乔治
Josserand, Louis 若斯朗, 路易斯
Kipp 基普
Kiss, Géza 基斯, 格扎
Klein 克莱因
Kocourek, Albert 考库雷克, 阿尔伯特
Kohler, Josef 科勒, 约瑟夫
L'Hospital 洛皮塔尔
La Folette 拉福莱特
Laband, Paul 拉邦德, 保罗
Labeo, Marcus Antistius 拉贝奥, 马库斯·安提斯提乌斯
Laboulaye 拉布莱
Lambert, Édouard 朗贝尔, 爱德华
Lammasch 拉马什
Letourneau 莱图尔诺
Lombroso 龙勃罗梭
Lotmar 洛特玛
Lowell 洛厄尔
Macaulay 麦考利
MacLennan 麦克伦南
Maine, Henry 梅因, 亨利

Maitland, Frederic William 梅特兰, 弗里德里克·威廉
Mansfield 曼斯菲尔德
Marshall 马歇尔
May 梅
Meili 迈利
Mendelssohn-Bartholdy 门德尔松-巴托尔迪
Menger, Karl 门格尔, 卡尔
Merkel 默克尔
Meyer 迈耶
Miller 米勒
Mitteis 米特斯
Montesquies 孟德斯鸠
Morgan 摩根
Neukamp 纽坎普
Nietzsche 尼采
Nippel 尼佩尔
Oertmann 厄尔特曼
Papinian 帕比尼安
Paulus, Iulius 保罗, 尤里乌斯
Pfaff-Hoffmann 普法夫-霍夫曼
Pfaff-Krainz 普法夫-克兰茨
Planck 普朗克
Plato 柏拉图
Pole, Reginald 波尔, 雷金纳德
Pollock 波洛克
Pomponius 彭波尼
Portalis 波塔利斯
Post 波斯特
Pothier, Robert-Joseph 波蒂埃, 罗伯特-约瑟夫
Pound, Roscoe 庞德, 罗斯科

Puchta, Georg Friedrich 普赫塔,格奥尔格·弗里德里希
Pythagoras 毕达哥拉斯
Radbruch, Gustav 拉德布鲁赫,古斯塔夫
Rau 芳
Redlich 雷德利希
Register, Layton 雷吉斯特,雷顿
Rée 雷
Roguin 罗甘
Root, Elihu 鲁特,伊莱休
Rosmini 罗斯米尼
Ross, Edward A. 罗斯,爱德华·A.
Rossi 罗西
Rousset, Gustave 鲁塞,古斯塔夫
Runde, Iustus Friedrich 伦德,尤斯图斯·弗里德里希
Rümelin, Gustav 吕梅林,古斯塔夫
Rümelin, Max 吕梅林,马克斯
Saleilles, Raymond 萨莱耶,雷蒙
Salmond, John W. 萨尔蒙德,约翰·W.
Santillana 桑蒂兰纳
Schaffle 谢弗勒
Schaffrath 沙夫拉特
Schäffle 谢夫莱
Schlossmann, Siegmund 施洛斯曼,希格蒙德
Schmidt 施密特
Schmölder 施莫尔德
Scholossmann 舒洛斯曼
Schomann 舒曼

Sheldon, Henry 谢尔顿,亨利
Shick, Robert 希克,罗伯特
Siebenhaar 西本哈尔
Sigwart 西格瓦特
Sinzheimer, Hugo 辛茨海默,胡果
Sohm 索姆
Sonnenfels 索南费尔斯
Spencer 斯宾塞
Spinoza 斯宾诺莎
Stabel 施塔贝尔
Stammler, Rudolf 施塔姆勒,鲁道夫
Stampe, Ernst 施坦普,恩斯特
Starkey 斯塔基
Staub 施陶布
Staudinger 施陶丁格
Stephen 斯蒂芬
Stern, William 施特恩,威廉
Sternberg, Theodor 斯泰恩贝格,特奥多尔
Stiness 斯蒂尼斯
Stobbe 斯托贝
Stubenrauch 斯图本劳赫
Tarde 塔尔德
Tchekov 契诃夫
Thibaut, Anton Friedrich Iustus 蒂堡,安东·弗里德里希·尤斯图斯
Thöl, Johann Heinrich 托尔,约翰·海因里希
Ulpian 乌尔比安
Unger 翁格尔
Vandereycken 范德雷肯

Varus, Alfenus 瓦鲁斯,阿尔费努斯
Vico, Giambattista 维科,扬姆巴蒂斯塔
Vierhaus 菲尔豪斯
Vierkandt 菲尔坎特
Villey 维莱
von Bülow, Oskar 冯·比洛,奥斯卡
von Goethe, Johann Wolfgang 冯·歌德,约翰·沃尔夫冈
von Hahn 冯·哈恩
von Jhering, Rudolf 冯·耶林,鲁道夫
von Kirchmann, Julius Hermann 冯·基尔希曼,尤里乌斯·赫尔曼
von Savigny, Friedrich Carl 冯·萨维尼,弗里德里希·卡尔
von Schey 冯·谢伊
von Vangerow, Karl Adolf 冯·范格罗,卡尔·阿道夫
Wigmore, John H. 威格莫尔,约翰·H.
Wilson 威尔逊
Windscheid, Bernhard 温德沙伊德,伯恩哈德
Wolff, Martin 沃尔夫,马丁
Wundt 冯特
Wurzel, Karl Georg 乌尔策尔,卡尔·格奥尔格
Zachariae 察哈里埃
Zeruiah 洗鲁雅
Zitelmann, Ernst 齐特尔曼,恩斯特

图书在版编目(CIP)数据

法律方法的科学/(法)弗朗索瓦·惹尼等著;雷磊等译.—北京:商务印书馆,2022
(法律科学经典译丛)
ISBN 978-7-100-21395-0

Ⅰ.①法… Ⅱ.①弗…②雷… Ⅲ.①法律—方法论 Ⅳ.①D90-03

中国版本图书馆 CIP 数据核字(2022)第 118015 号

权利保留,侵权必究。

法律科学经典译丛
法律方法的科学
〔法〕弗朗索瓦·惹尼 等 著
雷 磊 等 译

商 务 印 书 馆 出 版
(北京王府井大街36号 邮政编码100710)
商 务 印 书 馆 发 行
南京鸿图印务有限公司印刷
ISBN 978-7-100-21395-0

2022年9月第1版 开本 889×1194 1/32
2022年9月第1次印刷 印张 18⅞

定价:128.00元